Øfsti - Abwandlungen

FORUM BAD HOMBURG

Herausgegeben vom
Forum für Philosophie Bad Homburg
Siegfried Blasche - Wolfgang R. Köhler - Peter Rohs

Band 3 - 1994

Audun Øfsti

Abwandlungen

Essays zur Sprachphilosophie
und Wissenschaftstheorie

Königshausen & Neumann

Die Deutsche Bibliothek — CIP-Einheitsaufnahme

Øfsti, Audun:
Abwandlungen : Essays zur Sprachphilosophie und
Wissenschaftstheorie / Audun Øfsti. – Würzburg :
Königshausen und Neumann, 1994
   (Forum Bad Homburg ; 3)
   ISBN 3-88479-925-8
NE: Forum für Philosophie <Homburg, Höhe>: Forum Bad
Homburg

© Verlag Königshausen & Neumann GmbH, Würzburg 1994
Umschlag: Hummel / Homeyer, Würzburg
Druck: Verlag Königshausen & Neumann, GmbH
Gedruckt auf säurefreiem, alterungsbeständigem Papier
Bindung: Rimparer Industriebuchbinderei GmbH
Printed in Germany
ISBN 3-88479-925-8

Inhaltsverzeichnis

Vorbemerkung der Herausgeber

Audun Øfsti ist dem Forum für Philosophie Bad Homburg in den letzten Jahren eng verbunden gewesen. Er hat an mehreren seiner Symposien teilgenommen und war sein Gast in mehrwöchigen Aufenthalten, in denen er die persönlichen Kontakte mit den Vertretern der Frankfurter Transzendentalpragmatik pflegen konnte, deren Einfluß auf seine eigene philosophische Position prägend ist. Øfsti verbindet wie sie die modernen Positionen der Sprachphilosophie mit den transzendentalphilosophischen Einsichten der klassischen deutschen Philosophie.

Besonders erfreulich ist es für das Forum, daß Øfsti in dem vorliegenden Band an zentraler Stelle eine stark erweiterte Fassung eines Aufsatzes vorlegt, der auf einen Beitrag für eine der ersten Tagungen des Forums zurückgeht.[1] Es handelt sich dabei um eine Diskussion und Kritik der Kantinterpretation Strawsons und um eine intersubjektivitätstheoretische Rekonstruktion des "Ich denke" aus Kants "transzendentaler Deduktion".

Das Forum gibt den Sammelband, der Aufsätze Øfstis zur Sprachphilosophie und zur Wissenschaftstheorie[2] vereinigt, gern als dritten Band seiner Schriftenreihe im Verlag Königshausen & Neumann heraus und hofft, daß damit Øfstis Beiträge zur Philosophie im deutschen Sprachraum eine breite Resonanz finden. Es bedankt sich insbesondere bei Herrn Thomas Peuker für die sorgfältige Fertigstellung des Druckmanuskripts.

Forum für Philosophie Bad Homburg

---

[1] Øfsti 1988.

[2] Auch der Beitrag *Verstehen des schon Verstandenen. Überlegungen zu Boeckhs Formel* geht auf eine Tagung des Forums für Philosophie Bad Homburg zurück.

Vorwort

Das vorliegende Buch umfaßt in etwa meine deutschsprachigen Arbeiten der Jahre 1982-1992. Die chronologische Reihenfolge ist weitgehend beibehalten, wenn auch der Zweiteilung in sprachphilosophische und wissenschaftsphilosophische Aufsätze untergeordnet. Die scheinbare Ausnahme im sprachphilosophischen Teil: 1990 vor 1988, entspricht der Reihenfolge der Entstehung.

Zwischen den einzelnen Aufsätzen gibt es viele Überschneidungen, die ich nur in Ausnahmefällen ein wenig camoufliert habe. Der einzig mögliche Vorteil derartiger Überschneidungen: daß die übergreifenden Fasern sich zu einem Leitfaden für den Leser verknüpfen, kann leider das ästhetische Unbehagen nicht aufwiegen. Ich hoffe auf die Nachsicht der Leser.

An diesem Faden lassen sich gewisse Abschnitte markieren. Am Anfang steht der Versuch, die Idee transzendentalphilosophischer, transzendentallogischer Reflexion gegen den Empirismus und Theoretizismus von Quine zu verteidigen. Die Position von Quine, die sich zunächst durch einen konsequenten Holismus von derjenigen Poppers unterscheidet, die ihrerseits auf der Idee der Anpassung durch "trial and error" fußt, unterschätzt auf fatale Weise den Schritt von der Amöbe zu Einstein (und Quine). Ja, letzlich kommt Quine auch in Verlegenheit an einem Punkt, an dem Popper eine wichtige Einsicht bietet: Wir können uns von unseren Theorien derart trennen, daß sie in der evolutionären Prüfung anstatt unser sterben. Bei Quine muß auch diese fundamentale (transzendentalpragmatische) Unterscheidung zwischen dem Subjekt und seinen Theorien in der holistischen Nacht untergehen.

Neben dem Festhalten an der Idee transzendentaler Reflexion ist auch die sprachphilosophische Wende unseres Jahrhunderts - insbesondere die des späten Wittgenstein - für diese Aufsätze maßgebend. In der zweiten, "sprachphilosophischen" Abteilung wird der Wittgensteinsche Sprachspielbegriff in den Fokus gerückt und mit dem Begriff der (vollständigen) *Sprache* konfrontiert. Wittgenstein besteht auf einer Pluralität von Sprachspielen - gegen "die allgemeine Form des Satzes" und die transzendentale Einheit der Vernunftsubjekte. Insofern wird bei ihm der universalistische, aufklärerische (und bewußtseinsphilosophische) Rational(itätsmon)ismus

in Frage gestellt bzw. relativistisch(?) aufgeweicht. Das sich daraus erge-
bende Relativismusproblem wird in diesem Teil angegangen. Allerdings
wird kein direkter Lösungsversuch unternommen, sondern es wird zunächst nur eine bestimmte Zweideutigkeit aufgezeigt. Das Explizitmachen
dieser Zweideutigkeit scheint mir nicht nur generell nützlich zu sein,
sondern könnte ein entscheidendes Instrument zur Behandlung des Relativismusproblems abgeben. Normalerweise wird, wenn von "Sprachspiel" die
Rede ist, die Einheit oder Identität eines solchen abwechselnd sowohl an
das System der Verständigung einer Kommunikationsgemeinschaft (unter
mehreren solchen) als auch an (wie auch immer) abhebbare Praxisformen
innerhalb der Sprachpraxis einer Kommunikationsgemeinschaft gebunden.
Der Vokabel "Sprachspielpluralismus" eignet dadurch eine tiefe, aber
meistens kaum bemerkte Zweideutigkeit - angesichts derer es mir gerecht-
fertigt scheint, eine Trennung zwischen (vollständiger) Sprache und
Sprachspiel einzuführen.

Damit ist die Frage aufgeworfen, was Vollständigkeit hier bedeutet. Auf
diesem Wege kommen wir zu dem Versuch von Habermas, Vernunft als
kommunikative Kompetenz zu begreifen. Die Frage nach der vollständigen Sprache stellt sich als die Frage, welche Strukturen wohl für eine
Sprache nötig sind, die Vehikel kommunikativer Kompetenz sein können
soll. Gewissermaßen gegen die Tendenz des Sprachspielidioms besteht
meine Antwort hierauf nicht in einer Auflistung von besonderen Sprachspielen eines Sprachganzen, die für seine "Vollständigkeit" sorgen, sondern
vielmehr in dem Hinweis auf zwei durchgängige "Doppelstrukturen": die
performative Einbettung von Propositionen (d. i. die performativ-propositionale Doppelstruktur der Sprache im Sinne von Apel und Habermas)
und die propositionale Einholung von Performanzen (im Sinne von
Kuhlmanns Übergang vom praktischen zum theoretischen Handlungswissen). In diesem Zusammenhang gehört auch die Pointe, daß es in gewissen Hinsichten sehr irreführend ist, "Übersetzung" und "Berichten eines
Hergangs" als Sprachspiele zu denken.

Ausgehend von dem Status der performativ-expressiven Sprechhandlungen wird ein allgemeines handlungskonstitutives ("performatives") Handlungsbewußtsein ins Auge gefaßt. Mit Fichte, Heidegger, Ch. Taylor u. a.
wird die besondere Art dieses Bewußtseins von dem propositionalen
Gegenstandsbewußtsein abgehoben. Mit Kuhlmann wird die entscheidende Rolle der sekundären, "theoretischen" Objektivierung des nichtgegenständlichen Handlungswissens hervorgehoben. Insbesondere geht es mir
darum, wie das deiktische System in diesem Zusammenhang funktioniert:
Das Handlungsbewußtsein, das in Termini von verschiedenen Verben/Ver-

balphrasen sozusagen "geformt" wird (in der ersten Person Präsens), kann (und muß) durch die *Abwandlungen* der betreffenden Verbalphrasen sekundär objektiviert werden. (Ein Handlungsbewußtsein "Ich denke, daß ...", muß z. B. in "Ich habe gedacht, daß ...", "A denkt, daß ..." usw. gebeugt werden können.) Man wird hier mit Recht auch Elemente des Verhältnisses zwischen der "Ebene der Intersubjektivität" und der "Ebene der Gegenstände" (Habermas) innerhalb der erkenntnistheoretischen Grundfigur "Verständigung über etwas" (Apel) wiedererkennen. Insgesamt geht es um das angemessene Verständnis des deiktischen Systems der Sprache. Alles hängt davon ab, die handlungskonstitutiven Verbalphrasen des Handlungswissens in der ersten Person Präsens nicht als Beschreibungen bzw. (Selbst-)Zuschreibungen des Prädikats (der Verbalphrase) zu einem Gegenstand aufzufassen. (Vgl. Habermas' Reservation dagegen, die Personalpronomina zu den deiktischen Ausdrücken zu rechnen [1971:109].)

Die Abhandlungen im letzten Teil versuchen, das sprachphilosophisch gewonnene Verständnis vom Verhältnis Sprache-"Gegenstand", zumal im Fall der sprachlich konstituierten (Nicht-)Gegenstände vom Typ intentionaler (d. h. verantwortbarer) *Handlungen*, wissenschaftstheoretisch auszuschlachten. Die "Herkunft" der Gegenstände der sozialen Welt aus der performativen Ebene sowie die "Identität" des Performativen mit dem sekundär Objektivierten, die durch das System der Abwandlungen gestiftet wird (vgl. die Wittgensteinsche Doppelstämmigkeit psychologischer Prädikate), wird gegen wissenschaftstheoretische Positionen à la Quine, zumal gegen Versionen des einheitswissenschaftlichen Objektivismus wie etwa die Føllesdals und Churchlands, in Anschlag gebracht. In den letzten Abhandlungen werden dabei auch Themen wie die Struktur des hermeneutischen Verstehens, der neowittgensteinsche "Sprachendualismus" (Sprachspieldualismus?), die szientistische "Alternativkonzeption" (Apel) und das *direkte*, nichtpropositionale Verstehen in performativer Einstellung, d. h. die direkte *kommunikative Erfahrung* auf der Ebene der Intersubjektivität, tangiert.

Die Unterstützung der Alexander von Humboldt-Stiftung hat meine mehrjährigen Verbindungen mit dem Fachbereich Philosophie der Johann Wolfgang Goethe-Universität (Frankfurt am Main) und dem Forum für Philosophie Bad Homburg, in dessen Schriftenreihe dieses Buch erscheint, ermöglicht. Diesen Institutionen möchte ich danken, wie auch vielen deutschen Freunden und Kollegen, die mir - nicht zuletzt mit Sprachkorrekturen - geholfen haben. Das gilt zunächst für meine langjährigen Freunde Dietrich Böhler, Wolfgang Kuhlmann und Albrecht Wellmer, aber auch für jüngere Leute, die in den letzten Jahren mit meinen Ungeschicktheiten im Deutschen zu kämpfen hatten: Andreas Dorschel, Vittorio Hösle, Matthias Kettner und, insbesondere im Hinblick auf diese Ausgabe, Thomas Peuker. Auch meinem Trondheimer Kollegen Bernd Neumann gebührt in dieser Hinsicht Dank. Wer in erster Linie mit sachlicher Inspiration beigetragen hat, geht wohl unschwer aus den Texten hervor. Einen besonderen Dank möchte ich jedoch an Jakob Meløe für seine Kritik und Widersprüche richten. Für finanzielle Hilfe danke ich meinem Institut in Trondheim und dem Norwegischen Forschungsrat (NFR).

Trondheim, im Juni 1993   *Audun Øfsti*

Die Verabsolutierung des Begriffs der empirischen Theorie

Der Fall Quine

In seinem Buch über die Erklären/Verstehen-Kontroverse (1979a) kritisiert Apel einen gewissen Szientismus-Theoretizismus, der durch eine "Verabsolutierung des Begriffs der empirischen Theorie" und eine daraus folgende Zerstörung der eigenen Grundlage charakterisiert ist: "Wenn zwischen 'analytisch' und 'synthetisch', zwischen 'Kriterien' und 'Symptomen', normativen Bedingungen der Erfahrung und falsifizierbaren empirischen Hypothesen letztlich nicht mehr soll unterschieden werden können, dann verliert eben gerade der Begriff der revidierbaren empirischen Theorie, in dessen Namen diese Nivellierungen vorgenommen sind, seinen Sinn" (Apel 1979a:236). Gegen diesen Theoretizismus, der am Ende die Philosophie auf dieselbe Ebene wie inhaltliche empirische Theorien bringt, behauptet Apel die besondere Aufgabe der Philosophie:

"die Philosophie kann und muß eine *konstante Komplementarität* zwischen dem auf Revidierbarkeit der Theorien und der theoretischen Begriffe beruhenden Fortschritt der empirischen Wissenschaft und - den dabei vorausgesetzten - a priori verständlichen normativen Bedingungen der Denkbarkeit und Kontrollierbarkeit von so etwas wie *empirischer Theorie, Falsifizierbarkeit, Revidierbarkeit usw. feststellen*" (Apel 1979a:237).

Als Beispiel für die Aporien, in die der Szientismus-Theoretizismus geraten kann, erwähnt Apel u. a. das Schicksal des sogenannten "Proliferationsprinzips" in der Popperschule, - ein Prinzip, das zuletzt (etwa bei Feyerabend) durch Leugnung der Komplementarität zwischen Maßstab und Gemessenem ad absurdum geführt worden ist. Ich möchte in diesem Aufsatz die Philosophie Quines in ihren Hauptzügen im Hinblick auf diese Apelschen Andeutungen untersuchen und zugleich versuchen, sie als eine Variante des erwähnten Szientismus-Theoretizismus und der dazugehörigen Verabsolutierung darzustellen bzw. zu kritisieren.

I

Auch nach der kopernikanischen Wende Kants gilt natürlich weiterhin, daß unsere Erkenntnis sich nach dem Gegenstand zu richten hat, d. h. nach der Wirklichkeit oder Realität, so wie diese empirisch erscheint. Unsere wissenschaftlichen Theorien müssen sich nach der Wahrnehmungs*evidenz* richten, die wir für das eine oder das andere haben. Insoweit sind wir wohl alle Empiristen und können Quine zustimmen, wenn er für eine empiristische Auffassung der Wissenschaft eintritt. Das Kontroverse bei Quine und damit gleichzeitig das, woran wir im folgenden anknüpfen werden, liegt in seiner wohlbekannten und aufsehenerregenden Verwerfung eines Prinzips, das der klassische Empirismus gelten ließ: des Prinzips, daß sich neben dem synthetischen aposteriorischen Wissen auch so etwas wie formale oder "analytische" Elemente unterscheiden lassen, also Aussagen, die logisch oder kraft ihrer sprachlichen *Bedeutung* wahr sind. Quine will nicht mehr unterscheiden zwischen dem, was die Sprache, vermittels Logik und Bedeutung, zu unserem Wissen beiträgt, einerseits, und dem, was eine "genuine reflection of reality" ist[1] - demjenigen also, was der Realität als Antwort auf unsere Fragen abgezwungen wird, um auf Kant anzuspielen, andererseits (KrV B XIII). Somit können wir z. B. Quine zufolge nicht die *Wortbedeutung* eines Wortes von der nicht-analytischen *Information* über das, wofür das Wort steht, trennen. Wir dürfen nicht der Meinung verfallen, daß wir getrennt bestimmen könnten, *wovon* wir reden und was wir darüber *sagen*. Man kann sagen, daß Quine auch die angeblich sprachlich formalen oder "analytischen" Elemente revidierbar werden läßt, indem er diese als Momente in einem "web of belief" auffaßt, das als ein *Ganzes* gegenüber der Empirie verantwortlich ist.[2] Womit wir es zu tun haben, ist eine Gesamtheit von Sprache und Wissen, die als ein Ganzes der Wirklichkeit angepaßt wird. "What we objectively have, is just an evolving adjustment to nature, reflected in an evolving set of dispositions to be prompted by stimulations to assent or to dissent from sentences" (Quine 1960:38f.).

[1] Vgl. Quine 1969:78.

[2] Vgl. Hilary Putnams Formulierung (1975:40): "With Quine, I would like to stress the monolithic character of our conceptual system, the idea of our conceptual system as a massive alliance of beliefs which face the tribunal of experience collectively and not independently".

Eine suggestive Darstellung, wie er diese Gesamtheit auffaßt, gibt uns Quine bereits in *Two Dogmas of Empiricism*. Ich erlaube mir ein längeres Zitat:

"The totality of our so-called knowledge or beliefs, from the most casual matters of geography and history to the profoundest laws of atomic physics or even of pure mathematics and logic, is a man-made fabric which impinges on experience only along the edges. Or, to change the figure, total science is like a field of force whose boundary conditions are experience. A conflict with experience at the periphery occasions readjustments in the interior of the field. [...] Reëvaluation of some statements entails reëvaluation of others, because of their logical interconnections the logical laws being in turn simply, certain further statements of the system, certain further elements of the field. Having reëvaluated one statement we must reëvaluate some others [...] But the total field is so underdetermined by its boundary conditions, experience, that there is much latitude of choice as to what statements to reëvaluate in the light of any single contrary experience. No particular experiences are linked with any particular statements in the interior of the field, except indirectly through considerations of equilibrium affecting the field as a whole.

If this view is right, [...] it becomes folly to seek a boundary between synthetic statements, which hold contingently on experience, and analytic statements, which hold come what may. Any statement can be held true come what may, if we make drastic enough adjustments elsewhere in the system. Even a statement very close to the periphery can be held true in the face of recalcitrant experience by pleading hallucination or by amending certain statements of the kind called logical laws. Conversely, by the same token, no statement is immune to revision" (Quine 1961:42f.).

Mit den "analytischen" oder logischen Wahrheiten verschwindet gleichzeitig jeglicher feste Haltepunkt außerhalb des Inhaltsmäßigen und Revidierbaren, also ein jegliches Apriori, dessen Erforschung für die Philosophie eine Aufgabe darstellen könnte. In diesem Zusammenhang verwendet Quine gerne Otto Neuraths Analogie[3] und vergleicht das holistische Corpus von Auffassungen, das . auch unser Begriffssystem umfaßt, mit einem Schiff, das auf offener See ständig umgebaut wird. Als Wissenschaftler und Philosophen sind wir immer wieder mit Reparaturarbeiten und Verbesserungen von einzelnen Teilen des "Schiffs des Wissens" beschäftigt, indem wir uns auf unsere übrigen, im Augenblick nicht problematisierten Annahmen stützen. Es gibt keinen sicheren Standort, kein Dock, außerhalb dieser Gesamtheit, in der kein Glied vor Revision sicher ist. Auf diese

---

[3] "Wie Schiffer sind wir, die ihr Schiff auf offener See umbauen müssen, ohne es jemals in einem Dock zerlegen und aus besten Bestandteilen errichten zu können" (Neurath 1932:206).

Weise sind wir in eine fortlaufende Entwicklung unseres Begriffsschemas involviert.

"We can change it bit by bit, plank by plank, though meanwhile there is nothing to carry us along but the evolving conceptual scheme itself. The philosopher's task was well compared by Neurath to that of a mariner who must rebuild his ship on the open sea.

We can improve our conceptual scheme, our philosophy, bit by bit while continuing to depend on it for support; but we cannot detach ourselves from it and compare it objectively with an unconceptualized reality. Hence it is meaningless, I suggest, to inquire into the absolute correctness of a conceptual scheme as a mirror of reality" (Quine 1961:79).[4]

Quine zufolge besitzen wir also keinen festen Bezugsrahmen bzw. kein festes Begriffssystem, innerhalb dessen sich verschiedene empirische Theorien formulieren ließen; es gibt keine wohlbestimmten Grenzen der Bedeutung, die der *Information* und den Theorien über die Welt vorausgehen könnten. Auch die grundlegenden Distinktionen und Kategorien der Sprache sind als "theoretische" Prinzipien und folglich auch als prinzipiell revidierbar zu verstehen. So heißt es z. B. in *Word and Object*:

"The interlocked conceptual scheme of physical objects, identity, and divided reference is part of the ship which, in Neurath's figure, we cannot remodel save as we stay afloat in it. The ontology of abstract objects is part of the ship too, if only a less fundamental part" (Quine 1960:123f.).

Als theoretische Größen sind diese fundamentalen Kategorien nach Quine auch durch die empirischen Belege *unterbestimmt*, so wie es nach Duhem ganz allgemein für die Annahmen einer empirisch-wissenschaftlichen Theorie gilt. Dieses führt nun wiederum zu Quines These der ontologischen Relativität und zur "Unbestimmtheit der Übersetzung". Solange die innere Organisation einer "Globaltheorie" von dem, was in der Nähe der Peripherie geschieht, unterbestimmt ist, solange können unterschiedliche Organisationsprinzipien oder Ontologien "nach außen hin" das gleiche Nettoresultat liefern, und ein Übersetzer kann nicht auf der Grundlage seiner u. a. linguistischen Beobachtung solche Prinzipien einer fremden "Gesamtheit" festlegen. Er hat die Wahl zwischen verschiedenen "analytischen Hypothesen".

---

[4] Vgl. auch Quine 1969:126f.: "I see philosophy not as an a priori propaedeutic or groundwork for science, but as continuous with science. I see philosophy and science as in the same boat - a boat which, to revert to Neurath's figure as I so often do, we can rebuild only at sea while staying afloat in it. There is no external vantage point, no first philosophy."

II

Quines Ansichten haben viel Widerspruch ausgelöst, nicht zuletzt innerhalb der empiristisch orientierten analytischen Philosophie, obwohl es die
Kritiker nicht immer leicht gehabt haben, gute Argumente für ihre anti-
Quineschen Intuitionen zu finden. Meines Erachtens kann dies in Zusammenhang stehen mit einem mangelnden Verständnis dafür, was es heißen
soll, eine *transzendentalphilosophische* Verteidigung für apriorische
Voraussetzungen der Erkenntnis zu liefern. Man ist allzu geneigt, sich
(auch) das a priori Gültige in Form von "Theoremen" vorzustellen; aber
auf diese Weise hat man sich bereits allzusehr auf Quines Spielregeln eingelassen. Die Kritik, die ich im folgenden vorbringen will, wird weniger
immanent verlaufen. Ich möchte versuchen, aus einer transzendentalphilosophischen Perspektive[5] heraus zu argumentieren - in Übereinstimmung
mit dem anfangs erwähnten Apelschen "Komplementaritätsprinzip".
    Es wird also die Frage nach der Möglichkeit von etwas a priori Gültigem
gestellt. Quine behauptet, daß es die *Gesamtheit* unseres Wissens und
Glaubens ist, unsere globale "Theorie", die auf (jeweils neue) Erfahrungs-
evidenzen reagieren muß, was bedeutet, daß kein Teil dieser Gesamtheit
prinzipiell vor Revision oder "Umbau" sicher ist. Nichts in unserem "Schiff
des Wissens" gilt a priori, befindet sich außerhalb der Reichweite von
Wahrnehmungsevidenzen. Alles gilt im Hinblick auf mögliche Wahrnehmungen (oder "Oberflächenreizungen", wie Quine mit Vorliebe sagt) als
a posteriori, als prinzipiell fehlbar. - Ein solcher *Holismus* mag plausibel
erscheinen. Man muß allerdings die Frage aufwerfen, ob es wirklich
statthaft ist, auf diese Weise alles erfahrungsbezogen werden zu lassen,
wenn der Begriff einer Gesamtheit von Auffassungen über die Welt *selber*
einen Sinn haben soll. Ich möchte dies verneinen und behaupten, daß
z. B. das ("tiefliegende" oder "zentrale") logische Gesetz, welches wir als
"Satz vom Widerspruch" bezeichnen, nicht aufgegeben werden kann in der
Absicht, hierdurch das (von "recalcitrant experience" gestörte) "Kraftfeld"
wieder ins Gleichgewicht zu bringen. Und hierbei denke ich nicht eigentlich an das Argument, daß *alles* aus einem Widerspruch hergeleitet
werden kann, bzw. daß ein System, das einen Widerspruch unter seinen
Theoremen enthält, *alle* Aussagen als Theoreme enthält. (Dieses Argument, womit Popper Hegel vernichten wollte, muß wohl auch Quine

---

[5] Der *Begriff* der Transzendentalphilosophie muß hier sehr weit verstanden werden.
Ich fasse in diesem Zusammenhang *Wittgenstein* und *Heidegger* ohne weiteres als
Transzendentalphilosophen auf. Das gleiche gilt für Ernst *Tugendhat* (1976).

vernichten. In beiden Fällen ist allerdings das Argument ein klein wenig zu gut, als daß es vollständig überzeugend wirken könnte.) Worauf ich abziele, ist vielmehr, daß ohne den Satz vom Widerspruch die Forderung nach *Gleichgewicht* keinen Sinn mehr hat. Ja, der Begriff eines möglichen *Konfliktes* zwischen "der Gesamtheit" und gegenläufiger Erfahrung verschwindet, oder er wird auf einen psychologischen Konflikt reduziert.[6]

Die Auffassung vom Satz vom Widerspruch und von anderen logischen "Gesetzen" als sehr tiefliegenden Theoremen oder Axiomen im Schiff unseres Wissens, deren Revision wir uns solange als möglich widersetzen, ist an sich selber symptomatisch für den Theoretizismus, der einen transzendentalphilosophischen Zugang zu den Problemen erschwert. Es entsteht das Bild einer Kontinuität zwischen zwei Extremen: Am einen Ende findet sich das ganz Zentrale, das Fundamentale und am *wenigsten* Erfahrungsabhängige in unserem Wissenskörper; am anderen Ende finden sich die peripheren und am *meisten* aposteriorischen Elemente. Die Komplementarität zwischen dem Wissenskörper und den *Bedingungen der Möglichkeit* des Wissens wird aus dem Auge verloren. (Derartige Bedingungen werden höchstens in einem empirisch-faktischen Sinn vorgestellt, nicht im transzendentalphilosophischen Sinne des Kantischen "Quid iuris".) - Als Beispiel für eine Position innerhalb der analytischen Philosophie, die die Komplementarität respektiert und dabei "logische" Aussagen oder Tautologien auch *nicht* als eine Art Theoreme auffaßt, ist es naheliegend, Wittgensteins *Tractatus* zu nennen. Die Logik ist für Wittgenstein "transzendental" (6.13). Sie ist die Bedingung der Möglichkeit dafür, daß überhaupt etwas der Fall sein kann, und die "Erfahrung", die wir zu ihrem Verstehen benötigen, ist nicht die, daß sich etwas so und so verhält, sondern, daß etwas *ist* (also eben keine Erfahrung). "Die Logik ist vor jeder Erfahrung - daß etwas *so* ist" (5.552). Die Logik ist keine Lehre, vielmehr kommt sie dem Faktum der Erfahrung selber gleich. Ebenso sind die logischen Sätze keine "Theoreme", sondern sie "demonstrieren" die

---

[6] Nun ist sicherlich ein solches psychologisches Verständnis des Konfliktes Quine nicht fremd. Wir werden hierauf an späterer Stelle zurückkommen (siehe unten S. 37-39). Hier wollen wir nur im Vorbeigehen auf ein Problem aufmerksam machen, das eine psychologische Deutung des Verhältnisses zwischen Sinnesevidenz und globalem System mit sich führt, derzufolge die an der Peripherie anstoßenden Reizungen ihre Wirkungswellen in das Innere des Kraftfeldes fortpflanzen. Stellt man sich die Anpassungen innerhalb des Systems als *Wirkungen* vor, dann ist nicht mehr zu verstehen, wie sie "unterbestimmt" sein können. Die Rede von der "Unterbestimmtheit" (wie auch von Unbestimmtheit) setzt eine "rationale" Interpretation des Verhältnisses voraus.

logischen Eigenschaften der Sätze, indem sie sie zu nichtssagenden Sätzen verbinden (6.121).[7]

Hat man erst einmal die Konzeption des Apriori als des maximal Sicheren aufgegeben zugunsten der Auffassung des Apriori als Bedingung der Erfahrung und der Erfahrungsgegenstände, dann erblickt man auch leichter die Möglichkeit von anderen apriorischen Voraussetzungen als den formal logischen. Bei Kant sind bekanntlich transzendentale Bedingungen eher in einen Zusammenhang mit der Möglichkeit von *synthetischen* Aussagen (a priori) als mit analytischen Aussagen gestellt. Jedenfalls ist das, worauf wir aus sind, wenn wir davon reden, daß etwas zur Gesamtheit unseres empirischen Wissens oder unserer Auffassungen komplementär ist, dasjenige, was "formal" darin involviert ist, daß sich etwas wie eine (mögliche) Erkenntnis zu einer (objektiven) Welt verhält. Es wird sich hier um Bedingungen drehen, deren Auffinden notwendigerweise die Form einer Reflexion darüber annehmen muß, was man selber immer schon vorausgesetzt hat, indem man sich "performativ" zum Subjekt[8] empirisch-deskriptiver Geltungsansprüche[9] macht, d. h. indem man sie erhebt. Es wird sich also um Analysen handeln, die insofern prinzipiell nicht in der dritten Person (oder auch der deiktisch-referierenden ersten und zweiten Person) durchgeführt werden können, also etwa in Form

---

[7] Vgl. auch 4.0312, 4.12, 4.121, 5.4371, 5.555, 5.61, 6.112, 6.12. Ob man die "Transzendentalphilosophie" im *Tractatus* eher mit Kant oder mit Heidegger vergleicht, ist in diesem Zusammenhang nicht wichtig. Als frühe Beispiele solcher Interpretationsrichtungen möchte ich Eric Stenius (1960) nennen, der den *Tractatus* als eine "Kritik der reinen Sprache" erwähnt, weiterhin auch den Aufsatz von Ingvar Horgby (1959). Vgl. im übrigen Apel 1973:I 225ff., bes. 238ff.

[8] Wir können dieses "Subjekt" (diese Funktion), welches im performativen ("illokutiven") Teil von Äußerungen repräsentiert wird, unterscheiden von dem, was wir das "deiktische" (oder "empirische") Subjekt nennen könnten, welches gelegentlich als Gegenstand der Prädikation in Behauptungen vorkommt und auf das da *referiert* wird durch den *deiktischen* Ausdruck (durch das Indexwort) "Ich" im Behauptungsinhalt oder dem propositionalen Teil der Äußerung. Eine derartige Unterscheidung ist m.E. wesentlich weniger problematisch als die traditionelle zwischen dem transzendentalen und dem empirischen Subjekt.

[9] Ich möchte die Perspektive hier auf die traditionelle Frage der Erkenntnis der intersubjektiven Außenwelt begrenzen und andere Geltungsansprüche unerwähnt lassen - oder nur auf sie hinweisen, sofern sie Möglichkeitsbedingungen eben des deskriptiven Geltungsanspruches sind. (Empirisches Erkennen setzt volle kommunikative Kompetenz voraus.)

einer Beschreibung der (notwendigen Züge der) Wirklichkeit.[10] Dabei kann z. B. - à la Wittgenstein - darauf reflektiert werden, was ein Satz ist und was einen solchen zu einem "Bild" macht (eine Minimalbedingung ist sicherlich die Subjekt-Prädikat-Form oder das, was in der Kopula enthalten ist). Oder man kann im Sinne Kants auf die Trennung zwischen subjektiver Erfahrung und objektiv-intersubjektiver Welt reflektieren; oder (eher "transzendentalpragmatisch") darauf, wie "Bilder" oder propositionale Inhalte durch Urteile, Erfahrungen und Äußerungen uns als die "unsrigen" in einem nichtpsychologischen Sinn zugehören können; usf. Im Verlauf derartiger Vorstöße wird der apriorische Satz vom Widerspruch sicherlich noch weitere Gesellschaft bekommen, z. B. durch den Begriff der Einheit der Apperzeption wie auch durch die Kausalitätskategorie.[11]

---

[10] Daß das Aufspüren von transzendentalen Bedingungen den Charakter einer Selbstreflexion annehmen muß, wird sich auch in der Form einer Diskussion über solche Bedingungen zeigen müssen. Soll man z. B. jemanden herausfordern, der sich (freiwillig oder unfreiwillig) ins erkenntnistheoretische Gebiet hineinbewegt hat, so kann dies nicht dadurch geschehen, daß man einen Vergleich seiner "Theorie" mit der "Realität" vornimmt und zu zeigen versucht, daß sie dieser unangemessen ist. Der Angriff muß die Form einer Anstrengung annehmen, den Aufweis zu erbringen, daß die Analysen des Betreffenden nicht ganz daran heranreichen oder im schlimmsten Fall auch dem widersprechen, was er selbst in und mit seinen Ausführungen stillschweigend vorausgesetzt hat. - Ein erstes Modell bietet hier die "negative" Begründung des Satzes vom Widerspruch durch Aristoteles *(Metaphysik* Lambda, 1006ff.). Bezügl. der Struktur transzendentaler Reflexion im allgemeinen siehe Apel 1973:II 405ff.

[11] Bezüglich der Kausalitätskategorie ist es naheliegend, noch auf eine weitere Variante des Theoretizismus hinzuweisen, die die Bedingungen der Möglichkeit von Theorien und Erfahrungen als "etwas Theoretisches" darlegt, nämlich die Poppersche Variante. In *Conjectures and Refutations* schreibt Popper beispielsweise in Verbindung mit seiner Behandlung von Hume und Kant: "[...] we are born with expectations; with 'knowledge' which, although not *valid a priori, is psychologically or genetically a priori*, i. e. prior to all observational experience. One of the most important of these expectations is the expectation of finding a regularity [...] This 'instinctive' expectation of finding regularities, which is psychologically *a priori*, corresponds very closely to the 'law of causality' which Kant believed to be part of our mental outfit and to be a prio.i valid" (Popper 1963:47). Wir haben es hier mit Poppers "Scheinwerfer-Theorie" zu tun, derzufolge Beobachtungen der Gleichheit und des Unterschiedes als auch Beobachtungen von Regelmäßigkeiten nur möglich sind im Lichte unseres allgemeinen theoretischen Horizonts von Auffassungen, Haltungen und Erwartungen. Diese psychologische Deutung hindert Popper nicht daran, in anderen Zusammenhängen das Kausalprinzip als ein methodologisches Prinzip zu *empfehlen*: "I shall [...] propose a methodological rule which corresponds so closely to the 'principle of causality' that the latter might be regarded as its metaphysical version. It is the simple rule that we are not to abandon the search for universal laws and for a coherent theoretical system, nor ever give up our attempts to explain causally [d. h. deduktiv-nomologisch zu erklären, A. Ø.] any kind of event we can describe" (Popper 1959:61). - Für uns ist es

Wenn wir unser grundlegendes begriffliches Schema in diesem Sinn als transzendentale Voraussetzungen der Erfahrung und des Wissens begreifen, dann wird es im übrigen richtig sein, was Quine sagt, nämlich "that we cannot detach ourselves from it and compare it objectively with an unconceptualized reality", - und daß es deswegen sinnlos sein wird, die Frage zu stellen, ob es die Wirklichkeit absolut korrekt widerspiegelt. Das gilt dann aber nicht deswegen, weil die Forderung nach absoluter Korrektheit überspannt ist und in einer "pragmatischen" Richtung aufgeweicht werden muß, so wie Quine es haben will[12], sondern weil die Vorstellung von *Korrektheit* oder *Korrespondenz* mit der Wirklichkeit hier in einem bestimmten Sinn *fehl am Platze* ist. Transzendentalphilosophische Analysen müssen ja als Versuche angesehen werden, eben *das* zu explizieren, was in *jener merkwürdigen "Relation" von Korrespondenz oder Nicht-Korrespondenz zur Wirklichkeit (mitsamt ihren dazugehörigen Standards)* als solche inbegriffen liegt - in diesem Weltverhältnis, in das wir immer schon hineinversetzt sind und von dem wir uns nicht loslösen oder distanzieren können. Transzendentale Voraussetzungen können eben nicht als mehr oder weniger korrekte Abbildungen oder Spiegelungen einer Wirklichkeit thematisiert werden, also als ein Teil *des* Wissenskörpers, den wir Stück für Stück verbessern. Sie müssen vielmehr verstanden werden als Bedingungen der Möglichkeit eines solchen Körpers - der Möglichkeit, daß wir uns überhaupt in der Weise zu einer Wirklichkeit verhalten, daß es unter uns zu Abbildungen von ihr oder Aussagen über sie kommen kann, welche einer Bewertung hinsichtlich Gültigkeit oder Korrektheit zugänglich sind. Die Frage, ob derartige Möglichkeitsbedingungen die Wirklichkeit (absolut) korrekt widerspiegeln, ist abwegig. Es macht die Sache aber nicht besser, wenn man wie Quine hier nicht nach dem Maßstab "Korrespondenz" bewerten will, sondern statt dessen einen "pragmatischen" Standard fordert.

interessant festzuhalten, daß dieses methodologische Verständnis der "Kausalkategorie" auch eine Auslegung von dieser als theoretische Entität bedeutet, nämlich insofern, als sie (die Kategorie) als eine Art Prämisse oder "Annahme" verstanden wird, die man (mit Recht oder Unrecht) zum Ausgangspunkt wählen kann. (Für eine kritische Behandlung Poppers bezüglich dieser Dinge siehe Wellmer 1967, bes. 31-69).

[12] Vgl. Quine 1961:79, oben zitiert S. 16. Etwas vollständiger lautet das Zitat folgendermaßen: "[...] it is meaningless [...] to inquire into the absolute correctness of a conceptual scheme as a mirror of reality. Our standard for appraising basic changes of conceptual scheme must be, not a realistic standard of correspondence to reality, but a pragmatic standard."

III

Trotz all seiner Finesse und Subtilität kann m. E. mit einem gewissen Recht behauptet werden, daß Quines wissenschaftstheoretischer Holismus - so wie wir ihn in den obigen Zitaten vorfinden - nicht erkenntnistheoretisch reflektiert ist; bzw. daß er, als Erkenntnistheoretiker betrachtet, sich auf einem vor-Kantianischen Niveau befindet. Wenn bei Quine die Rede ist von unseren Empfindungen (oder "nervehits"), von der "Sinneserfahrung" (sensory evidence), von "widerstreitender Erfahrung" (recalcitrant experience), von "dem Tribunal der Beobachtungen" (Quine 1969:89) - wenn überhaupt von diesem "Beweismaterial aus den Sinnesorganen" geredet wird, das im Empirismus immer in der einen oder anderen Weise (logisch, psychologisch) die Rolle der Reduktionsbasis unseres Wissens gespielt hat - dann wird diese Basis gewiß nicht länger wie im klassischen Empirismus als ein "Felsengrund" von Belegen (für Theorien) verstanden bzw. als Verankerungspunkte für sprachlichen Sinn. Es wird auch die Wahrnehmung nicht mehr zur "letzten Schiedsstelle" in klassisch-naiver Weise erhoben. Erfahrung und Beobachtung werden jetzt als *vermittelt* dargestellt - vermittelt durch die Theorie. (In Verlängerung des Neurathschen Gleichnisses könnte man hier sogar eine Art "Hermeneutik" erahnen: Es könnte als gemeinsame Einsicht von Quine und Gadamer[13] scheinen, daß man nicht *alles* gleichzeitig als Gegenstand kritischer Prüfung "auf Distanz" bringen kann, sondern immer innerhalb einer Menge von nicht thematisierten Vorurteilen operieren muß, wenn man überhaupt etwas erfahren können soll. Die Übereinstimmung ist aber trügerisch. Genausowenig wie die Pointe der "Theorievermitteltheit" von Beobachtungen mit Kants kopernikanischer Wende verglichen werden kann, kann sie mit Gadamers [ontologischer] Hermeneutik verglichen werden. Dort, wo diese [in Anknüpfung an Heidegger] als eine Radikalisierung der Transzendentalphilosophie gelten könnte, dort verbleibt Quines "Hermeneutik" - wie ich zeigen möchte - in einem entscheidenden Sinn *vorkantisch*.) Quine hat zweifellos den alten "reduktionistischen"

---

[13] Nach Gadamer (wie auch nach Hegel) ist eine "formale" Bestimmung der transzendentalen Subjektivität unzureichend. Zu den Bedingungen der Möglichkeit von Erfahrung und Erkenntnis gehört auch eine Substanz von inhaltlichen Erfahrungen. Erfahren kann nur, wer schon Erfahrungen gemacht hat bzw. einer erfahrenen Sprache oder Tradition angehört. Eine erste Erfahrung kann es nicht geben. Diese Einsicht möchte ich aber nicht als möglichen Konvergenzpunkt zwischen Quine und Gadamer ansehen, sondern vielmehr als Vertiefung jener transzendentalphilosophischen Perspektive, die gegen Quine zur Geltung gebracht werden soll.

Empirismus grundsätzlich revidiert, ja umgeworfen. Nichtsdestoweniger bleibt sein holistisch aufgeweichter Empirismus hinter Kants kopernikanischer Wende (ja auch hinter Descartes!) zurück in dem Sinne, daß er als *gegeben* voraussetzt, daß wir *Beweismaterial* von den Sinnesorganen erhalten, daß die Sinneswahrnehmung *Evidenz* und somit Erfahrung gewährleistet. Oder besser ausgedrückt: Es wird übersehen, was bereits in der Annahme vorausgesetzt ist, daß Sinneswahrnehmungen Evidenz-für (etwas) sein können. Dasjenige, was darin steckt, *daß* die Welt ist, wird unterschlagen.

Gerade dank dieses Übersehens können auch, ziemlich unbemerkt, untergeordnete, "wissenschaftstheoretische" Problemstellungen bezüglich des Verhältnisses von Theorien zu Daten sich auf erkenntnistheoretischem Gebiet breit machen. Man stellt und beantwortet Fragen der Verifikation versus Falsifikation, der Theorieabhängigkeit von Beobachtungen und der Unterbestimmtheit von Theorien durch Tatsachen, Fragen nach dem Status von theoretischen Begriffen wie "Atom", "Gen", "Gravitationspotential" (sind Atome wirklich, oder sind sie nur "postuliert"?) usw. Und dies alles wird dann sozusagen zu einer Erkenntnistheorie hochstilisiert. Nun kann - und sollte - natürlich die Grenze zwischen Wissenschaftstheorie und Erkenntnistheorie fließend sein.[14] Dennoch sollte es klar sein, daß keine Antwort auf Fragen der hier erwähnten Art - und besonders nicht die Entdeckung der "Theorieimprägniertheit" der Erfahrung, sei sie nun Popperscher oder Quinescher Herkunft - die *erkenntnistheoretischen* Fragen beantworten kann, die Kant an den Empirismus richtete, nämlich: Was ist darin enthalten, daß die Wahrnehmung zur *Erfahrung* wird, zur Erfahrung von *etwas* (von etwas *Objektivem*)?[15] Wie kann die Empfindung oder Wahrnehmung zu einem "Tribunal" werden; wie kann sie *Beleg* oder Evidenz werden für etwas (das behauptet werden kann), zur "Bezeugung" von etwas (daß ein Sachverhalt besteht)? Wie kann Wahrnehmung zu einer "Quelle" des *Wissens* werden, zu etwas, das der logischen Bestätigung und Negation "fähig" ist? Auch Tiere nehmen wahr, aber man kann nicht behaupten, daß sie für irgend etwas Belege haben können, also dafür, daß dies oder jenes der Fall ist (es sei denn, man erlaubt sich, wie

---

[14] Hierzu bieten Arbeiten von Apel, wie auch von Habermas, den besten Beleg.

[15] Vgl. hierzu auch Apel 1977:428: "[...] the fashionable talk about the theory-impregnatedness of all experiential data does not suffice to overcome the naiveté of logical empiricism. For, instead of taking theories for granted, it is first necessary to ask about the conditions of the possibility of the constitution of theories as possible systematizations of synthetic achievements of cognition.

Quine, ganz ungeniert von Urteilen ["judgements"] bei "sprachlosen Tieren" zu reden [Quine 1960:53]). Sachverhalte und Tatsachen liegen außerhalb ihrer Reichweite.

Nun kann man möglicherweise Quines Holismus rein wissenschaftstheoretisch deuten, ohne ihm damit irgendwelche Prätentionen erkenntnistheoretischer Art zu unterstellen. Das würde dann bedeuten, daß die "kantische" Ebene und die erkenntnistheoretischen Probleme übersprungen worden sind oder daß eine Lösung von diesen an anderer Stelle stillschweigend vorausgesetzt wird: Man gestattet sich, die Beweiskraft der Wahrnehmung (ihren Evidenzcharakter) als gegeben hinzunehmen und äußert sich lediglich darüber, wie sich diese dann zu Theorien verhält. Eine derartige Deutung ist in Wirklichkeit aber ganz unangemessen. Die erkenntnistheoretischen Ansprüche sind unübersehbar. Damit wird aber die Situation im Grunde die - von einem kantischen Sichtwinkel aus gesehen -, daß etwas Theoretisches bzw. unser "Haben" von etwas Theoretischem (Meinungen, Hypothesen Ontologien ...) durch eine Art Kategorienfehler in die Rolle der *Vernunft* plaziert wird. - Denn *Kants* Antwort auf die Frage, was in der Wahrnehmung qua Erfahrung involviert ist, lautet natürlich: die Vernunft/der Verstand (die vernünftige Ich-Identität). In der Einleitung zur *Kritik der reinen Vernunft* heißt es dementsprechend (in einer freilich leicht zu mißdeutenden Formulierung): "Erfahrung ist [...] das erste Produkt, welches unser Verstand hervorbringt, indem er den rohen Stoff sinnlicher Empfindungen bearbeitet." (A 1) Kraft dieser Wendung kann es geschehen, daß Kant den Streit zwischen den Rationalisten und den Empiristen über die Quellen des Wissens aufzuheben in der Lage ist: Die Vernunft ist *keine Quelle* des Wissens, sondern das, was unsere Sinnlichkeit zu einer solchen Quelle *macht*. All unser Wissen stammt von (unserer) sinnlichen Erfahrung, aber die sinnliche Erfahrung, also die Erfahrung von etwas (Objektivem), *setzt voraus*, daß wir Vernunftwesen sind, logische Tiere. (Wir können hinzufügen - über Kant hinaus, aber in Übereinstimmung mit Wittgenstein und Apel - daß "unsere Erfahrung" voraussetzt, daß wir wirklich ein "Wir" sind, d. h. eine sprachliche Kommunikations- und Argumentationsgemeinschaft. Die Kommunizierbarkeit der Erfahrung ist im Verhältnis zur Erfahrung selber, als Erfahrung einer objektiven Welt, nicht etwas Äußerliches.[16])

Man kann also sagen, daß die erkenntnistheoretische Problematik bezüglich des Verhältnisses von Wahrnehmung und Erfahrung, die Konstitution von Objektivität etc., bei Quine auf eine "wissenschaftstheore-

[16] Vgl. Anm. 9.

tische" Problematik bezüglich des Verhältnisses von Theorien und deren Datenbasis abgebildet wird. Ich möchte dieses Vorgehen Quines - man kann darin eine Usurpation oder auch einen Kategorienfehler sehen - noch anhand einiger Beispiele beleuchten. Ein erstes Beispiel bildet Quines Auffassung von der (mit der aristotelischen Substanzkategorie verwandten) Subjekt/Prädikat-Struktur und ihrer Rolle für unser Wissen.

Mit Kant können wir im Hinblick auf diese Struktur sagen, daß wir nur kraft ihrer urteilen können, daß unsere Wahrnehmung nur ihretwegen nicht blind ist, sondern als Erfahrung (worin Gegenstände "gedacht" sind) relevant für unsere Geltungsansprüche und damit für unser Wissen werden kann. Es ist weiterhin klar, daß vieles innerhalb der modernen Sprachphilosophie als eine weitergehende Analyse des Urteilscharakters der Erfahrung betrachtet werden kann. Als Beispiel kann Ernst Tugendhats Untersuchung der logisch-pragmatischen Infrastruktur hinter der Unterscheidung Referenz/Prädikat genannt werden und da besonders sein Aufweis der notwendigen Rolle von Indexwörtern im Verhältnis zwischen dem unmittelbar Erlebten und dem objektiv Konstatierbaren ("le su" im Sinne Merleau-Pontys) (Tugendhat 1976). Wie sieht es nun bei Quine aus? Auch Quine operiert durchaus mit der Unterscheidung (und der fundamentalen Kombination) zwischen Referenz und Prädikat (zwischen singulären und generellen Termen), mit "Gelegenheitssatz" (occation sentence) versus "bleibender Satz" (standing sentence), etc. Diese Dinge werden aber von Quine nicht als *eigene* unumgängliche (und *deswegen* allgemeine) Voraussetzungen von Erkenntnis überhaupt reflektiert. Sie werden ganz im Gegenteil fast nominalistisch als eine Art *fruchtbare* Unterscheidungen gedacht, die in ein unterbestimmendes Datenmaterial Ordnung bringen sollen. Oder wenn man so will: Dasjenige in der Erfahrung, was über die Mannigfaltigkeit der sinnlichen Anschauungen "hinausschießt", wird nicht (à la Kant) als dasjenige verstanden, was ein Erfahrungsdatum erst möglich macht, sondern eher als Teil einer wissenschaftlichen Theorie, die durch das Erfahrungsmaterial unterbestimmt ist. Die "logischen" Aspekte der Erfahrung erhalten den Status von etwas, das wir im Prinzip verwerfen können - wenn auch nur dann, wenn wir über eine bessere Ersetzung verfügen. So heißt es bei Quine über die Struktur im "Schiff des Wissens": "we are not in a position to jettison any part of it, except as we have substitute devices ready to hand that will serve the same essential purpose" (Quine 1960:124). - Um es etwas grob, aber hoffentlich anschaulich auszudrücken: Quine plaziert (analytische) *Hypothesen* dort, wo Kant den *Verstand* plaziert.

Als ein weiteres Beispiel kann Quines Behandlung des Begriffs der äußeren Gegenstände (ordinary physical objects) dienen. Bei Kant ist dieser Begriff aus den Anschauungsformen und Kategorien als Bedingungen der Möglichkeit von Erfahrung transzendental "deduzierbar". In Quines Erkenntnistheorie wird dagegen die Existenz einer objektiven Welt von Gegenständen als eine *Hypothese* betrachtet, für die es (unzureichende) *Belege* gibt, und der Gegenstandsbegriff erhält im Prinzip denselben Status wie die theoretischen Begriffe ("Atom", "Molekül" etc.). Es gibt natürlich einen Unterschied hinsichtlich des Grades an Bewußtsein oder Explizitheit, mit denen die Hypothesen (Begriffe) gebildet werden. Das aber hindert nicht daran, daß diese Begriffe (wissenschafts)logisch gesehen einen nahezu gleichen Status einnehmen: "Considered relative to our surface irritations, which exhaust our clues to an external world, the molecules [...] are much on a par with the most ordinary physical objects. The positing of those extraordinary things is just a vivid analogue of the positing or acknowledging of ordinary things, vivid in that the physicist audibly posits them for recognized reasons, whereas the hypothesis of ordinary things is shrouded in prehistory" (Quine 1960:22). Wenn auch der Grad des Bewußtseins oder der "Hörbarkeit" unterschiedlich sein mag, so ist doch in beiden Fällen gleichermaßen von Entwürfen (Hypothesen, "posits") auf der Grundlage von Belegen oder Daten die Rede, die auch in beiden Fällen unzureichend oder unterbestimmend sind. Wir sind in beiden Fällen, wie Quine sagt, "far in excess of any available data" (22).

Ich möchte hier verschiedene Merkwürdigkeiten beiseite lassen[17] und nur das hervorheben, was ich als eine Überdehnung einer im engeren Sinn wissenschaftstheoretischen Fragestellung betrachte. Mit einer solchen Überdehnung haben wir es hier zu tun, insofern eine Frage bezüglich des Verhältnisses zwischen unmittelbaren Daten und Theoretischem an die Stelle der Frage, wie Daten und Theorien überhaupt möglich sind, gerückt wird. Oder man kann es vielleicht auch so ausdrücken, daß Quine die Sachen in eine verkehrte Reihenfolge stellt. Die äußere Welt räumlicher Gegenstände darf nicht gedacht werden als eine theoretische Vorstellung, die wir auf der Grundlage von Erfahrungsdaten entwerfen. Für das Faktum der (räumlichen) Welt kann es sowieso keine Erfahrungsevidenz geben (*daß* die Welt ist, ist kein empirisches Faktum). Vielmehr gilt umgekehrt, daß es *vor* unserem Weltverhältnis, zu dem die Kategorie Ding

---

[17] Wie kann z. B. die Reizungen meiner *Oberflächen* für mich überhaupt Beleg irgendeiner Hypothese sein - zumal für die Hypothese, daß es *Räumliches* gibt? Das Ganze ist ein Indiz dafür, daß Quine seine gesamte Erkenntnistheorie eigentlich "in der dritten Person" geschrieben hat. (Vgl. oben, S. 19f.)

gehört, für uns nicht so etwas wie Erfahrungsdaten geben kann, die im
Sinn von Evidenz "Schlüssel" zu irgend etwas (für das Bestehen dieser
oder jener besonderen Sachverhalte) oder überhaupt eine Grundlage für
theoretische Entwürfe sein können.

Als ein drittes Beispiel könnte vielleicht eine Stelle erwähnt werden, wo
Quine anscheinend die *wissenschaftliche Methode* in eine ähnliche Rolle
bringen will, wie sie Kant dem *Verstand* vis à vis "dem rohen Stoff
sinnlicher Empfindungen" zuschreibt. Ich denke hier an *Word and Object*,
wo es heißt: "scientific method, [...] produces theory whose connection
with all possible surface irritations consists solely in scientific method
itself" (23). Es liegt nahe, hierin eine Quinesche Variante von "Methodologie als Erkenntnistheorie" zu sehen.

Die Vernunft wurde auf unterschiedliche Weise immer wieder in engen
Zusammenhang mit der Sprache (Logos) gestellt. Auch Kant hat seinen
Ausgangspunkt bei den "Urteilsformen" genommen. Doch bleibt in der
klassischen Erkenntnistheorie - von Descartes bis Husserl - "das Bewußtsein" (und die Frage, wie es bis zur Welt reichen kann) im Brennpunkt
des Interesses, und es ist das Bewußtsein, worum es bei der Auslegung
der Vernunft geht. Für die Erkenntnistheorie unseres Jahrhunderts ist es
aber durchgehend charakteristisch, daß die *Sprache* auf neue Weise
entdeckt wurde und daß die Sprachanalyse eigentlich den Platz der Be-
wußtseinsanalyse eingenommen hat; es ist dies etwas, was nicht zuletzt
der "transzendentalphilosophischen" Perspektive neue Mittel bereitgestellt
und eine entscheidende Bereicherung im Verhältnis zu Kant bedeutet hat.
(Vgl. Apel 1973:II 311ff.) Wittgenstein kann wohl als Exponent für diese
Wendung und für die Fruchtbarkeit derselben stehen. (In unserem Zusammenhang können wir besonders seine Kritik der "sinnlichen Gewißheit"
und des Empirismus erwähnen.) Aber es gibt eine ganze Reihe häufig
Wittgenstein-inspirierter Vorstöße in diese Richtung, z. B. Habermas'
Versuch einer Deutung der Vernunft als "kommunikative Kompetenz",
Ernst Tugendhats Anstrengungen, die Mysterien der Kopula zu lösen, und
nicht zuletzt auch Karl-Otto Apels "Transformation der Philosophie".

Wenn wir so die Sprache als einen neuen Brennpunkt betrachten, der
hinsichtlich der Reflexion auf die transzendentalen Voraussetzungen
unserer Erkenntnis an die Stelle des "Bewußtseins" getreten ist, dann
erscheint Quines Art, die Sprache ins Bild zu bringen (seine Betrachtungen über das Verhältnis von Sprache und Wirklichkeit), als doppelt
verfehlt. Es ist nicht nur der "Logos" ausgelassen hinsichtlich der Frage,
was es *heißt*, daß wir etwas erfahren, daß es Erfahrungsgegenstände gibt
(die sich von meiner [oder deiner] Erfahrung *von* ihnen unterscheiden),

überhaupt, was es heißt, *daß* die Welt ist -, es wird darüber hinaus auch noch versucht, die Sprache selber fast wie eine theoretische Größe in Beziehung zu einer Basis empirischer Evidenzen zu setzen: Die Sprache fließt in eine Gesamtheit von Sprache und Theorie ein, die "kollektiv" gegenüber der "Erfahrung" verantwortlich ist, selbst wenn diese Gesamtheit ja auch von ihr *unterbestimmt* ist. Wir müssen festhalten: Bevor die Gesamtheit von Sprache und Theorie sich auf sachliche Weise der Wirklichkeit anpassen kann, d. h. sich einrichten kann auf der Grundlage dessen, was es da als *Evidenz* gibt, muß so etwas wie der "logische Raum" aufgespannt oder eröffnet sein, der Wahrnehmung *als* Evidenz konstituiert und in dem eine Anpassung der Art "sachlichem-Zwang-folgen" stattfinden kann. Zunächst hinsichtlich dieser "Aufspannung" bzw. Eröffnung des logischen Raumes sollte und müßte die Erkenntnistheorie die Sprache (und die Kommunikation!) thematisieren.

Auch Quines Arbeiten müssen zweifellos zu jenen für unser Jahrhundert typischen Bemühungen gezählt werden, Erkenntnistheorie in der Form von Sprachphilosophie zu betreiben. Anstelle des Bewußtseins bzw. des Verstandes macht er Sprachliches zum Thema seiner Analysen. Ja, wir können sogar sagen, daß er die zentralen Teile der Sprache/Theorie-Gesamtheit in die Rolle des Verstandes setzt. Dies hat dann freilich nichts mit einer sprachphilosophischen Transformation der Transzendentalphilosophie zu tun. Wie wir hervorgehoben haben, handelt es sich eher um eine Art Überdehnung oder Verabsolutierung von wissenschaftstheoretischen oder methodologischen Problemstellungen und Modellen. Die Sprache/Theorie-Gesamtheit kann unmöglich auch die Rolle des Verstandes bewältigen, sondern diese höchstens usurpieren: Dort wo "die Gesamtheit" als der Wirklichkeit unter sachlichem Zwang angepaßt aufzufassen ist, dort müssen der Verstand und dessen Kategorien als Bedingungen der Möglichkeit einer derartigen Anpassung und eines solchen Zwangs thematisiert werden.

IV

Wir wollen hier einen kurzen Blick zurückwerfen. Unser Ausgangspunkt war Quines Ablehnung der Vorstellung von etwas in unserer Erkenntnis *a priori* Gültigem. Quine akzeptiert keine Voraussetzungen "formaler" Art, die prinzipiell nicht für den sachlichen Zwang empfänglich sind, den die Realität ausübt. Der Kantischen Unterscheidung zwischen dem Formalen oder *Reinen* in unserer Erkenntnis und dem, was wir der Empfindung verdanken, hält er eine holistische Auffassung entgegen, wonach alles auf eine solche Weise zusammenhängt, daß kein Moment dem Druck der sinnlichen Evidenz vollkommen entzogen ist.[18] Wir haben die Ansicht vertreten, daß Kant im wesentlichen gegen Quine recht behält. Der *transzendentalphilosophischen* Problemstellung gegenüber, die durch Kant repräsentiert wird, bleibt Quine naiv. Diese Problemstellung, wie auch Quines unzulängliche Antwort auf das Problem, haben wir aufzuhellen versucht im Hinblick auf die von Apel skizzierte These, daß die moderne Epistemologie weithin durch so etwas wie einen "Theoretizismus" gekennzeichnet ist, der das Komplementaritätsverhältnis zwischen revidierbaren Theorien einerseits und so etwas wie Maßstäben oder Kriterien für die Revision andererseits verkennt. Charakteristisch für Quine ist gerade eine Verabsolutierung des "Theoretischen": Er läßt keinen Raum für ein transzendentales Apriori komplementär zu dem empirisch Revidierbaren. Alles gehört zu jener Gesamtheit von Wissen oder Glauben, die als ein Ganzes unter dem Druck der Erfahrung steht. Es kann allenfalls vorkommen, daß gewisse Momente durch großen Abstand von der Peripherie (Zentralität) vor dem Druck der Erfahrung weitgehend geschützt sind und daher als Kandidaten für die Bezeichnung "a priori" in Frage kommen (wie z. B. der Satz vom Widerspruch oder die Substanzkategorie). Aber sie sind dann Grenzfall eines Kontinuums, welches an seinem anderen Ende das "am meisten" Aposteriorische oder Erfahrungsempfindliche aufweist.

---

[18] Es gibt keinen sicheren Standort - a priori - außerhalb des Revidierbaren. Wir haben gesehen, wie Quine sich des Neurathschen Bildes bedient, wonach wir uns als Bootsbauer ohne Dock auf offener See befinden, um dies zu veranschaulichen. Es mag hier am Platze sein zu unterstreichen, daß dieses Bild auch gleich zu einer Veranschaulichung des Ortes gewendet werden kann, den das erkenntnistheoretisch Formale im Sinne Kants (als etwas dem materialen oder falliblen Inhalt nicht Nebengeordnetes) haben kann und muß. Wir setzen dabei weiterhin voraus, daß es kein Dock und keinen bestimmten Teil des Schiffes gibt, welcher "a priori" in Ordnung ist und als Plattform wirken kann. Das braucht aber nun keineswegs dahingehend verstanden zu werden, daß es keine transzendentalen Bedingungen geben kann, d. h. Bedingungen, die jede Reparatur unausweichlich *voraussetzt*. Ganz im Gegenteil können wir die Analogie folgendermaßen lesen: Auf dieselbe Weise, wie kein "Konflikt mit der Erfahrung" die transzendentallogische Struktur umwerfen kann, die einen *Konflikt* mit der *Erfahrung möglich* macht, so kann auch kein erzwungener Umbau (und dies ganz *besonders* deswegen nicht, weil wir uns auf offener See befinden) dasjenige umstoßen, was das Schiff zu einem Schiff macht und was den Zwang konstituiert, dem wir als Schiffsbauer unterworfen sind. Alles kann geändert werden, außer der *Form Schiff* selber: daß es etwas ist, was schwimmt und uns flott hält, möglicherweise sogar auch etwas mit einem Vorne und Hinten, Oben und Unten, Innen und Außen. Die Form Schiff (überhaupt) kann also - soweit diese Analogie sich erstreckt - der Form *Erkenntnis* (überhaupt) entsprechen. Und diese ist dem Inhalt a priori vorgegeben.

Ein solches Apriori ist aber für uns nicht interessant, und zwar deswegen, weil die Komplementarität zwischen dem, was so etwas wie einen sachlichen Zwang (bzw. einen von Sinnesevidenz ausgehenden Druck) überhaupt *konstituiert*, und dem, was diesem Zwang *ausgesetzt ist*, hier eingeebnet wird - durch Verabsolutierung des letzteren. Das, was als ein Apriori im *transzendentalen* Sinne gelten soll, muß in einem komplementären Verhältnis zum "Wissen" stehen, sagen wir als Bedingung seiner Möglichkeit, so wie Kant dies formulierte. (Eine andere Sache ist natürlich, daß Versuche, derartige Bedingungen reflexiv zu bestimmen, sie auf den Begriff zu bringen, selber mehr oder weniger zutreffend sein können. Erkenntnistheoretische Bemühungen sind nicht der Diskussion enthoben und Erkenntnistheoretiker sind nicht kraft ihres Vorhabens unfehlbar. Kant muß somit unter anderem hinnehmen, daß Apel eine semiotisch-pragmatische *Transformation* seiner Transzendentalphilosophie für erforderlich hält.)

Ich möchte in diesem Abschnitt noch versuchen, näher zu klären, was ich als Quines "Kategorienfehler" ansehe. Dies soll geschehen unter Zuhilfenahme des Begriffes einer "pragmatischen Distanz"[19] zwischen dem Subjekt und dessen Meinungen. (Diese Distanz kann z. T. verglichen werden mit der "logischen Distanz", die dem Satz als "Bild" eingeräumt werden muß gegenüber der darin gespiegelten Wirklichkeit und die sich darin zeigt, daß das logische Bild - eben im *Gegensatz* zum Spiegelbild oder zum Abdruck - die Möglichkeit der *Negation* bzw. des negativen Satzes voraussetzt. [Vgl. *Tractatus* 5.5151]) Es liegt eine wichtige Einsicht in der Auffassung, daß wir das *sind*, was wir meinen und glauben, und daß etwas zu lernen oder zu verstehen wesentlich auch darin besteht, daß man *sich* ändert. Gleichwohl müssen wir von einer "pragmatischen Distanz" zwischen dem Subjekt und seinen Meinungen reden können, und zwar in dem Sinn, daß Meinungen, Ansichten etc. im Prinzip distanziert und zum Gegenstand einer (argumentativen) *Bewertung* gemacht werden können. In vielen Zusammenhängen wird es zwar richtig sein hervorzuheben, daß zwischen mir und dem, woran ich glaube und was ich weiß, kein rein äußerliches Verhältnis bestehen kann, sondern daß ich vielmehr identisch bin mit der Gesamtheit von Meinungen und Einstellungen (nicht zuletzt der propositionalen), die ich "habe" oder deren Träger ich bin. Dennoch bin ich als Subjekt *nicht* der Träger meiner Meinungen und mit

---

[19] Durch diese Terminologie möchte ich eine Verwandtschaft mit Apels Begriff einer "pragmatischen *Differenz*" andeuten, ohne gleich eine Identität des hier Gemeinten mit dem Apelschen Begriff zu behaupten. Siehe Apel 1979b:65ff. Vgl. auch Habermas' Ich-Abgrenzung gegen Sprache als partikulares System (Habermas 1976a:256f.).

diesen identisch, so wie eine *Substanz* der Träger ihrer Attribute und mit diesen identisch ist! Ein Glaube ist eine An-Nahme: Es gibt da etwas Nicht-Subjektives - einen propositionalen Inhalt etwa (vgl. Poppers Welt 3) -, das ich dadurch "nehme", daß ich es behaupte oder als gültig hinstelle. Meine Meinung ist auch etwas, *mit* dem ich mich identifiziere ("Ich bin der Meinung, daß ..."). Derart rechnen wir notwendig mit einer pragmatischen Distanz zwischen dem Subjekt und seinen Auffassungen, sobald Auffassungen (sagen wir im Gegensatz zu Dispositionen/Neigungen) gedacht werden als etwas, das sich als *ungültig* erweisen kann und insofern verworfen oder revidiert werden muß. In dem Augenblick, da sich ein Raum öffnet für Begründung oder kritische Prüfung, wird das Subjekt gleichzeitig als untersuchende Instanz "außerhalb" des Geprüften gedacht.[20] Das Subjekt muß "außerhalb" seiner Meinung in dem Sinne stehen, daß es einen Spielraum oder einen "Freiheitsgrad" für Annahme und Verwerfung haben muß.[21]

Die "pragmatische Distanz", von der hier die Rede ist, finden wir im übrigen nicht nur zwischen dem "Subjekt" (bzw. dem, was es erst zu einem Subjekt macht oder was es als Subjekt notwendigerweise voraussetzt) und seinen Meinungen im engeren Sinn. Die Distanz eröffnet sich vielmehr auch zwischen dem Subjekt und der "wissenschaftlichen Methode", dem "logisch-semantischen Referenzrahmen" (Carnap) oder "der rationalen Einstellung" (Popper), sobald wir bereit sind, von einer begründeten *Wahl* oder "Adoption" (einer Methode usw.) zu sprechen. Ja, selbst wenn wir hier das Wort "begründet" streichen, so verbleibt das Subjekt

[20] Dies ist natürlich auch ein wichtiger Grund dafür, daß das Verhältnis von Sinneswahrnehmung zu Erfahrung nicht verglichen werden kann mit dem Verhältnis zwischen Erfahrung und Theorie. Im Verhältnis von Erfahrung und Theorie haben wir es mit einem Verhältnis zu tun, bei dem sich ein Gebiet für rationale Begründung eröffnet (z. B. hypothetisch-deduktive Methode und Argumentation), wohingegen keine Rede davon sein kann, daß so etwas wie "Gründe" zwischen Empfindung und Erfahrung treten kann. Hier begegnen wir ganz im Gegenteil der erkenntnistheoretischen oder konstitutionslogischen Frage, wie es möglich ist, daß Sinneswahrnehmung/Empfindung als Erfahrung überhaupt in *Begründungszusammenhänge* eintreten kann.

[21] Eine Thematisierung der transzendentalpragmatisch grundlegenden "Distanz", von der hier die Rede ist (und die das Privileg des Vernunftwesens ist), könnte man auch bei Popper erblicken (wenn sie auch in ein biologisches Idiom verkleidet ist): Wir eliminieren unsere *Theorien* kritisch, anstatt selbst als biologisch unangepaßt eliminiert zu werden. (Siehe Popper 1973, z. B. 70, 122, 148, 248, 261.) Überhaupt könnte man in Poppers Unterscheidung von "drei Welten" (Popper 1973) die hier angesprochenen "Distanzen" bezeugt sehen. Sie als transzendentalpragmatische Bedingungen aufzufassen, liegt Popper allerdings fern.

doch "außerhalb" des Gewählten stehen - in dem Sinne, daß es ja immer als eine dem (auf irrationale oder dezisionistische Weise[22]) Gewählten vorausgehende Instanz gedacht wird. Man wird wohl behaupten dürfen, daß die ontosemantischen Referenzrahmen bei Carnap und die "Rationalität" (die "Methode" der rationalen Argumentation) bei Popper nicht als Teile einer Quineschen Ganzheit konzipiert sind, die sich als Totalität der Realität anzupassen hat. Es handelt sich um Voraussetzungen, die im Gegensatz zu Hypothesen etc. kein Gegenstand der Begründung oder Prüfung sein können. Diese Voraussetzungen werden aber auch nicht als Voraussetzungen gedacht, die das Subjekt *als* Subjekt geltend macht und "innerhalb" derer es sich insofern immer schon bewegt. Ganz im Gegenteil, solange sie als Gegenstand der *Zustimmung* (Adoption) durch Konvention oder Dezision gelten, sind sie immerfort als pragmatisch distanzierbare, d. h. hintergehbare Größen gedacht.

Unter Zuhilfenahme des Begriffs "pragmatische Distanz" kann die Komplementarität, mit der wir uns oben beschäftigt haben, konkreter gefaßt werden: Wir können diese jetzt auch als eine Komplementarität verstehen zwischen jenen Bedingungen oder Grenzen von Sprache und Welt, *innerhalb* derer wir uns als erfahrende, erkennende, kommunizierende und argumentierende Subjekte überhaupt unvermeidlich befinden, und andererseits all dem, "*außerhalb*" dessen wir uns befinden in dem Sinne, daß wir dazu eine "pragmatische Distanz" haben: all das nämlich, was wir *annehmen* (oder auch im Prinzip ablehnen) können, zu dem wir uns verpflichten (oder evt. nicht verpflichten) mögen usw. In Übereinstimmung hiermit ließe sich das Bemühen der Transzendentalphilosophie, "formale" (reine) oder apriorische Strukturen unserer Erkenntnis zu explizieren, auch dahingehend bestimmen, daß es keine Suche nach einer Art speziell erfahrungsresistenter Theoreme innerhalb des globalen Körpers unseres Wissens darstellt, sondern vielmehr eine Suche nach Bedingungen und Verpflichtungen, die wir als Subjekte prinzipiell nicht von unserer Subjektivität abgrenzen (pragmatisch distanzieren), sondern

---

[22] Vgl. Popper 1945:231ff. Popper behauptet hier, daß "a rationalist attitude must be first adopted if any argument or experience is to be effective and it cannot therefore be based on argument or experience [...] no rational argument will have a rational effect on a man who does not want to adopt a rational attitude". Derjenige, der rational ist und sich demgemäß durch Erfahrung und Argument sachlich zwingen *läßt*, verhält sich so, "because he has adopted, consciously or unconsciously, some proposal, or decision, or belief, or behaviour; an adoption which may be called 'irrational' [...] an irrational *faith in reason*."

uns nur als "Thema und Medium der transzendentalen Reflexion"[23] vergegenwärtigen können. Das, wonach hier gefragt wird, ist, was allein schon durch "das Faktum" der Vernunft (oder das Faktum der Welt oder der Erfahrung) als solches gegeben ist, als Bedingung der Möglichkeit dafür, daß ein Corpus des Wissens oder Glaubens sich unter Sachzwang Gegenständen der Erkenntnis anpassen kann.

Im Lichte des Begriffes der "pragmatischen Distanz" können wir unsere Quine-Kritik etwa folgendermaßen formulieren: Obwohl wir uns, Quine zufolge, nicht von unserem Begriffsschema lösen können, ist es doch ganz offensichtlich, daß er es trotzdem unter der Form des pragmatisch Distanzierbaren, also als etwas "Theoretisches" (als "our philosophy"!), versteht. Die Kategorien und Distinktionen unseres Schemas gelten nur als tiefliegende *Annahmen* innerhalb unserer globalen Theorie. Ebenso wie andere Teile dieses Netzes können sie bewertet und verbessert werden, wenn schon nicht relativ zu einem "realistischen Standard der Korrespondenz mit der Wirklichkeit", so doch relativ zu einem „pragmatischen" Standard. (Vgl. oben, S. 21) Das Apriorische, das eine transzendentale Reflexion als die Möglichkeitsbedingungen der Erkenntnis thematisieren würde, wird bei Quine zu etwas "Disponiblem". "Disponibel" in dem Sinn, daß es um "devices" in einem vom Menschen geflochtenen Netz geht, für die wir ggf. Ersatzlösungen ("ready to hand") haben könnten, eben in dem Sinn also, daß hier von Größen die Rede ist, zu denen wir eine pragmatische Distanz haben. Wir haben dies bereits als eine Art der Überdehnung oder Verabsolutierung des "Theoretischen" bezeichnet - eine Verabsolutierung, die buchstäblich die Voraussetzungen des von ihr Verabsolutierten verschlingt (inkorporiert). Wir könnten es auch folgendermaßen ausdrücken: Die Einführung einer pragmatischen Distanz zwischen Subjekt und Voraussetzungen der Vernunft (derart, daß diese als eine Art theoretische Auffassungen oder "Lösungen" gedacht werden, die, evt. auf Grund pragmatischer Kriterien, *angenommen* werden müssen) und die damit implizierte Loslösung des Subjektes von der Logik und der Vernunft müssen in eine Aporie führen. Denn die Vernunft verstehen wir ja als den Inbegriff der Voraussetzungen, die das wahrnehmende Wesen

---

[23] Wie bereits erwähnt, ist die *Sprache* (unsere Sprachlichkeit) allmählich in den Brennpunkt dieser Reflexion gerückt. "Sprache wäre heute, so wie früher das Bewußtsein, Thema und Medium der transzendentalen Reflexion." (Apel 1973:II 312)

geltend macht, insofern als es als *erfahrendes* und erkennendes *Subjekt* Auffassungen mit der Realität konfrontieren und dieser anpassen kann.[24]

Diese Konstellation, bei der mehr oder weniger stillschweigend dem Subjekt gleichsam ein Platz "außerhalb" der Bedingungen der Vernunft zugeteilt wird, von dem aus das Subjekt möglicherweise sich diesen Prinzipien anschließt oder sie annimmt, finden wir im übrigen bei Popper wieder. (Vgl. oben, S. 32 Anm. 22). Zwar ist die Frage einer Wahl der Vernunft nicht von Quine gestellt worden, und es ist nur Popper, der (konsequenterweise) auf eine solche Wahl und ihren dezisionistischen Charakter insistiert. Die Unterstellung einer pragmatischen Distanz zwischen dem Subjekt und der Vernunft ist aber beiden gemeinsam, und diese ist "die Wurzel des Übels". Eine Grundfigur der Apelschen Kritik an Popper bezügl. dieses Punktes ist insofern auch Quine gegenüber relevant: Die *Wahl* der Vernunft vor der Unvernunft (oder umgekehrt) ist bereits, als verständliche und kommunizierbare (wenn auch "unbegründete") Handlung, ein Akt der Vernunft und setzt das wählende Subjekt bereits als Vernunftwesen, bzw. seine Teilnahme an Kommunikationszusammenhängen, voraus.[25] Unsere Vernunftvoraussetzungen sind nicht etwas, was

---

[24] Es geschieht kraft unserer Vernunft, daß unsere Sinnlichkeit überhaupt eine *Evidenz* für die *Annahmen* über eine objektive *Welt* liefert. Diese Formulierung kann auch eine "transformierte" Transzendentalphilosophie im Sinne Apels decken. Nur daß die "Vernunft" jetzt (im Vergleich zu Kant) strenger an die *Sprachlichkeit* geknüpft werden muß, wobei es sich hier um eine Sprachlichkeit handelt, die wiederum wesentlich an die Kommunikation geknüpft ist bzw. eine Teilnahme des Subjektes in einer Kommunikationsgemeinschaft voraussetzt. Eben dies kommt auch explizit in Habermas' Begriff der Vernunft als *kommunikative Kompetenz* zum Ausdruck.

[25] Vgl. Apel 1973:II 327f.: "[...] die Entscheidung angesichts einer Alternative setzt, um als solche *verständlich* zu sein, bereits die Spielregeln einer Kommunikationsgemeinschaft voraus, die im kritischen Rationalismus auf den Begriff gebracht sind. Verhielte es sich anders, wäre eine *Entscheidung* als solche ein vorsprachlicher Akt, der nicht selbst schon intersubjektive Spielregeln des Verstehens voraussetzte, so könnte sie nicht von Popper in eine *reflexive Diskussion* der Entscheidungsmöglichkeiten eingeführt werden." Dies gilt unabhängig davon, wie die Entscheidung ausfällt: "[...] nicht nur die von Popper geforderte Entscheidung zugunsten der 'kritischen Kommunikationsgemeinschaft' setzt diese schon als Bedingung ihrer Möglichkeit voraus: auch (sogar) die Entscheidung des Obskurantisten [...] gegen den 'criticist frame' bewegt sich, solange sie für den Wählenden selbst *sinnvoll* sein soll, noch im Rahmen der Voraussetzung, die anzuerkennen er sich weigert." (328) Das, was von Apel hier angegriffen wird, ist nur Poppers nihilistische Relativierung der Notwendigkeit und Gültigkeit der Vernunftprinzipien, nicht der Gedanke eines ethischen Engagements zugunsten der Vernunft. Die Möglichkeit eines derartigen Engagements bedeutet allerdings noch *nicht*, daß die pragmatische Distanz aufs neue eingeführt wird. Sie folgt einfach aus dem normativen Charakter dieser Vernunftvoraussetzungen, innerhalb

begründet werden kann (deduktiv, induktiv oder "pragmatisch"), wie etwa die Voraussetzungen innerhalb einer Theorie oder einer "Methode". Das erkennt *Popper* ganz klar. Das bedeutet aber noch nicht, daß diese Voraussetzungen (so wie Popper es annimmt) auf einem seinerseits irrationalen Glauben oder Entschluß ruhen müssen. Es bedeutet im Gegenteil, daß wir gerade *nicht* von außen an die Vernunft herankommen können oder, wenn man so will, daß die Vernunft immer schon unseren Begründungen *und* Entscheidungen voraus ist und nur reflexiv eingeholt und bestätigt werden kann. Gerade darin *liegt* ihre Begründung.[26] Wir sollten in diesem Zusammenhang auch nicht vergessen, daß die pragmatische Distanz zwischen Subjekt und Auffassung, die es ermöglicht, *sich* Auffassungen anzuschließen oder sich *mit* solchen zu identifizieren, *als solche* das Privilegium des *Vernunftwesens* ist - genau wie die "logische" (oder "intentionale") Distanz zwischen Erkenntnis und Realität, die wir solange voraussetzen, als wir uns zu Meinungen und Erkenntnissen verhalten als etwas, das nicht kausal, sondern über *Gründe* von der Realität erzwungen ist bzw. sein soll. Die pragmatische Distanz ist als solche eine Voraussetzung, um überhaupt Auffassungen (etwas Theoretisches) in einem anderen Sinn zu "haben", als ein Tier oder eine Pflanze seine bzw. ihre Dispositionen und Einstellungen "hat". (Die zwei Distanzen sind natürlich auch nicht voneinander unabhängig. Kraft der logischen Distanz können Auffassungen usw. im Hinblick auf die Realität oder die Evidenz als *kritisierbar* gelten. Kraft pragmatischer Distanz kann das Subjekt als eine dritte, kritisch urteilende Instanz gelten. Zusammen machen sie eine [theoretische] *Autonomie* des Subjekts als Vernunftwesen aus.)

Dort, wo Kant und andere Transzendentalphilosophen apriorische Vernunftbedingungen erblicken, die gerade die "Form" des Erkenntnisverhältnisses bestimmen, dort erblickt Quine also höchstens noch *Grundannahmen* innerhalb einer empirischen Globaltheorie, in der alle Teile im

---

derer wir uns immer schon bewegen, oder, wenn man so will, daraus, daß pragmatische Inkonsistenz empirisch möglich ist. Zu Zeiten mag es beispielsweise schwierig genug sein, Widersprüche zu vermeiden. Ein Obskurantist (ein Vernunftwesen!), der bewußt dafür eintritt, den Satz vom Widerspruch (auf jeden Fall für eine Weile) zu verletzen, ist auch denkbar. Genausowenig, wie dieses die normative Gültigkeit des Satzes vom Widerspruch berührt, macht es die Logik zu etwas "Theoretischem", *außerhalb* dessen ich mich (in pragmatischer Distanz dazu) aufstellen kann.

[26] Dieses Thema - Letztbegründung - wird von Apel in einer Reihe verschiedener Zusammenhänge behandelt. Für eine prägnante Formulierung, die in unserem Kontext von Bedeutung ist, siehe außer der oben genannten Stelle auch Apel 1973:II 405f.

Prinzip zu einer Revision genötigt werden können, um die Anpassung an die Realität aufrecht zu erhalten und zu verbessern. Insofern kann man auch sagen, daß Quine - obwohl eher implizit - das Subjekt "außerhalb" der Vernunftbedingungen einordnet. (Das, worüber er reflektiert, nimmt ja die Form von Theorien und Hypothesen an, denen gegenüber das Subjekt "außerhalb" im Sinn der pragmatischen Distanz steht.) Hierin gleicht er, wie wir gesehen haben, dem dezisionistischen Popper. - Alternativ könnten wir diesen theoretizistischen Reflexionsmodus auch als ein *Übergehen* des Subjekts (in der ersten Person) formulieren. Man sieht nur Theorien und Theoretisches und vermag es nicht, die Vernunftbedingungen, die man als Subjekt geltend macht, zu thematisieren. Apel redet somit in diesem Zusammenhang von einer "Abstraktion von der *pragmatischen* Dimension der Argumentation", die dazu führt, daß das Subjekt, welches Theorien hat (und welches Zeichen *verwendet*), aus dem Blick verloren wird - und mit ihm auch "die Möglichkeit einer *Reflexion* auf die *für uns immer schon* vorausgesetzten Bedingungen der Möglichkeit der Argumentation."[27] Verantwortlich bleibt in jedem Fall der Theoretizismus bzw. die Verabsolutierung des Begriffs der empirischen Theorie.

V

Wie treffend ist nun diese Kritik an Quine? Es könnte vielleicht mit einigem Recht behauptet werden, daß Quine hier zu sehr in eine bestimmte Form hineingepreßt oder in einer bestimmten Richtung stilisiert worden ist, wobei der Komplexität seine Denkens nicht Genüge getan ist. Ein solcher Einwand mag etwas für sich haben (wenn er auch nicht die Lage Quines verbessert). Wir finden bei Quine eine Form von Ambivalenz oder Zweideutigkeit, von der im großen und ganzen nur die eine Seite oben in Betracht gezogen wurde. Ich möchte kurz skizzieren, um was es sich hier handelt, und hierbei wiederum vom Begriff der pragmatischen Distanz ausgehen. Auch hier wird, wie ich meine, ein Vergleich mit Popper erhellend sein. Was Popper betrifft, so ist es nämlich deutlich, daß er in vielen Zusammenhängen nicht damit zufrieden ist, das Subjekt

---

[27] Apel 1973:II 406. Vgl. auch Kuhlmann 1980:24f. Kuhlmann spricht hier von der "Position und Perspektive des selbstvergessenen Theoretikers", die dazu führt, daß der Philosoph "nur auf Verhältnisse von (vor ihm liegenden) Satz- bzw. Sprachsystemen untereinander oder auf Beziehungen zwischen Satz- und Sprachsystem und der Realität achtet, dabei aber von dem sprechenden, zeichenverwendenden, erkennenden Subjekt (von sich selbst) systematisch abstrahiert".

außerhalb der Rationalität zu stellen, mit einer "pragmatischen Distanz" zu ihr. Es scheint, daß er öfters auch mit seinem eigenen Dezisionismus unzufrieden ist und daß er versucht, die unabweisbare "Gegebenheit" oder Unbedingtheit der Vernunft, ihre Notwendigkeit und Nicht-Wählbarkeit, zu bewahren. Ich denke hier an die Zusammenhänge, in denen die "Rationalität" mit Hilfe der Grundstruktur von "trial and error" ausgelegt wird, wo also von der Modifikation von Erwartungshorizonten bei Enttäuschung (Irrtum, Falsifikation), von einer "Meta"-Hypothese oder -Erwartung, Regelmäßigkeiten aufzufinden, usw. die Rede ist. Hier erscheint Rationalität nicht mehr als Gegenstand einer (irrationalen) Annahme, sondern als ein "Faktum", welches durch das Subjekt gegeben ist. Der Haken an der ganzen Sache ist lediglich, daß dieses Faktum der Rationalität keineswegs als ein "Faktum der Vernunft" im Sinne Kants gedacht wird, sondern vielmehr als ein biologisch-psychologisches, mit anderen Worten: als ein empirisches Faktum, dessen Notwendigkeit u. a. in der vitalen Funktion des "trial and error"-Mechanismus begründet liegt![28]

Eine ähnliche Dialektik finden wir auch bei Quine.[29] Es ist wohl so, daß auch Quine, der die Vernunftvoraussetzungen nur als Teile der "Gesamtheit" zu thematisieren vermag, mit dem dadurch entstehenden pragmatischen Abstand zwischen dem Subjekt und den Bedingungen der Vernunft nicht gänzlich zufrieden sein kann. Offenbar wünscht er sich ein engeres Verhältnis zwischen diesem und solchen Bedingungen der Gesamtheit. Somit erscheint es klar, daß bezüglich solchen Voraussetzungen, die die Transzendentalphilosophie nicht als "Hypothesen", sondern als unumgängliche Möglichkeitsbedingungen von Gültigkeitsansprüchen überhaupt gelten lassen will, auch Quine darauf aus ist, diesen einen besonderen, nicht-distanzierbaren Status zuzusichern. Bei Quine sollen sie auch nicht als vorgebrachte Hypothesen verstanden werden, die wir - das

---

[28] Vgl. Anm. 11 und die dort angegebene Popperstelle.

[29] Bezüglich des Vergleichs zwischen Quine und Popper kann man vielleicht sagen, daß diese *Dialektik* bei Popper expliziter zum Vorschein kommt. Wenn *Popper* mit transzendentalphilosophischen Themen in Berührung kommt, scheint er in einer Art antinomischem Verhältnis vor- und zurückgetrieben zu werden zwischen erkenntniskritischen und begründungsorientierten Beobachtungen, die in Dezisionismus enden, und psychologistischen Objektivierungen. (Vgl. wiederum Wellmer 1967) Quine seinerseits scheint große Anstrengungen zu unternehmen, um sich in der Mitte zu halten und durch seine Rhetorik den Unterschied zwischen logisch-rationalen Zusammenhängen (Falsifikation, Bestätigung, Verifikation, Widerspruch, Regel usw.) und psychologischen Zusammenhängen (negative Verstärkung, positive Verstärkung, Einfluß, Geschmack usw.) auszugleichen. So gesehen kann man sagen, daß Quine (neben Popper gestellt) sich als ein recht *unklarer* Philosoph hervortut.

Subjekt - eine Armlänge auf Abstand halten und gegenüber der Evidenz bewerten können; sie sollen nicht als Gegenstand von rationalen Begründungen oder Motiven oder als Gegenstand einer Wahl gedacht werden. Dies allerdings nicht, weil sie im Prinzip nicht hypothetischer Art sind, sondern weil sie als archaisch-mythische, *unbewußte* Hypothesen in unserer *Psyche* so eingefleischt sind, daß sie kaum noch von ihr unterschieden werden können. So heißt es z. B. über die Kategorie der physikalischen *Gegenstände*: "[...] the hypothesis of ordinary things is shrouded in prehistory. [...] for the archaic and unconscious hypothesis of ordinary physical objects we can no more speak of a motive than of motives for being human or mammalian" (Quine 1960:22). Mit anderen Worten: Quine wird die pragmatische Distanz zwischen dem Subjekt und seinen Vernunftbedingungen los, allerdings nicht durch Einsicht in die *Nicht-Objektivierbarkeit* (die Nicht-Distanzierbarkeit und in diesem Sinne Nicht-Relativierbarkeit) der subjektiven Bedingungen von Objektivität und Erkenntnis, sondern gerade durch eine psychologische Objektivierung, die letztlich auch *jeder* pragmatischen Distanz ein Ende bereitet - nicht nur der "falschen" zwischen Subjektivität und Vernunft. Denn unter dem Blick des psychologischen Objektivismus wird auch die Trennung zwischen bewußt und unbewußt zu einer Trennung reduziert zwischen mehr oder weniger stabilen oder flüchtigen Dispositionen, Neigungen, Einstellungen, Reaktions- und Handlungsbereitschaften usw. des Subjektes. Wenn man so will, kann man auch sagen, daß Quines Auslegung der "Gesamtheit" und deren Struktur sich zu einer Beschreibung des Subjektes selber verwandelt, das mit seinen angeborenen und erworbenen Voraussetzungen und Einstellungen mit der Wirklichkeit an den Außenflächen seiner Sinnesorgane Kontakt aufnimmt.

Es ist weiterhin klar, daß nicht nur die pragmatische Distanz zwischen Subjekt und Erkenntnis auf diese Weise verschwindet, sondern auch das, was wir oben die "logische" Distanz zwischen Erkenntnis und Realität genannt haben. Als psychologische Größe gilt die Erkenntnis schlichtweg als ein Teil der Realität, der durch Ketten von Ursache und Wirkung zu den übrigen Elementen darin kontinuierlich ist. Wir haben vorher Quine dafür kritisiert, daß er transzendentale Bedingungen der *Möglichkeit* der Erkenntnis als *Teile* dieser Erkenntnis behandelt hat, die sich auf *sachliche* Weise - unter sachlichem Zwang - der Wirklichkeit anpassen, und dafür, daß er auf diese Weise wissenschaftstheoretische Betrachtungsweisen auf erkenntnistheoretischem Gebiet sich breit machen läßt. Wie wir jetzt sehen können, schießt diese Kritik in einem gewissen Sinn weit über ihr Ziel hinaus, denn im großen und ganzen redet Quine gar nicht einmal (wissenschaftstheoretisch) von der "Gesamtheit" und ihrer "adjustment to nature" als der *sachlichen Anpassung* einer Theorie an ihren Gegenstand. Er betrachtet das Ganze unter dem Gesichtspunkt der *psychologischen Anpassung*: "What we have is just an evolving adjustment to nature, reflected in an evolving set of dispositions to be prompted by stimulations to assent or dissent from sentences."[30] Es ist dann auch nicht weiter überraschend, daß die "wissenschaftliche Methode" ihrerseits ihren normativen Charakter einbüßt, indem sie als "a matter of being guided by sensory stimuli, a taste for simplicity in some sense, and a taste for old things" (Quine 1960:23) angesehen wird. Der Schritt von der Amöbe zu Quine wird aber auf diese Weise doch - pace Quine - zu klein.

---

[30] Quine 1960:39. Die folgende Stelle ist ebenfalls typisch: "We have been reflecting on how surface irritations generate, through language, one's knowledge of the world. One is taught so to associate words with words and other stimulations that there emerges something recognizeable as talk of things, and not to be distinguished from truth about the world." (26).

Sprachspiel oder Sprache?

I

Mit der Konzeption einer Mannigfaltigkeit von geschichtlich-konkreten Sprachspielen löst Wittgenstein die universale Einheit der Sprache auf - und zwar, so möchte ich sagen, in zweierlei Hinsicht. Es wird einerseits die Einheitlichkeit des "logischen Raumes" in Frage gestellt in dem Sinne, daß eine "allgemeine Form des Satzes" nicht mehr behauptet werden kann. Die "Logik" einer natürlichen Sprache umfaßt eine ganze Menge von Tätigkeiten inklusive der zugehörigen Verwendungsweisen von verschiedenartigen sprachlichen Ausdrücken, die je ihre eigene (Mikro-)Logik haben. (Vgl. § 23; Vgl. auch die sehr einfachen Sprachspiele in §§ 1, 2 und 8.[1]) Insofern kann man die natürliche Sprache mit einem Werkzeugkasten vergleichen (§ 11), wobei die einzelnen Werkzeuge: Hammer, Zange, Säge, Leim, Maßstab usw., der "Mannigfaltigkeit der Werkzeuge der Sprache und ihrer Verwendungsweisen" entsprechen. Oder wir können unsere Sprache mit einer Stadt vergleichen, die aus *verschiedenartigen* Bauten, Straßen, Plätzen usw. besteht (§ 18). Zu dieser ersten Auflösung der einheitlichen *Tractatus*-Sprache gehört natürlich auch Wittgensteins Weigerung, mehr als eine Art *Familienähnlichkeit* zwischen den Sprachspielen unseres Sprachrepertoires - also keine tiefliegende logische Gleichförmigkeit - anzuerkennen (§§ 65ff.).

Nun kann man aber auch in einem anderen Sinne von einer Auflösung *der* einen transzendentalen Sprache durch Wittgensteins Spätphilosophie reden; in dem Sinne nämlich, in dem man die behauptete Vielfalt von Sprachspielen, bzw. Lebensform, als eine Vielfalt von tradierten (natürlichen) *Sprachen* nimmt (die je für sich eine Mannigfaltigkeit von sprachlichen "Werkzeugen", Verwendungsweisen, Spielen umfassen). Nach dieser Deutung kommen wir zu einer Art W. von Humboldtscher, Herderscher, Whorfscher oder sogar historistischer Auffassung der Sprache als Vehikel einer historisch-kulturell *relativierbaren* Welt- und Lebensanschauung. Es

---

[1] Wenn nicht anders angemerkt, referieren die angeführten Paragraphen auf Wittgensteins *Philosophische Untersuchungen* (PU).

gibt eine Mannigfaltigkeit von natürlichen, selbstgenügsamen (vielleicht auch voneinander keine Kenntnis nehmenden) Sprachen, deren unterschiedlicher Sprachbau eine Mannigfaltigkeit von unterschiedlichen (menschlichen) Welt- und Lebensformen bedeutet. Oder in der Sprache des frühen Wittgenstein ausgedrückt: Es kann nicht mehr im Singular von *der* Grenze *der* Welt gesprochen werden, wir müssen nunmehr mit einer Mannigfaltigkeit von *besonderen* Subjektivitäten bzw. Weltgrenzen rechnen. (Daß hierbei ein philosophisches Relativismusproblem entsteht, versteht sich von selbst. Vgl. Apel 1973:II 320.)

Man kann sich die zwei Auflösungsrichtungen verdeutlichen, indem man die dadurch entstehenden Einheitsprobleme ins Auge faßt.[2]

Bei der ersten Deutung der Auflösung können wir uns das folgende Einheitsproblem vorstellen: Wie kommen die verschiedenen Sprachspiele (Werkzeuge) zu einer selbstgenügsamen natürlichen Sprache zusammen, bzw. wie baut sich in einem Individuum der Beherrschung einer Reihe von Fähigkeiten oder Sprachspielkompetenzen zu so etwas wie die Beherrschung *einer Sprache* auf? Ja, wir könnten sogar an dieser Stelle die weitere Frage aufwerfen: Wann ist überhaupt eine natürliche Sprache "vollständig", was erlaubt uns überhaupt in dieser Weise von einer Sprache als einer abgehobenen Einheit zu reden?

Man könnte auf diese letzte Frage eine Art trivialisierende Antwort geben, die auch Wittgensteins implizite Antwort zu sein scheint; die Einheit einer Sprache ist die einer Kommunikationsgemeinschaft oder eines "System[s] der Verständigung": Wenn mindestens zwei Individuen in ihrer Sprachpraxis derart übereinstimmen, daß sie durch diese Praxis ihre Handlungen erfolgreich miteinander abstimmen können, dann haben wir es schon mit einer Sprache zu tun. (So z.B. das § 2-Sprachspiel.) Wenn das Repertoire der Spielenden wächst, wächst die Sprache. Es gibt hier keine besonderen totalisierenden oder "ganzheitsstiftenden" Momente (Regeln, Spiele ...), kein Minimumrepertoire, aber auch kein Maximumrepertoire. Die Einheit der Sprache ist einfach gegeben durch die Gemeinschaft derer, die sie verstehen. Eine Sprache erweitert sich ständig durch neue Werkzeuge und verliert im Laufe der Zeit auch einiges: "neue Sprachspiele, wie wir sagen können, entstehen und andere veralten und

---

[2] Dabei steht von vornherein fest, daß ein Sprachspiel mit zugehörigem Regelfolgen - ungeachtet ob man hier unter Sprachspiel eine vollständige natürliche Sprache oder nur eines der vielen Werkzeuge einer solchen (Zählen, Bitten etc.) versteht - nach Wittgenstein nur *intersubjektiv* möglich ist: Einer Regel folgen ist Sache einer *Kommunikationsgemeinschaft*, deren Mitglieder in ihrer Sprachpraxis *übereinstimmen* (§§ 199, 214).

werden vergessen" (§ 23). Eine Sprache (ein Repertoire von Sprachspielen) hebt sich gegen andere Sprachen ab und erhält somit eine sie definierende Grenze einfach dadurch, daß das Eingeübtsein in das heimische Repertoire (die Beherrschung der eigenen Sprache) nicht gleich eine Kommunikation mit Mitgliedern anderer Kommunikationsgemeinschaften, die ein verschiedenes Repertoire haben, ermöglicht. - Durch diesen trivialisierenden Begriff von der Einheit *einer* Sprache erübrigt sich gewissermaßen auch die Frage nach dem, was eine vollständige Sprache bzw. Sprachkompetenz ausmacht.

Bei der zweiten Deutung des Zerfalls *der* menschlichen Sprache entsteht ein andersartiges Einheitsproblem. Wenn wir uns erlauben, von (natürlichen) Sprachen menschlicher Kommunikationsgemeinschaften als voneinander trennbaren Einheiten zu reden, so wie wir es gewohnt sind, entsteht sofort die Frage: Wie verhalten sich diese Sprachen oder diese Kommunikationsgemeinschaften zueinander? Eines fällt dabei gleich auf: trotz ihrer Verschiedenheit unterstellen wir bei den natürlichen Sprachen eine Art Gleichwertigkeit. Bei aller Besonderheit des Weltzugangs, die durch eine partikulare Sprache gegeben ist, bleibt sie doch aus der Sicht der anderen Sprachen zugänglich und mit ihnen irgendwie *vergleichbar*. Es besteht hier eine Art *Konkurrenzverhältnis* zwischen Sprachen, wo jede einzelne *einen Anspruch auf das Ganze* hat, sozusagen die Grenze *der* Welt liefern will. (Erst durch dieses Konkurrenzverhältnis *entsteht* überhaupt das philosophische Relativismusproblem in seiner "linguistischen" Form.) Worum es hier geht, läßt sich wohl am direktesten klarmachen durch den Hinweis darauf, daß unsere natürlichen Sprachen ineinander *übersetzbar* sind. Somit kann z. B. Habermas in einem Kommentar zu Wittgenstein - der zugleich eine Lösung des *hier* involvierten Einheitsproblems verspricht - von dem Zug reden, "den alle tradierten Sprachen gemeinsam haben und der ihre transzendentale Einheit verbürgt: [...] daß sie prinzipiell ineinander übersetzt werden können". (Habermas 1970:253)

Wir haben es also nach dem obigen mit zwei Mannigfaltigkeiten und zwei unterscheidbaren (obwohl eng verknüpften) Einheitsproblemen zu tun: auf der einen Seite die Vielfalt von (natürlichen und tradierten) *Sprachen,* die in einer Art Konkurrenzverhältnis zueinander stehen, und auf der anderen Seite die Mannigfaltigkeit der *Sprachspiele,* die *innerhalb einer* Sprache eher ein Arbeitsteilungsverhältnis zueinander haben. Ich halte es für fruchtbar, diese zwei Typen von Vielfalt, Relation und Einheitsproblem nicht in einen Topf zu werfen, sondern möglichst klar auseinander zu halten; denn dadurch läßt sich m. E. ein zentrales Problem am besten beleuchten: das Problem nämlich, was wohl eine vollständige (komplette), selbstgenügsame Sprache heißen kann.[3]

Wittgenstein selber, wie auch manche seiner Interpreten, haben sich jedoch keineswegs an eine solche Trennung gehalten. Sie haben keinen Wert darauf gelegt, einen Unterschied zwischen (ganzen) *Sprachen* und (nur als "Teile" von solchen möglichen) sehr einfachen oder primitiven *Sprachspielen* hervorheben. Nun ist das vielleicht bei Wittgenstein selbst kein Wunder, insofern wir ihm tatsächlich die "trivialisierende" Ansicht bezüglich der "Einheit" eines Sprachganzen zuschreiben können (vgl. auch PU § 18). Merkwürdiger ist es, daß auch K.-O. Apel und J. Habermas Wittgenstein in seiner Unterlassung, Sprache und Sprachspiel klar zu unterscheiden, treu bleiben. Ich möchte dies mit einem Zitat von K.-O. Apel belegen:

"Der Philosoph als *Sprachkritiker* muß sich darüber im Klaren sein, daß er bei dem Geschäft der *Sprachspiel-Beschreibung* selber ein *spezifisches Sprachspiel* in Anspruch nimmt, das auf alle nur möglichen Sprachspiele *reflexiv* und *kritisch* bezogen ist. Demnach setzt nun aber der Philosoph immer schon voraus, daß er prinzipiell an allen Sprachspielen *teilnehmen* bzw. zu den entsprechenden Sprachgemeinschaften in *Kommunikation* treten kann. Damit ist aber ein Postulat aufgestellt, das der These Wittgensteins, daß den unbegrenzt vielen und verschiedenen von ihm gemeinten 'Sprachspielen' nichts weiter *gemeinsam* sein muß als eine gewisse 'Familienähnlichkeit' - also kein durchgehender Wesenszug -, zu widersprechen scheint. In der Tat liegt die *Gemeinsamkeit* aller 'Sprachspiele' m. E. darin, daß mit der Erlernung *einer* Sprache - u. d. h. mit der erfolgreichen Sozialisation im Sinne *einer* mit dem Sprachgebrauch 'verwobenen' 'Lebensform' - zugleich so etwas wie *das* Sprachspiel - bzw. *die* menschliche Lebensform - erlernt wird: es wird nämlich prinzipiell die *Kompetenz* zur Reflexion der eigenen Sprache bzw. Lebensform und zur *Kommunikation* mit allen anderen Sprachspielen miterworben."[4]

Grundsätzlich stimme ich mit dem Gesagten überein. In diesem Zusammenhang interessiert mich jedoch am meisten die schwankende Bedeutung von "Sprache" und "Sprachspiel". Beide Arten von Mannigfaltigkeit (die ich oben auseinanderzuhalten versucht habe) sind offenbar angesprochen, und dabei wird der Terminus "Sprachspiel" auch zur Bezeichnung einer ganzen Sprache (deren Erlernung eben ganz allgemein die Kompetenz zur Kommunikation über Sprachgrenzen herbeiführt) benutzt. Dieser

---

[3] Die oben angedeutete "trivialisierende" - oder der Problemstellung ausweichende - Antwort, die sich vielleicht den PU entnehmen läßt, scheint mir nicht befriedigend.

[4] Apel 1973:II 347. Vgl. aber auch Habermas 1970:252.

Gebrauch verleitet m. E. zu einem eigentlich unnötigen Gegensatz zu Wittgenstein: Wir *können* tatsächlich nicht die behauptete "Gemeinsamkeit aller Sprachspiele" für die (nur "familienähnlichen") einfachen und übersichtlichen Sprachspiele Wittgensteins fordern. Von dieser Art Gemeinsamkeit kann nur dort gesprochen werden, wo wir von Übersetzung zwischen *Sprachen* reden können.

Ich möchte also nicht (wie Apel) die Wittgensteinsche Konzeption einer Relation der Familienähnlichkeit zwischen Sprachspielen in Frage stellen, sondern vielmehr die Kritik an Wittgenstein dahingehend formulieren, daß er keinen nichttrivialen Begriff von einer ganzen (vollständigen) *Sprache* hat oder wahrhaben will (vgl. § 18).

II

Ich will in dem Folgenden mit Wittgenstein (?) gegen Wittgenstein fünf Hinweise oder Thesen auflisten bezüglich der Frage, was denn eine vollständige oder "volle" Sprache wohl heißen kann. Und dabei möchte ich vermeiden, diese Vollständigkeit sozusagen inhaltlich, in der Anwesenheit eines besonderen, vollständigmachenden Sprachspiels zu suchen.[5]

(1) Die vollständige Sprache muß eine *Pluralität* von Sprachspielen umfassen, so daß man sagen kann, sie wurzele in einem *Geflecht* von Sprachspielen, dessen *Unterschiede* selber zur Sprache gehören (vgl. §§ 20, 21). In diesem Sinne ist schon klar, daß das in § 2 beschriebene Sprachspiel gerade nicht die vollständige Sprache eines Volksstamms sein kann.

(2) Die volle Sprache muß "Übersichtssprache" sein; d. h., es muß in dieser vollen Sprache möglich sein, ihre Worte und ihre Sprachspiele *getrennt* - bzw. umgekehrt die Sprachspielwirksamkeiten und Szenen als von der Gestalt der gesprochenen Worte getrennt - zu identifizieren und zu beschreiben. Erst dadurch erhalten die Wortgestalten einen gegenüber ihrem Sinn konventionellen Charakter, wird so etwas wie "übertragene Bedeutung" (als entscheidender Mechanismus sprachlicher Neubildung) und *Übersetzung* möglich.

(3) Gewisse philosophische *Fehler* (vom Typ revisionistischer Metaphysik) müssen möglich oder sogar in der vollständigen Sprache angelegt

---

[5] Ich halte z. B. die Ausdrucksweise K.-O. Apels, der hier von einem spezifischen "transzendentalen" Sprachspiel spricht (siehe obiges Zitat, aber auch Apel 1973:II 352), für unangemessen.

sein; Nominalismus, Platonismus (Hypostasierung von Sinn), "der Gedanke" als etwas Sprachunabhängiges, Cartesianischer Idealismus (im Sinne von Wittgenstein 1967:§§ 413, 414, 422, 424) etc. Das (philosophische - und witzige) "Feiern" der Sprache muß möglich sein.[6]

(4) Die "Akteursprache" der Sprachspielenden muß - wenn sie eine vollständige Sprache sein soll (und die Akteure sollen "wissen" können, was sie tun) - zugleich die Sprache eines sie beschreibenden Zuschauers sein können. Die performativ in Sprechakten verwendeten Phrasen dürfen gerade *nicht* im Prinzip immer einer anderen Sprache angehören können als der Sprache, in der diese Akteure ("in der dritten Person") *beschrieben* werden.[7] In § 2 der PU besteht offenbar ein großer Unterschied zwischen der (Vierwort-)Akteursprache des A und B und der (Interpreten-)Sprache Wittgensteins, in welcher er diese Akteure beschreibt. Bevor dieser Unterschied auf einen graduellen, von der "kleineren" Sprache aus einholbaren Unterschied reduziert ist, kann die kleinere Akteursprache nicht als "vollständige" gelten. Oder anders ausgedrückt: Eine komplette Sprache muß nicht nur das "Ziehen" *in* den Sprachspielen ermöglichen, sondern essentiell auch eine Beschreibung *von* diesen Zügen. (Vgl. Punkt (2) oben.)

(5) Als Ausgangspunkt für den letzten Hinweis, der wohl auch auf die Möglichkeit einer mehr systematischen Ordnung des schon Angedeuteten hinweist, möchte ich den § 18 nehmen, wo Wittgenstein eine Vorstellung von der Vollständigkeit einer Sprache ausdrücklich ablehnt:

"Daß die Sprachen (2) und (8) nur aus Befehlen bestehen, laß dich nicht stören. Willst du sagen, sie seien darum nicht vollständig, so frage dich, ob unsere Sprache vollständig ist; - ob sie es war, ehe ihr der chemische Symbolismus und die Infinitesimalnotation einverleibt wurden; denn dies sind, sozusagen, Vorstädte unserer Sprache. (Und mit wieviel Häusern, oder Straßen, fängt eine Stadt an, Stadt zu sein?) Unsere Sprache kann man ansehen als eine alte Stadt: Ein Gewinkel von Gäßchen und Plätzen, alten und neuen Häusern, und Häusern mit Zubauten aus verschiedenen Zeiten; und dies umgeben von einer Menge neuer Vororte mit geraden und regelmäßigen Straßen und mit einförmigen Häusern."

---

[6] Zu Punkt (2) und (3) wäre im Hinblick auf das Thema Übersicht(lichkeit) auch dies anzuknüpfen: Die vollständige Sprache muß eine Dimension bereitstellen, in der sich der Philosoph (und die philosophische Begriffsverwirrung) bewegen kann, und das heißt zugleich eine Dimension, die die "übersichtliche Darstellung" (§ 122) bzw. die philosophischen Aussagen (z. B. PU) unterbringen kann.

[7] Dagegen natürlich der gesamte Objektivismus-Solipsismus, Carnap, Bergmann, Mandler/Kessen (1959:35), Quine, Føllesdal, Churchland u. a.

Hier wird uns eine Vorstellung von Sprache (oder sprachlicher Kompetenz), die willkürlich begrenzt oder umfassend sein kann und die also
weder eine obere oder untere Grenze hat, ganz explizit präsentiert. Die
Metapher hat natürlich ihren guten Sinn. Dies verhindert aber nicht, daß
wir nach einem Begriff von ungleichen Niveaus der Kompetenz bei den
heranwachsenden Sprachsubjekten suchen müssen. Wir können uns
Formen der Erweiterung von Sprache vorstellen, die von Wittgensteins
Metaphern nicht illustriert werden; sagen wir mal eine Erweiterung von
einer Signalsprache zu einer *normativ* regulierten Sprache (in der einen
oder anderen Minimalbedeutung), und weiter bis auf ein Niveau, auf dem
Sprache und Handlung als verschiedene Weisen, "dieselbe" Intention
auszudrücken, ausdifferenziert sind. (Vgl. Taylor 1975:16.) Weiter können
wir uns ein Niveau vorstellen, auf dem propositionale Inhalte sich als
sprechaktinvariant festhalten und Sinninhalte sich hypostasieren lassen.
Letztlich wäre eine Ebene als "höchstes" Niveau zu bezeichnen, wo wir
von einer vollständigen kommunikativen Kompetenz reden können.

   Die Pointe ist nicht, hier eine Theorie über solche Niveaus zu entwerfen, sondern lediglich darauf hinzuweisen, daß wir, wenn wir in *diesem*
Sinne an eine Erweiterung der Sprache (oder der sprachlichen Kompetenz) denken - welche sich mit Namen wie Piaget, Habermas[8] und
Kohlberg assoziieren läßt -, dann auch von einem Niveau der Vollständigkeit oder Komplettheit reden können, bei dem zusätzliche Erweiterungen *à la Wittgenstein* in § 18 keine formale Relevanz mehr besitzen,
sondern einfach der "inhaltsmäßigen" Seite zugeschlagen werden müssen.
Um einen traditionellen Begriff zu benutzen: Auf einem gewissen Niveau
kann man sagen, daß es sich bei den sprachlichen Subjekten um *Vernunftwesen* handelt und daß "der Umfang" ihrer Sprache (ganz gleich,
welche "Vorstädte" diese Sprache nun einschließt oder auch nicht)
gleichgültig ist. Der sprachliche Aktionsradius berührt - ein gewisses
Minimumniveau vorausgesetzt - nicht deren Status als *Vernunftwesen*,
genausowenig, wie es das Intelligenzniveau tut.

---

[8] Vgl. z. B. Habermas 1976a, insb. 338-344.

Sprachspiel versus vollständige Sprache

Einige Bemerkungen zum späten Wittgenstein, zur Übersetzung und Übersichtlichkeit, zum Handlungswissen und Diskurs[1]

> Die Grenzen meiner Sprache bedeuten die Grenzen meiner Welt. [...] Das Subjekt gehört nicht zur Welt, sondern es ist eine Grenze der Welt.
>
> Ludwig Wittgenstein

> Die Einheit dieses transzendentalen Subjekts zerbricht mit der Einheit der Universalsprache.
>
> Jürgen Habermas

In seinem Aufsatz *Wittgenstein und das Problem des hermeneutischen Verstehens*[2] macht K.-O. Apel die folgende Beobachtung zum Unterschied zwischen Wittgensteins Philosophie im *Tractatus* und in den *Philosophischen Untersuchungen* (PU):

"Die wesentliche Änderung scheint mir [...] darin zu bestehen, daß die Voraussetzung der einen Präzisionssprache, welche durch ihre 'logische Form' [...] aller Analyse von Sprache und Wirklichkeit das Gesetz vorschreibt, aufgegeben wird. An die Stelle dieser metaphysischen bzw. transzendental-semantischen Voraussetzung tritt die neue Arbeitshypothese einer unbegrenzten Anzahl verschiedener, aber mehr oder weniger verwandter, geschichtlich entstehender und sich auflösender sog. 'Sprachspiele'. Diese lassen sich, ihrer heuristischen Konzeption nach, wie sie in den Beispielen Wittgensteins nach und nach zutage tritt, als von einer Regel des Verhaltens konstituierte Einheiten von Sprachgebrauch, Lebensform und Welt (=Situations-)Erschließung charakterisieren."

---

[1] Dieser Aufsatz kann als Ergebnis (bzw. als Beitrag zu) einer Debatte, die ich mit Jakob Meløe (Tromsø) geführt habe, betrachtet werden. Die bisherigen Beiträge sind: Øfsti 1975, Meløe 1978, Øfsti 1978 und Meløe 1986.

[2] In: *Zeitschrift für Theologie und Kirche* (1966), hier zitiert nach Apel 1973:I 358f.

In der weiteren Ausführung (wie auch in anderen Aufsätzen) wird dann von Apel unter anderem eine Kritik an Wittgenstein vorgetragen, die - sehr kurz ausgedrückt - besagt, daß Wittgenstein in seiner Spätphilosophie die Möglichkeit und Notwendigkeit einer dem *Tractatus* entsprechenden (obwohl völlig andersartigen, seiner Sprachspielkonzeption gemäßen) sprachlichen Einheit geleugnet hat. Ich möchte mich dieser Kritik anschließen und sie im folgenden auf meine Art entwickeln. Zunächst möchte ich aber zu diesem Zweck hervorheben (Sektion I), daß mit der pragmatistischen Wendung und der Einführung der Sprachspielkonzeption die Einheit der (transzendentalen) "Tractatussprache" - die Sprache des theoretischen Blicks auf die Welt - sozusagen in zwei Richtungen zerfällt.

I

Zweierlei sprachliche Vielfalt

Mit der Konzeption einer Mannigfaltigkeit von geschichtlich-konkreten Sprachspielen löst Wittgenstein die universale Einheit der Sprache auf - in zweierlei Hinsicht. Es wird einerseits die Einheitlichkeit des "logischen Raumes" in Frage gestellt in dem Sinne, daß eine "allgemeine Form des Satzes" nicht mehr behauptet werden kann. Die "Logik" einer natürlichen Sprache umfaßt eine ganze Menge von Tätigkeiten inklusive der zugehörigen Verwendungsweisen von verschiedenartigen sprachlichen Ausdrücken, die je ihre eigene (Mikro-)Logik haben. (Befehlen und Gehorchen, Theater Spielen, Reigen Singen, Fluchen, Beten, Einkaufen und Bezahlen usw. [Vgl. § 23. Vgl. auch die sehr einfachen Sprachspiele in §§ 1, 2 und 8.])[3] Insofern kann man die natürliche Sprache mit einem Werkzeugkasten vergleichen (§ 11), wobei die einzelnen Werkzeuge: Hammer, Zange, Säge, Leim, Maßstab usw., der "Mannigfaltigkeit der Werkzeuge der Sprache und ihrer Verwendungsweisen" entsprechen. Oder wir können unsere Sprache mit einer Stadt vergleichen, die aus *verschiedenartigen* Bauten, Straßen, Plätzen usw. besteht (§ 18).

Nun kann man aber auch in einem anderen Sinne von einer Auflösung *der* einen transzendentalen Sprache durch Wittgensteins Spätphilosophie reden, wenn man nämlich die behauptete Vielfalt von Sprachspielen, bzw. Lebensformen, als eine Vielfalt von tradierten oder natürlichen Sprachen nimmt (die je für sich eine Mannigfaltigkeit von sprachlichen "Werk-

---

[3] Wenn nicht anders angemerkt, referieren die angeführten Paragraphen auf die *Philosophischen Untersuchungen*.

zeugen", Verwendungsweisen, Spielen umfassen). Nach dieser Deutung kommen wir zu einer Art W. von Humboldtscher, Herderscher, Whorfscher oder überhaupt historistischer Auffassung der Sprache als Vehikel einer historisch-kulturell *relativierbaren* Welt- und Lebensanschauung. Es gibt eine Mannigfaltigkeit von natürlichen, selbstgenügsamen (vielleicht voneinander kein Kenntnis nehmenden) Sprachgemeinschaften, deren unterschiedlich gebaute Sprachen eine Mannigfaltigkeit von unterschiedlichen (menschlichen) Welt- und Lebensformen bedeuten. Oder in der Sprache des frühen Wittgenstein ausgedrückt: Es kann nicht mehr im Singular von *der* Grenze *der* Welt gesprochen werden, wir müssen nunmehr mit einer Mannigfaltigkeit von *besonderen* Subjektivitäten bzw. Weltgrenzen rechnen. (Daß hierbei ein philosophisches Relativismusproblem entsteht, versteht sich von selbst).[4]

Man kann sich die zwei Auflösungsrichtungen verdeutlichen, indem man die dadurch entstehenden Einheits*probleme* ins Auge faßt. (Dabei steht von vornherein fest, daß ein Sprachspiel mit zugehörigem Regelfolgen - ungeachtet ob man hier unter Sprachspiel eine vollständige natürliche Sprache oder nur eines der vielen Werkzeuge einer solchen [Zählen, Bitten] versteht - nach Wittgenstein nur *intersubjektiv* möglich ist: einer Regel folgen ist Sache einer *Kommunikationsgemeinschaft*, deren Mitglieder in ihrer Sprachpraxis *übereinstimmen* [§§ 199, 241]).

Bei der ersten Deutung der Auflösung des methodisch-solipsistisch gedachten transzendental-allgemeinen logischen Raumes können wir uns das folgende Einheitsproblem vorstellen: Wie kommen die verschiedenen Sprachspiele (Werkzeuge) zu einer selbständigen, selbstgenügsamen natürlichen Sprache zusammen, bzw. wie baut sich in einem Individuum die Beherrschung einer Reihe von Fähigkeiten oder Sprachspielkompetenzen zu so etwas wie der Beherrschung *einer Sprache* auf? Ja, wir könnten an dieser Stelle auch die weitere Frage aufwerfen: Wann ist überhaupt eine natürliche Sprache "vollständig", was erlaubt uns überhaupt, in dieser Weise von einer Sprache als einer abgehobenen Einheit zu reden? - Auf diese letzte Frage gibt es eine Art trivialisierende Antwort, die auch

---

[4] Vgl. Apel 1973:II 320. Seit den 60er Jahren haben relativistische Positionen überhaupt einen Aufschwung gehabt. Neben der linguistischen Historismusvariante eines Peter Winch, die uns hier unmittelbar interessiert, gibt es auch andere Formen, die sich von der "pragmatischen Wende" des späten Wittgenstein inspirieren lassen, wie z. B. der Paradigmenrelativismus eines Thomas Kuhn, der Kontextualismus eines Rorty und verschiedene "postmodernistische" Attacken auf "die" von der Moderne unterstellte universale Vernunft. Von feministischer Seite ist der Gedanke aufgekommen, daß Vernunft keine absolute Größe, sondern relativ zum Geschlecht ist. (Diese letztere Konzeption hat freilich zur Sprachspielkonzeption allenfalls eine indirekte Beziehung.)

Wittgensteins zu sein scheint: Die Einheit einer Sprache ist die einer Kommunikationsgemeinschaft oder eines "System[s] der Verständigung" (§ 3): Wenn Individuen in ihrer Sprachpraxis derart übereinstimmen, daß sie durch diese Praxis ihre Handlungen erfolgreich miteinander abstimmen können, dann haben wir es schon mit einer Sprache zu tun. (So z. B. das § 2-Sprachspiel). Wenn das Repertoire der Spielenden wächst, wächst die Sprache. Es gibt hier keine besonderen totalisierenden oder "ganzheitsstiftenden" Momente (Regeln, Spiele ...), kein Minimumrepertoire, aber auch kein Maximumrepertoire. Die Einheit der Sprache ist einfach gegeben durch die Tatsache, daß es eine Gemeinschaft gibt, deren Mitglieder sich untereinander mit Hilfe dieser Sprachmittel verständigen können, diesen Regeln folgen können. Eine Sprache erweitert sich ständig durch neue Werkzeuge und verliert im Laufe der Zeit auch einiges: "neue Sprachspiele, wie wir sagen können, entstehen und andere veralten und werden vergessen" (§ 23). Eine Sprache (ein Repertoire von Sprachspielen) hebt sich gegen andere Sprachen ab und erhält somit eine sie definierende Grenze einfach dadurch, daß das Eingeübtsein in das heimische Repertoire (die Beherrschung der eigenen Sprache) nicht gleich eine Verständigung mit Mitgliedern anderer Kommunikationsgemeinschaften, die ein verschiedenes Repertoire haben, ermöglicht. (Es sei denn, es gäbe in den zwei Repertoires einen gemeinsamen Bestandteil: dieser würde dann den beiden Sprachen als Teilsprache gemeinsam sein.) - Durch diesen trivialisierenden Begriff von der Einheit einer Sprache erübrigt sich gewissermaßen auch die Frage nach dem, was eine vollständige Sprache bzw. Sprachkompetenz ausmacht.

Bei der zweiten Deutung des Zerfalls *der* menschlichen Sprache entsteht ein andersartiges Einheitsproblem. Wenn wir uns erlauben, von (natürlichen) Sprachen menschlicher Kommunikationsgemeinschaften als voneinander trennbaren Einheiten zu reden, so wie wir es gewohnt sind, entsteht sofort die Frage: Wie verhalten sich diese *Sprachen* oder diese Kommunikationsgemeinschaften bzw. deren Subjekte zueinander? - Eines fällt dabei gleich auf: Trotz ihrer Verschiedenheit unterstellen wir bei den natürlichen Sprachen eine Art Gleichwertigkeit. Bei aller Besonderheit des Weltzugangs, die durch eine partikulare Sprache gegeben ist, bleibt sie doch aus der Sicht der anderen Sprachen zugänglich und mit ihnen irgendwie *vergleichbar*. Es besteht hier eine Art Konkurrenzverhältnis zwischen Sprachen: jede einzelne hat *einen Anspruch auf "das Ganze"*, will sozusagen *die* Grenze der Welt liefern. (Erst durch dieses Konkurrenzverhältnis entsteht überhaupt das philosophische Relativismusproblem in seiner "linguistischen" Form). Worum es hier geht, läßt sich wohl am ehesten klarmachen durch den Hinweis darauf, daß unsere natürlichen Sprachen, trotz aller Verschiedenheit, doch wenigstens annähernd (?) ineinander *übersetzbar* sind. Somit kann z. B. Habermas in einem Kommentar zu Wittgenstein - der zugleich eine Lösung des *hier* involvierten Einheitsproblems verspricht - von dem Zug reden, "den alle tradierten Sprachen gemeinsam haben und der ihre transzendentale Einheit verbürgt: [...] daß sie prinzipiell ineinander übersetzt werden können." (Habermas 1970:253)

Die zwei Auflösungsrichtungen dürften hiermit einigermaßen geklärt sein: Es wird *nach außen* die Einheit aufgelöst im Sinne des Relativismus und des Übersetzungs*problems* (das es doch gibt), *nach innen* in dem Sinne, daß eine Sprache eine Mannigfaltigkeit von logischen Formen (Verwendungsweisen von Sprachelementen, "Werkzeuge") umfassen muß, die offenbar nicht ineinander übersetzbar sind und insofern "völlig gegeneinander abgeschlossene, inkommensurable Regelsysteme" (Apel 1973:II 258) darstellen. Eine Übersetzung zwischen den Sprachspielen einer Sprache untereinander wäre Unsinn wie auch die Vorstellung einer essentiellen Äquivalenz der Werkzeuge eines Werkzeugkastens. (Wohl aber ließe sich eine übersetzungsanaloge Relation zwischen zwei [vollständigen] Werkzeugkästen denken). Der Einwand gegen Wittgenstein, daß er der Kommunikation oder Übersetzung zwischen Sprachspielen nicht gerecht wird, weil er mit "monadologisch" abgeschlossenen, inkommensurablen Sprachspielen rechnet, ist insofern *hier* nicht am Platze. Das hebt J. Meløe hervor: "Man kann Wittgenstein [...] doch nicht vorwerfen, daß er nicht in der Lage ist, Äußerungen des Pokerspiels vorzuweisen, die den Äußerungen im Schachspiel, wie z. B. 'Schach' oder 'Weiß beginnt', entsprechen. (Es ist ja schließlich kein Fehler Wittgensteins, daß er einen Kühlschrank nicht dazu bringen kann, auf dieselbe Weise wie ein Radioapparat zu wirken.)"[5] Um so wichtiger ist freilich dann die Frage nach der Sprache als dem logischen Raum, in dem die Sprachspiele eingehen und wo zwischen ihnen vermittelt werden kann -.

Die Übersetzungsrelation muß dem Verhältnis zwischen ganzen *Sprachen* vorbehalten bleiben. Umgekehrt verhält es sich mit der von Wittgenstein konzipierten *Familienähnlichkeitsrelation*. (Vgl. §§ 65ff.) Sie besteht vor-

---

[5] Meløe 1986:119. Noch deutlicher tritt vielleicht der Unsinn hervor, wenn wir uns eine Übersetzung von einem Sprachspiel wie "Reigen singen" oder "Schach spielen" in das Sprachspiel "Aus einer Sprache in die andere Übersetzen" (§ 23) vorzustellen versuchen. Ich möchte allerdings nicht zu viel auf diese letzte Illustration setzen, weil ich es nur sehr bedingt für richtig halte, "Übersetzen" als ein besonderes Sprachspiel unter anderen aufzufassen. (Vgl. unten S. 64)

nehmlich eben zwischen den einzelnen Sprachspielen im Repertoire *einer* (tradierten, natürlichen) Sprache. Die Tatsache, daß die Mannigfaltigkeit der "Werkzeuge" einer Sprache und deren Verwendungsweisen keinen gemeinsamen Zug, keine (ggf. verborgene) allgemeine logische Form besitzen, ist ja für Wittgenstein einer von seinen Gründen, sie mit *Werkzeugen* (§ 14) und den *Spielen* im herkömmlichen Sinn zu vergleichen. Es dürfte auch klar sein, daß die Relation *ganzer* Sprachen untereinander als Familienähnlichkeit zu bezeichnen Wittgensteins Intention nicht gerecht wird (es sei denn, man würde die oben skizzierte Unterscheidung von *zwei* verschiedenartigen "Auflösungen" nicht gelten lassen und sich meiner Problemstellung insofern entziehen).[6]

Wir haben es folglich mit zwei Mannigfaltigkeiten und zwei unterscheidbaren (obwohl eng verknüpften) Einheitsproblemen zu tun: auf der einen Seite die Vielfalt von (natürlichen und tradierten) *Sprachen*, die in einer Art *Konkurrenzverhältnis* zueinander stehen, und auf der anderen Seite die Mannigfaltigkeit der *Sprachspiele*, die *innerhalb einer* Sprache eher ein *Arbeitsteilungsverhältnis* zueinander haben. Ich halte es für fruchtbar, diese zwei Typen von Vielfalt, Relation und Einheitsproblem nicht in einen Topf zu werfen, sondern möglichst klar auseinander zu halten: denn dadurch läßt sich m. E. ein zentrales Problem am besten beleuchten: das Problem nämlich, was wohl eine vollständige (komplette), selbstgenügsame Sprache heißen kann. Die oben angedeutete "trivialisierende" oder der Problemstellung ausweichende Antwort (die sich vielleicht den PU entnehmen läßt) scheint mir nicht befriedigend.

Wittgenstein selber und auch manche seiner Interpreten haben sich freilich keineswegs an eine solche Trennung gehalten. Sie haben keinen Wert darauf gelegt, einen Unterschied zwischen (ganzen) *Sprachen* und (nur als "Teile" von solchen möglichen) sehr einfachen oder primitiven *Sprachspielen* hervorzuheben.[7] So heißt es z. B. bei Wittgenstein, das

---

[6] Wittgensteins Hinweis auf Spengler, insbesondere die Bemerkung, Spengler hätte mit Vorteil den Begriff der Familienähnlichkeit auf verschiedene kulturelle Epochen anwenden können, deutet freilich ein Schwanken an, das Apels Redeweise entgegenkommt. Vgl. Hacker/Baker 1984a:235f.

[7] Der Terminus "Sprachspiel" scheint in der Tat ganz allgemein mit dieser Zweideutigkeit behaftet zu sein. Vgl. z. B. J.-F. Lyotard (1977, 1982). Lyotard will die irreduzible Pluralität von Sprachspielen verteidigen gegen die Utopien der Einheit, der Versöhnung, der universalen Harmonie. Demgemäß betont er auch den "lokalen" Charakter aller Diskurse, Vergleiche, Legitimierungen etc. Als typisch für unsere Zeit sieht er "eine (noch zu definierende) Gruppe von heterogenen Räumen, ein großes *patchwork* aus lauter minoritären Singularitäten" (Lyotard 1977:37). Die Frage bleibt

Sprachspiels des § 2 betreffend:

"Wir können uns auch denken, daß der ganze Vorgang des Gebrauchs der Worte in (2) eines jener Spiele ist, mittels welcher Kinder ihre Muttersprache erlernen. Ich will diese Spiele 'Sprachspiele' nennen, und von einer primitiven Sprache manchmal als einem Sprachspiel reden. [...] Ich werde auch das Ganze: der Sprache und der Tätigkeiten, mit denen sie verwoben ist, das 'Sprachspiel' nennen." (§ 7. Vgl. auch §§ 65ff).

Nun ist vielleicht diese terminologische Strategie bei Wittgenstein selbst nichts Überraschendes, insofern wir ihm tatsächlich die "trivialisierende" Ansicht bezüglich der "Einheit" eines Sprachganzen zuschreiben können. Diese Einheit bzw. Ganzheit wäre ihm dann verständlicherweise kein wichtiges Thema. Merkwürdiger ist es, daß auch Apel und Habermas Wittgenstein bei seiner Unterlassung, Sprache und Sprachspiel deutlich zu unterscheiden, folgen. Zwar neigt *Wittgenstein* eher dazu, überhaupt nicht von sprachlichen Totalitäten (sondern nur von primitiv-einfachen, klaren und übersichtlichen "Vergleichs-Objekten") zu reden[8], während Apel eher auf "Humboldtsche" Sprachtotalitäten Bezug nimmt.[9] Es bleibt aber auch bei ihm unklar, ob "Sprache", bzw. "Sprachspiel", das eine oder das andere bedeutet. Man kann von dieser Unentschiedenheit bei Apel einen Ein-

allerdings offen: Will Lyotard (moderne) *Differenzierungen* befürworten (im Sinne der "ersten Auflösungsrichtung"), oder will er eine Art (Sub-)Kultur-Relativismus gegen den Universalismus der Moderne verteidigen?

[8] Bemerkenswerte Ausnahme § 120: "Daß ich bei meinen Erklärungen, die Sprache betreffend, schon *die volle Sprache* (nicht etwa eine vorbereitende, vorläufige) anwenden muß, zeigt schon, daß ich nur Äußerliches über die Sprache vorbringen kann." (Hervorhebung: A. Ø.)

[9] Vgl. z. B. Apel 1973:II 257f., wo die Konfrontation zwischen verschiedenen Kulturen (in der Sozialanthropologie) als eine zwischen *Sprachspielen* verstanden wird. Es ist an dieser Stelle von der spezifischen Form der "Teilnahme an zwei Sprachspielen" die Rede, "die im kunstgemäßen ('hermeneutischen') Verstehen einer fremden Lebensform liegt", und weiter von der "immer schon vorausgesetzte[n] *Möglichkeit* der Verständigung zwischen den Sprachspielen (der Sozial-Wissenschaftler und ihrer Objekte)". Vgl. auch 349f. - Habermas spricht ebenfalls von dem "Pluralismus der natürlichen Sprachen" (1970:231) als einem Pluralismus von "Sprachspielen": "Die Regeln dieser Sprachspiele sind Grammatiken ebensowohl von Sprachen wie von Lebensformen. Jeder Ethik oder Lebensform entspricht eine eigene Logik, nämlich die Grammatik eines bestimmten und nicht reduzierbaren Sprachspiels." Weiter heißt es auf S. 244 (bezüglich der "Sprache des Analytikers" vis à vis seinen Objektsprachen): "Zwischen (den) Sprachsystemen muß ebenso eine Übersetzung stattfinden wie zwischen den analysierten Sprachspielen untereinander". Auf S. 251f. wird die Vielfalt von "individuellen Sprachtotalitäten" bzw. "Primärsprachen" auch als "Pluralismus der Sprachspiele" angesprochen.

druck bekommen, wenn man z. B. die eingangs zitierte Stelle, wo (in offenbarer Anlehnung an § 23) von "einer unbegrenzten Anzahl verschiedener, aber mehr oder weniger verwandter, geschichtlich entstehender und sich auflösender sog. 'Sprachspiele'" die Rede war, mit der folgenden Passage (über den "Philosophen", der von seiner Sprache aus eine Pluralität von Sprachspielen übersieht) vergleicht:

"Der Philosoph als *Sprachkritiker* muß sich darüber im Klaren sein, daß er bei dem Geschäft der Sprachspiel-Beschreibung selber ein *spezifisches Sprachspiel* in Anspruch nimmt, das auf alle nur möglichen Sprachspiele *reflexiv* und *kritisch* bezogen ist. Demnach setzt nun aber der Philosoph immer schon voraus, daß er prinzipiell an allen Sprachspielen *teilnehmen* bzw. zu den entsprechenden Sprachgemeinschaften in Kommunikation treten kann. Damit ist aber ein Postulat aufgestellt, das der These Wittgensteins, daß den unbegrenzt vielen und verschiedenen von ihm gemeinten 'Sprachspielen' nichts weiter *gemeinsam* sein muß als eine gewisse 'Familienähnlichkeit' - also kein durchgehender Wesenszug -, zu widersprechen scheint. In der Tat liegt die *Gemeinsamkeit* aller 'Sprachspiele' m. E. darin, daß mit der Erlernung *einer* Sprache - u. d. h. mit der erfolgreichen Sozialisation im Sinne *einer* mit dem Sprachgebrauch 'verwobenen' 'Lebensform' - zugleich so etwas wie *das* Sprachspiel - bzw. *die* menschliche Lebensform - erlernt wird: es wird nämlich prinzipiell die *Kompetenz* zur Reflexion der eigenen Sprache bzw. Lebensform und zur *Kommunikation* mit allen anderen Sprachspielen miterworben." (Apel 1973:II 347)

Grundsätzlich stimme ich mit dem hier Gesagten überein. Im Augenblick interessiert jedoch am meisten die schwankende Bedeutung von "Sprache" und "Sprachspiel". Beide Arten von Mannigfaltigkeit (die ich oben auseinanderzuhalten versucht habe) sind offenbar angesprochen, und dabei wird der Terminus "Sprachspiel" auch zur Bezeichnung einer ganzen Sprache (deren Erlernung eben ganz allgemein die Kompetenz zur Kommunikation über Sprachgrenzen herbeiführt) benutzt. Dieser Gebrauch verleitet m. E. zu einem eigentlich unnötigen Gegensatz zu Wittgenstein: Wir können tatsächlich nicht die behauptete "Gemeinsamkeit aller Sprachspiele" für die (nur "familienähnlichen") einfachen und übersichtlichen Sprachspiele Wittgensteins fordern. Von dieser Art Gemeinsamkeit kann nur dort gesprochen werden, wo wir von *Übersetzung* (zwischen *Sprachen*) reden können.

Eine saubere Trennung zwischen den zwei Bedeutungen von "Sprachspiel" bzw. den zwei Arten der "Auflösung" der sprachlichen Einheit ist also nicht ganz unwichtig. Das kann man sich auch anhand einiger Formulierungen Lyotards klarmachen. Lyotard meint, es gilt "der Vielfalt und *Unübersetzbarkeit* der ineinander verschachtelten Sprachspiele ihre Autonomie, ihre Spezifität zuzuerkennen, sie nicht aufeinander zu *reduzie-*

ren; mit einer Regel, die trotzdem eine allgemeine Regel wäre: 'laßt spielen [...] und laßt uns in Ruhe spielen'." (Lyotard 1982:131. Hervorhebungen: A. Ø.) Es ist klar: Wenn hier die sprach*interne* Vielfalt gemeint ist, ist Lyotards Behauptung einer Unübersetzbarkeit und Irreduzibilität trivial (aber was soll die "Ruheforderung"?); wenn eine Humboldt/Whorfsche Vielfalt gemeint ist, haben wir es mit dem Relativismus zu tun, wenn auch in einer besonders unplausiblen Form: Wie soll die Lyotardsche Parole gegen eine reine Immunisierungsstrategie abgegrenzt werden? Und was heißt *hier* "ineinander verschachtelt"?

Ich möchte also nicht (wie Apel) die Wittgensteinsche Konzeption einer Relation der "nur Familienähnlichkeit" zwischen Sprachspielen in Frage stellen. Ich will vielmehr die Kritik an Wittgenstein dahingehend formulieren, daß er keinen nicht-trivialen Begriff von einer ganzen (vollständigen) *Sprache* bzw. *Sprachkompetenz* hat oder wahrhaben will (vgl. § 18).

II

Wann ist eine Sprache vollständig (autark)?

Der Leitfaden der folgenden Betrachtungen soll also die Frage sein, wie man von einer vollständigen Sprache reden kann. Der Begriff der vollständigen Sprache ist m. E. durchaus sinnvoll und trifft etwas Wichtiges, wenn auch noch nicht Geklärtes. Weiter oben habe ich eine negative oder trivialisierende Antwort auf die Frage nach dem Sprachganzen skizziert. Worin besteht nun eigentlich der Fehler dieser Antwort? Ich glaube, er liegt nicht so sehr darin, daß eine solche Antwort unsere Frage nach dem Sprachganzen nur auf die weitere Frage verschiebt, wie die Einheit einer *Kommunikationsgemeinschaft* zu verstehen ist. Entscheidend ist hier vielmehr die Unterstellung, daß es keine qualitative Grenze zwischen unserer "vollen Sprache" und einem Sprachspiel wie dem des § 2 gibt, so daß auch dieses Sprachspiel als "die ganze Sprache eines Volkstamms" denkbar ist.[10]

---

[10] Es ist klar, Wittgensteins Absicht ist nicht zuletzt, uns durch das Aufstellen solcher Vergleichsobjekte den *Kontrast* zwischen einer solchen "Sprache" und unserer normalen zu verdeutlichen; z. B. daß die Weise, wie die Worte *dort* funktionieren, *nicht* als allgemeines Modell für die Wortfunktionen in *unserer* Sprache dienen kann. Unbefriedigend ist nur, daß der Kontrast lediglich als ein "quantitativer" nahegelegt wird: Unsere Sprache ist eben inhaltsreicher, komplizierter, umfaßt eine größere Anzahl von Sprachspielen...

Die oben angeführten Überlegungen zur "Übersetzungsrelation" (zwischen den "anspruchsvolleren" Ganzheiten) haben die Vermutung nahegelegt, daß die trivialisierende Position dem Übersetzungs-Phänomen irgendwie nicht gerecht wird. Ja, man könnte meinen, daß überhaupt nicht von Übersetzung zwischen Sprachen geredet werden kann, wenn die Abgrenzung einer Sprachgemeinschaft darin besteht, daß eine gewisse Menge "Sprachspieler" in ihrer Zeichenverwendung gemeinsamen (geteilten) Regeln folgen und also auf diese Weise miteinander zu spielen verstehen, und es zugleich unterstellt wird, daß sogar sehr einfache Sprachspiele (oder Vernetzungen solcher Sprachspiele), die untereinander in der Tat nur "familienähnlich" sind (wie Werkzeuge oder Spiele), prinzipiell als ganze "Sprachen" sollen gelten können. Wie ließe sich unter diesen Bedingungen z. B. unterscheiden zwischen dem Hinzulernen eines neuen Sprachspiels und dem Lernen einer "Fremdsprache"? Die Erwachsenen einer Gruppe, die ein gewisses Repertoire von Sprachspielen beherrschen, es miteinander spielen und durch ihr pragmatisches Verstehen dieser Praktiken (im Sinne Diltheys) die Einheit einer Sprachgemeinschaft konstituieren, scheinen jetzt gegenüber Neuem prinzipiell in derselben Lage zu sein wie Kinder gegenüber der Erwachsenenwelt und ihrer Sprache: eines Tages taucht was Neues auf, man stößt auf etwas, das man noch nicht beherrscht - und fängt (am besten) an zu üben. Stellt man sich das Sprachvermögen als eine Summe oder ein Geflecht von Sprachspielkompetenzen vor, so ist nicht zu verstehen, wie der ständigen Ausweitung dieser Kompetenzen eine Grenze gesetzt werden soll, so daß man z. B. sagen kann: hier endet die eine Sprache und hier beginnt die andere, von jetzt ab haben wir es mit der gleichen Sache zu tun, nur "in einer anderen Sprache"; oder: jetzt beherrscht man (das Kind) *die Sprache*. Mit dem Wegfallen eines Begriffs der sprachlichen Totalität kann auch das Fremdsprachliche anscheinend nur als mögliche "Vorstadt" (vgl. § 18) unserer Muttersprache gelten. Wenn wir diese Konsequenzen Wittgenstein zuschreiben dürften, würde Habermas ganz offenbar recht haben, wenn er Wittgensteins Beispiel des Anthropologen in einem Lande fremder Kultur und Sprache folgendermaßen kommentiert:

"Wittgenstein analysiert es nicht zureichend, wenn er daran nur das virtuelle Nachholen einer Sozialisation in anderen Lebensformen sichtbar macht. Das Hineinfinden in eine fremde Kultur ist nur in dem Maße einer gelungenen Übersetzung zwischen ihr und der eigenen Kultur möglich. (Habermas 1970:245)

Nun scheint sich freilich eine Art Lösung anzubieten, die die trivialisierende (Wittgensteinsche?) Position beträchtlich mildert oder plausibler macht - eine Lösung sozusagen nach dem strukturalistischen Modell der Sprache als *Relations*-System (wo die Gestalten der Relata gleichgültig sind, solange sie imstande sind, ihre Positionen im Relationssystem einzunehmen). Nach diesem Modell können wir einen Begriff von verschiedenen *Sprachen* bilden und beides vermeiden: sowohl die willkürliche Ernennung willkürlich umfassender, aber unterschiedlicher Sprachspielkonglomerate zu "Sprachen" (die dann nicht ineinander übersetzt werden können) als auch die prinzipiell grenzenlose Anhäufung von Sprachspielen innerhalb "*einer*" prinzipiell unabschließbaren Sprache. Wir können es vermeiden, wenn wir Sprachspiele durch *Tätigkeiten* individuiert sein lassen - also nicht durch die *Gesamtheit* von Tätigkeit *und* Worten -, so daß die Tatsache, daß andere Worte und Wendungen als die der Muttersprache in einer Tätigkeit auftreten, diese Tätigkeit nicht schon deshalb zu einem anderen, unterschiedlichen Sprachspiel macht. Das Sprachspiel kann dasselbe bleiben, selbst wenn es mit anderen Steinen gespielt wird. (Wie man ja auch Schach sowohl mit weißen und schwarzen als mit gelben und braunen Steinen spielen kann.) Die Wörter sind nicht starr mit den Sprachspielen verknüpft, sondern können von diesen gelöst werden. Die Voraussetzung ist also, daß wir die Tätigkeit getrennt von den Worten oder Wörtern, die in ihr benutzt werden, identifizieren und beschreiben können: *Hier* haben wir die Tätigkeit, sie ist soundso; *dort* haben wir die Worte, welche in ihr (in einer bestimmten Sprache) verwendet werden, sie lauten soundso.

Es geht hier offenbar um ungefähr dieselbe Unterscheidung wie die Wittgensteins zwischen dem "Platz", an dem ein verbaler Ausdruck (Zeichen) steht oder stehen soll, und diesem Ausdruck selber. (§§ 30-35. Vgl. auch Meløe 1986:119f.) Dank dieser Unterscheidung können wir verschiedene *Sprachen* unterscheiden und ineinander übersetzen. Dank ihr können wir sagen, daß, wenn eine Person lernt, ein *neues* Zeichen in *demselben* Sprachspiel zu verwenden, dann dies nicht als Erweiterung *der* Sprache dieser Person gilt, sondern als ein Hinzulernen von Fremdsprachlichem. Verschiedene Ausdrücke haben in demselben Sprachspiel den gleichen Stellenwert. Und solche funktionale Äquivalente können ineinander übersetzt werden. Eine Übersetzung vorzunehmen ist ja eben, einem Ausdruck (einer Sprache) sein Äquivalent (in einer anderen Sprache) zuzuordnen.

So weit, so gut. Nur ist damit noch nicht ohne weiteres eine ausreichende Bestimmung eines Sprachganzen erreicht. Selbst wenn wir jetzt von Übersetzung reden können, ist immer noch nichts (ausdrücklich) darüber gesagt, *wie* "*groß*" oder umfassend eine Sprache oder ein sprachliches Repertoire sein muß, um als übersetzbar zu gelten. Nach dem bisher

Gesagten können zwei solche Repertoires willkürlich "klein" sein und gleichwohl ineinander übersetzt werden, wenn sie nur dieselben Sprachspiele - und das heißt jetzt Tätigkeiten (Praktiken, "Plätze") - umfassen. (So kann z. B. das § 2-Spiel mit den Wörtern "Würfel", "Säule" usw. gespielt, d. h. gesprochen werden oder mit anderen, z. B. "block", "pillar" usw.) Wenn es in den sprachlichen Repertoires von zwei Kommunikationsgemeinschaften *dieselbe* Sprachspiel*tätigkeit* gibt, dann können die *verschiedenen* Wörter und Wendungen (Repliken), mit welchen die Tätigkeit in den zwei Kommunikationsgemeinschaften ausgeführt wird, auch ineinander übersetzt werden. Falls dagegen (die) zwei Gemeinschaften (Kulturen) ihre eigenen Spezialitäten haben, können die dazugehörigen Worte/Repliken auch nicht übersetzt werden.

Übersetzbarkeit - im Sinne der Trennung von Wort (einer Sprache) und "Platz" (im Sprachspiel) - scheint insofern allenfalls eine notwendige, aber keine ausreichende Bedingung für die Bestimmung dessen zu sein, was wir normalerweise als ein Sprachganzes (eine natürliche Sprache) betrachten. Vielmehr scheint es, daß wir uns <u>wieder in der Ausgangslage</u> befinden, wenn wir die "Äquivalenzklassen" von ineinander übersetzbaren "Sprachen" betrachten. Diese Äquivalenzklassen sind selber monadisch geschlossene Universen, über deren Grenzen man nur hinaustreten kann, indem man neue Sprachspiele (Wirksamkeiten, "Plätze") *einübt*. (Wogegen die Lebensform ggf. Grenzen setzen könnte.[11])

Ich komme gleich auf die Frage zurück, wieviel Übersetzbarkeit im Hinblick auf die Bestimmung der Vollständigkeit einer Sprache (eines sprachlichen Repertoires) leisten kann. Zuerst möchte ich kurz eine Betrachtung über mögliche Lösungen unseres Problem einschieben. Gesetzt, daß unser Hinweis auf Übersetzbarkeit unzureichend ist, gibt es dann andere Möglichkeiten als die, entweder die Frage nach der vollständigen Sprache im emphatischen Sinne fallen zu lassen oder nach irgendeinem spezifischen (transzendentalen, kritisch-reflexiven) (Meta-)Sprachspiel oder einer spezifischen Kombination von Sprachspielen Ausschau zu halten, die die geforderte Vollendung und Abschließung eines Sprachganzen leisten kann. Man könnte z. B. die Frage in dieser Form stellen: Wie viele (und welche) Sprachspiele muß ein Sprachrepertoire umfassen, damit es "das Sein" "behausen", d. h. ein "Welt-" und "Seinsverständnis" im Sinne Heideggers ermöglichen kann? Oder: Welche sind die Minimal-

---

[11] Hierher gehören vermutlich Vorstellungen wie die einer möglichen Löwensprache, die *wir* nicht verstehen könnten. Siehe Wittgenstein 1960:536 (PU). Vgl. auch Kripke 1982:96ff. Gegen diese Vorstellung: Apel 1973:II 257.

bedingungen dafür, daß die Sprache (eines Stammes) nicht nur als ein Moment von "Funktionskreisen" gelten darf, ähnlich jenen, in denen Tierarten sich zu ihren "Umwelten" verhalten, sondern die sog. "Weltoffenheit des Menschen" tragen kann? Wann ist eine Sprache über die instinktive und durch "Abrichtung" geformte (Signal-)Sprache hinaus, so daß sie als Sprache des zoon *logikon* gelten kann?

Ich möchte an dieser Stelle auf das sehr instruktive Büchlein von Jonathan Bennett: *Rationality*, hinweisen (Bennett 1964). Bennett geht von dem wohlbekannten "Tanz" der Bienen aus, der mitunter als eine "Sprache" bezeichnet wird, und fragt, wodurch sie bereichert werden muß, wenn sie auch wirklich als Vehikel von Rationalität und insofern als Sprache im vollen Sinne soll gelten können. Schrittweise führt er neue (fiktive) Züge (Tänze) in das "Sprachspiel" (das heißt: in das Tanz- oder Flug-Repertoire) der Bienen ein - zuerst einen "Negationstanz" -, um dann nach jeder Hinzufügung zu untersuchen, ob die fiktiven Bienen nun den Status rationaler Wesen erreicht haben. Selbst nach noch so vielen Raffinements wird ihnen dieser Status versagt; ihr Verhalten würde erst dann Rationalität bedeuten, wenn man bei ihnen *universelle* und *datierte* Aussagen feststellen könnte, die so etwas wie ein "situationsloses" Bestreiten durch Gründe ermöglichten. Erst durch solche Züge, so können wir auch formulieren, erreicht ihr sprachliches Repertoire den Status einer "vollständigen" Sprache.[12]

Ich möchte nicht die Verdienste von Bennetts und ähnlichen Untersuchungen bestreiten, die sozusagen unsere Frage "inhaltlich" zu beantworten versuchen (oder wenigstens in dieser Richtung gelesen werden können). Ich will trotzdem an dieser Stelle einen "formaleren" Zugriff bevorzugen. Ich will nicht versuchen, zuerst "substantiell" die Frage zu beantworten, was unsere Sprachen zu Vehikeln der Rationalität macht, um daraufhin zu dem Schluß zu kommen, daß sie auch alle ineinander übersetzt werden können. Vielmehr möchte ich umgekehrt die Frage nach der Rationalität, nach dem Sprachganzen und seiner "Vollständigkeit" eben von der Übersetzbarkeit aus angehen - trotz der Unzulänglichkeit dieses Lösungsversuchs, die ich bereits angedeutet habe.

[12] Einen nicht ganz unverwandten Ansatz kann man auch bei Tugendhat (1976) finden bzw. herauslesen. Hier gipfelt die Untersuchung in der Darstellung der Infrastruktur der singulären Termini.

III

Die Trennung Wort - Sinn

Man kann [...] mit philosophischen Irrtümern gar nicht
vorsichtig genug umgehen, sie enthalten so viel Wahrheit.
L. Wittgenstein

Kehren wir nämlich zu dem zurück, was zu diesem Thema gesagt wurde,
so läßt sich unmittelbar feststellen, daß nur eine selbstverständliche
Hinzufügung erforderlich ist, um die Tragfähigkeit des Übersetzungsphä-
nomens entscheidend auszuweiten. Die Trennung von Wort und Tätigkeit
(Sprachspiel) schien uns nicht hinreichend, um die Vollständigkeit oder
"Rationalität" einer Sprache konstituieren zu können. Aber es schien
vielleicht so nur, weil wir uns von einem bestimmten Bild leiten ließen:
nämlich, daß *wir* als Dritter die Übersetzung von A nach B (von *unserer*
Sprache aus) leisteten, nicht die Sprecher der sehr primitiven Sprachen
A und B selber. *Wir* wurden als die Subjekte unterstellt, die innerhalb
unserer (vollen) ("Meta"-)Sprache in der Lage waren, die Trennung von
Worten und Sprachspieltätigkeiten in A und B vorzunehmen[13], die
relevanten Zuordnungen zu machen usw. Wenn wir jetzt dieses Bild fallen
lassen und ganz explizit sagen: die Trennung und separate Identifikation,
Bezeichnung, Beschreibung etc. von Sprachspielen und Wörtern in A und
B muß innerhalb der Sprachen/Kommunikationsgemeinschaften A und B
selber möglich sein, dann haben wir auch schon eine (oder sogar *die?*)
entscheidende Ausweitung der Sprachen A und B, bzw. der Sprachlichkeit
ihrer Sprecher, ins Auge gefaßt. Denn dadurch erreichen A und B ein
Niveau der Sprachlichkeit, auf dem sie "reflexiv" sind. Habermas' Charakterisierung der natürlichen Sprachen durch die "in der Sprachpraxis
angelegte Tendenz der Selbsttranszendierung" trifft jetzt auf sie zu: "Die
Sprachen *selber* enthalten das Potential einer Vernunft, die, in der
Besonderheit einer bestimmten Grammatik sich aussprechend, deren
Grenzen zugleich reflektiert und als besondere negiert." (Habermas
1970:253, Hervorhebung: A. Ø.)
  Jetzt, auf diesem Niveau, wird nicht mehr nur an Sprachspielen regel-
konform teilgenommen, es kann auch *über* Wörter und Sprachspielwirksamkeiten geredet werden. Die Sprache ist nicht mehr länger nur das

---

[13] Was uns übrigens bei den (auch bei den "bereicherten") Bienensprachen/Bienen-
tänzen problematisch genug wäre. Die Trennung von "Wort" und "Tätigkeit" kann hier
schwerlich greifen.

Potential dessen, was *in* den verschiedenen Sprachspielen gesagt werden kann, sondern auch eine Sprache, von der aus man eine *Übersicht* über Wirksamkeiten und Wörter (als getrennte Größen) haben kann. Sie ist sozusagen ihre eigene Übersichtssprache oder Metasprache geworden. Mit der Möglichkeit zu sagen: "hier ist das Wort, es lautet so und so, und hier ist das Sprachspiel, in dem es verwendet wird, es ist so und so", generiert eine Sprache schon, was man eine Ausdifferenzierung des *Gedankens* als etwas *Sprachunabhängigem* bezeichnen kann (d. h. unabhängig von bestimmten Wörtern oder Sprachsymbolen einer bestimmten Sprache). Die Elemente der Sprache erhalten den Status willkürlicher Ausdrucksmittel. Das *Subjekt* kann sich gleichsam über die Grenzen einer besonderen Sprache hinwegsetzen und die Wörter als konventionelle Besonderheiten betrachten. *Jetzt* gilt für unseren Bezug auf Sprachen - und nicht zuletzt die Muttersprache -, was Wittgenstein als irreführende Unterstellung der "Augustinschen" Theorie (der *Einführung* in Sprache) mit Recht zurückweist: daß wir "schon denken können". (§ 32) Wittgenstein zeigt den Fehler Augustins auf, aber er versäumt es, dieses "Schon-Denken-Können" als positive und wesentliche Dimension der vollen Sprachkompetenz auszuwerten.

Ich möchte dies selbstverständlich nicht dahingehend verstanden wissen, daß die Kritik Wittgensteins an Nominalismus[14] und Platonismus[15] (welche hier eigentlich zwei Seiten der gleichen Sache ausmachen) zurückgenommen werden sollte. Wir müssen hier zwischen "Sprachunabhängigkeit" oder auch (der Möglichkeit von) "Sprachdistanzierung" sozusagen "vor" und "nach" der Sprache bzw. der Sprachkompetenz unterscheiden. Was Wittgenstein mit vollem Recht angreift, ist die Vorstellung einer solchen Unabhängigkeit oder "Distanz" *vor* oder außerhalb der Sprache/Sprachkompetenz. Ich aber möchte hervorheben, daß die genannten Trennungen oder Unterscheidungen (die Trennung von Wort und Sprachspiel, die "Sprachunabhängigkeit" des universalen Gedankens und die Möglichkeit des Subjekts, sich von seiner Sprache als etwas Besonderem zu trennen) gerade eine - oder sogar *die* - essentielle Leistung unserer menschlichen Sprachen oder unserer menschlichen Sprachlichkeit ist. Insofern sind sie erst "nach" der Sprache möglich.

---

[14] Ich meine damit insbesondere die "Lockesche" Version, wo die Wörter nur als Instrumente der Mitteilung von an sich sprachunabhängigen Gedanken aufgefaßt sind.

[15] "Platonismus" heißt hier die Vorstellung, daß es nicht auf die Wörter ankommt, sondern auf den *vor* ihnen gegebenen Gedanken bzw. dessen idealen Gegenstand.

Erst bei derjenigen Sprache bzw. Sprachkompetenz, die diese Differenzierungen erlaubt oder ermöglicht, kann man von Sprache im emphatischen Sinne als *vollständiger* Sprache reden. Erst von einer solchen Sprache aus hat man die Möglichkeit, mit etwas so Abstraktem wie einem von den Worten getrennten *Sinn von Worten* zu operieren - was also wiederum nicht als ein Widerruf der Kritik Wittgensteins an "metasprachlichen"[16], gegenstandstheoretischen und anderen mißverständlichen Bedeutungstheorien verstanden werden sollte. Es geht ja immer nur darum, die vollständige Sprachlichkeit zu charakterisieren. - Vielleicht können wir die Pointe so formulieren, daß nur diejenige Sprache oder sprachliche Kompetenz vollständig ist, die den "Platonischen" Fehler einer Hypostasierung von Sinn *ermöglicht.*

Ähnliches läßt sich recht allgemein von Wittgensteins Kritik an traditionellen philosophischen und semantischen Denkarten sagen. - "Hier ist das Wort, hier die Bedeutung". Dies mag gewiß die falsche Vorstellung ausdrücken, daß Bedeutungen sich von den Wörtern und ihrer Anwendung in Sprachspielen isolieren ließen ("Man sagt: Es kommt nicht aufs Wort an, sondern auf seine Bedeutung; und denkt dabei an die Bedeutung, wie an eine Sache von der Art des Worts, wenn auch vom Wort verschieden" [§ 120]). Aber wir haben andererseits eben gesehen, daß die Hypostasierbarkeit des Sinnes und die Trennbarkeit des Wortes als konventionellem Sprachzeichen von seinem "Platz" im Sprachspiel, von der Wirksamkeit, in der es verwendet wird - und zwar für die Sprecher selbst -, *selber* eine notwendige Bedingung der Übersetzbarkeit oder Interpretierbarkeit der Ausdrücke einer Sprache ist, ohne welche diese nicht als vollständige Sprache gelten kann. *Das* dürfen die Anstrengungen der pragmatischen Sprachphilosophie, alte Fehler zu überwinden, uns nicht vergessen lassen.[17] Wittgenstein will die "Verhexung durch die

---

[16] Vgl. zu diesem Terminus Tugendhat 1976:234. Unter "metasprachliche Bedeutungstheorie" versteht Tugendhat eine Theorie, die sich einen Rekurs auf eine Metasprache erlaubt, wenn es darum geht, den Sinn der sprachlichen Ausdrücke zu definieren oder zu erklären.

[17] Vgl. auch das Thema *Definitionen* (insbesondere ostensive Definitionen): Wittgenstein greift das philosophische Mißverständnis an, wir könnten durch Definitionen den Sinn von Worten konstituieren. Das aber hieße nur "das Denken" (oder eine Metasprache) hinter die Sprache zu stellen und die Sprache selbst zu einem nominalistischzufälligen oder konventionellen *Mittel* zu machen. Und das ist falsch. Die Einführung von neuen Begriffen oder Sinninhalten durch ostensive Definitionen etc. ist eine rein sekundäre oder parasitäre Angelegenheit, die von jener Verbindung zwischen Sprache, Sprecher und Wirklichkeit zehrt, welche bereits durch unsere *(Sprachspiel)*Praxis konstituiert ist. - Wir möchten aber nun unsererseits den anderen Aspekt hervorkehren:

Sprache" bekämpfen, indem er die Wörter aus ihrer metaphysischen Verwendung auf die alltägliche Verwendung, auf ihre Heimat in den Sprachspielen zurückführt, wo sie normal *arbeiten*. (§§ 116, 132) Diese Zurückführung ist Aufgabe der Philosophie als Therapie. (§§ 109, 133, 255) Wir aber möchten hervorheben, daß eben die Möglichkeit des Leerlaufs (§ 132) oder die Fähigkeit der Sprache zum *Feiern* (§ 38) selber für unsere Sprache konstitutiv sind.

Die Einseitigkeit des Therapievergleichs - so könnte man sagen - liegt darin, daß er eine falsche Suggestion enthält: Es wäre das beste, wenn es nie zu Krankheit und Therapiebedarf käme. Als ob man in der Sprache am besten nie aus den alltäglichen Wortverwendungen in wohlfunktionierenden Sprachspielen in die philosophische Dimension des Spiels *mit* der Sprache (d. h. die Dimension der möglichen Verhexungen) hinüberträte. Ähnlich verhält es sich mit Wittgensteins Bemerkung in § 118 zu seiner philosophischen Zerstörung von allem Großen und Wichtigen: "es sind nur Luftgebäude, die wir zerstören, und wir legen den Grund der Sprache frei, auf dem sie standen." Dieses Bild erfüllt gewiß Wittgensteins (negativen) Zweck. Aber es läßt sich zugleich hinzufügen: Es ist für unsere Sprache als volle Sprache entscheidend, daß sie nicht (etwa wie "Tiersprachen") in dieser Hinsicht "foolproof" ist, sondern Mißbildungen von der Art der "Luftgebäude" ermöglicht. Ein essentieller Zug des genannten "Grund der Sprache" ist also eben seine Fähigkeit, Luftgebäude entstehen zu lassen.

Das Muster bleibt dasselbe: Wittgenstein verdächtigt immer wieder - in den PU wie im *Tractatus* - die (philosophische) "nichtarbeitende" Rede über Sprache, Sinn etc. Konsequenterweise spricht er auch seinem eigenen Diskurs den Status ab, eine positive und wesentliche Dimension der Sprache darzustellen. (Dies gilt ja auch für die PU, insofern seine eigenen Sätze hier lediglich als Therapie gelten sollen, die die abgehandelten Ausdrücke dorthin verweisen, wo sie hingehören, nämlich *in* die Sprachspiele.) Hierin bringt er zweifellos eine wichtige Pointe gegen allerlei Metasprachensemantik, "gegenstandstheoretische Bedeutungstheorie" (Tugendhat) etc. zum Ausdruck. Aber gleichzeitig - und dies ist es, was Wittgenstein m. E. auch in den PU übersieht (indem er sich in diesem Punkt zu nahe an den *Tractatus* hält) - muß der prinzipiell mögliche *Zugang* zu dem "arbeitsentlasteten" Metaniveau *selbst* als

---

"Vollständig" ist eine Sprache erst, wenn sie die für Definitionen nötigen Distinktionen und übrigen Mittel bereitstellt.

konstitutiv für die Sprachlichkeit der Sprache bzw. des Sprachsubjekts anerkannt werden.[18]

Man darf also das Kind nicht mit dem Bade ausschütten. Bei der durchaus berechtigten Attacke auf den methodischen Solipsismus und Nominalismus von Locke und anderen, die das Subjekt in eine äußerliche Relation zur Sprache auf Distanz rücken, darf man nicht zugleich auf die "pragmatische Distanz"[19] zur Sprache *als Moment eben einer kompletten Sprachlichkeit* verzichten. Damit würde man in der Tat eine ganze Reihe von sprachlichen Phänomenen bzw. eine ganze Dimension unseres Sprachgebrauchs verkennen: von den "irrealen" Sprachanwendungen in Fiktion, Humor und Ironie, im Beispielgeben, in der Sprachphilosophie etc. bis zu dem Phänomen der "Abnützung", Neubildung und Interpretation (Übersetzung) von Sprachlichem. Die Tatsache, daß das einst "gut Gesagte", die einmal vielleicht sogar "befreienden" Wörter und Wendungen allmählich als Schablonen und Klischees empfunden werden, bezeugt deutlich diese pragmatische "Distanz". Dasselbe gilt für die Art und Weise, wie solche Schablonen - wie gebrochen auch immer - unter Umständen ihre alte Bedeutung gewissermaßen mitschleppen, wenn sie in neue Sprachspiele aufgenommen werden und eine neue Bedeutung erhalten.

All das verliert man aus dem Blick, wenn man eine *positive* Seite gewisser Formen des "nichtarbeitenden" Sprachgebrauchs, des "Leerlaufs" und des "Feierns", die als Formen von Spiel *mit* der Sprache eine (pragmatische) "Distanz" zur Sprache ins Spiel bringen, nicht wahrhaben will. Und ich glaube, daß Wittgenstein in diesem Punkt nicht ganz unschuldig ist. Auf jeden Fall sollte er hier *nicht* mit der folgenden einebnenden (und immunisierenden) Strategie verteidigt werden: Soweit die genannten Formen von Sprachgebrauch als notwendige (oder gesunde) anerkannt werden müssen, stellen sie eben so viele eigene Sprachspiele dar. (Vgl. hierzu meine Reservation dagegen, *Übersetzung* als eigenes Sprachspiel zu betrachten, oben S. 51, Anm. 5.)

---

[18] Man könnte hier eine Art Parallele zu der Kantischen Transzendentalphilosophie bzw. deren Unvollständigkeit andeuten: Das Subjekt, welches die Welt durch Formen und Kategorien vereinnahmte, zugleich aber prinzipiell von jener Art *Selbstreflexion* ausgeschlossen wäre, die Kant in seiner Vernunftkritik exemplifiziert, würde kein transzendentales Subjekt mehr sein.

[19] Vgl. K.-O. Apels Begriff der "pragmatischen Differenz", Apel 1979b:65.

IV

Strukturmomente einer vollständigen Sprache

> Wir müssen uns den Menschen als ein sich selbst interpre-
> tierendes Tier vorstellen.
>
> Charles Taylor

Wenn wir ein Sprachspiel wie das des § 2 betrachten, fällt gleich auf, daß ein großer Unterschied besteht zwischen der Sprache, die von den Akteuren des hier beschriebenen Sprachspiels gesprochen wird, und der "Übersichtssprache", in der Wittgenstein dieses Sprachspiel beschreibt und interpretiert. Die Sprache der Akteure besteht aus den vier Wörtern "Würfel", "Säule", "Platte" und "Balken", während Wittgenstein in seiner Beschreibung mindestens vierzig verschiedene Wörter und schon mehr als vier Wort*kategorien* (Substantive, Namen, Pronomen, Verben, Artikel, Präpositionen usw.) benutzt. Faßt man also nach Wittgensteins Aufforderung die Worte des A und B als vollständige Sprache auf, so haben wir gleich einen Kontrast zur Hand, der für unsere Frage nach der "Vollständigkeit" einer Sprache als Beispiel nützlich sein dürfte. Ich werde mich im folgenden an dieses Beispiel auf zwei verschiedene Weisen anlehnen: einmal wieder mit Bezug auf "Übersetzung" (a) und dann mit Bezug auf "performatives Handlungswissen" und Berichte über Handlungen (b).

(a) Übersetzbarkeit

Nehmen wir zunächst Übersetzbarkeit als Verhältnis zwischen Sprachen und fragen, wann Elemente aus einer Sprache in eine andere (z. B. aus einer "Sprache" wie die von A und B [in § 2] in die "unsere") übersetzt werden können. Stellt man sich hier eine Sprache als eine Art "Summe" von Sprachspielen vor, so scheint die Antwort gegeben zu sein: Eine Übersetzung ist in dem Grad möglich, als wir *die gleiche Wirksamkeit/Tätigkeit* in den zwei Kommunikationsgemeinschaften finden. Es drängt sich ein Bild des Übersetzens auf, wo $Sprache_1$-Repliken, die in der Wirksamkeit W (der ersten Kommunikationsgemeinschaft) vorkommen, in $Sprache_2$-Repliken der gleichen Wirksamkeit W (bei den anderen) übersetzt werden. Die § 2-Sprache könnte z. B. in unsere Sprache übersetzt werden, weil auch wir die entsprechende "Bauplatz-Wirksamkeit" beherrschen. Fehlt dagegen W bzw. fehlen Wirksamkeiten der Form W in einer Sprachgemeinschaft, können die dazugehörigen Repliken in die Sprache dieser

Gemeinschaft auch nicht übersetzt werden. Repliken des "Reigen Singen" z. B. können offenbar nicht in die § 2-Sprache übersetzt werden, weil die entsprechenden Tätigkeiten und Repliken in dieser Sprache fehlen. Die Wörter/Repliken der Sprache werden gemäß diesem Bild sozusagen über die Wirksamkeiten/Sprachspiele *verteilt*, wobei lediglich diejenigen Repliken, die zu einander entsprechenden Wirksamkeiten gehören, sich ineinander übersetzen lassen.

Die Forderung "entsprechender Tätigkeiten" bzw. der "gleichen Wirksamkeit" ist aber m. E. für Übersetzungen weder notwendig noch hinreichend. Das genannte Bild *begrenzt* auf eine völlig unrealistische Weise unsere Übersetzungsmöglichkeiten. Und das hängt wesentlich damit zusammen, daß unsere natürlichen Sprachen nicht einfach aus Repliken-in-Wirksamkeiten bestehen, sondern auch "Übersichtssprachen" sind, durch welche wir solche Wirksamkeiten identifizieren, unterscheiden, individuieren und beschreiben können (wie auch damit, daß wir als Erwachsene "schon denken" können). Auch wenn wir mit Subjekten einer fremden Kultur zu tun haben, in der gewisse von unseren sinnstiftenden Wirksamkeiten fehlen, müssen wir nicht gleich aufgeben. Wir können immer noch eine Übersetzung der in diesen Wirksamkeiten typischen Repliken erstreben, indem wir dem Sprachsubjekt dieser fremden Kultur zunächst eine *Beschreibung* der relevanten Wirksamkeit geben. Vermittels dieser können wir ihm dann wahrscheinlich auch ein gewisses Verständnis für die Pointe der Repliken beibringen.

Die Tatsache, daß unsere Wörter nicht nur in Wirksamkeiten funktionieren, sondern auch die Wörter einer "Übersichtssprache" sind, hat aber auch auf eine andere Weise für die Übersetzungsmöglichkeiten Bedeutung. Vielleicht kann man sagen, daß *Repliken* (wie "hiß das Segel" oder "ein Kilo Zucker, bitte schön") nur in bestimmten Wirksamkeiten, welche ggf. in anderen Kulturen fehlen, eine Funktion haben. Aber die Repliken der Sprachspiele sind nicht etwas von Kopf bis Fuß in ihnen Festgewachsenes, das durch und durch vom jeweiligen Sprachspiel abhängig ist und ohne es "absterben" muß (vgl. §§ 6, 432). Die Repliken der Sprachspiele sind *analysierbar* - in Komponenten (Worte, Morpheme), *die in vielen Sprachspielen* vorkommen. Die *Worte* sind nicht Leibeigene. Ein Wort mag in unzähligen Repliken und Wirksamkeiten auftreten (selbst wenn das Kind es zuerst anhand *einer* Wirksamkeit lernt) und trotzdem einen abgrenzbaren (lexikalischen, "buchstäblichen") Sinn haben. Die vollständige sprachliche Kompetenz umfaßt insofern auch eine analysierende und synthetisierende Fähigkeit, die die Möglichkeiten der Übersetzung um ein großes Stück erweitert.

Auf der anderen Seite glaube ich, daß die Forderung nach der "gleichen Wirksamkeit" auch nicht *ausreicht*. Angenommen, wir könnten eine Stammeskultur ausfindig machen, in der eine Wirksamkeit ausgeübt wird, welche auch zu unserem Repertoire von Wirksamkeiten gehört (z. B. die Wirksamkeit, die Wittgenstein in § 2 beschreibt), und in der gewisse Wörter und Ausdrücke benutzt werden. Können wir diese Wörter und Ausdrücke nun ruhig in diejenigen übersetzen, die *wir* in der gleichen Wirksamkeit benutzen? Das ginge nicht ohne weiteres, selbst wenn die Fremden sogar die gleichen Wörter (Laute) wie wir benutzten. Denn angenommen, diese Wörter machten *die gesamte Sprache* dieses Stammes aus, so würde ihnen in ihrer Sprache ein großer Teil (wahrscheinlich das allermeiste) von dem fehlen, was in den Sinn unserer "entsprechenden" Wörter eingeht, nämlich all das, was diese ihrer Zugehörigkeit zu einer vollständigen "Übersichtssprache", ja bereits ihrer Zugehörigkeit zu einem größeren Geflecht von Sprachspielen verdanken.

Wir begegnen hier dem Problem, das Wittgenstein in Anknüpfung an das § 2-Sprachspiel deutlich macht, indem er fragt, ob der Ruf "Platte!" im Beispiel (§ 2) ein Satz oder ein Wort ist, ob er eine verkürzte Form des Satzes "Bring mir eine Platte!" ist usw. (§ 19). Denn wie kann "Platte!" eine Verkürzung von "Bring mir eine Platte!" in einer Sprache sein, in der die Worte "bring", "mir", und "eine" keine Anwendung haben? - Ebenso läßt sich fragen, ob dieser Ruf ein Befehl ist. Wenn *alle* Äußerungen in einer Sprache Befehle sind, was heißt es dann, daß sie *Befehle* sind? "Wir sagen, wir gebrauchen den Befehl im Gegensatz zu anderen Sätzen, weil *unsere Sprache* die Möglichkeit dieser andern Sätze enthält." (§ 20) Es ist insofern gar nicht unproblematisch, die "Befehle" der § 2-Sprache in (unsere) Befehle zu übersetzen. - "Die gleiche Wirksamkeit" genügt offenbar nicht als Bedingung der Übersetzbarkeit; es sei denn, wir akzeptierten eine Wirksamkeit oder Tätigkeit *als* dieselbe (als die unsere) nur, wenn diese Wirksamkeit bei den Fremden gleichermaßen in eine vollständige Übersichtssprache eingebettet ist.

Wittgenstein erläutert das Problem ausführlicher in § 21, indem er ein zweites Sprachspiel (zusätzlich zum "Befehl"-Spiel in § 2) des A und B einführt. "Denke dir ein Sprachspiel, in welchem B dem A auf dessen Frage die Anzahl der Platten, oder Würfel in einem Stoß meldet, oder die Farben und Formen der Bausteine, die dort und dort liegen. - So eine Meldung könnte lauten: 'Fünf Platten'." Die Frage nach dem Unterschied zwischen einer solchen Meldung oder Behauptung "Fünf Platten" und dem *Befehl* (bzw. dem Fragen oder Verlangen nach) "Fünf Platten!" ist jetzt sinnvoll, und Wittgenstein beantwortet sie ja auch: Der Unterschied ist "die Rolle, die das Aussprechen dieser Worte im Sprachspiel spielt." (§ 21) Die ganze Sprache des A und B umfaßt jetzt zwei Sprachspiele, das Auf-Frage-Meldung-Geben- und das Auf-Nachfrage-Hergeben-Spiel, worin dieselbe Phrase ("Fünf Platten") je in einer unterschiedlichen Rolle auftritt. Deshalb gibt es jetzt in der (immer noch primitiven) Sprache des A und B den Unterschied zwischen Meldung und Befehl.[20]

Ich glaube, es ist nicht überflüssig, hier hervorzuheben, daß es diesen Unterschied nicht nur "an sich" (oder "für uns") im Repertoire von A und B gibt. Das heißt, das Sprachvermögen des A und B umfaßt jetzt nicht nur die zwei genannten Sprachspiele, *sondern auch den Unterschied selber.* Man könnte ja meinen, der Unterschied zwischen Sprachspielen gehört als solcher zu keinem "Sprachspiel an sich". Denn könnten wir uns nicht im Prinzip die zwei Sprachspiele des A und B als auf zwei verschiedene Kommunikationsgemeinschaften verteilt denken (A$_1$ und B$_1$ spielen S$_1$ auf Insel 1, A$_2$ und B$_2$ spielen S$_2$ auf Insel 2) oder auch als reine "Personalunion" (in A und B) von "kommunikationslosen", miteinander nicht vermittelten Funktionskreisen (wie beim Verhaltensrepertoire von Tieren)? In unserem Bild von den sprachlich bereicherten Spielern A und B bleibt es aber ein Kernstück, daß der Unterschied zwischen den zwei Sprachspielen *selbst - als parataktischer Kontrast -* wesentlich zu der sie beide umfassenden Sprache (des A und B) gehört. Und insofern die Sprachspiele als Spiele *in* der sie umfassenden Sprache aufgefaßt werden, gehört der Unterschied auch zu ihnen. (Die ganze Sprache ist bei jedem ihrer Sprachspiele zugegen.[21]) Wir können dieser Pointe vermutlich auch einige notwendige Bedingungen einer vollständigen ("kompletten") Sprache entnehmen: Eine komplette Sprache muß nicht nur eine Pluralität von Sprachspielen umfassen, sondern auch die Unterschiede und die Umfassung (den Werkzeugkasten!?) selber. Die Unterschiede zwischen den Sprachspielen einer Sprache, eines Sprachvermögens, eines Repertoires, sind nicht nur von außen zu konstatieren, das Spielen mit ihnen gehört

---

[20] Es gehört natürlich zum Beispiel, daß eine ursprüngliche, undifferenzierte Einheit differenziert wird. Das ist ja nicht immer der Fall, wenn gleiche Worte in verschiedenen Sprachspielen verschiedene Rollen haben. Es gibt ja auch Homonymien, wie z. B. "Elf" in Märchen und beim Zählen. In solchen Fällen hat es keinen Sinn, eine ursprüngliche Einheit zu konstruieren, während in unserem Befehl/Meldung-Beispiel das Ursprünglich-Gemeinsame, Undifferenzierte - nach der Einführung unterschiedlicher Praktiken, Rollen (und damit auch illokutiver "Kräfte") - sich etwa im gemeinsamen "Satzradikal" nachweisen läßt. (Vgl. Wittgenstein 1960:299, Anmerkung zu § 22 [PU])

[21] Vgl. Wittgenstein 1970:Nr. 26: "What belongs to a language game is a whole culture".

essentiell zu dem Sprachvermögen selbst. Insofern ist die Sprache essentiell *für sich* oder für die Sprachkompetenz, die das Sie-Sprechen-Können darstellt.[22]

(b) "Der Handelnde weiß, was er macht"

An dieser Stelle möchte ich das Thema "performatives Handlungswissen" ("agent's knowledge") aufgreifen und unsere Grundfrage anhand der spezielleren Frage erörtern, inwiefern der Handelnde *weiß*, was er tut. (Und das ist zugleich eine Erörterung der Frage, in welchem Sinne er *intentional* handelt.) Ich knüpfe an einige Diskussionsbemerkungen und Formulierungen von Jakob Meløe an. (Vgl. Anm. 1) Meløe hebt hervor, daß wir unser performatives Handlungswissen nicht immer artikulieren müssen, wenn wir uns an einer Tätigkeit beteiligen. Es braucht nicht unbedingt so viel gesagt zu werden. Der Handelnde weiß, was er tut, und braucht es sich nicht durch eine (begleitende) verbale Artikulierung zu versichern. Überhaupt "liegt" sehr viel *in der Situation* und braucht nicht explizit ausgesprochen zu werden. Die "Versprachlichung" ist vielmehr nur für besondere Zwecke - z. B. linguistische - wichtig:

"Nehmen wir noch einmal das Bauspiel. Wir können sagen, daß der Linguist das Axiom voraussetzt, daß *der Handelnde (hier der Sprecher) weiß, was er macht*; er weiß, daß er alles das weiß, was er braucht, um seine Tätigkeit auszuführen. Wenn A "Platte" sagt, dann weiß er, daß er damit B um eine Platte bittet. *Das ist aber dasselbe, wie die (Form der) Situation zu kennen, in der er sich befindet.* Er weiß, daß die Situation so ist, daß seine Äußerung "Platte" als Befehl "Gib mir die Platte!" verstanden wird. Die Situation macht "Platte" zum Wunsch, daß B *ihm die Platte geben* soll und nicht z. B. die Platte zu entfernen, zu zerbrechen, zu bearbeiten oder ähnliches. (Das heißt aber, daß Begriffe bereits als Situationsformen und Praxisformen existieren, bevor sie sich als Worte entäußern." (Meløe 1986:125. Vgl. auch 1978:132ff.)

Worauf Meløe hier aufmerksam macht, ist m. E. die "Sprachlichkeit" menschlicher Handlungen, ihre besondere Intentionalität: daß man weiß, was man tut, und zwar in einem Sinn, der weit über eine tautologische

---

[22] Der Aspekt unserer vollständigen (natürlichen) Sprachen, daß die *pragmatischen* Unterschiede zwischen (oft) gleichlautenden Sprechhandlungen in verschiedenen Praktiken (unter verschiedenen Umständen) auch *explizit* - in performativen Verben - zum Ausdruck kommen können: "Ich *melde* dir hiermit, daß ... fünf Platten ...", "Ich *befehle* dir hiermit ... fünf Platten ..." usw., dürfte auch mit dem genannten Für-sich-Sein der Sprache zu tun haben. Vgl. Anm. 20.

Interpretation hinausgeht. (Daß der Handelnde das für seine Tätigkeit benötigte Wissen haben muß, kann man ja auch vom sprachlosen Tier sagen.) Es geht um ein in der Handlung sozusagen eingebautes Wissen von der Situation, das uns erlaubt, "die Operationen des Handelnden in Aussagen umzuformen, d. h. zu Aussagen des Handelnden über die eigene Verrichtungen"; z. B. das Überreichen einer Platte durch B in die B-Aussage "Du bittest mich um eine Platte; ich gebe dir deswegen eine Platte". (Meløe 1986:125).

Die Pointe Meløes ist offenbar nicht, daß jede Handlung mit (dem Sprechakt) ihrer Beschreibung äquivalent ist, sondern vielmehr, daß eine in vollem Sinne intentionale Handlung durch ein unthematisches Sichwissen im Handeln von Seiten des Subjekts charakterisiert ist.[23] Die Intentionalität des Handelns fordert ein performatives Wissen, das nicht nur im tautologischen Sinne ein know how, sondern zugleich *ein virtuelles know that* ist. Das performative Handlungswissen ist zwar in einem gewissen Sinne nichts weiter, als daß der Handelnde "die (Form der) Situation" kennt, in der er handelt, und damit zugleich weiß, was diese Situation aus seiner Operation oder Äußerung macht. Dies gilt jedoch so nur, solange der Handelnde prinzipiell jederzeit nachher eine *Beschreibung* der Situation und der Handlung vorlegen kann, was seinerseits nur möglich ist, sofern er ein weit umfassenderes Sprachgeflecht bzw. Vokabular beherrscht als das zum jeweiligen Sprachspiel gehörige. Vergleiche z. B. die Äußerung "9 Uhr, o. k.", die in einer gewissen Situation als ein Versprechen gilt (etwa als "Ich verspreche dir hiermit, ich werde um 9 Uhr da sein"). Das Wissen von der Situation und das performative Handlungswissen kommen normalerweise verbal erst in dem - viel wortreicheren - *Bericht* über den Hergang zum Vorschein, etwa: "Ich habe ihm versprochen, ich würde um 9 Uhr den X-ten am Ort Y sein."

Zur intentionalen Handlung gehört ein Handlungswissen, das keineswegs ein thematisches Wissen von der Handlung als vorliegendem Objekt ist, sondern vielmehr die Situation und *ihr* Thema als Gegenstand hat. Dieses Handlungswissen ist aber auch in dem Sinne essentiell selbstrückbezüglich, daß der Handelnde prinzipiell einen Bericht (eine Interpretation) geben können muß, worin die Handlung Thema und Gegenstand geworden ist und beschrieben wird. (Bei den Tieren fehlt auf jeden Fall diese Art reflektierbaren Handlungswissens; d. h., was immer man ihnen

---

[23] Vgl. Fichte über die "intellectuelle Anschauung": "Sie ist das unmittelbare Bewußtseyn; daß ich handle, und was ich handle: sie ist das, wodurch ich etwas weiß, weil ich es thue." Fichte 1983:I/4 216f. Vgl. auch 218f. und II/6 171.

als "performatives Handlungswissen" zugestehen kann, es fehlt in ihm die entscheidende Komponente. Es kann nicht in einen Bericht/eine Interpretation transformiert oder abgewandelt werden.) Um im vollen Sinne als intentional Handelnder gelten zu können, der in der Situation weiß, was er tut, genügt es nicht, eine "Akteursprache" zu haben, deren Wörter man in situationsgerechten Zügen verwenden kann, wenn diese Sprache nicht zugleich eine "Metasprache" umfaßt, in der diese Züge bzw. Sprachspiele beschrieben werden können. Wenn wir also die Ebene der Akteure mit ihrem Wissen von ihren Gegenständen und Umständen von der Ebene des Zuschauers (mit seinem Wissen *von* den Handelnden) analytisch unterscheiden, so scheint mir Meløes Pointe auch *so* formuliert werden zu können: Die Ebene der Akteure läßt sich von der "Metaebene" der Zuschauer nicht isolieren - und auch nicht die Sprache der Akteure von der "Meta-" oder "Übersichtssprache" des Beobachters, worin Handlungen (ggf. Sprechakte) bezeichnet und beschrieben werden.

Es besteht hier eine (nicht leicht zu klärende) Art Identität, die sich wahrscheinlich am besten an den sog. performativen Sprechhandlungen studieren läßt. Hier wird ja die Handlung durch eben dieselbe Formel *ausgeführt* ("Ich verspreche dir, daß ...") wie die, durch welche sie beschrieben wird ("Er verspricht, daß ...", "Ich habe versprochen, daß ..."), so daß der Unterschied zwischen Handlung (in der Akteursprache) und Beschreibung der Handlung in der Zuschauersprache, zwischen Ebene und Metaebene, gleichsam nur als eine Änderung der Deixis oder der Indexwerte (Tempus, Pronomen etc.) erscheint.[24] Die in Frage stehende "Identität" ist jedoch nicht die Identität eines Behauptungsinhalts. Vielmehr haben wir es hier mit einer Einheit zu tun, die zwei "Doppelstrukturen" unterliegt: (i) der "Doppelstruktur der Rede" (Habermas), die u. a. bedeutet, daß jede ganz explizite *Sprech*handlung verbal einen "performativen Teil" enthält, der die illokutive Kraft der Handlung festlegt und kommuniziert und der zugleich das Selbstbewußtsein oder Sich-Verstehen

---

[24] Z. B. "Ich befehle dir, X zu tun (daß du X tust)" vs. "Ich habe ihm befohlen ...", "Er befiehlt ihm ...", u. ä. Der Wechsel könnte insofern wie die gewöhnliche Auswechslung der Indexwerte aussehen, durch die wir einen bestimmten Behauptungsinhalt in wechselnden Sprechsituationen konstant halten. ("Ich gehe spazieren" vs. "Er ging spazieren", "Ich bin 75 kg schwer" vs. "Du warst 75 kg schwer" usw.) So analysiert es ja auch die "truth value"-Semantik. (Vgl. z. B. Lewis 1972.) Diese Analyse müssen wir aber verwerfen. Das Aussprechen des performativen Satzes in einer bestimmten Situation macht einen Sprechakt aus, aber nicht den einer Behauptung (sozusagen von der Beobachterstelle in medias res her), daß eine Sprechhandlung soundso stattfindet. Die Handlung und ihre "Abbildung" in der (Übersichts-)Sprache kann auch hier nicht dasselbe sein. (Vgl. hierzu Apel 1980b und Øfsti 1985a und 1988.)

des Handelnden artikuliert; und (ii) der Möglichkeit der *propositionalen Einholung des performativen Handlungswissens* im Bericht bzw. bei der Interpretation[25].

Was Meløe betrifft, ist also nach meiner Meinung sein Verständnis und seine Auslegung des § 2-Sprachspiels ganz in Ordnung, wenn wir nur voraussetzen dürfen, daß dieses Sprachspiel bzw. die "Vierwortsprache" der Spieler in eine umfassendere Sprache eingebettet ist, in der es mindestens auch diejenigen Sprachelemente gibt, die für die *Beschreibung* des Sprachspiels und der Züge der Spieler (z. B. die Beschreibung Wittgensteins) erforderlich sind. Zusätzlich zu den vier "Substantiven" muß diese Sprache wenigstens Namen der Spieler, Artikel, gewisse Verben und logische Konstanten enthalten, weiterhin - u. a. um der Vermittlung zwischen Handlungs- und Übersichtssprache willen - situationsbezogene deiktische Ausdrücke und persönliche Pronomen. Insbesondere können wir im Hinblick auf performative Sprechakte sagen, daß der Handelnde nicht nur die relevanten Verbalphrasen in der *ersten Person Präsens* beherrschen muß, so daß er im Sprachspiel (des Versprechens, Wettens, Befehlens usw.) agieren oder "ziehen" kann; er muß auch die Abwandlungen in andere Personen und Tempi kennen. Auf jeden Fall können wir offenbar all das, was Meløe über die Handlungssubjekte sagt, nur sagen, wenn wir ihre "Vierwortsprache" gerade *nicht* als "vollständige primitive Sprache" (§ 2), als "die *ganze* Sprache des A und B" (§ 6) auffassen. Mit lediglich dieser Sprache zu seiner Verfügung könnte z. B. B nicht das Verständnis "Du bittest mich um eine Platte; deshalb gebe ich dir eine Platte" haben, und wir könnten uns *nicht* erlauben, die Operationen des Akteurs "zu Aussagen umzuformen, d. h. zu Aussagen des Handelnden über die eigenen Verrichtungen" (Meløe 1986:125). Solche Aussagen müßten *uns* vorbehalten bleiben. Allein, als die ganze Sprache des A und B, läßt die § 2-Sprache ein derartiges "principle of expressibility" nicht zu. - Oder mit Bezug auf A's Wissen formuliert: A kann sich offenbar keinen *Begriff* davon machen, daß B ihm eine Platte gibt (und dieser Begriff kann nicht als Situationsform existieren), wenn das der *einzige* Begriff ist, den A hat (die einzige Situationsform ist, in der er handelt). Um einen solchen Begriff zu haben und ggf. in der Form des performativen Handlungswissens zu wissen, daß er B darum bittet, ihm eine Platte zu geben, muß er auch *Alternativen* kennen. Ich glaube schon, daß A einen Begriff davon haben muß, was es heißt, daß *er* B eine Platte gibt, ja überhaupt davon,

---

[25] Vgl. (überwiegend mit Bezug auf das performative Handlungswissen des *Argumentierenden*) Kuhlmann 1985:111-44.

was es bedeutet, daß *jemand* (A) jemandem (B) eine Platte gibt, wenn wir ihm jenes Handlungswissen zuschreiben können sollen. Vielleicht muß er sogar dazu in der Lage sein, Behauptungen aufzustellen (wie z. B. "das ist eine Platte", "Platten sind transportabel" usw.). Ja, es fragt sich, ob nicht A letztlich seine ganze Vernunft benötigt. Diese jedoch entspringt nicht dem Eingeübtsein in eine *einzige* Situations- und Praxis-Form.[26] Kurz, wir können Meløe alles konzedieren: der Handelnde weiß, was er tut, die Form der Situation läßt die gebrauchten Wörter in der Bedeutung erscheinen, die sie infolge Meløes Auslegung haben, usw.; aber dies gilt nur, weil (insofern) der Handelnde sich bereits in einem logisch-pragmatischen Raum bewegt, der einer kompletten Sprache entspricht.

V

Die (performative) Teilnahme am Sprachspiel
und das Berichten des Hergangs

Wir haben die Frage nach der *Vollständigkeit* einer (natürlichen) Sprache zu unserer Grundfrage erkoren. Es ist an der Zeit, den Widerspruch gegen Wittgenstein, der darin liegt, etwas direkter zu kommentieren. Einen solchen Widerspruch scheint es ja ganz offenbar zu geben. Die Metaphern, die Wittgenstein in den PU benutzt, um gewisse Aspekte unserer Sprache zu verdeutlichen (ein Mechanismus [§ 6], ein Werkzeugkasten [§ 11], eine alte Stadt [§ 18]), sind ja allemal solche, die zugleich gegen die Vorstellung einer sprachlichen Vollständigkeit arbeiten. Der Mechanismus kann in einem größeren Mechanismus aufgehoben werden, der Werkzeugkasten kann mit neuen Werkzeugen erweitert werden, eine Stadt wächst -. Ja, die Stadtmetapher wird sogar explizit gegen die Vorstellung einer "kompletten Sprache" eingeführt, d. h. gegen die Vorstellung, daß unsere natürliche ("volle") Sprache eben als *komplette* sich von primitiveren Sprachen wie der der §§ 2 und 8 prinzipiell unterscheide. Die Unabschließbarkeit der Sprache *ist* gerade der Aspekt, der in § 18 verdeutlicht werden soll. Gegen die mögliche Weigerung, ein Sprachspiel wie das in § 2 (oder § 8) dargestellte als "die ganze Sprache eines Volkstamms" zu

---

[26] A muß *viele* Situationsformen kennen und zwischen ihnen vermitteln. Und er kann sie auch nicht "kennen" und zwischen ihnen "vermitteln" lediglich so wie ein Tier verschiedene Situationsformen kennt (beherrscht) und in seinem Verhaltensrepertoire zusammenhält. Seine Vermittlung muß auf die eine oder andere Weise die Unterschiede allgegenwärtig machen, also eben sprachlicher Art sein, wenn unsere Forderung über tierisch geschlossene Funktionskreise hinausweisen soll.

betrachten - eine solche Sprache wäre ja nicht "vollständig" - schreibt Wittgenstein:

"Daß die Sprachen (2) und (8) nur aus Befehlen bestehen, laß dich nicht stören. Willst du sagen, sie seien darum nicht vollständig, so frage dich, ob unsere Sprache vollständig ist; ob sie es war, ehe ihr der chemische Symbolismus und die Infinite-simalnotation einverleibt wurden; denn dies sind, sozusagen, Vorstädte unserer Sprache. (Und mit wieviel Häusern, oder Straßen, fängt eine Stadt an, Stadt zu sein?) Unsere Sprache kann man ansehen als eine alte Stadt: Ein Gewinkel von Gäßchen und Plätzen, alten und neuen Häusern, und Häusern mit Zubauten aus verschiedenen Zeiten; und dies umgeben von einer Menge neuer Vororte mit geraden und regelmäßigen Straßen und mit einförmigen Häusern." (PU § 18)

Hier wird eine Vorstellung von Sprache (bzw. sprachlicher Kompetenz) ganz explizit präsentiert, die willkürlich begrenzt oder umfassend sein kann und die also weder eine obere noch eine untere Grenze hat.

Die Metapher hat natürlich ihren guten Sinn. Es wird ja in unseren tradierten Sprachen Verschiedenes "abgerissen" (vergessen) und neue Techniken, Sprachmöglichkeiten, Sprachspiele etc. stoßen hinzu. Neuer Sinn wird erschlossen. Und feste Grenzen lassen sich kaum angeben. - Dies sollte uns aber nicht daran hindern, nach einem Begriff von unglei-chen Niveaus vollendeter Sprachlichkeit (phylogenetisch wie ontogene-tisch) in einem *formalen* Sinn zu suchen. Wir können uns Formen der Er-weiterung von Sprache und Sprachkompetenz vorstellen, die von Wittgen-steins Metapher *nicht* illustriert werden; z. B. eine Erweiterung vom Niveau einer "Signalsprache" zu einem Niveau normativ regulierter Sprache bzw. symbolisch vermittelter Interaktion und weiter zu Niveaus, auf denen Sinninhalte (und "Propositionen") sich hypostasieren lassen, auf denen Sprechen und Handeln, Verstehen und Akzeptieren klar ausdif-ferenziert sind und dergleichen. Schließlich wäre dann mit einer "höch-sten" Stufe vollständiger kommunikativer Kompetenz zu rechnen, auf der u. a. ein prinzipieller - wenn auch äußerst prekärer - Unterschied zwischen Aktion und Argumentation festgehalten werden kann.

Ich beabsichtige hier nicht, eine Theorie solcher Stufen zu entwerfen. Ich möchte lediglich darauf hinweisen, daß, wenn wir in *diesem* Sinn einen Begriff von Sprach-Erweiterung oder Erweiterung der sprachlichen Kompetenz ins Auge fassen - welcher sich mit Namen wie Piaget, Kohl-berg, Habermas[27] assoziieren läßt -, wir dann auch von einer Stufe der

---

[27] Habermas unterscheidet drei Stufen normativ regulierter Sprache. "Drei grobe Stufen der Sprachentwicklung lassen sich nach dem Grad der Differenzierung zwischen Sprechen und Handeln sowie nach dem Grad der Integration von Sprechen und Erken-nen unterscheiden. Auf der ersten Stufe beherrscht das Kind *symbolisch vermittelte*

Vollständigkeit reden können, bei der Erweiterungen à la Wittgenstein (§ 18) keine formale Relevanz mehr besitzen, sondern einfach der "inhaltsmäßigen" Seite zugeschlagen werden müssen. Um einen traditionellen Begriff zu benutzen: Auf einer gewissen Stufe kann man sagen, daß es sich bei den Sprach-Subjekten um *Vernunftwesen* handelt und daß der "Umfang" ihrer Sprache (ganz gleich, welche "Vorstädte" diese Sprache nun einschließt oder welche ihr fehlen) gleichgültig ist. Der sprachliche Aktionsradius berührt nicht - ein gewisses Minimumniveau vorausgesetzt - ihren Status als *Vernunftwesen*, genausowenig wie es das Intelligenzniveau tut.

Im Lichte dieser Trennung zwischen formaler und inhaltlicher Vollständigkeit gesehen, braucht vielleicht unser Gegensatz zu Wittgenstein nicht so unüberbrückbar zu sein. Was er ablehnt, ist ja zunächst die Vorstellung einer *inhaltlichen* Vollständigkeit, während wir eine *formal* komplette Sprachlichkeit ins Auge fassen. Andererseits läßt sich freilich auch nicht leugnen, daß Wittgenstein immer nur besondere Sprachspiele (Vergleichsobjekte) analysieren und Erinnerungen zu bestimmten Zwecken zusammentragen will; daß er allgemeine Aussagen zur *Form* der Sprache verpönt. Es ist kein Zufall, daß er einen Begriff wie den der formal kompletten Sprache oder Sprachkompetenz vermeidet und zu seiner Bestimmung explizit nicht beigetragen hat. (Es muß jedoch nach meiner Meinung gestattet sein, in diesem Punkt mit Wittgenstein gegen Wittgenstein zu denken. Eben Wittgenstein ist es ja, der mit seiner Kritik des "Deskriptivismus" und der Entdeckung der performativ-propositionalen Zweistufigkeit und Zweiwurzeligkeit der psychologischen Verbalphrasen einen entscheidenden strukturellen Zug der kompletten Sprache - in unserem formalen Sinne - aufgezeigt hat.)

Wie gesagt, ich möchte mich hier nicht auf den Versuch einlassen, die formale "Vollständigkeit" der Sprache ausführlich zu bestimmen. Es geht vielmehr nur darum, den Begriff einer solchen zu legitimieren. Ich möchte allerdings etwas erwähnen, das in direktem Zusammenhang mit dem

Interaktionen, also einen handlungsbezogenen und situationsabhängigen Sprachgebrauch, in dem die propositionale Rede noch nicht klar ausdifferenziert ist. Auf der zweiten Stufe kann der Heranwachsende auf der Grundlage des ausgebildeten Systems von Sprechakten nicht nur in globaler Weise kommunikativ handeln, sondern zwischen einem interaktiven, einem kognitiven und einem expressiven Gebrauch der Sprache differenzieren. Auf der dritten Stufe erwirbt der Jugendliche die Fähigkeit, vom kommunikativen Handeln zum Diskurs überzugehen." (Habermas 1976a:340. Vgl. auch die Ausführungen von Habermas zu den Distinktionen Sein/Schein, Wesen/Erscheinung und Sein/Sollen, deren Beherrschung zur vollen Sprachkompetenz gehören; z. B. in Habermas 1971:112ff.)

Axiom "der Handelnde weiß, was er macht" steht. Ich glaube, wir müssen
etwa das folgende sagen können: Dieses "wissen, was man tut" heißt auch,
daß man für das, was man tut, *einstehen* kann. Dies bringt in einer
gewissen Weise eine *zeitliche* Dimension in die Sache (und hängt wohl
auch mit der Universalität von individuellen Performanzen als *Geltungs*ansprüchen zusammen). Wir müssen hier eine bestimmte Form der "Differenz" voraussetzen zwischen der Handlung als solcher und einem "Ich",
dessen Handlung sie ist. Wir müssen ein "Ich" voraussetzen, das *mit* sich
in der Zeit identisch (solidarisch) bleibt und von seinen Handlungen
abgehoben werden kann, aber dies auf ganz andere Weise, als eine
Substanz von ihren Attributen und "Abschattungen" (als deren Substratum
oder Träger) abgehoben wird bzw. ihre Identität in der Zeit (*für uns*)
behält. Erst unter Voraussetzung einer solchen eigentümlichen - noch zu
verdeutlichenden - Differenz kann die Handlung *im Sinne der Verantwortung* und der *Zurechnungsfähigkeit* dem Handelnden als *seine*
Handlung (oder als seine *Handlung*) zugeschrieben werden, erst dann
kann der Handelnde "sich" mit seiner Handlung identifizieren.

Dies hängt nun mit der Einheit der Performanz- und Berichter-Sprache
zusammen. Außer der "tierischen", performativen Intentionalität der
Handlung im Moment ihrer Ausführung verlangt das "Wissen, was man
macht" auch die Möglichkeit einer (propositionalen) Selbstobjektivierung
oder Selbstthematisierung[28], die wiederum zweierlei beinhaltet: daß man
seine Handlung prinzipiell als eine objektive und universale Möglichkeit
(eine Möglichkeit-für-alle) sieht und daß man sich von ihr distanziert,
indem man sie als ausgeführte Handlung sozusagen in der dritten Person
als Gegenstand betrachtet und beschreibt. (Die mögliche Selbstobjektivierung hat insofern auch mit der "Universalität" bzw. dem "Geltungs-Univer-
salismus" des Ichs zu tun.[29] Voraussetzungen dieser Art kann man nun

---

[28] Mit dieser Ausdrucksweise will ich nicht eine Rückkehr zu dem "Standardparadig-
ma der Sprachphilosophie ... von Theophrast bis zu Bühler" (Apel 1980b:52) befürworten; ein Paradigma, wonach wir die performativ-kommunikativ-expressiven Aspekte der
Sprache mit den Tieren gemeinsam haben und uns erst durch unseren propositionalen
Bezug auf die Welt (= das, was der Fall ist) auszeichnen. Es geht nur darum, die
unumgängliche *Vermittlung* des aktualperformativen, nicht-propositionalen Sichver-
stehens im (verantwortbaren) Handeln *mit* der Möglichkeit einer propositionalen
Selbstobjektivierung hervorzuheben. Das "neue Paradigma" der "Doppelstruktur der
Rede" im Sinne von Apel und Habermas ist dadurch nicht in Frage gestellt, sondern
gerade vorausgesetzt.

[29] Dies mag paradox klingen. Zunächst wäre ja die genannte Universalität mit dem
(im Sprechakt) auf *Geltung* aktual-performativ ansprechenden Ich zu assoziieren, d. h.
dem "philosophischen Ich" (Wittgenstein), das als Subjekt der Sprache die Grenzen der

im Rahmen der Transzendentalpragmatik auszulegen versuchen, vornehmlich durch eine Untersuchung dessen, was zur Beherrschung des Systems der Personal-Pronomina gehört, sowohl in deren *performativen* als auch *referierenden* Funktionen, welche zusammengenommen u. a. die unauffällige Transformation von performativen Äußerungen (Sprechhandlungen) in deren Beschreibung möglich machen.[30]

Schlußwort

Ausgehend von einer Zweideutigkeit im Begriff eines "Pluralismus der Sprachspiele" haben wir versucht, eine Unterscheidung zwischen unvollständigen Sprachen oder *Sprachspielen* und (formal) vollständigen *Sprachen*, (die je eine Vielzahl von Sprachspielen umfassen) herauszuarbeiten. Beim Versuch, diese formale Vollständigkeit oder Komplettheit einzukreisen, haben wir keine besonderen Sprachspiele gefunden oder gesucht, die als "komplettmachende" unabdingbar zu einer vollständigen Sprache gehörten. (Die Suche danach haben wir als mißverständlich charakterisiert). Was wir gefunden haben, sind vielmehr einige allgemeine *strukturelle* Merkmale, die *jedes* Sprachspiel einer vollständigen Sprache betreffen. Wir haben die *Übersetzbarkeit* ("für sich") hervorgehoben wie auch die *Analysierbarkeit* von Repliken, vor allem aber die eigentümliche sprachliche *Einheit* der Akt-Performanz und des Berichts darüber: Die Handelnden, die in Termini einer kompletten Sprache ihre Intentionen haben oder formen bzw. ihre (Sprech-)Akte ausführen, können nicht nur

---

Welt darstellt. Nichtsdestoweniger wäre m. E. dieses reine Ich ohne Bezug auf sich als Innerweltliches (als einen *beschreibbaren* Handelnden) nicht möglich. Ohne diesen Bezug müßte es wohl gleich in den Gegensatz: ein vollkommen partikulares, *egozentrisches* Subjekt (im Sinne Piagets), umschlagen.

[30] Das Zusammenspiel des propositionalen Wissens *von* sich ("Ich bin blond, 1.85 groß ...", "Ich habe behauptet, daß ..." etc.) mit dem performativ-expressiven Handlungswissen "in actu" (in der ersten Person Präsens) ist in der phänomenologischen Tradition (von Husserl bis Tugendhat) immer wieder thematisiert worden. Ich möchte hier insbesondere Sartre erwähnen, der dieses Zusammenspiel durchs Aufspüren allerlei Modi des "mauvais foi", die es ermöglicht, analysiert. Sartres Analysen leiden freilich unter dem bewußtseinsphilosophischen Paradigma, dem die traditionelle Transzendentalphilosophie und Phänomenologie erliegt. Dagegen bringt Habermas neuerdings G. H. Mead in Anschlag (1988:187ff.). Einen pragmatistischen Ansatz bietet auch Böhler 1985 (Siehe insbesondere Kap. V) Einen Versuch, das Verhältnis zwischen "transzendentalem" und "empirischem" Ich auf sprachphilosophischer Grundlage (im Rahmen des Paradigmas der "Doppelstruktur der Rede") zu bestimmen, liefert Øfsti 1988.

regel- und situationsgerecht *in* den Sprachspielen ihre Züge *machen*; sie können auch diese Spiele und Züge in derselben Sprache *beschreiben*. Die (vollständige) Sprache reicht bis an die Übersichtssprache heran, in der ihre Sprachspiele und ihre Züge beschrieben werden können. Sie ist "abgeschlossen" (in einem Sinne, der zugleich eine besondere Elastizität und Offenheit bedeutet): Über alles, was (mit Hilfe der Sprachmittel) als Züge in ihren Sprachspielen *getan* werden kann, kann innerhalb dieser Sprache auch *berichtet* werden.

Diese sprachliche Einheit von "use" und "mention", die sich u. a. im System der deiktischen Ausdrücke (insbesondere der Personalpronomina) und der (temporalen) Abwandlung von Verbalphrasen bezeugt, läßt übrigens zweifeln, ob "Berichten eines Hergangs" (genauso wie das "Übersetzen") als ein besonderes Sprachspiel betrachtet werden darf. Müssen nicht vielmehr solche Berichte über Züge in ihm prinzipiell zu *jedem* Sprachspiel gehören? Denn anders sähen wir uns mit der Konsequenz konfrontiert, daß die performative Verwendung einer Verbalphrase (in der ersten Person Präsens) und die übrigen Abwandlungen dieser Phrase verschiedenen Sprachspielen zugeordnet wären. Und das wäre wohl abwegig.

Man könnte vielleicht hier wieder das Schachbeispiel heranziehen und meinen, daß die Beschreibung von Schachzügen, Berichte über Partien etc. eben nicht *Schachzüge* sind. Nach diesem Muster wäre es dann möglich (?) zu behaupten, daß z. B. Befehlen und Gehorchen (ggf. Protestieren) Züge in einem "Befehl"-Sprachspiel sind, die *Beschreibung* eines solchen Hergangs jedoch nicht. Dies käme m. E. einer (ziemlich willkürlichen) Sprachregelung nahe: Nur die Rollen der ersten und der zweiten Person sollen zum Sprachspiel gehören; nur "der Sprecher" (der im Moment Handelnde) und sein "Adressat" nehmen am Sprachspiel teil, - die dritte Person (die Rolle derer, die im Augenblick nur zusehen/zuhören) gehört nicht dazu.[31] - Wie dem auch sei, der entscheidende Punkt bleibt dies: Eine Sprachspielkompetenz, die lediglich die "performative" *Teilnahme* am Spiel umfaßte und nicht die sekundäre Objektivierung dieses Nichtgegenständlichen, *sie wäre keine*. Ein Subjekt, das Verbalphrasen *nur* performativ (in der ersten Person Präsens) verwenden kann, das *nur* der intellektuellen Anschauung im Sinne Fichtes mächtig wäre, - ein solches Subjekt würde in der Tat kein Subjekt sein, das "weiß, was es macht".

---

[31] Hierzu wäre wohl einiges über Fußball, über den Torwart und die (richtigen) Zuschauer zu sagen.

Das "Ich denke" und Kants transzendentale Deduktion im Lichte der sprachphilosophischen (pragmatischen) Wende

Versuch einer Ergänzung der Strawsonschen Kant-Interpretation

Einleitung[1]

Die These der Ungewißheit der äußeren Welt - Kant zufolge die idealisti-
sche Gegenthese zum *Dualismus*[2] - wird im folgenden meinen Ausgangspunkt bilden. Von diesem Ausgangspunkt im Idealismus- bzw. Solipsismus-
problem versuche ich dann über Erwägungen zu Kant und zum Strawsonschen Versuch, Kantische Wahrheiten zu retten, allmählich zu einer Kritik
an Strawson zu kommen wie auch zu einem eigenen Vorschlag einer
"Transformation" des "Ich denke" der Kantischen transzendentalen Deduktion. Dieser Weg wird u. a. über Dietrich Böhler führen und auch über
Leslie Stevenson, der eine gewisse "Lücke" bei Strawson moniert. Es wird
sich herausstellen, daß sich das Ich-Welt-Problem auch in einer anderen
Dimension als der von Strawson thematisierten auftut: nämlich in der
Dimension des Fürsichseins und der Entäußerung, der "intentionalen
Kausalität" (Searle), der "logischen Beziehung" zwischen Intention und
Handlung (vgl. das viel diskutierte "LB-Argument") etc. Diese Dimension
eröffnet sich nun am ehesten in einer philosophischen Perspektive,
welche (im Gegensatz zu Strawson) im Rahmen der transzendentalen
Reflexion die *Akte* des denkenden Subjekts systematisch thematisiert, und
erst recht, wenn man dabei von der *Sprache* und den möglichen *Sprech*-
handlungen des Subjekts *nicht* abstrahiert.

In beiden Dimensionen erweist sich m. E. eine erstaunliche Aktualität
Fichtes; in der ersten, Kant-Strawsonschen Dimension durch die logisch
notwendige Beziehung zwischen transzendenter Gegenstandswelt (Nicht-
Ich) und transzendentalem Selbstbewußtsein; in der zweiten Dimension
durch die zentrale Rolle des Begriffs des "performativen Handlungswissens", der ganz offenbar als eine Neufassung des Fichteschen Begriffs der
"Tathandlung" und seiner "intellektuellen Anschauung" aufgefaßt werden
kann.

---

[1] Diese Abhandlung wurde anläßlich der vom "Forum für Philosophie Bad Homburg"
vom 21. bis 23. November 1986 veranstalteten Kant-Tagung begonnen. Wegen des
Umfangs konnte nur ein Teil des Manuskripts in dem von den Veranstaltern herausge-
gebenen Sammelband gedruckt werden. Mein Beitrag zu diesem Band: Øfsti 1988, ist
im wesentlichen den Punkten 3, 6, 8 und 13-24 der vorliegenden Abhandlung entnommen. Außer einer anderen Organisation der Anmerkungen und ganz trivialen Korrektu-
ren gibt es in den überlappenden Teilen gewisse Änderungen und Hinzufügungen auf
den Seiten (hier) 119f., 125, 136 und 137f.

[2] Vgl. KrV A 367ff., insb. 370f.

I

1. Solipsismus

Als Descartes sein Diktum "cogito, ergo sum" formulierte und damit das Paradigma der bewußtseinsphilosophischen Reflexion einleitete, glaubte er, ein nicht mehr skeptisch hinterfragbares "fundamentum inconcussum" erreicht zu haben. Von diesem unbezweifelbaren "Archimedischen Punkt" aus ließen sich seines Erachtens die Fundamente unseres Wissens etablieren, auch die Existenz der M(K)S-meßbaren äußeren Welt ("res extensa"), der Gegenstand der neuen Physik.

In seinem Glauben hat er ja auch gewissermaßen recht gehabt; jedenfalls gegen seine Zeitgenossen (Gassendi, Hobbes u. a.): Das "Cogito" stellt - dank seiner besonderen, "performativen" Geltungsform - tatsächlich ein Wissen dar, das nicht fallibilistisch angegangen werden kann. Es geht hinter die in intentio recta oder theoretischer Einstellung möglichen Erkenntnisansprüche (vgl. Böhler 1970, 1985) zurück und stellt eine im Sinne Husserls *apodiktische* Gewißheit dar. Und trotzdem muß sich auch Descartes eine Korrektur gefallen lassen; z. B. von Kant und dann erst recht durch die *sprach*philosophische und *sinn*kritische Wende unseres Jahrhunderts (durch "das dritte Paradigma" der "prima philosophia", um mit K.-O. Apel zu reden; vgl. Apel 1987).

Schon Kant greift den (mit der Unterscheidung zwischen apodiktischer und adäquater Evidenz im Zusammenhang stehenden) *Solipsismus* Descartes an. Descartes ist ja der Auffassung, daß das "Ich denke", bzw. eine Gegebenheit von "nur" *Vorstellungen von* (einer objektiven) Welt, als solche(s) prinzipiell *sicherer* ist als die Existenz einer mit diesen Vorstellungen nicht identischen Welt und daß die Existenz einer solchen objektiven (äußeren) Welt deswegen von dem, was mir apodiktisch sicher gegeben ist, logisch unabhängig ist: Meine Existenz als "Denkender" und die Existenz des bei diesem Denken als cogitationes Gegebenen kann insofern vor allen übrigen Existenzpräsuppositionen und unabhängig von ihnen als gesichert angesehen werden.

Diese Unterstellung will Kant nicht mehr gelten lassen. Der Solipsismus von Descartes, den er "Idealismus"[3] nennt (und als "problematischen"

---

[3] Es spielen hier und im folgenden *zwei* Begriffe von "Solipsismus" eine wichtige Rolle. "Solipsismus", so wie er hier mit "Idealismus" gleichgesetzt wird, betrifft die Frage (auf die der Solipsist eine positive Antwort gibt), ob ein Subjekt, mitsamt seinen Zuständen oder Gegebenheiten, prinzipiell ohne eine ihm korrelierte, objektive (Außen)*Welt* existieren kann. Descartes ist offenbar "Solipsist" in diesem Sinne. Trotz seines Versuchs, einen Gottesbeweis zu führen und vermittels diesem auch die Existenz

neben den "dogmatischen" Idealismus Berkeleys stellt[4]), ist laut Kant ein widerlegbarer Denkfehler. Ein Beweisziel der Kantischen "transzendentalen Deduktion" - mit gewissen Abschnitten der Analytik der Grundsätze zusammengenommen - ist eben der Nachweis einer unumgänglichen Korrelativität von transzendentaler *Einheit des Selbstbewußtseins* und einer *objektiven Welt*. Die *Einheit* einer Mannigfaltigkeit von Vorstellungen als *meine* Vorstellungen ist ohne ein objektives Korrelat von Vorstellungen nicht möglich. (Zwar wird in Kant-Darstellungen des öfteren zunächst auf die Einheit des Selbstbewußtseins als Bedingung der Möglichkeit von Erfahrung als Erfahrung einer objektiven Welt hingewiesen. Die andere Bedingungsrichtung ist jedoch bei Kant nicht von geringerer Bedeutung.)

Die Widerlegung des Solipsismus (im Sinne des problematischen Idealismus) ist auch ein Hauptpunkt in P. F. Strawsons sprachanalytischer Kant-Interpretation in *The Bounds of Sense* (1966). Mit Kant will er zeigen, "(that) experience must include awareness of objects which are distinguishable from experiences of them in the sense that judgements about these objects are judgements about what is the case irrespective of the actual occurence of particular subjective experiences of them". (Strawson 1966:24) Nach Strawson ist es auch völlig korrekt, wenn Kant die Möglichkeit solcher Objektivität mit der Möglichkeit des *Selbstbewußtseins* stehen oder fallen läßt, d. h. mit einer solchen Einheit der Mannigfaltigkeit der Anschauungen "as is required for the possibility of self-consciousness, or self-ascription of experiences, on the part of a subject of such experiences" (24). Denn es gilt, daß "no one could be conscious of a temporally extended series of experiences as *his* unless he could be aware of them as yielding knowledge of a unified objective world, through which the series of experiences in question forms just one

---

der objektiven "res extensa" zu *beweisen*, steht fest, daß er die Gegebenheit der Subjektivität als logisch primär und als isolierte Existenz für logisch möglich hält. Daß es auch etwas anderes gibt, ist ein Beweisziel, das nur durch zusätzliche Prämissen zu erreichen ist. Der tiefere Solipsismus jedoch, der von diesem ersteren analytisch getrennt werden muß, besagt, daß ein Subjekt oder Bewußtsein im Prinzip allein, ohne auf die mögliche Korrektur durch *andere Subjekte* und auf die *Sprache* als Medium der *Intersubjektivität* angewiesen zu sein, sinnvoll etwas - z. B. eine Erscheinungswelt - erkennen oder denken kann. Dieser "*methodische* Solipsismus" glaubt also, die Überwindung des ersteren leisten und ggf. den Weltbezug des denkenden Erkenntnis-Subjekts transzendentalphilosophisch analysieren zu können, ohne dieses Subjekt notwendigerweise als Mitglied einer Kommunikationsgemeinschaft aufzufassen.

[4] Vgl. KrV B 274f. Vgl. auch seine Kritik des vierten Paralogismus, KrV A 367ff.

subjective or experiental route". (27) Insofern kehrt Strawson - in einem gewissen Sinne Fichte folgend - die zweite Bedingungsrichtung: objektive Welt als Bedingung des Selbstbewußtseins, hervor.

Strawsons Versuch, den Cartesischen Solipsismus zu widerlegen, ist gewissermaßen (noch) radikaler als der Kantische. Strawson versucht, die (transzendental)logische Unstimmigkeit des Cartesischen Gedankens aufzuzeigen, indem er die logische Funktion des (Begriffs) "Ich" nicht nur in Verbindung mit dem Begriff einer objektiven Welt bringt (und das heißt zunächst: einer Welt, in der es *reidentifizierbare* Partikularia gibt), sondern sogar auch damit, daß "ich selbst" als ein solches Partikularium in dieser objektiven Welt muß identifiziert werden können. Strawson macht klar, daß das "Ich", das als notwendiger Bestandteil des empirische Erkenntnisse ermöglichenden "begrifflichen" Gefüges "transzendental" heißen muß, zugleich diese Funktion nur als empirisch Identifizierbares erfüllen kann. Insofern trägt Strawson auch zur Überwindung der von Kant bis zum frühen Wittgenstein irritierenden Problematik der Unvereinbarkeit von empirischem und transzendentalem Subjekt bei. In der Sprache des späten Wittgenstein könnten wir sagen, daß für Strawson ein "Sprachspiel", in dem das Wort "ich" sinnvoll verwendet wird, notwendigerweise die mögliche Bezugnahme auf "*basic particulars*" einschließt (d. h. "particulars", die eine gewisse Beharrlichkeit, kausale Verknüpftheit etc. aufweisen und dadurch ein objektives Gefüge ausmachen), darüber hinaus aber sogar auch die Möglichkeit, das "Ich" selbst innerhalb dieses Gefüges zu identifizieren.

2. Bedingungen eines nicht-solipsistischen Bewußtseins

Für Strawson ist das Cartesische solipsistische Bewußtsein schlechthin sinnlos, weil ein Bewußtsein, das in der Tat weltlos auf sich selbst reduziert wäre, auch für den *Begriff* von sich selbst bzw. dafür, "ich" zu denken, überhaupt keine Verwendung haben würde. Oder anders gesagt, ein echt solipsistisches Bewußtsein kann es "in der ersten Person" nicht geben. Den Begriff von einem solchen Bewußtsein kann es sozusagen *nur* von außen geben, nur "in der dritten Person" (z. B. zum Gebrauch in *unseren* philosophischen Gedankenexperimenten - und im "philosophischen Solipsismus").

Diese Zusammenhänge werden vorzüglich durch Strawsons Gedankenexperiment einer reinen "Hörwelt" deutlich gemacht (Strawson 1959:59ff.). Er stellt sich ein Bewußtsein vor, das nur einen Sinn hat, den Hörsinn,

und für das es insofern keinen offenbaren Unterschied zwischen "innerem"
und "äußerem" Sinn gibt bzw. keinen offenbaren Unterschied zwischen
dem, was "objektiv", außerhalb von ihm im Raume passiert, und dem, was
ihm "nur" subjektiv in der Zeit gegeben ist. Strawson stellt die Frage:
"Could a being whose experience was purely auditory, make use of the
distinction between himself and his states on the one hand, and something not himself, or a state of himself, of which he had experience on
the other?" Ein Bewußtsein, für das diese Unterscheidung etwas bedeuten
würde, bzw. das für sie eine Verwendung haben könnte, nennt Strawson
ein "nicht-solipsistisches Bewußtsein".[5] In den Termini dieser Definition
von "nicht-solipsistischem Bewußtsein" kann er seine Frage auch folgendermaßen umformulieren: "Can the conditions of a nonsolipsistic consciousness be fulfilled for a purely auditory experience?" (69) Seine
Strategie bei der Beantwortung dieser Frage ist bekanntlich, immer mehr
von den Strukturen, die zu den Voraussetzungen einer Identifikation von
objektiven Gegenständen, zur Distinktion zwischen Ich und Nicht-Ich usw.
gehören, *innerhalb* der Hörwelt zu konstruieren, indem er auf die
Multidimensionalität der Laute (Töne) baut. Durch diese Strategie gelingt
es ihm, eine Art Analogie zum Raum zu errichten und dadurch auch die
Idee eines reidentifizierbaren Partikulariums (das irgendwo im "Raume"
objektiv existiert, auch wenn es nicht gerade gehört wird [Gegenstand
einer Erfahrung ist]) sinnvoll zu machen. Sogar den Unterschied zwischen
Spontaneität und unwillkürlichem Geschehen ("the idea of agency") kann
Strawson gewissermaßen innerhalb der Hörwelt rekonstruieren. Es ist
dadurch schon viel geleistet für die Konstruktion von Bedingungen, die
es sinnvoll machen können, zwischen dem objektiv Existierenden und
subjektiven Erfahrungszuständen zu unterscheiden - und insofern auch für
die Erfüllung der Bedingungen eines nicht-solipsistischen Bewußtseins.
Strawson meint jedoch, daß uns noch etwas fehlt. Selbst wenn wir jetzt
für die Distinktion zwischen Erfahrenem und Erfahrungen (ja sogar für

---

[5] Strawson macht darauf aufmerksam, daß der Begriff eines Wesens solipsistischen
Bewußtseins mit dem des philosophischen Solipsisten nicht verwechselt werden darf.
Der *philosophische Solipsist* ist jemand (eine Person, ein Bewußtsein), der denkt, daß
er bzw. sein Bewußtsein vielleicht das einzig existierende Partikularium ist, und ggf.
auch versucht, diese Möglichkeit (philosophisch) zu rechtfertigen. Das Wesen *solipsistischen Bewußtseins* dagegen würde nichts dergleichen denken. "(The) being with the
solipsistic consciousness, whom, for short, I would call the true solipsist, would not
think of himself as such; nor as a philosophical solipsist; nor anything else. He
certainly would not think that everything particular which existed was himself or a
state of himself [...] [The] true solipsist is rather one who simply has *no use* for the
distinction between himself and what is not himself." (Strawson 1959:73)

die Idee der Tätigkeit) eine Verwendung finden, ist noch nicht ausgemacht, daß Erfahrungen jemandem (dem hörenden Bewußtsein etwa, dem "Ich" dieser Hörwelt) *zugeschrieben* werden sollten, müßten oder könnten. Ja, es scheint sogar, daß die Hörwelt für ein solches Subjekt gar keinen Platz haben kann. Denn wie kann etwas (rein) Hörbares, ein Laut oder Tongebilde oder dergleichen, auch etwas sein, das Hörempfindungen *hat*? Das Subjekt der Hörwelt, sagt Strawson, "might recognize sound-universals and reidentify sound-particulars and in general form for himself an idea of his auditory world; but [...] he would have no place for the distinction between a special item in his world, namely himself, and the other items in it. Would it not seem utterly strange to suggest that he might distinguish himself as one item among others in his auditory world, that is, as a sound or a sequence of sounds? For how could such a thing - a sound - be also what *had* all those experiences?" (Strawson 1959:88) - Man könnte hierin eine Bestätigung des philosophischen Motivs des Dualismus sehen bzw. den Grund zur Einführung einer "transzendentalen Differenz" zwischen transzendentalem und empirischem Subjekt. Wie dem auch sei, Strawson greift die Sache tiefer an und bleibt bei der Frage: Warum sollten Bewußtseinszustände überhaupt irgendwelchen Größen zugeschrieben werden - bzw.: warum schreiben wir, in unserem normalen Fall, Bewußtseinszustände überhaupt einem Träger zu? *Diese* Frage gilt es zu beantworten, sagt Strawson. Und er fügt eine zweite Frage hinzu: Warum werden - in unserer normalen Welt, im Normalfall - die Bewußtseinszustände *genau derselben* Entität zugeschrieben, der auch gewisse körperliche Eigenschaften, eine gewisse physische Situation etc. zugeschrieben werden?

Es ist hier nicht der Ort, auf Strawsons Argumentation näher einzugehen. Ich erinnere nur kurz an seine Ergebnisse. Erstens: Den Fragen läßt sich nicht durch Hinweis auf "sprachliche Illusionen" entkommen; also durch die Behauptung, daß Bewußtseinszustände in der Realität gar nicht zugeschrieben werden ("no-ownership view"), oder durch die Behauptung, daß "mentale" und körperliche Prädikate (Universalien) in der Realität *verschiedenen* Größen zugeschrieben werden (Cartesianismus), es sehe nur, vermittels des Zaubers unserer natürlichen Sprache, anders aus. Diese Strategie führt, in beiden Versionen, ins Sinnlose. Wenn z. B. der "no-ownership theorist" sagt, daß Bewußtseinsinhalte (u. a. "experiences") nur durch Sprachverwirrung in eine Prädikat/Substanz-Beziehung zu Personen, Körpern, Bewußtseinen ... gebracht werden – in der Realität kann man allenfalls eine (kausale) *Korrelation* zwischen ihnen und gewissen Körpern bzw. körperlichen Vorgängen feststellen –, dann muß man ja gleich fragen: *Welche* Bewußtseinszustände sind mit *welchen* Körpern korreliert? Antworte ich (beispielsweise), daß *meine* Bewußtseinszustände mit *meinem* Körper korreliert sind, dann habe ich eben von der zu vermeidenden, genitivischen Zuschreibungsbeziehung Gebrauch gemacht.

Die Fragen müssen also beantwortet werden. Und deren Beantwortung zeigt - zweitens - auch, daß sie gar nicht voneinander unabhängig, sondern notwendig miteinander verbunden sind. Strawsons Antwort lautet ungefähr wie folgt: Das Subjekt ("die Grenze" [Wittgenstein]) der Welt hat für einen Begriff von sich (für einen Begriff oder Indexwort "Ich") nur insofern eine Verwendung, als es einen Witz hat, sich Bewußtseinsinhalte (z. B. Erfahrungen) zuzuschreiben, und eine solche Zuschreibung hat nur dann einen Sinn, wenn es möglich ist, einen Träger der Inhalte zu identifizieren. Eine solche Identifizierung kann aber nicht - auch nicht "in meinem eigenen Fall" - durch die Erfahrungen selbst erfolgen. Wenn ich die Träger von Bewußtseinszuständen *nur* durch diese Zustände identifizieren könnte, würde es überhaupt keine "Fälle" geben. "If, in identifying the things to which states of consciousness are to be ascribed, private experiences are to be all one has to go on, then, just for the very same reason as that for which there is, from one's own point of view, no question of telling that a private experience is one's own, there is also no question of telling that a private experience is another's. All private experiences, all states of consciousness, will be mine, i. e. no one's." (Strawson 1959:100) Von "meinen" Erfahrungen kann ich nur dann sinnvoll reden, wenn ich auch von Erfahrungen, die *nicht* meine sind, sinnvoll reden kann. Einen Träger von solchen Erfahrungen kann ich aber (auch) nicht vermittels dieser (seiner) Erfahrungen identifizieren, sondern nur durch seinen Status als Erfahrungsgegenstand mit "basic particular"-Prädikaten in meiner objektiven Welt.[6]

3. Die "Person" als grundlegender Begriff

Die Fragen lassen sich nur beantworten, wenn wir den Begriff der *Person* als grundlegend ("primitive") verstehen, als den Begriff von einer Entität, der essentiell *beiderlei* Prädikate zugeschrieben werden können: sowohl die "basic particular"-Prädikate, woran die Reidentifizierbarkeit von

---

[6] Auch unabhängig von diesem kurz referierten Argument versucht Strawson, die Unmöglichkeit, Bewußtseine *als solche* zu identifizieren, aufzuzeigen. Die Idee, sie als Monaden im Sinne von Leibniz aufzufassen und sie durch "vollständige Begriffe" zu individuieren, wird auch zurückgewiesen. (Strawson 1959:121ff.)

Gegenständen in der Welt hängt, als auch die "mentalen" ("subjektiven") Prädikate sowie - vornehmlich - das Haben von Erfahrungen (von "basic particulars"). Der Fehler des Cartesianismus und der der "no ownership"-Theorie können auch beide auf die gemeinsame Wurzel zurückgeführt werden, daß sie den Begriff der Person nicht als logisch primitiv zugrunde legen. "[The] word 'I' never refers to this, the pure subject. But this does not mean, as the no-ownership theorist must think, that 'I' in some cases does not refer at all. It refers; because I am a person among others; and the predicates which would, *per impossibile* belong to the pure subject if it could be referred to, belong properly to the person to which 'I' does refer." (Strawson 1959:103)

Die "basic-particular"- oder "materieller Gegenstand"-Prädikate, vermittels deren die Person zur räumlichen Welt gehört und eine numerische Identität haben kann, nennt Strawson M-Prädikate (vgl. Strawson 1959:121). Die andere Art von Prädikaten, (Bewußtseinszustände, Erfahrungen etc.), die wir Personen als Subjekten ("Grenzen") der Welt zuschreiben, nennt er P-Prädikate. Die Pointe, daß die Person eine logisch primitive Kategorie ist, kann jetzt so formuliert werden, daß es essentiell *zwei logisch adäquate Zuschreibungsformen* solcher P-Prädikate gibt. Für einige wichtige Klassen von P-Prädikaten gilt infolge Strawson, "that when one ascribes them *to oneself*, one does not do so on the strength of observation of those behaviour criteria on the strength of which one ascribes them to others." (107)[7] Eine hartnäckige philosophische Versuchung besteht nun darin, daß man fast unvermeidlich die eine oder die andere Zuschreibungsform als logisch primär und die andere als logisch inadäquat, "unecht", reduzierbar oder dergleichen betrachtet. *Entweder* sieht man die "kriterienlose" Selbstzuschreibung als primär an - man meint, aus dem "eigenen Fall" zu wissen, was Schmerz, Rot (sehen), Depressionen (haben) usw. heißt - und die Zuschreibung zu anderen als nur wahrscheinlich, als eine induktive Angelegenheit, bei der wir auf beobachtete *Korrelationen* zwischen dem Bewußtseinszustand und Verhaltensformen angewiesen sind. (Strawsons Pointe ist hier, daß diese Korrelation nur dann einen Sinn hat, wenn "mein eigener Fall" einen Sinn hat, und *dieser* Fall hat nur Sinn, wenn ich aufgrund logisch adäquater Kriterien *anderen* Personen P-Prädikate zuschreiben kann.) *Oder* man betrachtet die Zuschreibung zu anderen als die logisch primäre, als die

---

[7] Das muß natürlich nicht immer der Fall sein. Als Ausnahmen nennt Strawson insbesondere die Zuschreibung von Charakterzügen und Kompetenzen. In solchen Fällen kennen wir unsere Subjektivität gewissermaßen nicht besser als die anderen.

Form, die den *Sinn* der Prädikate definiert. In diesem Fall steht man vor der Aufgabe, irgendwie mit der Zuschreibung in der ersten Person fertig zu werden. Wir können z. B. versuchsweise "deny that these self-ascriptions are really ascriptive at all, (and) *assimilate* first-person ascriptions of states of consciousness to those other forms of behaviour which constitute criteria on the basis of which one person ascribes P-Prädicates to another". (107) Diese – von Wittgenstein in den *Philosophischen Untersuchungen* (PU) an mehreren Stellen suggerierte – Strategie, die z. B. die Äußerung "Ich habe Schmerzen" an ein Stöhnen oder einen Schrei angleicht, ist Strawson zufolge nicht immer ganz inadäquat. "But it obscures the facts; and it is needless. It is merely a sophisticated form of failure to recognize the special character of P-predicates." (107)

Der fast unwiderstehlichen Neigung, entweder die eine oder die andere Zuschreibungsform der P-Prädikate als primär aufzufassen und ihre notwendige *Komplementarität* zu leugnen[8], versucht Strawson dadurch entgegenzuwirken, daß er dem Begriff der *Handlung* eine zentrale Rolle beimißt, also durch "moving a certain class of P-predicates into a central position in the picture. They are predicates, roughly, which involve doing something, which clearly imply intention or a state of mind or at least consciousness in general, and which indicate a characteristic pattern, or range of patterns, of bodily movement, while not indicating at all precisely any very definite sensation or experience. I mean such things as 'going for a walk', 'coiling a rope', 'playing ball', 'writing a letter'." (111) Diese Prädikate haben den charakteristischen Zug mancher P-Prädikate, daß man sie normalerweise sich selbst nicht aufgrund von Verhaltensbeobachtungen zuschreibt, wie man es bei der Fremdzuschreibung tut. Trotzdem spüren wir bei diesen Prädikaten kaum den gewöhnlichen Widerstand zuzugestehen, daß es dasselbe ist, das auf diese zwei Weisen zugeschrieben wird. Der Grund, meint Strawson, "is [...] the marked dominance of a fairly

---

[8] Wir erliegen, so scheint es, entweder dem einen oder dem anderen von zwei entstellenden Bildern: "Suppose we write 'Px' as the general form of propositional function of such a predicate. Then, according to the first picture, the expression which primarily replaces 'x' in this form is 'I', the first person singular pronoun: its uses with other replacements are secondary, derivative and shaky. According to the second picture [...] the primary replacements of 'x' in this form are 'he', 'that person', etc. and its use with 'I' is secondary, peculiar, not a true ascriptive use. But [...] [in] order to *understand* this type of concept, one must acknowledge that there is a kind of predicate which is unambiguously and adequately ascribable *both* on the basis of observation of the subject of the predicate *and* not on this basis, i. e. independently of observation of the subject: the second case is the case where the ascriber is also the subject." (Strawson 1959:108)

definite pattern of bodily movement in what they ascribe, and the marked abscence of any distinctive experience." (111)

(Diese Erklärung darf man wohl in Frage stellen. Die Handlungen involvieren vielleicht keine spezifischen *Erfahrungen*, wohl aber Handlungsintentionen ["intention[s] in action" im Sinne Searles] die genauso "distinktiv" sind wie die Handlungen selbst. Man könnte ebensogut die Erklärung darin sehen, daß diese Handlungen in besonderem Maße durch das *Verhalten* - und sehr wenig durch ihre Absichten - *definiert* sind, so daß ein großer Unterschied zwischen Absicht und dem, was daraus wird, schwer vorstellbar ist; oder: die Absicht ist derart "generell", daß sie kaum auf eine solche Weise vereitelt werden kann, daß der Beobachter sich fragen muß: Was ist denn das, was geht hier vor? Was als Briefschreiben, Mit-einem-Ball-Spielen usw. *zählt,* ist ein gewisses Verhalten, bei dem das "innere" ["private"] Moment, die Intentionalität der Handlung, in ihrer Besonderheit kaum in Betracht kommt. [Paradigmatisch: das Spazierengehen.] Vielmehr wird man auf diese Seite allenfalls dann aufmerksam, wenn man Fragen stellt wie "Ist das wirklich ein Briefschreiben und nicht eher eine Art Automatik?", also erst, wenn man sich fragt, ob man dem betreffenden Wesen überhaupt Handlungen zuschreiben darf. - Wie dem auch sei, was hier wichtig ist, ist die essentielle "Zweidimensionalität" von P-Prädikaten, die Tatsache, daß ihre zwei Zuschreibungsweisen gleich ursprünglich sind. Und darin hat m. E. Strawson ohne Zweifel recht.)

4. Eine Antizipation

Wenn ich schon hier ein schwerwiegenderes kritisches Moment andeuten wollte, dann müßte es vielmehr darum gehen, daß Strawson wohl ein berechtigtes Motiv hinter dem Widerstand dagegen, 'P ich'-Sätze als Selbstzuschreibungen des Prädikats P aufzufassen, verkennt. In seiner Zurückweisung der (meistens behaviouristisch ausgerichteten) "no ownership"- oder "not ascriptive"-Thesen hat Strawson zweifellos recht. Gleichwohl gibt es - glaube ich - ein ganz bestimmtes, *richtiges* (obwohl sicherlich oft mit Falschem vermischtes) "not ascriptive"-Motiv, das Strawson übersieht. Dieses richtige Motiv, das gewiß nicht Strawsons obigen Einsichten widersprechen muß (sondern nur ihrer wenig nuancierten Formulierung), ist ganz klar beim späten Wittgenstein zu finden und betrifft den Status von sog. performativen und expressiven Sätzen bzw. die Rolle des Wortes "Ich" in ihnen. Gegen die *behaviouristische* Interpretation von Wittgensteins Assimilation von Erste-Person-Präsens-Äußerungen an andere Verhaltensformen, die "dasselbe (be)sagen", behält Strawson m. E. recht. Aber ist diese Interpretation die einzig mögliche?

Gibt es nicht andere Alternativen zu der Strawsonschen (Selbst)Zuschreibungsthese als die behaviouristische? Oder müssen wir tatsächlich alle Äußerungen von Sätzen - auch alle, in denen das Wort "ich" an der Subjekt-Stelle steht - als *Zuschreibungen* auffassen, also als Äußerungen, in welchen einer durch das Wort "ich" bezeichneten Größe (und meinetwegen einer *Person* im Sinne Strawsons) ein Prädikat (Eigenschaft, Zustand, Vorgang usw.) *zugeschrieben* wird? - Mit Wittgenstein möchte ich das bezweifeln. In Kontexten, in denen Äußerungen mit "ich glaube", "ich weiß", "ich (be)zweifle", "ich denke" etc. anfangen, aber auch in entsprechenden Kontexten mit Verben wie "hoffen", "fühlen", "erwarten" usw., ebenso wie "gestehen" und "wetten", "befehlen", "versprechen" etc. (insgesamt also Kontexten, wo ein abhängiger Satz "daß so und so" folgt), ist nicht von vornherein offenbar, daß einer Person ("Ich") ein Prädikat zugeschrieben wird. Vgl. Wittgenstein: "Wenn einer sagt, 'Ich hoffe, er wird kommen' - ist das ein *Bericht* über seinen Seelenzustand, oder eine *Äußerung* seiner Hoffnung?" (PU § 585; vgl. auch Wittgenstein 1967 Nr. 21, 78f.) Bei der ersten Gruppe von Verben würde Wittgenstein wohl sagen, daß hier die Nicht-Identität fehlt, die den Satz zum Ausdruck eines (auf Kriterien der inneren Beobachtung gestützten, aber ggf. auch kriterienlosen) *Wissens von* etwas: ein Glauben, ein Denken usw., machen kann. ("Es ist richtig zu sagen, 'Ich weiß, was du denkst' und falsch: 'Ich weiß, was ich denke'." [PU § 534]) Der Übergang von Adäquanz zur Apodiktizität ist in seiner Analyse eigentlich keine Steigerung der Sicherheit des Wissens (bis zur Unkorrigierbarkeit à la Descartes[9]), sondern vielmehr ein Verlassen seines Gebiets.

Trotz seiner m. E. zu restriktiven Verwendung des Wortes "Wissen" glaube ich, daß Wittgenstein hier der Wahrheit am nächsten kommt. Er hat klar gesehen, daß die Äußerung eines Satzes (der Form "Px") nicht die Performanz der Äußerung propositional "abbildet" und behauptet, sondern sie vielmehr konstituiert. Meine Behauptung des Bestehens von irgendeinem Sachverhalt (p) - z. B., daß etwas (ggf. ich selbst) soundso viel Kilo wiegt, daß jemand gestern jemandem etwas befohlen hat, daß es fünf Milliarden Menschen auf der Erde gibt usw. - muß immer von einem Selbstbewußtsein begleitet sein - ich muß ja wenigstens wissen, was ich tue (also, daß ich etwas behaupte), wenn meine Äußerung überhaupt *als* Behauptung gelten soll und ich überhaupt für meine Behauptung soll

---

[9] Vgl. Stevenson 1982:330.

einstehen können. Aber das heißt noch lange nicht, daß das Vorkommen dieses ("performativen") *Handlungswissens* behauptet wird.[10] Der behauptete Sachverhalt muß ja nicht immer mich betreffen. Kurz: Das "Ich", womit ich z. B. eine Behauptung einleite, ist nicht immer - und vornehmlich nicht bei Kontexten à la "Ich denke (glaube, meine, weiß), daß ..." - der Anfang von einem Bericht darüber, wie mir zumute ist, sozusagen im Denkapparat (und nicht im Magen). Es kann auch eine Art Selbstbezug der Performanz selbst artikulieren. Und der *Geltungsanspruch*[11], den ich mit der Äußerung erhebe, betrifft dann nicht meinen Zustand, sondern das, was im nachfolgenden daß-Satz folgt. (Vgl. Wittgenstein 1960:499: "Die Äußerung 'Ich glaube, es verhält sich so und so' wird ähnlich verwendet wie die Behauptung 'Es verhält sich so und so'; und doch die *Annahme*, ich glaube, es verhalte sich so und so, nicht ähnlich wie die Annahme, es verhalte sich so und so."[12])

[10] Für dieses gilt vielmehr genau das, was Kant in KrV A 402 von der "absoluten Einheit der Apperzeption" sagt: "daß ich dasjenige, was ich voraussetzen muß, um überhaupt ein Objekt zu erkennen, nicht selbst als Objekt erkennen könne, und daß das bestimmende Selbst (das Denken) von dem bestimmbaren Selbst (dem denkenden Subjekt), wie Erkenntnis vom Gegenstande unterschieden sei." "Gleichwohl", fügt Kant hinzu, "ist nichts natürlicher und verführerischer als der Schein, die Einheit in der Synthesis der Gedanken für eine wahrgenommene Einheit im Subjekte dieser Gedanken zu halten. Man könnte ihn die Subreption des hypostasierten Bewußtseins [...] nennen."

[11] Der komplizierende Sachverhalt, daß es neben dem der Wahrheit noch andere Geltungsansprüche geben kann, ist in den *Philosophischen Untersuchungen* (1960:535) anläßlich des Geständnisses angedeutet.

[12] Der Einwand: "Aber es muß doch 'Ich glaubte' eben *das* in der Vergangenheit sagen, was 'Ich glaube' in der Gegenwart" - ein Einwand, der auf der Vorstellung beruht, daß das Präsens lediglich ein anderer "Ort" ist, von dem aus man auf einen konstanten Sachverhalt Bezug nimmt (und zwar mit Hilfe eines anderen Zeitindexes) -, diesen Einwand weist Wittgenstein mit Recht zurück. (Und trotzdem müssen wir wahrscheinlich sagen, daß er die Merkwürdigkeit der "Abwandlung", die aus einem Satz in Vergangenheitsform (z. B. "Er hat gehofft, er würde kommen") im Präsens einen Seufzer macht und umgekehrt (vgl. PU § 585), gewissermaßen unterschätzt. Daß der aktuelle Ausdruck im Präsens die Form des Satzes hat, bleibt zu sehr als ungeklärter Zufall stehen. Es hat wohl damit zu tun, daß Wittgenstein die Rolle des performativen *Handlungswissens* an dieser Stelle nicht ins Auge faßt. Dazu siehe unten S. 137.

II

5. Solipsismus vs. Kommunikation

Ich habe schon vorausgeschickt, daß für mein Thema ein zweiter Begriff von Solipsismus — neben dem "Cartesischen", dessen Absurdität so eindrucksvoll durch die Konstruktion der "Hörwelt" aufgezeigt wird — auch wichtig ist. Ich meine den "tieferen", "methodischen" Solipsismus im Sinne Husserls (und Apels). Im Gegensatz zu dem Subjekt-ohne-Welt-Solipsismus ist dieser methodische Subjekt-ohne-Kosubjekte-Solipsismus eine (immer noch) recht übliche Unterstellung. *Diesem* Solipsismus ist eigentlich erst sinn- oder sprachkritisch beizukommen, indem man die traditionelle Prämisse eines vorsprachlichen bzw. von der Sprache prinzipiell unabhängigen Denkens thematisiert (und dadurch fraglich macht); so wie es im sinnkritischen Pragmatismus (von Peirce und Mead) geschieht und dann erst recht beim späten Wittgenstein, zumal durch sein Argument gegen die Möglichkeit einer Privatsprache.

Der dem "zweiten Paradigma" der Philosophie eigentümliche Dualismus von Geist und Natur, Bewußtsein und Außenwelt, ist eigentlich eins damit, wie Kamlah/Lorenzen formuliert, daß "die *Sprache* als das Feld der kritischen Selbstbesinnung übersehen wurde". (Kamlah/Lorenzen 1973:19) Das ist nicht zuletzt bei Descartes deutlich. "[Man] kann [...] an Descartes, der so unüberbietbar von vorn beginnen will, die Arglosigkeit beobachten, mit der er die Sprache weiterspricht, in deren Tradition er als Schüler der Jesuiten hineingewachsen war [...] Und indem er bei aller skeptischen Vorsicht der ersten Schritte die Sprache vergißt, gibt er sich auch davon nicht Rechenschaft, daß er doch immer schon und immer noch spricht, wenn er sich in die extreme Abgeschiedenheit seines zweifelnden Ich zurückzieht, daß er also die Kommunikation mit den Mitmenschen, mit dem künftigen Leser, vom Untergang im Zweifel durchaus verschont." (19)

In der Tat öffnet sich auch hier (wo der Cartesische Dämon nichts zu suchen hat) der Raum für einen Skeptizismus - einen *sinnkritischen* Skeptizismus (wie auch für seine Überwindung): Wie kann ich wissen, was ich meine? Das heißt, wie ist es gesichert, daß ich des Sinnes meiner Wörter mächtig bin? Auch die Sprache muß eine bestimmte Objektivität haben. Ich kann sie weder in intra- noch in intersubjektiver Hinsicht "punktuell" disponieren. (Vgl. PU, insb. §§ 81-242, und Kripke 1982 Teil I.)

Auch unter einem solchen sprachphilosophischen Aspekt, der u. a. auch die sinnkritischen Fragen in den Vordergrund schiebt, wird die Frage akut, wie man dem Erkenntnissubjekt einen Platz in der Welt sichern kann, wie man es als etwas in der Welt soll beschreiben können. Jetzt meldet sich jedoch dieses Thema - und Problem - unter einem anderen Blickwinkel, unter dem die *Handlung* wieder wichtig wird, obwohl auf ganz andere Weise als bei Strawson. Es handelt sich jetzt - wenigstens so, wie ich es für meine Zwecke zurechtlegen möchte - um die Thematik der "intentionalen Kausalität" (und das LB-Argument!), um sog. sinntragende Phänomene usw., kurz: um den Themenbereich, den man seit Hegel mit dem Stichwort "Subjekt-Objekt" umschreiben kann.

6. Freiheitsantinomie und Paralogismusproblem

Wir haben gesehen, wie Kant und Strawson mit dem (subjektiven) *Idealismus* ringen - zugunsten des *Dualismus*. Für Strawson impliziert diese Idealismuswiderlegung auch, daß das welterkennende Subjekt selbst als ein körperliches "basic particular" in der Welt muß identifiziert werden können. Eine solche Innerweltlichkeit des Subjekts spielt natürlich auch unter dem gerade erwähnten "zweiten" Aspekt des Ich-Welt-Problems (dem Subjekt-Objekt- oder "Ausdrucks"-Aspekt) eine entscheidende Rolle. Der Frage nach der Möglichkeit und Notwendigkeit eines Erscheinens des Subjekts in der Welt begegnen wir ja hier direkt. Insofern wir diesen zweiten Aspekt auch mit dem Problem des "tieferen" Solipsismus und mit einem sprachphilosophischen Zugang, der die *Kommunikation* zwischen Subjekten für die transzendentale Reflexion thematisiert, eng verknüpfen dürfen[13], ist jedoch auch klar, daß es jetzt nicht so sehr um die Identifizierbarkeit des Subjekts in der Körperwelt geht, sondern vielmehr um das Erscheinen seiner (subjektiven, intendierten) *Inhalte* in der Welt. Nichts-

---

[13] Es ist eigentlich erstaunlich, wie wenig die Subjekt-Objekt-Problematik in der Nachfolge Kants zur Thematisierung der Sprache und der sprachlichen Erscheinungen geführt hat. (Vielmehr wurde die *Kunst* ins Zentrum gesetzt.) - Der Grund dafür ist vielleicht, daß der sprachliche *Ausdruck* vom logischen Gehalt zu sehr isoliert wurde. (Insofern begegnet uns auch hier ein in der Philosophie fast unvermeidlicher Fehler, den wir als die Hypostasierung einer richtigen Einsicht oder als einen abstraktiven Fehler bezeichnen können: abstraktive *Isolation* als Folge einer richtigen und notwendigen *Distinktion*.) Die Sprache galt noch nicht als Thema und Medium der transzendentalen Reflexion, sondern nur als *ein* Gebiet gewisser Äußerungen und Handlungen unter anderen (ja sogar als ein Gebiet, auf dem der "stoffliche" Aspekt von *weniger* prinzipieller Bedeutung war als z. B. in der Kunst). Insofern mache ich mich auch einer großen Vereinfachung bzw. Antizipation schuldig, wenn ich jetzt die Subjekt-Objekt-Thematik mit der Frage des sprachphilosophischen Zugangs zu Ich und Welt in einen Topf werfe. Die Vereinfachung ist jedoch, hoffe ich, für mein Anliegen hier relativ unerheblich.

destoweniger dürfen wir wohl sagen, daß (auch) hier die Freiheitsantino-
mie und das Paralogismusproblem den Angelpunkt bilden.

Kants Anliegen bei der Auflösung der dritten Antinomie ist offenbar, die
Freiheit des Subjekts zu retten. Wegen dieses Ziels sieht er sich zu der
Konstruktion eines - wohl zu absolut geratenen - Gegensatzes zwischen
intelligiblem-noumenalem "Ich" als Ding an sich und seinen empirischen
Erscheinungen in der Welt gezwungen. Es gilt sozusagen, das vernünftige
Subjekt, die "Grenze der Welt" - sei es nun als praktisches oder als
theoretisches Subjekt - nicht psychologisch zu deuten oder überhaupt zu
einer Substanz zu machen, über die geurteilt wird. Als solche gehört das
Subjekt ja zur "objektiven Welt", zum Realitätskorrelat aller wahren
Propositionen (um mit Habermas zu reden), und in dieser Erscheinungswelt geht es nach Kants "einheitswissenschaftlicher" Auffassung der
Erscheinungen voll und ganz nach dem Gesetz von Ursache und Wirkung
zu. Deshalb gilt nach Kant auch, daß, wenn die Erscheinungen Dinge an
sich wären, "so ist Freiheit nicht zu retten".[14] Glücklicherweise sind nun
die Erscheinungen, der Doktrin des transzendentalen Idealismus zufolge,
auch keine Dinge an sich, und insofern ist es möglich, dem Ich als Ding
an sich außerhalb der kausaldeterminierten Welt einen Ort zu geben und
ihm Freiheit bzw. Kausalität durch Freiheit zuzugestehen.

Das Motiv der Freiheitsrettung ist bei der Auflösung der dritten Antinomie offenkundig. Dieses Motiv und seine Stoßrichtung: die Nicht-Identität,
die (transzendentale) Differenz, oder kurz, die *negative* Beziehung
zwischen Subjekt und Erscheinungsgegenstand, spielen aber auch bei der
Kritik der Paralogismen eine wichtige Rolle. Auch hier geht es darum, der
Spontaneität des Subjekts nicht dadurch verlustig zu gehen, daß die
transzendentale Subjektivität und die Einheit meiner Vorstellungen als
meine Vorstellungen in eine *Substanz* bzw. in die numerische Identifizier-

---

[14] KrV B 564. Vgl. auch Böhler 1985:55: Das Subjekt bei Kant muß, "damit es als
frei gedacht werden kann, restlos aus dem kategorial konstituierten, also dem Schema
der Naturkausalität unterliegenden Zusammenhang unserer 'Vorstellungen' herausgelöst
werden. Einzig das von der erfahrenen Welt und von der Erfahrung völlig abgelöste
Subjekt kann als zu freiem Handeln fähig gedacht werden." - Ein wichtiger Aspekt
dieses kantischen Gedankens ist in zugespitzter Form bei Wittgenstein im *Tractatus*
aufgehoben, wenn er kein Überschreiten der Grenze zur Welt gutheißen will. Das
denkende, vorstellende Subjekt *gibt es* (in der Welt) nicht, genausowenig wie diese
ihre Grenze als einen Teil umfassen kann. Das Subjekt "gibt es" nur als einen der Welt
korrelierten, "ausdehnungslosen Punkt" (vgl. 5.63ff.). Nur beläßt es Kant nicht, wie
Wittgenstein, bei der abgebildeten Erscheinungswelt und den Propositionen der ihr
zugeordneten Sprache (der Naturwissenschaft). Kant läßt auch das Subjekt, dessen
Sprache (dessen Grenze der Welt) diese Sprache ist, sich gleichsam auf sich beziehen,
indem es die Propositionen (Weltabbildungen) in der Form eines "Ich denke" begleitet.

barkeit und Einheit einer Substanz umgedeutet wird. Ob die Substanz dabei als eine rein seelische (denkende), also die berüchtigte *res cogitans*, vorgestellt wird oder nicht, wird hier zu einem fast belanglosen Detail. Das Entscheidende bleibt, daß man die Spontaneität des "Ich denke" (oder des "Ich tue ..." - vergleiche Merleau-Ponty!) nicht als Zuschreibung einer - ggf. der charakteristischen - Besonderheit zu einer *Substanz* auffaßt. Insofern könnte man sagen, daß der Paralogismus wesentlich eine Verwechslung ist: Derjenige, der den Paralogismus begeht, "confuses" - um mit Strawson zu reden - "the unity of experiences with the experience of unity". (Strawson 1966:162)

Man kann aber auch die Paralogismusvermeidung zu weit treiben. Die Position Wittgensteins im *Tractatus* ist dafür ein Beispiel. Eine *positive Verbindung* zwischen "Ich" als Subjekt meiner Erfahrungen (und intentionaler Leistungen im allgemeinen) und "Ich" (und meinen Leistungen) als identifizierbarer Größe in der Erscheinungswelt ist unerläßlich. Das sieht natürlich auch Kant selbst. (Vgl. KrV B 581f.) Er spricht deswegen von der "Kausalität durch Freiheit", durch die das Subjekt Erscheinungen zustande bringt; aber er ist außerstande, diese so zu "operationalisieren", daß wir aus den *Erscheinungen* jene herausfiltern können, die durch Freiheit zustande gekommen sind. Für die *Erfahrung* bleibt die Verbindung konsequenzlos. Man kann das vielleicht auch so formulieren, daß der Unterschied oder die Nicht-Identität zwischen "freiem", noumenalem Subjekt als Ding an sich und kausalbestimmtem, erscheinendem Subjekt zu absolut gerät, wenn wir Kants Lösungsstrategie (bei der Auflösung der 3. Antinomie) folgen. Denn offenbar kann die kantische Distinktion zwischen Ding an sich und Erscheinung (im Sinne des transzendentalen Idealismus) mit der alltäglichen Distinktion zwischen dem numerisch-identischen Ding/Wesen und seinen Erscheinungen (Erscheinungsweisen, "Abschattungen") - *bei der Kant doch unvermeidliche Anleihen macht* - nicht zur Deckung gebracht werden.[15] Böhler faßt die Kritik an diesem Punkt als ein Fehlen der Dimension der kommunikativen Erfahrung

---

[15] Überhaupt bleibt es ja bei Kant ein allgemeines Problem, zwischen der "1. (und ggf. der 2.) Person" und der "3. Person" zu vermitteln. Das ist ja auch in seiner ethisch-politischen Theorie offenkundig. Für die erscheinenden dritten Personen, für die Gesellschaft als Gegenstand des Wissens hält er eine Theorie à la Hobbes bereit. Für *unsere* aktual in erster und zweiter Person zu verhandelnden Fragen bringt er seine Ethik zur Geltung. Vgl. Apel 1982:65: Kant verfährt "so als ob zwischen den Menschen als Adressaten seiner Ethik und den Menschen im Sinne einer empirischen Anthropologie überhaupt keine Identität bestünde." Vgl. auch Apel 1979a (insb. 216 und 278) über den szientistischen "Fehlschluß" bzw. die "szientistische Alternativkonzeption", denen Kant gewiß erlag.

zusammen: "Zwischen den freien denkenden Subjekten ist Erfahrung nicht möglich, so daß deren freie Handlungen nicht *erscheinen* können. Damit löst sich der Handlungsbegriff logisch auf." (Böhler 1985:57) Das Problem lautet also: Wie kann man die für den Handlungsbegriff *auch* benötigte "positive" Verbindung berücksichtigen, ohne die (für die Freiheit notwendige) negative preiszugeben - und ohne Paralogismus?

7. Strawsons Versuch: der Begriff der Person

Wir haben schon im bezug auf *Individuals* gesehen, wie Strawson die Frage der Erscheinungsweisen des Erkenntnissubjekts, und das heißt zunächst die Frage seiner Körperlichkeit bzw. seines Körpers, in Angriff nimmt und über gewisse Kantische Begrenzungen hinausführt. Große ungelöste Probleme und Schwierigkeiten, die Kant hier hinterlassen hat[16], werden von Strawson angegangen und z. T. auch einer Lösung beträchtlich näher gebracht, wobei er freilich m. E. auch in einiger Hinsicht hinter Kant zurückfällt. Strawson löst in einer gewissen Weise das Problem der positiven Verbindung zur Erscheinungswelt. Er kann sozusagen seinem Erfahrungssubjekt einen Körper geben und insofern dem Cartesisch-Kantischen Problem der "Identität" von noumenalem und empirischem Subjekt eine Lösung geben. Ich denke hier wieder an seine Etablierung des Begriffs der *Person* als einen fundamentalen Begriff, d. h. als einen Begriff von etwas, dem essentiell beide Arten von Prädikaten zugeschrieben werden können: Erfahrungen (Intentionen, Gefühle etc.) *und* "Welt"-Prädikate, d. h. Prädikate von der Art, wie sie die "basic particulars", die Weltgegenstände des Erkenntnissubjekts haben.

Strawson stellt eine logische Verbindung zwischen Selbstbewußtsein und Körperlichkeit her. In aller Kürze geht es - wie wir schon gesehen haben - um folgendes: Ein Erfahrungssubjekt, das überhaupt eine Verwendung für die Bezugnahme auf ein *Subjekt* der Erfahrungen (es selbst) hat, dem Erfahrungen zugeschrieben werden können - ein solches Subjekt kann nicht *nur* als Träger von (seinen) Erfahrungen identifiziert werden. Ich erinnere noch einmal an diesen entscheidenden Punkt bei Strawson: "If,

---

[16] Die wichtigste dieser Schwierigkeiten, aus Strawsons Perspektive gesehen, ist wohl diese: Kant nimmt systematisch nie *empirisch anwendbare Kriterien* für die numerische Identität des Erfahrungs-Subjekts in Anspruch, sondern scheint ohne solche auskommen zu wollen. (Der Hinweis darauf, daß "das denkende Wesen" als Mensch "sich zugleich ein Gegenstand äußerer Sinne ist" (B 415) hat für Kant keinen systematischen Stellenwert. Vgl. Strawson 1966:164)

in identifying the things to which states of consciousness are to be
ascribed, private experiences are to be all one has to go on, then, just for
the very same reason as for which there is, from one's own point of view,
no question of telling that a private experience is one's own, there is also
no question of telling that a private experience is another's. All private
experiences, all states of consciousness, will be mine, i. e. no one's."
(Strawson 1959:100)

Gleichwohl könnte man meinen, daß diese "Lösung" einigen Unzuläng-
lichkeiten der Kantischen Perspektive verhaftet bleibt. Jedenfalls bleibt
eine Spannung bestehen zwischen Strawsons Ausführungen und dem, was
ich gleich oben (S. 92) eine "sinnkritische" Subjekt-Objekt-Perspektive
genannt habe. Strawsons Ansatz, soweit er in *Individuals* und *Bounds
of Sense* dargestellt ist, fehlt m. E. immer noch eine Dimension, die
unumgänglich ist, wenn man die Frage der intentionalen Kausalität, der
Beziehung zwischen erster und dritter Person, des Verhältnisses zwischen
der Spontaneität des handelnden und erkennenden *Subjekts* der Welt und
der "Substantialität" des Subjekts als Gegenstand der Zuschreibung von
Prädikaten in voller Breite beantworten möchte; kurz: wenn man die
Frage des Subjekt-Objekts nicht um den wichtigen Aspekt *Ausdruck*
verkürzen will. Vielleicht können wir, vorläufig, etwa folgendes sagen:
Kants fast übertriebene Paralogismusvermeidung wird durch einen Subjekt/
Welt-Dualismus erkauft, der die Welt der Einheitswissenschaft überläßt.
Durch die Einführung der P-Prädikate bricht Strawson mit dieser, fällt aber
bezüglich Paralogismusvermeidung hinter Kant zurück, indem er die
"Spontaneität" des Subjekts nicht richtig einschätzt. Was in beiden Fällen
fehlt, ist eine angemessene Behandlung dieser Spontaneität in ihrer
Beziehung zu der Zuschreibung von P-Prädikaten als Teil der Weltbe-
schreibung. Ich werde in der Fortsetzung versuchen, dies näher zu
belegen. Im Zentrum verbleibt unterdessen - verständlicherweise - das
Paralogismusproblem. Diesbezüglich möchte ich zunächst eine Unterscheidung einführen.

8. "Paralogismus" im weiteren und engeren Sinne

Ganz allgemein geht es bei den Paralogismen, die Kant in der *Kritik der
reinen Vernunft* kritisiert, um einen "Schluß", der den Abgrund der
Verschiedenheit zwischen (i) "Ich und Vorstellungen in mir" (im Sinne von
"meinen Vorstellungen") und (ii) einer Substanz und ihren Zuständen
bzw. Eigenschaften, die ihr innewohnen, gewissermaßen übersieht. Der

Paralogismus übersieht sozusagen den Unterschied zwischen der *Kategorie der Einheit* und *der Einheit des Selbstbewußtseins*, die als ein "Ich denke" aller Anwendung der Kategorien vorausgeht. ("Das *Ich denke* muß alle meine Vorstellungen begleiten *können*; denn sonst würde etwas in mir vorgestellt werden, was gar nicht gedacht werden könnte, welches ebenso viel heißt, als die Vorstellung würde entweder unmöglich, oder wenigstens für mich nichts sein." Aber "diese Einheit , die a priori vor allen Begriffen der Verbindung vorhergeht, ist nicht etwa [die] Kategorie der Einheit [...]; denn alle Kategorien gründen sich auf logische Funktionen in *Urteilen* [Hervorhebung: A. Ø.], in diesen aber ist schon Verbindung [...] gedacht. Die Kategorie setzt also schon Verbindung voraus." [KrV B 131])

Als Paralogismus im *engeren Sinn* möchte ich den Schluß verstehen, der von Descartes und anderen gezogen wird: von der Selbstgewißheit des "Ich denke" (zu deren philosophisch-reflektiver Vergewisserung Descartes' methodischer Zweifel hinführt) auf die Existenz einer denkenden Sub- stanz: eine einfache, numerisch-identische Seele oder res cogitans - der Gegenstand der sog. rationalen Psychologie. Dieser Gegenstand ist, wie Kant im Paralogismuskapitel zu zeigen versucht, eine Chimäre. Und es hilft natürlich auch nichts, wie *Hume* überzeugend klar macht, den rationalistischen Versuch, die Existenz dieses Gegenstandes durch reine Vernunft zu beweisen, aufzugeben und ihn statt dessen in der Erfahrung zu suchen, also einen empirischen Beweis führen zu wollen.

Wenn es um den Paralogismus im *weiteren* Sinn geht, möchte ich vom Motiv der Freiheitsrettung ausgehen und ihn als die oben schon erwähnte *Verwechslung* definieren: als eine Verwechslung oder Unklarheit, die die Einheit der transzendentalen Apperzeption, die Einheit des "Ich denke", das alle meine Kategorieanwendung muß begleiten können, von der Einheit eines Gegenstandes "Ich" - auf den sich die Erkenntnis wie immer durch die Kategorie Einheit bezieht - nicht klar zu trennen vermag. Diese besondere "paralogische" Verwechslung besteht also (in Kants Worten) darin, "die Einheit in der Synthesis der Gedanken für eine wahrgenomme- ne Einheit im Subjekte dieser Gedanken zu halten". Sie ist eine "Subrepti- on des hypostasierten Bewußtseins". (KrV A 402. Vgl. auch B 407f. und A 396, wo von dem Schein die Rede ist, "daß die *subjektive* Bedingung des Denkens für die Erkenntnis des Objekts gehalten wird".) Für den Paralogismus im weiteren Sinn ist nicht mehr länger wichtig, welcher *Art* nun diese Größe Ich ist, auf die geschlossen wird. Sie kann gerne eine Person im Sinne von Strawson sein.

Ich werde in der Fortsetzung hauptsächlich vom Paralogismus im weiten Sinn reden, also ohne Näheres über die Eigenart der im paralogistischen

Schluß angeblich aufgezeigten (einheitlichen, numerisch-identischen) Ich-Substanz vorauszusetzen und auch ohne zwischen "reiner" und "empirischer" Seelenerkenntnis zu unterscheiden. Damit wähle ich eine ganz andere Begriffsstrategie als Strawson, der sich in seinen Ausführungen zum Thema Paralogismus streng an den engeren Sinn hält. (Aus meiner Perspektive kann das ja auch nicht Wunder nehmen, insofern Strawson m. E. selbst einem Paralogismus im *weiteren* Sinn zum Opfer fällt. Vgl. unten, VI).

9. Strawsons Paralogismusanalyse

In Strawsons Analyse ist der (cartesische) Paralogismus die Antwort auf eine gewisse Verlegenheit. Weil die Selbstzuschreibung von Erfahrungen (und anderen P-Prädikaten) *kriterienlos* ist, scheint sich bei der Selbstzuschreibung gleichsam dort ein "Loch" aufzutun, wo wir bei anderen Zuschreibungen sehr anschaulich einen durch Kriterien identifizierbaren Gegenstand vor uns haben. An die Stelle dieses "Lochs" wird sodann die (nichtanschauliche) Seele gesetzt. - Für Strawson dagegen ist dieses Loch eine (cartesische) Illusion. Für ihn ist das Problem "*Wozu* werden Erfahrungen (und andere P-Prädikate) zugeschrieben?" durch den Begriff der Person gelöst. Erfahrungen werden mir als *Person* zugeschrieben. "We may talk, confidently, of an undeniably persistent object, a man, who perceptibly traces a physical, spatio-temporal route through the world and to whom a series of experiences may be ascribed with no fear that there is nothing persistent to which they are being ascribed." (Strawson 1966:164)
Für die Cartesianer ist aber diese Lösung nicht zugänglich, und sie lassen sich deshalb fast unweigerlich von der *Kriterienlosigkeit* der Selbstzuschreibung verwirren - von der Tatsache, daß (wie Strawson sagt) "*no criteria of personal identity (are) invoked in immediate self-ascription of current or recalled experiences* [...] When a man (a subject of experience) ascribes a current or directly remembered state of consciousness to himself, no use whatsoever of any criteria of personal identity is required to justify his use of the pronoun 'I' to refer to the subject of that experience." (164) Wenn wir aber nun den Begriff der Person voraussetzen dürfen, braucht diese Kriterienlosigkeit uns nicht mehr zum Paralogismus zu verleiten. Das Erfahrungssubjekt ist die (empirisch identifizierbare) *Person*. Und selbst wenn die Verwendung des 1. Person-Pronomens in der aktualen Selbstzuschreibung nicht auf einer entsprechenden *aktualen* Anwendung von Kriterien der Subjekt-Identität beruht,

so gehört immer noch auch dieser Teil der "Logik" des Wortes "Ich" zu der sinnvollen Anwendung dieses Pronomens in jener Selbstzuschreibung. Oder wie Strawson formuliert: "'I' can be used without criteria of subject-identity and yet refer to a subject because, even in such a use, the links with those criteria are not in practice severed." (165) Eben diese Möglichkeit übersieht aber nun der Cartesianer und als Folge entsteht bei ihm "the illusion of a purely inner reference for 'I' (of an independent immaterial individual; of soul as substance)". (165) - Genauer gesehen geht es folgendermaßen zu (ich zitiere Strawson zu diesem Punkt relativ ausführlich): "The links of criterionless self-ascription and empirical criteria of subject-identity are not *in practice* severed. But in philosophical reflection they may be. It is easy to become intensely aware of the immediate character, of the purely inner basis, of such self-ascription while both retaining the sense of ascription to a subject and forgetting that immediate reports of experience have this character of ascriptions to a subject only because of the links I have mentioned with ordinary criteria of personal identity. Thus there arises a certain illusion: the illusion of a purely inner and yet subject-referring use for 'I'." (165)

Aufgrund dieser Diagnose des Paralogismus kann Strawson auch die (vermeintliche) Schwäche in *Kants* Paralogismusanalyse kritisieren: er mache gar zu wenig Gebrauch von den empirischen Kriterien der Subjekt-identität (also von dem "basic particular"-Aspekt der Person). Kant "does not explicitly say that the delusive use of 'I' which has just been discussed results from abstracting it from its ordinary setting, from ignoring its connexion with the empirical concept of a subject. Instead he connects that use with the philosophical employment which he has already made of the first personal pronoun in expounding the doctrine of the necessary unity of consciousness, the transcendental unity of apperception[17]. He says that the delusive use of 'I' merely *expresses* that unity which makes experiences possible." (166f.) Hier vermischt jedoch Strawson, so weit ich sehe, Wahres mit Falschem, und eine Analyse, die das triftige seiner Kant-Kritik von dem trennen kann, worin Strawson hinter Kant zurückfällt, ist insofern erforderlich.

Ich glaube, daß Strawson in seiner Diagnose viel Richtiges gesehen hat, und sicherlich kann er Kant eines mangelhaften Gespürs für die logische Rolle des menschlichen Körpers überführen. ("[...] there is no suggestion in Kant's work that the possibility of experience requires that a subject

---

[17] Wie wir gleich sehen werden (Pkt. 10), gibt es auch bezüglich dieser Doktrin gewisse Divergenzen zwischen Kant und Strawson. (A. Ø.)

of experience be an intuitable object in the world." [106]) Diesen Mangel
bei Kant korrigiert zu haben, bleibt die - oder eine - unverlierbare
Leistung der Strawsonschen Analyse. Nichtsdestoweniger gibt es aber m. E.
auch Aspekte dieser Problematik, die Kant gesehen hat und Strawson
nicht. Um diese Aspekte werden wir kreisen, in der Absicht, Strawson
"auf sprachphilosophischer Grundlage" mit Kant (und Fichte!) zu korrigie-
ren. Vorgreifend möchte ich jedoch die Pointe meiner Analyse mit der
Unterscheidung zwischen Paralogismus im engeren und weiteren Sinn in
Verbindung bringen. In Strawsons Paralogismusanalyse liegt alle Emphase
auf der Annahme einer besonderen denkenden Substanz. Nach meiner
Definition des Paralogismus im weiteren Sinn ist es aber auch möglich,
unter der Voraussetzung des Personenbegriffs einem Paralogismus zum
Opfer zu fallen, wie es Strawson m. E. passiert. Von dem kriterienlosen
Selbstbezug im unmittelbaren Erfahrungsurteil immer als Selbst*zuschreibung* zu reden bedeutet gewissermaßen - das werde ich zeigen müssen -,
"zu früh" zu kommen und schon einen paralogistischen Fehler im weiteren Sinn zu begehen.

10. Die Kritik Strawsons an Kants "Aktus der Spontaneität"

Ein Punkt der Divergenz zwischen Strawson und Kant, welcher das "Ich
denke" betrifft (und ein Punkt, an dem Strawson m. E. einem legitimen
Motiv bei Kant nicht gerecht wird), ist der folgende: Kant spricht in der
Kritik der reinen Vernunft von einem besonderen "transzendentalen"
Selbstbewußtsein; einem Selbstbewußtsein, das er auch mit der Idee syn-
thetisierender Verstandeshandlungen und dergleichen in Verbindung
bringt. Für Strawson sind diese Aspekte der transzendentalen Deduktion
Kants ganz unnötige Bestandteile einer "transzendentalen Psychologie"
(vgl. Strawson 1966:97), die wir am besten hinter uns lassen.[18] Mit Bezug
auf Kants Rede von der Einheit des 'Selbstbewußtseins' schreibt Strawson:

---

[18] Zwar spricht auch Strawson später (107f.) von einem "transcendental selfconsci-
ousness", das nicht mit der Möglichkeit einer Selbstzuschreibung von Erfahrungen
identifiziert werden darf, sondern als die fundamentale Bedingung dieser Möglichkeit
verstanden werden sollte. (108) Dieses "Selbstbewußtsein" wird jedoch von ihm nicht
eigentlich als *Selbst*bewußtsein interpretiert, sondern eher als ein Bewußtsein der
Form "this is how things are *experienced* as being" einschließlich des Gegensatzes zu
"this is how things are". Es ist insofern irreführend, wie Strawson selber sagt (108),
hier von *Selbst*bewußtsein zu reden. Ein solches kann es eigentlich nur als empirisches
geben aufgrund der Möglichkeit einer numerischen Identifikation des Subjekts durch
empirische Kriterien.

"Sometimes Kant's employment of this [...] phrase might give the impression that what he has in mind is some special kind of consciousness of self, different from such ordinary or empirical selfawareness as is expressed in the commonplace selfascription of perceptions, feelings etc." (26) "But this is not really so", fügt er (Kant versuchsweise rettend?) hinzu.

Der Begriff des transzendentalen Selbstbewußtseins soll Strawson zufolge u. a. dazu dienen, ein bestimmtes Problem zu lösen, das er folgendermaßen bestimmt: "If different experiences are to belong to a single consciousness, there must be the possibility of *self*consciousness on the part of the subject of those experiences. It must be one and the same understanding which is busy at its conceptualizing work on all the intuitions belonging to a single consciousness, and it must be possible for this identity to be *known* to the subject of these experiences." (93) Strawson meint nun, ganz wie Kant und Hume, daß die Introspektion hier nichts zu bieten hat. "It is useless to look for an explanation of the satisfaction of this condition to what might be called ordinary empirical self-consciousness." (93) "Das Bewußtsein seiner selbst, nach den Bestimmungen unseres Zustandes, bei der inneren Wahrnehmung ist [...] jederzeit wandelbar, es kann kein stehendes oder bleibendes Selbst in diesem Flusse innerer Erscheinungen geben". (So Kant in KrV A 107; vgl. auch A 381.) In diesem Punkt stimmt Kant Hume entschieden zu. Die Pointe wird von Strawson noch zugespitzt: "The problem would not be solved if the 'determinations' of our inner state were not 'always changing', if some, say, were constant or relatively so; they would still be *states* of ourselves. [...] What we are in quest of is [...] the fundamental ground of the possibility of empirical self-ascription of diverse states of consciousness on the part of a consciousness capable of knowledge of its own identity throughout its changing (or constant) determinations." (Strawson 1966:93f.)

Aber Strawson ist auch mit *Kants* Lösung, die an dem Begriff des transzendentalen Selbstbewußtseins hängt, unzufrieden. "At times Kant seems to turn for an answer to a special kind of 'transcendental self-consciousness' associated with the *activity* of the faculty of understanding. The key to the unity of consciousness, it seems, is to be sought in the fact that the connectedness of our perceptions is *produced* by the *activity* of the mind." (Vgl. z. B. KrV A 108) Wie gesagt, dem will Strawson nicht Folge leisten. Überhaupt glaubt er, daß die Begriffe eines "Aktus der Spontaneität" und von synthetisierenden "Verstandeshandlungen" bei Kant zu "the imaginary subject of transcendental psychology" gehören und also zu verwerfen sind. Seines Erachtens ist es auch Kant in der Deduktion nicht gelungen zu zeigen "how the doctrine of the mind's activity explains the possibility of ascribing experiences to the one self and thereby explains the unity of diverse representations in a single consciousness". (Ebd.)

Was Kant klar behauptet - und was Strawson auf seine Weise sicherstellen möchte -, ist die notwendige Verbindung "between the unity of consciousness on the one hand and the relation of representations to an objective (empirical) world on the other." Nur will Strawson die Notwendigkeit dieser Verbindung aufzeigen, ohne sich auf die synthetisierenden Verstandeshandlungen des Subjekts zu stützen. Er will die Synthesis-Doktrin umgehen und "*a direct analytical connexion* between the unity of consciousness and the unified objectivity of the world of our experience" herstellen. (Ebd., Hervorhebung: A. Ø.)

Ich möchte nicht die Leistung Strawsons bei diesem Versuch in Frage stellen. Nur glaube ich, daß in der Kantischen Doktrin der Synthesis bzw. (Verstandes)Handlung viel mehr steckt, als Strawson wahrhaben will. Sie beinhaltet m. E. eine äußerst wichtige Einsicht, die nicht verlorengehen sollte, obwohl sie in eine ganz andere Richtung weist als in jene, die Strawsons Perspektive bestimmt. Auch mir geht es um eine richtige Einschätzung (und antinomie- bzw. paralogismusfreie Darstellung) der Notwendigkeit, daß wir auf das Subjekt als (einen in der äußeren Anschauung erscheinenden) Gegenstand Bezug nehmen können. Diese Notwendigkeit wird jedoch von Strawson ganz einseitig, in nur einer Dimension gesehen, eben nur als die Notwendigkeit empirischer Kriterien der numerischen Identität des Erfahrungssubjekts. Ich glaube jedoch, daß das "Ich denke" Kants (auch) auf ganz andere Weise mit Erscheinungen zu tun hat und zu tun haben muß. Ich denke hier zunächst an jene Erscheinungen, die zum Themenkomplex des Subjekt-Objekts (des Subjekts als eines sich *äußernden* Subjekts) gehören. Um diese Problematik zu erörtern, müssen wir freilich einen neuen Ansatz machen und nach andersartigen Erscheinungen Ausschau halten als denjenigen, die sich in Kants theoretischer Philosophie zwanglos unterbringen lassen. (Siehe unten, IV) Bevor ich dazu komme, möchte ich aber kurz eine Strawsonkritik erwähnen, die (vielleicht nur) scheinbar in die gleiche Richtung zielt wie diejenige, die ich vor Augen habe.

III

11. L. Stevensons Strawsonkommentar

Es scheint, ich könnte mich in meiner Ablehnung von Strawsons Einschätzung der Kantischen Synthesis- bzw. "Aktus der Spontaneität"-Doktrin,
wenigstens verbal, von *Leslie Stevenson* (1982) bestätigt fühlen. Stevenson
meint (auch), an diesem Punkt eine Lücke in Strawsons Argumentation zu
entdecken. Diese Lücke möchte er mit Hilfe von Wittgensteins Analyse des
Regelfolgens ausfüllen. Insofern hält er sich für berechtigt, Wittgensteins
Privatsprachenargument als seine "transcendental deduction" aufzufassen.[19]
Stevenson meint, daß Strawsons selbst letzten Endes auf einen nicht
geklärten Begriff eines "transzendentalen Selbstbewußtseins" rekurriert
(vgl. Anm. 18): "We have seen how his principle about the unity of
consciousness yields its place in the argument to the possibility of self-
ascription of experiences. But after outlining the argument [...] Strawson
goes on to revise it further, suggesting that what plays the truly fundamental role in Kant's argument is not even the possibility of self-ascription, but something which is a necessary although not perhaps a sufficient
condition of that possibility. This is what he mysteriously calls 'transcendental self-consciousness' or 'the necessary reflexiveness of experience',
and formulates metaphorically as the principle that 'experience must be
such as to provide room for the thought of experience itself". (Stevenson
1982:326) Die hier von Strawson in Anschlag gebrachte Reflexivität ist
vielleicht nicht ganz so mysteriös, wie Stevenson meint. Es ist vielleicht
auch nicht abwegig, sie mit der Distinktion zwischen dem Subjektiven und
dem Objektiven bzw. der Distinktion zwischen Schein und Sein eng zu
verknüpfen.[20] Was ihr jedoch immer fehlt, jedenfalls im Vergleich mit dem

---

[19] Stevenson 1982:333. Vgl. auch den Titel seines Aufsatzes: *Wittgenstein's transcendental deduction and Kant's private language argument.*

[20] Strawsons Blickrichtung geht eindeutig in Richtung der notwendigen Gleichur-
sprünglichkeit der Begriffe vom Objektiven ("the employment of concepts of the
objective", "satisfaction of the objectivity-condition") und vom Subjektiven. "The
requirement which underlies the objectivity-condition [...] is not exactly that experience
should be ascribeable to [...] a subject, but that it should have a certain character of
selfreflexiveness *which is expressed by Kant in terms of the notion of selfconscious-
ness.* [...] What is meant by the necessary self-reflexiveness of a possible experience in
general could be otherwise expressed by saying that experience must be such as to
provide room for the thought of experience itself. [...] What is necessary is that there
be a *distinction*, though not usually an *opposition*, implicit in the concepts employed
in experience, between how things are in the world which experience is of and how

Kantischen "Ich denke", ist der *aktuale* Selbstbezug im (intentionalen) Akt der Erfahrung bzw. des Erfahrungsurteils.

Insofern hat Stevenson m. E. gegen Strawson recht, wenn er behauptet, daß die Klärung des "transzendentalen Selbstbewußtseins" nicht ohne Bezugnahme auf so etwas wie (Kantische) Synthesis auskommen kann. "I think we can see that the elucidation of this notion must appeal to that notion of synthesis which Strawson aimed to by-pass." (Stevenson 1982:333) Es steht freilich noch aus zu sehen, inwiefern Stevenson seinerseits tatsächlich in Richtung jenes "aktualen Selbstbezugs" im Erfahrungsakt (dessen sprachphilosophische Transformation ich im Sinne habe) zielt. Stevenson fährt mit einem Kant-Resümee fort, das bei der Verbindung zwischen Synthesis und der Rolle des *Verstandes* als der Fähigkeit zum Urteilen (also die Mannigfaltigkeit der Anschauungen in einem Akt der Spontaneität zu "denken") ansetzt: "Self-consciousness, the possibility of self-ascription of experiences, certainly seems to be Kant's premise, when he declares that 'It must be possible for the 'I think' to accompany all my representations'; he calls this 'I think' 'original apperception', and entitles its unity 'the transcendental unity of self-consciousness'. [...] Kant has told us that the combination of a manifold cannot come to us through the senses, but must be an act of spontaneity performed by the understanding; he assigns the title 'synthesis' to this act of combination." (333) Stevenson lenkt die Aufmerksamkeit darauf, daß die Synthesis wesentlich mit dem Urteilen ("making judgements") zu tun hat, unter anderem, indem er die berühmte Fußnote KrV B 134 herbeizitiert: "Und so ist die Synthetische Einheit der Apperzeption der höchste Punkt, an dem man allen Verstandesgebrauch, selbst die ganze Logik, und, nach ihr, die Transzendentalphilosophie heften muß, ja dieses Vermögen ist der Verstand selbst." Seine Konklusion: "Synthesis will thus be whatever it is that is essentially involved in making judgements - that ingredient X with which we sought to fill the lacuna in the Strawsonian argument, and which we have claimed to extract from Wittgenstein's analysis of rulefollowing." (333)

Unsere Konvergenz scheint sich zu bestätigen. Am Ende zeigt sich jedoch, daß meine Übereinstimmung mit Stevenson zum größten Teil nur eine der Vereinbarkeit ist. Die "Kant-Transformation", die er vor Augen hat, ist zwar auch eine in sprachphilosophische, pragmatistisch-wittgen-

---

they are experienced as being, between the order of the world and the order of experience. This necessary doubleness is the real point of connexion between what Kant refers to as 'original (or transcendental) self-consciousness' on the one hand and the objectivity-condition on the other." (Strawson 1966:107)

steinsche Richtung, aber seine Pointe ist immer noch nicht genau die, worauf es mir ankommt. Dafür spricht auch Stevenson immer viel zu wenig nuanciert von (der Möglichkeit) der Selbstzuschreibung von Erfahrungen. Zwar kommt in einer Figur (332) die akzeptable Gleichung "self-consciousness [...] i. e. awareness of making judgements" vor, und "self-consciousness" wird andernorts ganz richtig als "*possibility* of self-ascription of experience" (allerdings ohne Hervorhebung) aufgefaßt. Stevenson benutzt aber offenbar diesen Ausdruck genauso wie Strawson und meint es *nicht* in dem folgenden, m. E. richtigen Sinn: Eben weil ich "self-conscious (i. e. aware of making judgements)" bin - sagen wir mal, ich bin mir bewußt, daß ich schönen, weißen Schnee sehe (bin mir also des Urteils als *meines* bewußt, daß der Schnee schön weiß ist) -, eben deswegen kann ich mir *späterhin* (oder auf irgendwelche andere Weise "von Außen") wahrheitsgemäß die Erfahrung bzw. das Erfahrungsurteil *zu-schreiben*. Mit anderen Worten, die im Erfahrungsmoment aktuale "aware-ness of making judgements" (etwa in der Form: "Ich denke, daß der Schnee schön weiß ist") ist selbst keine Selbstzuschreibung (des Urteils, der Erfahrung), sondern eben nur Bedingung der späteren (wahrheitsge-mäßen) Zuschreibung (etwa in der Form: "Ich habe gedacht, daß der Schnee schön weiß sei"). Sie ist die Bedingung solcher Möglichkeit in genau demselben trivialen Sinn, wie die zugeschriebene Erfahrung selbst eine solche Bedingung ist.

12. Kants methodischer Solipsismus

Versuchen wir mal ein paar unterschiedliche Problemaspekte, die hier im Spiel sind, zu sortieren. Worauf Stevenson abzielt, ist die Überwindung des *methodischen* Solipsismus. (Vgl. Anm. 3) Das Urteilen setzt eine Kommunikationsgemeinschaft voraus, eine Mehrzahl von Urteilenden, die das Phänomen der Korrektur (also den Unterschied zwischen richtigem und fehlerhaftem Regelfolgen und damit überhaupt etwas wie Regelfol-gen) konstituieren oder ermöglichen. Dieser Ansatz enthält schon viel von dem, was ich mit voraussetzen möchte: Die logisch denkenden oder urteilenden Verstandessubjekte müssen - über Kant hinaus - wesentlich kommunikative Beziehungen zueinander haben, sie müssen füreinander *erscheinen*, als sprechhandelnde Subjekte einander begegnen, wenn genannte Korrektur möglich sein soll. (Zwar ist nur die "prinzipielle" Möglichkeit der Korrektur erforderlich, aber: "Appeal to the possibility of comparison with other judgers, to ensure that any mental act can count as judgement at all, cannot be indefinitely postponed". [Stevenson 1982:331])

Wenn Stevenson Kant ein "private language argument" zuschreibt (wie auch Wittgenstein eine "transzendentale Deduktion"), dann entbehrt es gewiß nicht, wie er selbst sagt, der "Ironie": "there must be some irony about this, for it never becomes quite clear whether Kant appreciated the need for *public* tests of agreement in concept-application." (334) Ich glaube, es ist doch ziemlich klar, daß Kant diese Notwendigkeit nicht gesehen hat und daß wir ganz ohne Skrupel mit Stevenson feststellen können, "that Kant only partially fought his way out of Cartesian methodological Solipsism". (335) Es ist vielmehr die Frage, ob der *methodische* Solipsismus, wie ich ihn früher definiert habe, bei *Strawson* überwunden ist. (Vgl. Böhler 1985:61f.)

Kant ein "Privatsprachenargument" zuzuschreiben - anläßlich seiner "Synthesis"-Doktrin und dem "Ich denke" als "höchstem Punkt" - ist gewiß eine gewaltige Überinterpretation. Und doch ist diese Zuschreibung nicht ganz irreführend, wenn auch vielleicht aus anderen Gründen als denjenigen, die Stevenson inspiriert haben. Es *gibt* in der Tat hier einen Anknüpfungspunkt zwischen Kant und der spätwittgensteinschen Sprachphilosophie. Diesen Punkt möchte ich jedoch nicht unmittelbar in den vom "Privatsprachenargument" aufgetischten Bedingungen sehen, sondern vielmehr in der performativ-propositionalen Struktur der Rede, wie sie in der Sprechakttheorie behandelt wird.

Das Rätsel des "Ich denke" und des synthetisierenden Akts der Verstandes-Spontaneität sucht Stevenson mit Hinweis auf "whatever is essentially involved in making judgements" zu klären, und darin möchte ich ihm recht geben. Was er damit vor Augen hat, kann freilich in meiner Konzeption nur die allgemeine Basis abgeben: einfach den ganzen Komplex des Regelfolgens, der prinzipielle Korrigierbarkeit und die Möglichkeit einer Übereinstimmung oder Nichtübereinstimmung mit anderen Urteilenden einschließt. Ich habe selbst eine unmittelbarere sprachphilosophische Deutung des "Ich denke" im Sinne; eine Deutung, die zwar jenen Komplex impliziert, aber eben nur als allgemeinen Hintergrund. Ich möchte - sozusagen *im Rahmen* einer Stevensonschen Kant-Transformation - etwas Spezifischeres angeben, das dem "Ich denke" Kants entspricht. Und dieses Spezifischere werden wir innerhalb der eben erwähnten performativ-propositionalen "Doppelstruktur der Rede" (Habermas) suchen müssen.

IV

13. Sinn und Sinnerscheinungen

Ich möchte jetzt die "zweite Perspektive" aufgreifen, d. h. die Thematik des Ausdrucks und des "Subjekt-Objekts", die gewissermaßen auf Herder und Humboldt, auf Kants *Kritik der Urteilskraft* und nicht zuletzt auf Hegels Begriff des objektiven Geistes zurückgeht. Es geht auf diesem Gebiet u. a. um die philosophische Analyse und den Begriff der sog. "sinnhaften" oder "sinntragenden" Phänomene, um die "intentionale Kausalität" (Searle) und die "Kausalität durch Freiheit" (Kant), um "Intentionen in der Erscheinung" sowie sprachliche (aber natürlich auch nichtverbale) Handlungen und Äußerungen etc. Zentral ist also hier die *Kommunikation* (das Verstehen und das Sich-Äußern, das Übereinstimmen und das Nicht-Übereinstimmen, überhaupt die Modi der Verständigung) und ihre Bedingungen.

Trotz seiner *Kritik der Urteilskraft* muß man sagen, daß sich Kant einer gewissen "Einheitswissenschaftlichkeit" schuldig macht. Als Gegenstand theoretischer Erkenntnis (bzw. wahrer Aussagen) bleibt die Erscheinungswelt diejenige, die wir aus der *Kritik der reinen Vernunft* kennen, das heißt die Welt, wie sie unter dem "Naturbegriff" angeschaut und gedacht wird. Zwar dürfen wir die Erscheinungen z. T. noch in eine Aristotelische Perspektive rücken und Phänomene betrachten, als ob eine "Kausalität eines Begriffs in Ansehung seines Objekts" (Kant 1793:32) am Werk wäre.[21] Dieser Begriff der Urteilskraft von einer Zweckmäßigkeit ist jedoch kein konstitutiver. Er "ist noch zu den Naturbegriffen gehörig, aber *nur als regulatives Prinzip des Erkenntnisvermögens*" (Kant 1793:LVII. Hervorhebung: A. Ø.). Wenn wir "Produkte der Natur" nach einer anderen Art der Kausalität als der der "Naturgesetze der Materie" vorstellen, dann ist dies als "bloß" eine Folge einer subjektiven Betrachtungsweise anzusehen. (350)

---

[21] Insofern hat die Zweckmäßigkeit auch in dem Kantischen System einen Ort. "Weil nun der Begriff von einem Objekt, sofern er zugleich den Grund der Wirklichkeit dieses Objekt enthält, der *Zweck* und die Übereinstimmung eines Dinges mit derjenigen Beschaffenheit der Dinge, die nur nach Zwecken möglich ist, die *Zweckmäßigkeit* der Form desselben heißt: so ist das Prinzip der Urteilskraft, in Ansehung der Form der Dinge der Natur unter empirischen Gesetzen überhaupt, die *Zweckmäßigkeit der Natur* in ihrer Mannigfaltigkeit. D. i. die Natur wird durch diesen Begriff so vorgestellt, als ob ein Verstand den Grund der Einheit des Mannigfaltigen ihrer empirischen Gesetze enthalte." (Kant 1793:XXVIII)

Darin mit Kant übereinzustimmen ist auch nicht schwer, solange es tatsächlich um Naturphänomene geht. Das Erstaunliche ist ja eigentlich erst, daß Kant scheinbar den ganzen Bereich der sozialen Phänomene, der Handlungen und Äußerungen, der Kommunikation usw. nicht thematisiert, sondern die teleologische Betrachtungsweise auf sein ursprüngliches (Aristotelisches) Gebiet, die Natur, bzw. auf ein ihr assimiliertes Gebiet der Kunst, beschränkt. Die besten, von Kant aber gleichsam übersehenen, Beispiele der "Kausalität eines Begriffs" sind ja diejenigen, die wir massenhaft immer zur Hand haben: unsere *Handlungen,* die eben dadurch charakterisiert sind, daß sie (idealiter) unter denselben Begriff (dieselbe Beschreibung) subsumiert werden, aus dem sie sich - als sich selbst verstehenden Handlungen - konstituieren. Genau dieser Aspekt der intentionalen Handlung wird ja bekanntlich von dem vieldiskutierten, sogenannten "Logische Beziehung"-Argument hervorgehoben: Eben weil Motive, Intentionen, Willensentschlüsse etc. (sog. "kognitiv-volitionale Komplexe"), die als solche identifiziert sind, logisch auf ihre "Wirkungen" (die erscheinende Handlungen) bezogen sind, können sie nicht als "Humesche" Ursachen im Sinne des Hume-Kant-Popperschen einheitswissenschaftlichen Erklärungsbegriffs gelten. (Vgl. z. B. von Wright 1971:86ff.)

Offenbar muß Kant in diesem Bereich korrigiert werden. Es muß auf die sinntragenden Phänomene Rücksicht genommen werden. Aber wie? Durch Hinzufügung eines *zweiten Bereichs der Erkenntnis neben dem der Natur-Erfahrung und -Erkenntnis* ("Neu-Kantianismus")? Oder durch eine tiefere Kant-Revision oder -Transformation, die sogar das "Ich denke" umfassen wird (à la Apel und Habermas)? Den Unterschied möchte ich kurz anhand eines Punktes bei Habermas klären; ein Punkt, an dem er scheinbar seine übliche Transformationsperspektive zugunsten einer neukantianischen aufgibt.

14. "Neukantianismus" oder Komplementarität?

In seiner Erörterung der Frage, wie sich "eine universalpragmatische Nachkonstruktion allgemeiner und unvermeidlicher Präsuppositionen möglicher Verständigungsprozesse" zu dem Typus von Untersuchungen, "die man seit Kant transzendentale Analyse nennt", verhält (Habermas 1976b:198), rückt sich Habermas, wie ich meine, die Problemlage auf eine schiefe Weise zurecht. Er stellt die "nicht nur terminologisch interessante Frage", "ob man solche Untersuchungen von allgemeinen und unvermeidlichen Kommunikationsvoraussetzungen [...] noch 'transzendental' nennen soll". (201) Im Gegensatz zu Apel verneint Habermas diese Frage, m. E. zu Unrecht. Oder vorsichtiger formuliert: Er stützt sich bei seiner Verneinung auf eine gewisse "neukantianische" Konstruktion, die mir abwegig scheint. Es wird eine Problematik unterstellt, die die fraglichen "transzendentalen Bedingungen" oder "unvermeidlichen Präsuppositionen" der Kommunikation als Bedingungen eines zweiten Erfahrungsbereichs - eben des Bereichs der Kommunikation - neben dem der Naturerfahrung suggeriert. Gegen die Benennung solcher Bedingungen als "transzendental" läßt sich dann gewiß überzeugend argumentieren, indem man allerlei Disanalogien, Unterschiede und fehlende Entsprechungen aufzeigt.

Genau so verfährt Habermas. Zunächst will er "nicht verkennen", daß "das Vorbild" der Transzendentalphilosophie sich anbietet, wenn es um eine rekonstruktive Analyse der genannten Kommunikationsvoraussetzungen geht, "und dies um so eher, als es einen Kant der Sprach- und Handlungstheorie (trotz Humboldt) nicht gegeben hat". (201) Er findet auch "eine transzendentale Untersuchung von Verständigungsprozessen" plausibel, "solange wir diese unter dem Aspekt von Erfahrungsprozessen betrachten". (201) Neben der Naturerfahrung gibt es ja auch die *kommunikative* Erfahrung, deren Bedingungen man klären konnte. "In dieser Perspektive des Vergleichs würden die konkreten Äußerungen den empirischen Gegenständen entsprechen und Äußerungen überhaupt den empirischen Gegenständen überhaupt [...] Wie unsere Begriffe apriori von Gegenständen überhaupt, so könnten wir auch unsere Begriffe apriori von Äußerungen überhaupt analysieren: die Grundbegriffe von Situationen möglicher Verständigung, jene begriffliche Struktur, die es uns ermöglicht, Sätze in korrekten Äußerungen zu verwenden." (202) Damit hat es aber auch sein Bewenden. Nachdem Habermas auf diese Weise Transzendentalpragmatik in möglicher Analogie zu Kants Untersuchung der Bedingungen der Naturerfahrung aufgestellt hat, kann er leicht das Fehlen der Parallelität nachweisen. "Situation möglicher Verständigung" ist *nicht* analog zu "Objekt möglicher Erfahrung". Die Erfahrungen, die wir in Kommunikationsprozessen machen, sind (in der performativen Perspektive) gegenüber dem Ziel der Verständigung, dem die Prozesse dienen, sekundär. Sobald wir also den Verständigungsaspekt hervorheben, "treten die Parallelen mit einer (wie immer aufgefaßten) Transzendentalphilosophie in den Hintergrund. Die der Transzendentalphilosophie zugrundeliegende Idee ist [...] die, daß wir Erfahrungen konstituieren, indem wir die Wirklichkeit unter invarianten Gesichtspunkten objektivieren; diese Objektivierung zeigt sich in den jeder kohärenten Erfahrung notwendig supponierten Gegenständen überhaupt; diese wiederum lassen sich als ein System von Grundbegriffen analysieren. Zu dieser Idee finde ich aber keine Entsprechung, unter die sich die Analyse allgemeiner Kommunikationsvoraussetzungen stellen ließe. Erfahrungen werden, wenn wir der Kantischen Grundidee folgen, konstituiert, Äußerungen allenfalls generiert." (202f.) Usw. Wir könnten hier auch A. Wellmers in dieselbe Richtung zielende Formulierung heranziehen, daß wir es bei dem Rahmen des Naturbegriffs (und des instrumentellen Handelns) mit einer *Polarität* zwischen Subjekt und Objekt zu tun haben, während der Rahmen der Kommunikation eine *Reziprozität* zwischen Ego und alter Ego voraussetzt. (Wellmer 1976:248)[22] Die suggerierte Parallele läßt sich bei genauerem Zusehen nicht verteidigen, und der Terminus "transzendental" sollte deswegen vermieden werden.

Was hier interessant ist, ist gewiß nicht nur die "terminologische" Frage, sondern vielmehr die Auffassung des Problems. Wenn z. B. K.-O. Apel den Terminus "transzendental" in diesem Zusammenhang verteidigen und von *"Transzendental*pragmatik" reden möchte, dann ist das kaum auf eine Weise gemeint, die einen direkten Widerspruch gegen Habermas bedeutet, sondern zeigt zunächst eine ganz andere Zurechtlegung der Fragestellung. Apel möchte keine "neukantianische" Perspektive unterstellen, sondern vielmehr eine *Komplementaritätsperspektive*, in der die Kommunikation und die Kommunikationsgemeinschaft, die Verständigungsprozesse und ihre Unterstellungen, als solche *selbst* als transzendentale Bedingung (nicht zuletzt) der (Natur-)Erfahrung und der (Natur-)Erkenntnis gelten.

Es geht nicht darum, ob wir mit Recht für soziale Phänomene, für kommunikative Erfahrung und Verständigungsprozesse, eine *Parallele* zu Kants Untersuchung der transzendentalen Bedingungen der Naturerkenntnis (die u. a. ein "Ich denke" als höchsten Punkt umfassen) ins Aussicht stellen dürfen. Das dürfen wir nicht. Es geht vielmehr (bei Apel) um eine Umbildung der transzendentalen Analyse der Bedingungen der Naturerkenntnis bzw. der transzendentalen Deduktion selber, unter anderem um die "kommunikationstheoretische" Expansion und Transformation des "Ich denke" selber. Die Implikate und Bedingungen des "Ich denke" (nicht zuletzt bei der Naturerfahrung) müssen selbst im Lichte eines semiotisch-pragmatischen, sprachphilosophisch erneuerten und transformierten Kantianismus neu expliziert werden.

Die Perspektive der Komplementarität (zwischen Gegenstandsbereich und Interaktionsbereich bzw. Kommunikationsbereich) ist - das wäre hier hinzuzufügen - für Habermas gewiß nichts Fremdes. Und insofern ist es

---

[22] Vgl. auch Hans Skjervheims Formulierung, daß im sozialen Bereich *Erkennen* ein *Anerkennen* voraussetzt.

um so erstaunlicher, daß er zum Zweck einer Verwerfung des Terminus "transzendental" eine andere Perspektive unterstellt.[23] Die Komplementaritäts-Perspektive ergibt sich, so könnte man sagen, sobald man den Sprache-Welt-Dualismus (etwa des frühen Wittgenstein) verläßt und die Sprache in ihrer logischen Funktion nicht mehr als den (logischen) "Raum" weltabbildender Propositionen denkt, sondern die performativ-propositionale *"Doppelstruktur der Rede"* (Habermas) ins Auge faßt. Von dieser neuen Konzeption geleitet, kann man - mit Habermas - die Sprache-Subjekt-Welt-Bezüge konkreter fassen und die Einseitigkeiten diagnostizieren, der sich die einheitswissenschaftliche Wissenschaftstheorie und die dualistische Philosophie schuldig machen. Z. B. kann man jetzt den Bezug auf eine "objektive Welt" als Korrelat wahrer Propositionen als *einen* Bezug unter mehreren auffassen. (Vgl. Habermas 1981) Hierzu gehört auch, daß die "Gegenstände" nun allgemeiner gefaßt werden müssen, nämlich als all das, was beschrieben werden kann, dem Prädikate zugeschrieben werden können; kurz, als all das, was als "dritte Person" (also als Gegenstand der kommunizierenden ersten und zweiten Person [Sprecher und Adressat]) seinen Ort in der Kommunikation hat. Die Natur wäre in dieser Perspektive sozusagen als Grenzfall zu betrachten: als der Grenzfall einer *"absolut* dritten Person", die *nur* als Beschriebene in ein Verhältnis zur Sprache treten kann. (Vgl. Øfsti 1985a:26f.)

15. Der Ansatz von Dietrich Böhler

Einen Beitrag zu der gesuchten "Umbildung" der transzendentalen Deduktion liefert Dietrich Böhler in seinem 1985 erschienenen Buch *Rekonstruktive Pragmatik*. Böhlers Beitrag, auf den wir schon oben Bezug genommen haben (Pkt. 6), ist für uns um so interessanter, als er auch kritisch kommentierend auf Strawson eingeht. Dabei geht es ihm - auf eine Weise, die mit derjenigen Stevensons insofern vergleichbar ist, als

---

[23] Es liegt ihm offenbar viel daran, diesen Terminus zu vermeiden. Seine Argumentation hat jedoch in diesem Punkt nicht die gewöhnliche Überzeugungskraft. Auch sein neuer Versuch in Honneth/Joas 1986 will nicht richtig überzeugen. Die "allgemeinen Präsuppositionen", denen wir uns beim verständigungsorientierten Sprachgebrauch nicht entziehen können, "sind [...] nicht im strengen Sinne transzendental", sagt Habermas dort, unter anderem deshalb, "weil wir [...] auch anders als kommunikativ handeln können". (346) - Sicher, aber wir können ja auch etwas anderes tun als Natur erkennen, z. B. schlafen, essen, mit jemandem kommunizieren (oder versuchen, ihn strategisch zu überlisten) usw. Sollten deswegen die unvermeidlichen Bedingungen der Naturerkenntnis (à la Kant) nicht transzendental heißen dürfen?

eine ähnliche Wittgenstein II-Inspiration unverkennbar ist - um die Kritik des dualistischen Subjekt-Welt-Schemas von Kant bzw. um die Unzuläng-lichkeit einer transzendentalen Deduktion, die in diesem Schema verbleibt. Zwar kann Kant den idealistischen Subjekt-ohne-Welt-Solipsismus überwin-den (das hat nicht zuletzt Strawsons Kant-Interpretation verdeutlicht), aber letzten Endes bleibt auch dieses Resultat vom *methodischen Solipsis-mus* Kants (und Strawsons?) gefährdet. Solange die pragmatische und interpretatorische *Intersubjektivitäts*-Dimension fehlt, entfallen letzten Endes (wenn Wittgenstein mit seinem Privatsprachenargument recht hat) die Sinnleistungen des, nur einer Kantischen Erscheinungswelt gegenüber-stehenden, methodisch-solipsistischen Bewußtseins. Böhler kritisiert also bei Kant die "Verabsolutierung der Subjekt-Objekt-Relation, die die Subjektseite - also sowohl die Selbstbeziehung eines Subjekts wie auch die Beziehung zwischen Subjekten - nur als erfahrungsfrei ansehen kann. Die Selbstzuschreibung von Wahrnehmungen kann dann nur als reiner 'Akt der Spontaneität' und damit als reine Verstandesoperation angesehen werden." (Böhler 1985:58) Zwar sieht Kant "die in seiner Systemarchitek-tonik oberste Handlung des 'Ich denke', also die Selbstzuschreibung von Wahrnehmungen", als "die Behauptung dieser als intersubjektiv gültiger Erfahrung" an.[24] Die Intersubjektivität als Dimension der möglichen Einlösung dieses Gültigkeitsanspruchs (und letzten Endes auch als Bedingung der Möglichkeit von Sinn überhaupt) muß jedoch bei Kant sozusagen prinzipiell aus dem Spiel bleiben, solange er "im Rahmen des (auf der Subjekt-Seite solipsistisch-mentalistisch und auf der Objekt-Seite objektivistisch-naturalistisch ausgelegten) Subjekt-Objekt-Schemas" denkt. Denn die Intersubjektivität verbleibt unter dieser Voraussetzung notwendi-gerweise *erfahrungsfrei*. Kant kann in seinem vorausgesetzten Rahmen "freie menschliche Handlungen nicht als Bestandteile der realen erfahrba-ren Welt denken, sondern sie eigentlich nur als spontane Operationen eines außerweltlichen und einsamen Selbstbewußtseins überhaupt postu-lieren". (59f.)

Wie gesagt, Böhler geht auch kritisch auf Strawson und dessen Reformu-lierung von Kants transzendentaler Deduktion ein. Im großen und ganzen stimmt er auch mit dem überein, was ich oben nahegelegt habe, nämlich daß der Strawsonsche Ansatz - trotz der "Verbesserung", die in der Einführung des Personenbegriffs liegt - nicht ausreicht, um Kants transzen-

---

[24] Böhler 1985:60. Auf eine gewisse - und für *mein* Argumentationsziel wichtige - Unzulänglichkeit oder Ungenauigkeit dieser Formulierungen Böhlers werde ich weiter unten zurückkommen müssen. (Siehe unten S. 127ff.)

dentale Deduktion wirklich sprachanalytisch aufzuheben und zum Ziel zu führen. Strawson übersieht, ebenso wie Kant, "daß die gesuchte Verbindung der Subjektseite mit der Objektseite nicht gelingen kann, solange der Grund der Verbindung, die Selbstzuschreibung von Wahrnehmungen, *allein* im Subjekt, also methodisch solipsistisch im 'Ich denke', angesetzt wird." (61) Um die gesuchte Verbindung vollständig aufzuklären, bedürfte es eines "Rückgangs auf die kommunikativen Bedingungen der Möglichkeit des 'Ich denke' selbst." Jedoch, "einen solchen Rückgang auf das Apriori der Kommunikation als Voraussetzung des Begriffs eines selbstbewußten Subjekts einerseits und des Begriffs einer objektiven Welt andererseits vollzieht Strawsons Kantkritik nicht". (61)[25]

Das "Ich denke" kann Böhler zufolge nicht bewußtseinsphilosophisch in Begriffen eines von kommunikativer Erfahrung ausgeschlossenen transzendentalen Subjektbezugs rekonstruiert werden. "Die Rekonstruktion des 'Ich denke' [...] kann nur gelingen, wenn das reflexiv expliziert wird, was *wir* als Sprecher und Argumentierende müssen tun und wissen können. Das erforderliche Tun besteht vor allem darin, das Gemeinte sagen zu können und das Gesagte behaupten zu können. Zudem ist es erforderlich, zu wissen, was es heißt, etwas zu sagen, und was es heißt, eine Behauptung vorzubringen. Denn nur auf der Basis eines impliziten Begleitwissens vom kommunikativen Handeln, das wir aber in propositionaler Form vor uns bringen können, so daß es die Gestalt eines 'knowing that' [...] erhält, ist es möglich, das zu erreichen, was nach Kant schon das transzendentale Ich erreichen soll: Sicherheit darüber, daß die eigene Erfahrung etwas bedeutet *und* was sie bedeutet." (63) Auf diesem Hintergrund läßt sich auch Böhlers Formulierung verstehen, daß Kants "Ich denke" als ein "Ich argumentiere als Mitglied einer idealen Argumentationsgemein-

---

[25] Böhler notiert en passant das Merkwürdige in Strawsons Auslassen der Kommunikation an diesem Punkt. Denn *verbal* scheint auch Strawson der Meinung zu sein, daß Kants "gesamte Behandlung der Objektivität sich nirgend auf den Faktor stützt, auf dem z. B. Wittgenstein so nachdrücklich besteht [...]: den *sozialen* Charakter unserer Begriffe, die Zusammenhänge zwischen Denken und Sprache, Sprache und Kommunikation, Kommunikation und sozialen Gemeinschaften." (Strawson 1966:151, 1981:128; hier zitiert nach Böhler 1985:61f.) Und gleichwohl scheinen die Hinweise auf Kommunikation bei Strawson eigentümlicherweise leer zu laufen. (Auch Stevenson [vgl. 1982:332] bemängelt ja das Fehlen einer echten Inanspruchnahme der Kommunikation bei Strawson.) Böhler stellt fest, daß Strawson aus seiner Bemerkung "nicht die transzendentalpragmatische Konsequenz des Kommunikationsapriori als Grundlage für Selbstbewußtsein und Welterfahrung" zieht, sondern bei dem Versuch der Etablierung "einer 'direkten analytischen Verbindung' zwischen Einheit des Bewußtseins und Einheit der Objektivität" stehen bleibt. (Böhler 1985:62)

schaft und als Sprecher innerhalb einer realen Sprach- sowie Sinngemein-schaft" interpretiert werden sollte. (36)

V

16. Doppelstruktur der Rede und performatives Handlungswissen

Im folgenden geht es mir darum, die von Böhler skizzierte "Transformati-on" - u. a. des "Ich denke" - in einigen Punkten zu verdeutlichen und zu kommentieren. Zu diesem Zweck sei kurz an die zwei Schlüsselbegriffe erinnert, die meinen Ansatz bestimmen: den Begriff der "Doppelstruktur der Rede" (Habermas) und den Begriff des "performativen Handlungswis-sens".

Die Doppelstruktur der Rede erklärt Habermas wie folgt:

"Ein Sprechakt ist [...] aus einem performativen Satz und einem davon abhängigen Satz propositionalen Gehalts zusammengesetzt. (Auch wenn die performativen Be-standteile nicht ausdrücklich verbalisiert werden, sind sie im Sprechvorgang stets impliziert; sie müssen daher in der Tiefenstruktur eines *jeden* Satzes auftreten.) Der dominierende Satz enthält ein Personalpronomen der ersten Person als Sub-jektausdruck, ein Personalpronomen der zweiten Person als Objektausdruck und ein Prädikat, das mit Hilfe eines performatorischen Ausdrucks in Präsensform gebildet wird ('Ich verspreche dir, daß ...'). Der abhängige Satz enthält einen Namen oder eine Kennzeichnung als Subjektausdruck, der einen Gegenstand be-zeichnet, und einen Prädikatsausdruck für die allgemeine Bestimmung, die dem Gegenstand zu- oder abgesprochen wird. *Der dominierende Satz wird in einer Äußerung verwendet, um einen Modus der Kommunikation zwischen Sprechern/ Hörern herzustellen; der abhängige Satz wird in einer Äußerung verwendet, um über Gegenstände zu kommunizieren.*" (Habermas 1971:104)

Diese Doppelstruktur umgangssprachlicher Kommunikation bedeutet auch, daß die Kommunizierenden gleichzeitig *zwei* Ebenen betreten müssen: "a) die Ebene der Intersubjektivität, auf der die Sprecher/Hörer *miteinander* sprechen, und b) die Ebene der Gegenstände, *über* die sie sich verständigen (wobei ich unter 'Gegenständen' Dinge, Ereignisse, Zustände, Personen, Äußerungen und Zustände von Personen verstehen möchte.)" (104. Vgl. oben S. 111)

Wenn wir nun - wie es ja nicht unnatürlich ist - jedem ernsthaft gemein-ten Satz ein gewisses (jedenfalls vermeintliches) "Wissen" zuordnen wollen, meldet sich sogleich die Frage, was für ein Wissen wir dem performativen Satz eines Sprechaktes zuordnen sollen. Der performative Satz, der als performativer immer in der ersten Person Präsens formuliert ist und der gewissermaßen *sagt*, welcher illokutive Akt die Sprechhandlung *ist*, artikuliert ja offenbar kein Wissen über den Sprecher. Es wird nicht im performativen Satz behauptet, daß ein Prädikat (d. i. die performative Verbalphrase) auf einen Gegenstand, für den der Subjektausdruck "ich" steht, zutrifft. (Deswegen hat sich ja auch der späte Wittgenstein geweigert, hier von "Wissen" zu reden.) Aber immerhin weißt doch der Sprecher - und eben vermittels des (gegebenenfalls expliziten) performativen Satzes -, was er tut!

Ich möchte für solches Wissen die Bezeichnung "performatives Handlungswissen" wählen. Das performative Handlungswissen ist kein thematisches Wissen von irgendeinem Gegenstand, es wird nicht im performativen Satz dem Subjekt irgendein Prädikat zugeschrieben oder zugesprochen.[26] Das performative Handlungswissen ist kein "knowing that", sondern eher ein "knowing how", das unseren Handlungen innewohnt. Wolfgang Kuhlmann erläutert den Begriff dieses Handlungswissens anhand des besonderen Falles der Sprechhandlung des Bestreitens. Er spricht von dem "konstitutiv zum Bestreiten zugehörige[n] Handlungswissen vom Bestreiten" ohne welches das Bestreiten kein Bestreiten ist. Es geht hier nicht um propositionales Wissen, sondern um "das unthematisch begleitende, nichtdistanzierte - in performativen Sätzen artikulierte - Handlungswissen des Bestreitenden von seinem *unmittelbar aktuellen* Handeln". (Kuhlmann 1981:23)

Der Hinweis auf *know how* zeigt den Gegensatz zum thematischen *knowing that* richtig an. Andererseits ist jedoch auch klar, daß dieser Ausdruck als Charakterisierung des Handlungswissens gar nicht die *besondere* Struktur menschlicher (implizit oder explizit performativer) *Sprechhandlungen* erfaßt (und auch nicht die Struktur unserer Denk- oder Verstandeshandlungen als potentieller Sprechhandlungen). Offenbar reicht das performative Handlungswissen solcher Handlungen über das für Handlungen im minimalen Sinn geforderte Handlungswissen strukturell weit hinaus. Auch ein Tier muß ja, insofern wir ihm mit Recht überhaupt Handlungsintentionen und Handlungen sollen zuschreiben können, das für seine Handlung notwendige know how haben. Es meldet sich also die Frage, was bei den Handlungen sprachfähiger Wesen - und insbesondere bei ihren Sprechhandlungen - strukturell noch hinzukommt. - Hier gibt es gewiß viel zu sagen. Aber die Antwort wird uns ohne Zweifel auf die

---

[26] Was man in einem solchen Wissen weiß, ist sicherlich gewußt ohne jegliche Observation (Introspektion oder Extrospektion); es ist "known without observation". (Vgl. Anscombe 1957) Mit dem Terminus "performatives Handlungswissen" möchte ich jedoch die Art des Wissens zusätzlich einengen.

Selbstrückbezüglichkeit solcher Handlungen zurückführen: auf die Art und Weise, wie ihnen die Kombination "Ich + performatives Verb" innewohnt. K.-O. Apel weist beim Versuch, die Logos-Auszeichnung der menschlichen Sprache (und Handlungen) gegenüber Tiersprachen zu bestimmen, gerade auf ihre performativ-expressive Selbstrückbezüglichkeit hin. Entscheidend ist nicht so sehr die Möglichkeit, Sachverhalte durch Propositionen darzustellen, sondern vielmehr die Funktion von Ausdrücken wie "Ich sage dir hiermit ...", "Ich behaupte hiermit ...", "Ich fordere hiermit ...", "Ich beteure hiermit ..." etc., also die Funktion jener *(nicht* durch objektivierende Raum-, Zeit- und Sprecher- bzw. Hörer-Indikatoren zu ersetzenden) Ausdrücke der natürlichen Sprache, "die für die *selbstreferenzielle* Artikulation der *aktualen pragmatischen* Dimension der Rede relevant sind". (Apel 1980b:30f.) "Sachverhaltsrepräsentation durch propositionale Sätze in abstraktiv reiner Form" scheint man sogar Schimpansen beibringen zu können. (Vgl. Apel 1980b:51; Gipper 1977) Was diesen dagegen fehlt, ist der performativ-expressive Selbstbezug. "Was der jüngst realisierten Schimpansensprache immer noch zu fehlen scheint, ist jene syntaktisch-semantische *Vorstrukturierung der kommunikativen und der selbstreflexiv-expressiven Verwendung der Sprachmittel durch die Sprachmittel*, welche in der *performativ-propositionalen Doppelstruktur* der expliziten Sätze der menschlichen Sprache angelegt ist." (Apel 1980b:51) Apel zieht den Schluß, "daß die *Logos-Auszeichnung* der menschlichen Sprache nicht, wie von Theophrast bis zu Bühler, Popper und Carnap angenommen, allein in der 'Darstellungs'-Funktion der Propositionen sich zeigt, sondern in der selbstreflexiven Inbezugsetzung der 'objektiven' (wahrheitsfunktionalen) Darstellungsfunktion der Propositionen mit dem 'subjektiven' Intentions-Ausdruck und dem Intersubjektivität stiftenden 'Anspruch' der Kommunikations-Funktion." (57)

17. Das "Ich denke" als performativ-selbstrückbezügliches Moment des (Erfahrungs-)Urteils

Aus diesen Hinweisen dürfte schon einigermaßen klar geworden sein, wie der Vergleich mit Kant gedacht ist. Aus der Sicht der Sprechakt-Theorie kann das Kantische "Ich denke" als der performative Teil einer potentiellen Sprechhandlung aufgefaßt und erläutert werden. Umgekehrt können wir auch die "Doppelstruktur" der pragmatisch kleinsten Sprach-Einheiten im Hinblick auf die Kantische Doppelstruktur des "Ich denke + Anschauungen/Vorstellungen" verdeutlichen. Mit Bezug auf KrV B 132 aus § 16

("Von der ursprünglich-synthetischen Einheit der Apperzeption") können wir etwa das folgende sagen: Explizit oder implizit muß ein performativer Satz meine (propositionalen) "Bilder" begleiten. Sonst würden sie "entweder unmöglich, oder wenigstens für mich nichts sein". Sie wären, wenn nicht gleich auf Stimulierung reduziert, so auf jeden Fall epistemisch tot, ohne Beziehung auf Geltungsansprüche und eine unterstellte objektive Realität. Erst durch den performativen Teil werden "propositionale" Gehalte zur synthetischen Einheit gebracht, sozusagen "in Kraft" gesetzt oder geltend gemacht. Das "Ich + performatorischer Ausdruck" ist dabei nicht - genausowenig wie das Kantische "Ich + denke" - ein Satz, der ein Wissen über den Gegenstand "Ich" formuliert bzw. dem durch "Ich" bezeichneten Gegenstand ein Prädikat "... denke, daß p" zuspricht, sondern die (explizite oder implizite) Artikulation des performativen Handlungswissens der Äußerung. Auch in einem Erfahrungsurteil, in dem eine Erfahrung festgestellt oder behauptet wird, schreibt sich der Sprecher in dem dominierenden, performativen Satz ("Ich stelle fest, daß ...") nichts zu, sondern behauptet eben das im *propositionalen* Teil Formulierte und übernimmt insofern dafür die Verantwortung[27].

Selbstverständlich ist es *auch* möglich, sich selbst alles mögliche zuzuschreiben (M-Prädikate wie P-Prädikate), indem man mit "ich" auf sich Bezug nimmt, aber dies muß dann in den propositionalen Teilen von Äußerungen geschehen, in Propositionen, die ihrerseits von performativen Sätzen (mit Verben aus der Gruppe: behaupten, sagen, erklären usw.) müssen begleitet sein können. Ich kann mir eine gewisse Erfahrung - oder fehlende Erfahrung - zuschreiben, beispielsweise in der Proposition "Ich sehe (k)einen roten Fleck" oder als vollständig explizierten Sprechakt etwa in der Form: "Ich behaupte (gegenüber dir), daß ich (k)einen roten Fleck sehe". Aber diese Zuschreibung, diese Behauptung über mich, diese Sprechhandlung selbst schreibe ich mir (in dieser Sprechhandlung) nicht zu. Das "ich behaupte" ist performativ, nicht propositional.

Im Vergleich mit dem bewußtseinsphilosophischen Idiom Kants hat das Idiom der (Doppelstruktur der) Rede - neben einer Verallgemeinerung, die auch zusätzliche Analyseaufgaben stellt - den Vorteil, daß die ungleichen Funktionen des "Ichs" als "Subjekt" und als "Objekt" viel übersichtlicher werden. Z. B. können wir von einem "performativen Ich" reden, das sich in den performativen "Verstandeshandlungen" artikuliert, aber auch von einem "deiktischen" oder "propositionalen" "Ich", das als Nominalphrase

---

[27] Er tut dies freilich in einer solchen (performativen Satz-) *Form*, daß daraus mühelos ein propositionaler Satz werden kann. Vgl. unten, S. 137.

in Propositionen dazu dient, einen Gegenstand der Zuschreibung zu identifizieren. Dem performativen Ich entspricht dabei das Ich der transzendentalen Apperzeption, des "Aktus der Spontaneität" und der "Verstandeshandlungen"; dem propositionalen Ich, das auf die "Ebene der Gegenstände" gehört, entspricht bei Kant das empirische, angeschaute, erscheinende, bestimmbare usw. Ich. Ich glaube, daß sich das meiste dessen, was Kant vom "transzendentalen" Ich und seiner Verstandeshandlungen sagt, unschwer dem performativen Ich bzw. dem performativen Teil von Äußerungen zuordnen läßt; beispielsweise sein Kommentar zu jenem "einfachen Ich" (A 381), das die Rational-Psychologen und Hume erfahrungslos bzw. im Erfahrungsstrom suchen. Die Jagd ist gegenstandslos, meint Kant, denn "dieses Ich ist sowenig Anschauung als Begriff von irgend einem Gegenstande, sondern die bloße Form des Bewußtseins, welches beiderlei Vorstellungen begleiten und sie dadurch zu Erkenntnissen erheben kann" (A 382). Wenn wir sagen, daß der Sprecher durch die Performanz seiner Äußerung die Verantwortung für das Gesagte übernimmt, so ließe sich das mit dem vergleichen, was Kant über das Urteil "Ich denke" erklärt: daß es "nur dazu dient, alles Denken [also alles Inhaltliche, die gedachten Anschauungen, Vorstellungen etc., A. Ø.] als zum Bewußtsein gehörig aufzuführen." (B 399) Eine interessante Stelle ist auch die folgende: "Das Bewußtsein meiner selbst in der Vorstellung *Ich* ist gar keine Anschauung, sondern eine bloß *intellektuelle* Vorstellung der Selbsttätigkeit eines denkenden Subjekts." (B 278) Es liegt hier nahe, Kants "intellektuelle Vorstellung der Selbsttätigkeit eines denkenden Subjekts" mit dem zu vergleichen, was wir mit "performatives Handlungswissen" gemeint haben. An dieser Stelle könnte man auch an Fichte erinnern, der ja das Sichwissen der Handlungen des denkenden Subjekts eben "intellektuelle Anschauung" nannte. "Dieses dem Philosophen angemuthete Anschauen seiner selbst im Vollziehen des Acts, wodurch ihm das Ich entsteht, nenne ich *intellectuelle Anschauung*. Sie ist das unmittelbare Bewußtseyn; daß ich handle, und was ich handle: sie ist das, wodurch ich etwas weiß, weil ich es thue." Diese intellektuelle Anschauung, die "für das ursprüngliche Ich That-Handlung" ist, ist Handlung und Wissen zugleich. "Jeder der gefragt wird, woher er wisse, daß er etwas thue - das doch dieses oder jenes seyn kann, sagt: er wisse eben schlechthin was er thue, durchaus *weil* er es thue; er setzt daher eine unmittelba-

re Verbindung des Thuns und des Wissens, eine *Untrennbarkeit* beider
[...] voraus."[28]

Einen besonderen Vorteil der Unterscheidung zwischen performativem
und propositionalem Ich sehe ich darin, daß sie die Problematik des
Paralogismus überschaubarer macht. Wahrscheinlich ist es im sprachphilosophischen Idiom einfacher, die ungleichen Funktionen oder Rollen des
Ichs klar auseinanderzuhalten und Paralogismen zu vermeiden. Der
Paralogismus im weiteren Sinn besteht ja eben darin, das performative Ich
für ein propositionales zu halten - und diese Funktionen können wir ja
im voll explizierten Sprechakt unschwer identifizieren und trennen. Das
heißt freilich noch nicht, daß die sprachphilosophische Wende hinreichend ist, um den Paralogismus zu vermeiden. Es gibt auch sprachphilosophische Positionen, die sich der paralogischen Verwechslung oder Subreption - in sprachphilosophischer Form - schuldig machen. Ich denke hier
an die sogenannte wahrheitssemantische Sinnanalyse (D. Lewis), die die
Doppelstruktur der Rede verkennt und die Verwendung von "Ich" in
Sätzen *immer* - auch in performativen Sätzen - einfach als Bezugnahme
des Sprechers auf einen Gegenstand der Zuschreibung analysiert: ein
Gegenstand, dem er mit Wahrheit oder Unwahrheit ein Prädikat (die
Verbalphrase) zuschreibt. (Vgl. hierzu Apel 1980b und Øfsti 1985a:17ff.
und 28ff.) Meine schon mehrmals angedeutete Kritik an Strawson geht
auch dahin, ihm in diesem Sinne einen Paralogismus anzulasten. Er
begeht die zu vermeidende Subreption, indem er gewissermaßen die
(Sprechakte der) *Zuschreibung* verabsolutiert und die Asymmetrie von
expressiven oder performativen Äußerungen in der ersten Person Präsens
und Äußerungen in anderen Formen (z. B. "Ich hoffe, er wird kommen"
versus "Er hofft, er wird kommen") - übrigens ganz ähnlich wie Tugendhat
(1979) - auf die *epistemische Grundlage* der Zuschreibung reduziert. Was
dabei aus dem Blick kommt, ganz ähnlich wie bei dem klassischen
Paralogismus, ist die Funktion und das Sich-Wissen des zuschreibenden
Subjekts in der Sprechhandlung der Zuschreibung.

---

[28] Fichte 1983:I/4 216f., 218f. und II/6 171. Vgl. auch u. a. I/4 225 und 228f. — Die
Hoffnung, daß sich manches im neuen, sprachphilosophischen Idiom besser sagen
läßt, betrifft natürlich nicht nur Kant und Fichte. Das sprachphilosophische "Paradigma"
muß ja als solches den Anspruch erheben, die Analysen der Bewußtseinsphilosophie
ganz allgemein aufzuheben. An dieser Stelle ist es kaum unangebracht, Sartre und
Merleau-Ponty zu erwähnen. Ihre "conscience non-thetique (de) soi", die jede "theti-
sche" "conscience de (quelquechose)" begleitet, entspricht offenbar unserem "performativen Handlungswissen".

Trotz dieser Vereinseitigung einiger sprachphilosophischer Positionen möchte ich die Behauptung aufrechthalten, daß ein pragmatistisch voll entfaltetes, sprachphilosophisches Idiom besser geeignet ist als das bewußtseinsphilosophische, die verschiedenen Ich-Rollen zu verdeutlichen und performatives und deiktisches Ich auseinanderzuhalten. Zugleich habe ich auch die Hoffnung, daß die *Einheit* oder die *positive Verbindung* der beiden Funktionen im neuen Idiom besser behandelt werden kann. (Vgl. Teil VI unten.)

18. Schematische Übersicht

Ich werde weiter unten versuchen, die angedeutete sprachphilosophische Transformation des "Ich denke" durch einige kritische Kommentare zu Böhler und Strawson noch weiter zu verdeutlichen. Zunächst möchte ich jedoch unsere Skizze (unter Hinzufügung von einigen nicht besonders kommentierten Punkten) in Form eines Schemas zusammenfassen.

Kantische Bewußtseinsphilosophie	*Sprachphilosophie*
Vernunft	Kommunikative Kompetenz
Form/Inhalt-Struktur des Bewußt-seins[29]	Doppelstruktur der Rede
Anschauungen/Vorstellungen	(Propositionale) Eindrucks-Gebilde bzw. -"Bilder"

[29] In gewissen Hinsichten sind "Form" und "Inhalt" des Bewußtseins bei Descartes klarer auseinandergehalten als bei Kant. Descartes trennt ja - fast auf Fregesche Weise - sorgfältig zwischen Idee oder "Erkenntnisbild" (p) einerseits und Stellungnahme, Behauptung, willentlichem "Anschluß" (Beifall) - wodurch Fehler entstehen können - andererseits. (Vgl. insbesondere 4. Meditation.) Was aber bei Descartes, wie im Empirismus, fehlt, ist die kantische Einsicht, daß die Empfindungsmassen, etwa die visuellen Anschauungen oder Bilder, erst dadurch zum epistemischen Status der *Erfahrung* erhoben werden, daß sie "*gedacht*" werden. Die vorkantische Philosophie sieht den Abgrund zwischen Eindrucksbild und Erfahrungserkenntnis nicht (oder nur undeutlich). Insofern tut Kant recht, wenn er die logische Form des propositionalen Bildes in eins mit dem *Denken* des Satzsinnes setzt. Vor diesem Aktus hat das Empfindungsbild tatsächlich keine logische Form.

Erfahrung	Als Erfahrungsurteile durch Denken (Behaupten) in Kraft gesetzte propositionale "Bilder"
Anwendung der Kategorien	Verwendung verschiedener Grundformen propositionaler Satzstruktur
Die "Beziehung der Vorstellungen auf einen Gegenstand, mithin ihre objektive Gültigkeit, [...] daß sie Erkenntnisse werden" ist nur unter der Voraussetzung der "Einheit des Bewußtseins" möglich. (B 137)	Beziehung von propositionalen "Bildern" auf eine objektive Welt ist nur unter der Bedingung ihrer performativen "In-Kraft-Setzung" möglich.
Aktus der Spontaneität, Verstandeshandlung, Synthesis	Potentielle Sprechhandlung
"Ich denke"	"Ich + performative Verbalphrase" im performativem Satz
"Das: *Ich denke*, muß alle meine Vorstellungen begleiten können"	Ein performativer Satz muß alle meine propositionalen Inhalte ("Bilder") dominieren können
Transzendentale Apperzeption	Performatives Handlungswissen (das Wittgenstein zufolge kein *Wissen* ist - wohl weil er Wissen auf propositionales, thetisches Wissen [definitorisch] beschränken möchte)
Transzendentales Ich	Performatives Ich (das Ich des performativen Satzes)
Erscheinendes Ich	Propositionales Ich (das Ich des propositionalen Satzes)
Substanz	In Propositionen identifizierter und mit Prädikaten beschriebener

	Gegenstand
Sache	"Absolut dritte Person". Was *nur* als in Propositionen identifizierter und beschriebener Gegenstand zur Sprache in Beziehung steht
Person	Was *nicht* nur als in Propositionen identifizierter und beschriebener Gegenstand, sondern auch als mögliches "du" (2. Person) und "ich" (1. Person) eines performativen Satzes zur Sprache in Beziehung stehen kann

19. Vergleich mit Böhler

Wie steht nun die oben skizzierte Kant-Transformation zu derjenigen Böhlers? Ich glaube, sie zielen in ungefähr dieselbe Richtung. Ich werde mich deshalb auf zwei Kommentare beschränken.

(a) Mein erster Punkt betrifft die Sonderrolle des Verbums - oder Aktes - "denken" und die Frage einer Transformation des "Ich denke" als *"höchster Punkt"* Kants. Es ist klar, daß "denken" kein beliebiges (performatives) Verbum ist, sondern gewissermaßen ein nichthintergehbares. Meine "Transformationsskizze" hat dem bisher kaum Rechnung getragen. Ich möchte dieses Defizit auch jetzt nicht ausfüllen, sondern nur ein paar Hinweise geben, die für ein solches Unternehmen relevant wären.

Jaakko Hintikka verdeutlicht in seinem Descartesaufsatz (Hintikka 1967) den Wahrheitskern bei Descartes und weiß sogar den guten Sinn des Cartesischen Paralogismus zu verteidigen. Hintikka hebt zunächst den performativen Charakter der Verbindung zwischen *cogito* und *sum* hervor. Das Wissen "sum" ist nicht als Schlußfolgerung mit "cogito" verbunden, aber immerhin essentiell, durch die *Performanz* des Denkaktes. Die Unbezweifelbarkeit des Satzes "sum" ist nicht durch Denkarbeit des Typs "logische Schlußfolgerungen ziehen" zu etablieren. "The undubitability of this sentence is not strictly speaking perceived *by means of* thinking [...] rather, it is indubitable *because* and *in so far as* it is actively thought of. In Descartes's argument the relation of *cogito* to *sum* is not that of a premise to a conclusion. Their relation is rather comparable with that of a *process* to its *product*." (Hintikka 1967:122) In diesem Zusammenhang von "Introspektion" zu reden ist ebenfalls abwegig. Diese Redeweise ist bestenfalls ein mißverständlicher Versuch, die essentielle Verbundenheit der Cogito-Einsicht mit der performativen Rede in der ersten Person zum Ausdruck zu bringen. "What the philosophers who have spoken of introspection here are likely to have had in mind is often performatoriness rather than introspectiveness." (125)[30]

Es besteht nach Hintikka ein wichtiger Unterschied zwischen "intellektuellen Verben" (wie "denken", "bezweifeln", "glauben" etc.) und anderen "mentalen" Verben (wie "volo" oder "sentio"), die nicht in derselben Weise konstitutiv zum Akt gehören, sondern gegebenenfalls "von außen" beschreibend hinzutreten. Wegen dieses speziellen - eben performativen - Charakters hat das Verb "denken" seinen besonderen Ort in Descartes Denken, *nicht* aber weil Denken etwa für die Introspektion eine besonders interessante Aktivität ist. "Descartes could replace the word *cogito* by other words in the *cogito ergo sum* [z. B. "will" oder "fühle", A. Ø.]; but he could not replace the performance which for him revealed the indubitability of any such sentence. This performance could be described only by a 'verb of intellection' like *cogitare*." (139)

Diese Pointen Hintikkas werfen gewiß Licht auf das "Ich denke". Es ist gleichwohl noch nicht ganz klar, ob sie ausreichen, um die Sonderstellung des "Ich denke" unter den Performanzen deutlich zu machen. Auch performative Akte wie Wetten oder Beglückwünschen ("Ich wette, daß ...", "Ich beglückwünsche dich") sind ja produziert und gewußt durch die Aussage selber; auch für sie gilt gewissermaßen - solange wir keinen sinnkritischen, Wittgensteinschen "Skeptizismus"[31] heranziehen -, daß sie "unbezweifelbar" sind, "*because* and *in so far*" sie vollzogen werden. Das Geheimnis des "Ich denke" hat offenbar auch damit zu tun, daß wir uns diesem Akt, im Gegensatz zum Wetten, Danken, Ernennen usw., in einer bestimmten Hinsicht nicht entziehen können. Auch das hebt Hintikka hervor: die Unbezweifelbarkeit von "sum" "results from an act of thinking, namely *from an attempt to think the contrary* [Hervorhebung: A. Ø.]. The

---

[30] Hintikka weist in diesem Zusammenhang darauf hin, daß Thomas von Aquin - eher als Augustin - als Descartes' Vorläufer gelten sollte. Thomas hat offenbar den performativen Charakter der Cogito-Einsicht erkannt: "The intellect knows itself not by its essence, but by its act." (Summa I, Q.87, Art.1. Hier zitiert nach Hintikka 1967:131.)

[31] Damit ist natürlich kein "real doubt" gemeint, sondern nur ein "methodischer" Skeptizismus, der darauf abzielt, den methodischen *Solipsismus* (vgl. Anm. 3) zu entlarven. (Vgl. oben S. 92f.)

function of the word *cogito* in Descartes's dictum is to refer to the thought-act through which the existential self-verifyability of 'I exist' manifests itself." (121f.)

Institutionelle Sprechakte wie Gruß, Dank, Ernennung usw. können wir hintergehen, indem wir sie als Kontingenzen relativieren. Sie beruhen auf Institutionen, die wir *nicht* bei jeder Erhebung bzw. Infragestellung und Prüfung von Geltungsansprüchen voraussetzen müssen. Es ist mit Bezug auf solche Sprechakte nichts Widersprüchliches oder Unlogisches darin, "das Gegenteil zu denken"; zum Beispiel Sprechakte wie "Ich behaupte, es gibt keine Grüße", "Ich bezweifle, daß es Akte des Dankens gibt" usw. mit Geltungsanspruch vorzubringen. Dagegen sind die *pragmatischen Universalien* (Habermas), die für solche Infragestellung und Relativierung notwendig sind, nicht selbst relativierbar. ("Ich behaupte, daß es keine Behauptungen gibt", "Ich bezweifle, daß es überhaupt so was wie Bezweiflungen gibt" usw. sind als pragmatisch nicht wohlgeformte Sprechhandlungen nicht ernst zu nehmen.) Gewiß können wir uns dem Behaupten, Bezweifeln usw. in dem Sinne entziehen, daß wir etwas anderes tun können - z. B. Wetten eingehen, Dankbarkeit äußern usw. Aber wir können nicht mit Geltungsanspruch (oder überhaupt sinnvoll) das Sinnvollsein von Behauptungen und Bezweiflungen bezweifeln. Deswegen können solche performativen Möglichkeiten unter dem Titel "Ich denke" als ein nicht hintergehbarer oder relativierend überbietbarer "höchster Punkt" aller Erkenntnis gelten.

Als Transformation des "höchsten Punktes" Kants kommen also nur solche performativen Verben in Frage, die nicht mit Geltungsanspruch in Frage gestellt werden können - oder nur bei Strafe pragmatischer Inkonsistenz. Böhlers Vorschlag, Kants "Ich denke" als ein: "Ich argumentiere als Mitglied einer idealen Argumentationsgemeinschaft und als Sprecher innerhalb einer realen Sprach- sowie Sinngemeinschaft" zu rekonstruieren (vgl. oben S. 114), trägt dem Rechnung. Daß diese Formulierung nicht deutlich eine performative ist, sollte uns nicht stören. Auch bei dem ursprünglichen "Ich denke" Kants tritt der performative Charakter erst dann klar hervor, wenn wir uns einen abhängigen daß-Satz hinzudenken.

Ich möchte hier nicht auf die Systematik der pragmatischen Universalien und ihre zugeordneten fundamentalen Unterscheidungen eingehen (Sein/Schein, Wesen/Erscheinung, Sein/Sollen), sondern auf die einschlägigen Arbeiten von Habermas, Apel, Kuhlmann und anderen hinweisen. Nur eine Frage will ich kurz erörtern. Nach Kant ist ja offenbar das "Ich denke" als Potential eines jeden intentionalen Aktes gemeint, und insofern hat jeder solche Akt einen Bezug auf den "höchsten Punkt". Wie werde ich diesem Aspekt Kants gerecht? Bisher habe ich nur gesagt, daß ein performativer Satz ein jedes propositionales "Satzradikal" muß begleiten können. Reicht das aus, um Kant aufzuheben? Ich glaube, es reicht nur aus, wenn wir mit Habermas und Apel auch die These verteidigen können, "daß zumindest implizit alle drei Geltungsansprüche [d. h. Wahrheit, Richtigkeit, Wahrhaftigkeit, A. Ø.] stets in allen performativ expliziten Sätzen zur Sprache kommen" (Apel 1980b:55). Ich glaube, wir begegnen hier auch der Frage der Beziehung zwischen *Handlung* (und performativem Handlungswissen) im allgemeinen und *Diskurs*; also der Frage, inwiefern der mögliche Übergang zum Diskurs schon in die menschliche Handlung als solche eingebaut ist oder von welcher Stufe ab (phylogenetisch und ontogenetisch) dies gilt. Muß nicht der *Diskurs* schon in jeder Handlung, sozusagen als möglicher Rekurs auf Gründe, als eine durch "intellektuelle" Sprechakte geführte Prüfung universaler Gültigkeit, angelegt sein? Oder umgekehrt gefragt: In welchem Sinne wären die Handlungen, die jenseits von diesem Potential lägen, noch menschliche Handlungen, die verantwortet werden könnten?[32]

Ich möchte zusätzlich, anläßlich der Deutung des "höchsten Punktes", auf eine gewisse Spannung hinweisen, die in der Apelschen Kant-Transformation (deren Explikation Böhler ja in Angriff nimmt) zu liegen scheint. Bei Apel ist öfters von einer Transformation à la Peirce die Rede, die den höchsten Punkt in der "ultimate opinion" findet, dessen "quasi-transzendentales Subjekt" die unbegrenzte "community of investigators" ist. (Vgl. z. B. Apel 1973:II 173.) Apel scheint auch mit Peirce, dessen "gesuchte semiotische 'Einheit der Konsistenz' über den 'höchsten Punkt' Kants, der in der persönlichen Einheit des Selbstbewußtseins liegt, hinausweist", einverstanden zu sein. (169) Aber diese Transformation ist nicht ohne weiteres mit der obigen "performativen" Deutung des "Ich denke" zur Deckung zu bringen.

Apel (1987) scheint hier tatsächlich einen Unterschied zu akzeptieren und deutet gewissermaßen *zwei* "höchste Punkte" an, die je einer bestimmten philosophischen Aufgabe zugeordnet sind: die der *Wahrheitsex-*

---

[32] Das noch konventionell (oder präkonventionell) denkende Kind meint vielleicht nicht die universale Sinngeltung und andere Geltungsansprüchen mit, selbst wenn es unsere ("post-konventionellen") Wörter z. T. benutzt. Müssen wir deswegen - quasi relativistisch - eine eigenständige, abgehobene Kindersprache bzw. Kinderkultur anerkennen? - Vielleicht begegnen wir hier auch einem Fall von "mehr tun, als man weiß", derart, daß wir von einer Art Selbstwiderspruch oder Inkonsistenz reden können, wenn man die der Sprache oder ihrem Sprechen innewohnenden Geltungsansprüche nicht wahrhaben will? Es gibt gewiß ein "objektives Telos" der Sprache, das man subjektiv verfehlen kann.

plikation und die der *Letztbegründung.* Der höchste Punkt im Sinne von Peirce gehört zur Lösung der ersten Aufgabe. Was die zweite Aufgabe betrifft, so liegt eine mögliche Lösung Apel zufolge darin, "daß zunächst das 'ich denke' im Sinne der im Diskurs nicht-hintergehbaren Subjekt-Funktion der Zeicheninterpretation als 'ich argumentiere' verstanden wird. Sodann müssen diejenigen pragmatischen (Regel- und Existential-)*Präsuppositionen des Argumentierens* ermittelt werden, deren Bestreitung zu einem *pragmatischen (performativen) Selbstwiderspruch* des Argumentierenden führt." (Ms. S. 22) Ein interner Zusammenhang zwischen den beiden besteht allerdings darin, daß das performative Ich, insofern es Geltungsansprüche erhebt, einen höchsten Punkt im Sinne von Peirce (wenn auch implizit) unterstellen muß, wie auch umgekehrt Peircesche Wahrheit auf Argumentation zurückverweist.

(b) Wie schon angedeutet (Anm. 24), gibt es in Böhlers Ausdrucksweise an einer entscheidenden Stelle eine Ungenauigkeit zu bemängeln. Genau wie Strawson (und Stevenson) geht auch Böhler mit dem Ausdruck "Selbstzuschreibung" unvorsichtig um. Zwar spielt diese Unvorsichtigkeit für Böhlers Vorhaben keine große Rolle. In meinem Kontext ist es jedoch unerläßlich, an diesem Punkt genauer zu sein.

Was ich bei Böhler nicht ganz akzeptieren kann, ist dies: Er spricht, genauso wie Strawson, von "Selbstzuschreibung", wo m. E. gar keine solche vorliegt, ja, wo von Selbstzuschreibung zu reden eigentlich ein Paralogismus (im weiten Sinne) ist. Das "Ich" des "Ich denke" Kants steht für die Einheit bzw. das (performative) Handlungswissen meines Bewußt-seins in der Sprechhandlung, nicht für die Einheit eines Gegenstandes, dem ich ein Prädikat "... denke (behaupte, meine [dir gegenüber]), daß p" zuschreibe. Eine Selbstzuschreibung müßte selbst als ein Akt gelten, der wiederum von einem performativen Handlungswissen der Form "ich denke (behaupte, meine)" begleitet ist und das eventuell explizit gemacht werden könnte, etwa als "Ich denke (behaupte, meine), daß ich einen Gedanken (daß p) habe". Der "Aktus der Spontaneität" ist normalerweise eben kein Akt der Selbstzuschreibung, sondern muß als die performative Einbettung eines propositionalen Bildes (z. B. in eine Frage: "Ich frage dich: Px?", oder in eine Beschreibung: "Ich beschreib' es dir: Px", oder in andere Sprechakte) aufgefaßt werden. Nur in Fällen, wo die eingebettete *Proposition* Px "ich" an der Subjektstelle hat, kann man eventuell mit Recht die performative Einbettung als einen Akt der Selbstzuschreibung auffassen. Das "Ich denke" begleitet in diesem Fall gewisse Vorstellungen von *mir* ("Ich denke [behaupte], daß ich eine Perzeption P habe/daß ich soundso denke/daß ich soundso viel ertrage/wiege/esse ...").

Wenn Böhler das (inhaltsbegleitende) "Ich denke" des Erfahrungsurteils und den Akt der Spontaneität mit Strawson als "Selbstzuschreibung von Wahrnehmungen" versteht (vgl. Böhler 1985:58ff., zitiert oben S. 113), dann ist dies aus meiner Sicht irreführend. Ich glaube freilich, daß diese Redeweise bei Böhler (im Gegensatz zu Strawson) kein systematisches Bias bedeutet, sondern nur eine ganz unnötige Ungenauigkeit ist. Aus meiner Sicht - oder im Hinblick auf mein Thema - ist indessen dieser "sprachphilosophische Paralogismus" oder diese Verwechslung der "Ebene der Intersubjektivität" mit der "Ebene der Gegenstände" wichtig genug. Im folgenden werde ich versuchen, die Implikationen dieser Verwechslung - oder Einebnung der Doppelstruktur - noch weiter zu verdeutlichen, insbesondere im Hinblick auf die Frage der *positiven* Bestimmung des Bestimmbaren durch das bestimmende Subjekt. Ich beziehe mich dabei wieder vornehmlich auf Strawson.

VI

20. Positive und negative Beziehung, Identität und Nicht-Identität zwischen transzendentalem Subjekt und bestimmtem Subjekt-Objekt

Strawson hat aus seiner Perspektive überzeugend klar gemacht, daß das Problem, wie das Subjekt in der Welt erscheinen und identifiziert werden kann, eine Lösung haben *muß*, wenn das Problem selbst überhaupt formulierbar sein soll. Wenn dieses Erscheinen bzw. diese Identifizierbarkeit eine unsichere Sache ist (wie in Descartes' idealistisch-solipsistischer Problemkonstruktion), dann ist auch der Begriff des Subjekts, des "Ichs" funktionslos. (Vgl. Punkt 2 oben.) Es ist nicht einzusehen, wie das Subjekt für ein "Ich denke" oder einen Bezug auf "Ich" überhaupt eine Verwendung soll haben können. Insofern besteht eine begrifflich-analytische Verbindung zwischen Ich-Begriff und Körperbegriff, die Strawson durch seine Analyse der "Person" überzeugend dargestellt hat. Diese Leistung Strawsons reicht m. E. jedoch nicht hin, um das Problem der 3. Antinomie wie auch das Problem der Paralogismen - das gewiß auch die transzendentalpragmatische Transformation und/oder Erweiterung der transzendentalen Deduktion zutiefst betrifft - in allen ihren Dimensionen richtig aufzuheben.

Strawson hat den "Dualismus" im Sinne Kants erfolgreich gegen den Idealismus-Solipsismus verteidigt. Was mir jedoch noch zu fehlen scheint, ist eine gelungene Aufhebung der Problematik des Subjekt-Objekts, so wie wir sie zunächst und am besten aus *kommunikativen* Verhältnissen kennen, wo das intendierende, denkende Subjekt in *Handlungen und Äußerungen* erscheint und ihm im *Verstehen* (der anderen Subjekte, aber auch in eigenen Selbst-Interpretationen) Intentionen und intentionale Äußerungen zugesprochen werden. Ich meine - ganz kurz gesagt - jenen "Hegelschen" Themenkreis, dem Kant wohl in seiner Konzeption einer "Kausalität durch Freiheit" (und der "Kausalität eines Begriffs"!) am nächsten kommt[33]. - Ich meine also in diesem Bereich eine gewisse Verkürzung bei Strawson feststellen zu können, eine Nichtbeachtung der "transzendentalen Differenz" zwischen Subjekt und Objekt, die ich mit dem paralogistischen Fehler verglichen habe. Strawsons Verkürzung besteht darin, daß er den *apperzeptiven Selbstbezug* entweder leugnet oder als "kriterienlose Selbst*zuschreibung*" mißversteht. Dadurch verkennt er eigentlich auch die Intentionalität von *Handlungen*, insbesondere die jener "Verstandeshandlungen", die (auch bei Selbstzuschreibungen) unvermeidlich sind, sofern Geltungsansprüche überhaupt sollen erhoben werden können.

Ich habe bisher hauptsächlich die "paralogistische" Seite dieses Fehlers zu verdeutlichen versucht. Der Fehler hat aber auch eine andere Seite. Ohne ein richtiges Verständnis der "Differenz" zwischen Subjekt und Objekt, zwischen bestimmendem und bestimmbarem Selbst kann man auch die weitere Frage nach der - auch notwendigen - *positiven* Beziehung nicht richtig stellen und beantworten. Im Hinblick auf Kants Auflösung der 3. Antinomie habe ich diese Problematik der positiven Verbindung etwa folgendermaßen eingeführt: Der Handlungsbegriff wird vielleicht am deutlichsten durch einen durchgängigen Determinismus oder eine Verabsolutierung der (Kantischen) Erscheinungen aufgelöst. Insofern muß man mit Kant eine "transzendentale Differenz" zwischen kausalbe-

---

[33] Genaugenommen müssen wir hier (wenigstens) drei analytisch trennbare Aspekte unterscheiden: (a) das Problem einer evt. kausalen *Korrelation* zwischen Intelligiblem und Empirischem (bzw. Noumenalem und Phänomenalem); (b) das Problem einer *"Identität"* zwischen der Intention und ihrer Äußerung (vgl. das LB-Argument); und (c) das Problem der *"Identität"* zwischen Erfahrungssubjekt und erfahrbarem Gegenstand (*basic particular*) in der Welt. In (b) geht es darum, daß ein Gedachtes, Gewolltes (Begriff, Zweck) auch *geäußert, realisiert* wird, also *erscheint*. In (c) darum, daß das Subjekt, das in der 1. Person - sozusagen performativ (z. B. als ein zuschreibendes Subjekt) - Gedanken, Willensentschlüsse, Zwecke usw. *hat*, zugleich als Körper in der Welt muß identifiziert werden können. (Zusätzlich gibt es natürlich auch (d) die "positive" Verbindung, daß das bestimmende Subjekt das bestimmbare Subjekt als Erfahrungsgegenstand, nicht durch [Kausalität durch] Freiheit, sondern kategorial bestimmt.) Kants Überlegungen knüpfen vorwiegend an (a) und (b) (ggf. auch (d)) an, Strawson konzentriert die Aufmerksamkeit auf (c).

stimmter Erscheinungswelt und (praktischer) Vernunft als Bestimmungs-
grund unterm Freiheitsbegriff annehmen. In unserer Transformation läßt
sich diese negative Beziehung als eine Differenz bei performativen Verben
darstellen: als Differenz zwischen der ersten Person Präsens und den
anderen Formen oder zwischen der "Ebene der Intersubjektivität" und der
"Ebene der Gegenstände". - *Aber auch durch das Fehlen einer positiven
Beziehung, einer Art Identität, löst sich der Handlungsbegriff logisch auf.*
(Vgl. Böhler, zitiert oben S. 96)

Es gilt also, beiden Forderungen - der der Nicht-Identität und der der
Identität - gerecht zu werden. Und die zweite Forderung bleibt m. E.
innerhalb der Kantischen ("einheitswissenschaftlichen") Systematik ein
Problem. Ihr wird auch von Strawsons Begriff der Person nicht hinreichend Rechnung getragen. Vielmehr bleibt in einem gewissen Sinne
unaufgeklärt, wie die Identität des Strawsonschen Selbstzuschreibers mit
der beschriebenen Person zu verstehen ist; und dies ironischerweise *trotz*
der paralogischen Verwechslung Strawsons, die ja - was man vom Paralogismus wohl generell sagen kann - dem Motiv der Identität entgegenkommt. Die Identifikation darf eben nicht vorschnell als Verwechslung
geschehen, denn dann kommen gerade die Grundlage und die Bedingung
der Möglichkeit einer zutreffenden Selbstzuschreibung nicht zustande.
(Vgl. oben S. 106)

21. Strawson über Handlungen. Hume als Sprechhandelnder

Auf einen Versuch einer angemessenen Bestimmung der geforderten
"Identität" oder positiven Beziehung möchte ich hinsteuern. Der Ausgangspunkt muß freilich auch jetzt die Verdeutlichung der Behauptung bleiben,
daß Strawson die "Differenz" zwischen Subjekt und Objekt verkennt und
die Unangemessenheit des Ausdrucks "kriterienlose Selbstzuschreibung"
übersieht.

P-Prädikate wie Handlungen und Äußerungen (bzw. die entsprechenden
Verbalphrasen) werden von Strawson im Hinblick auf unsere ("Hegelsche")
Subjekt-Objekt-Problematik nicht eigens analysiert. Seine Blickrichtung ist
ja eine ganz andere. An einer Stelle weist er jedoch in systematischer
Hinsicht auf (gewisse) Handlungsprädikate hin - auf eine für uns jetzt
besonders interessante Weise. Er kommt darauf, von Handlungsprädikaten
(Verben) als einer Art P-Prädikate zu reden, bei denen wir besonders
wenig Widerstand dagegen spüren, das, was wir anderen aufgrund von
Beobachtung (Beobachtungskriterien), und das, was wir uns selbst *ohne*

Kriterien zuschreiben, *als dasselbe* anzuerkennen. Als Beispiele erwähnt er die Prädikate (Verben) "spazierengehen", "ein Seil aufwickeln", "mit einem Ball spielen" und "einen Brief schreiben". (Strawson 1959:111; vgl. oben S. 88) Interessanterweise (obwohl für Strawson auch typisch) sind diese Beispiele insgesamt so gewählt, daß wir auch *gegen seine Unterstellung*, die Verwendung in der ersten Person Präsens sei (wie immer) eine (Selbst-)Zuschreibung des Prädikats, kaum einen Widerstand fühlen. Bei manchen Verben spüren wir aber doch einen eher großen Widerstand!

Ich glaube, es lohnt sich, darauf Acht zu geben, *wann* genau wir den Widerstand dagegen spüren, die Verwendung eines Verbums in der 1. Person Präsens eine Selbstzuschreibung zu nennen. Zum Beispiel: Wenn Strawson von kriterienloser Selbstzuschreibung von "experience" spricht, dann macht es schon einen Unterschied, ob man dabei mehr in Richtung "Empfindung" oder mehr in Richtung "Erfahrung" im Kantischen Sinne denkt. Die Strawsonsche Ausdrucksweise wirkt offenbar weniger inadäquat, je mehr man mit "experience" oder "Erfahrung" so etwas wie "impressions" oder "Empfindungen" meint (Farbempfindungen, Hören, Tasten, Schmerzempfindungen usw.[34]), und um so indadäquater, je mehr man bei "Erfahrung" ihren propositionalen oder intentionalen Urteilscharakter (ihren synthetisierenden Bezug auf Objektives) bzw. Lockesche Reflexionsideen (Denken, Wollen, Erinnern, Beurteilen, Überzeugung usw.) im Sinne hat. Denn hier tritt die Erfahrung als intentionaler *Akt* hervor: wir denken, wollen, erinnern uns, sind überzeugt usw., *daß* ...

Kants "Ich denke ..." exemplifiziert eine Verwendungsweise der Px-Form in der ersten Person Präsens, die offenbar nicht als Selbstzuschreibung (des Prädikats P) zu analysieren ist. Um einige weitere Beispiele anzugeben, möchte ich noch einmal an Humes Kritik der Vorstellung eines (einfachen) Ichs erinnern. Wir haben bereits gesehen (oben S. 102), wie Strawson, mit Kant, Humes Kritik in einem gewissen Sinne voll akzeptiert: Die Forderung, daß die Identität des Subjekts (einer Reihe von Erfahrungen) von diesem Subjekt selbst irgendwie *gewußt* sein muß, läßt sich nicht durch die innere Anschauung erfüllen. In dem jetzigen Zusammenhang interessiert uns zunächst ein Hinweis auf das gesuchte Selbstwissen, den Hume durch seine Kritik implizit liefert. Hume kritisiert die Vorstellung, das Wörtchen "Ich" könnte ein identisches Subjekt bezeichnen; das heißt, er ist auf seiner empiristischen Grundlage außerstande, diese Idee

---

[34] Auch Gefühle, Emotionen etc., überhaupt mentale *Zustände* - wenigstens sofern sie nicht den Charakter von "propositional attitudes" haben - kommen der Strawsonschen Ausdrucksweise entgegen.

zu legitimieren. Man kann bei Hume eigentlich nicht von einer Kritik am Paralogismus - also an einem Fehl*schluß* - reden, denn er will ja im Gegensatz zu Kant eigentlich keine legitime Verwendungsweise des Wörtchens "Ich" - etwa eine performativ-reflexive wie im *cogito* - zulassen, von der aus dann ein illegitimer *Übergang* zur Annahme einer einfachen, nichtausgedehnten Substanz erfolgen kann, der dann kritisiert werden muß. Hume diagnostiziert vielmehr direkt die allgemeine Sinnlosigkeit der "idea of self". Wenn Hume unter Anwendung seines empiristischen (Sinn-)Kriteriums Descartes, Locke und Berkeley angreift, kommt er zu dem Resultat: Es gibt keine Empfindungen, die die Idee des Ich legitimieren könnten. Wenn er (Hume) in sich schaut, findet er immer Ideen und Empfindungen, aber nie einige von einem Selbst oder Ich. Das kann nicht verwundern. Das Interessante ist aber, wie er uns dieses Resultat mitteilt: "I never can catch *myself* at any time without a perception, and never can observe any thing but the perception. [...] If any one upon serious and unprejudic'd reflexion, thinks he has a different notion of *himself*, I **must confess** I can reason no longer with him. All I **can allow** him is, that he may be in the right as well as I, and that we are essentially different in this particular. He may, perhaps, perceive something simple and continu'd, which he calls *himself*; tho' I **am certain** there is no such principle in me." (Hume 1965:252; fette Hervorhebungen: A. Ø.)

Ich glaube, wir können mit Hinblick auf diese Hume-Stelle einige Aspekte von Kants Paralogismuskritik - und zwar jene, die auch Strawson treffen könnten - ungefähr folgendermaßen interpretieren: Es gibt eine nicht-empirische Verwendungsweise von "Ich", eine Bezugnahme auf das "einfache" Ich, die völlig legitim ist und die Hume in seiner Kritik selbst exemplifiziert, nämlich die performativ-reflexive Verwendung, durch die man einen Geltungsanspruch erhebt und sich (im Sinne des performativen Handlungswissens) als das Subjekt der intentionalen Sprechhandlung weiß. Dieses "transzendentale Ich" ist in dem "I must confess ...", "I can allow him ...", "I am certain ..." in Humes Äußerung bezeugt. Offenbar sind *diese* Redeweisen von Hume *nicht* als *psychologische* Urteile über einen Gegenstand (eine Person) gemeint, auf den er mit "Ich" Bezug nimmt. Das würde doch dem Wahrheitskern seiner eigenen These zu sehr in den Rücken fallen. - Vielmehr müssen wir bei Hume eine bestimmte *Reflexionslosigkeit* feststellen. Was er selbst tut, entgeht seiner philosophisch-systematischen Aufmerksamkeit. Insofern kann man ihm einen Verstoß gegen das Apelsche "Selbsteinholungsprinzip" anlasten.

Nun, eben dieses von Hume bezeugte Sichwissen der intentionalen Sprechhandlung wird im Paralogismus (im weiten Sinne) mit einem propositionalen Wissen von einer (ggf. nichtausgedehnten) Substanz verwechselt. Das performative Handlungswissen der Behauptung wird für ein behauptetes Wissen von einer Tatsache gehalten. Man hat keine andere Kategorie zur Verfügung als die des propositionalen Gegenstandswissens. Das ist offenbar auch bei Hume der Fall. Vielleicht fällt es ihm deswegen so schwer, den legitimen Sinn der "Ich denke"-Performationen, die er selbst ahnungslos (aber notwendigerweise) dokumentiert, nicht systematisch zu leugnen.

Was Strawson betrifft, ist es zwar so, daß er sich einsichtsvoll gegen den Paralogismus im engeren Sinn wendet. Aber andererseits scheint auch ihm sein System keine andere Option zu geben, als jene intentionalen Akte Humes, die sich als "I must confess ...", "I am certain that ..." usw. artikulieren/ausdrücken, unter der Rubrik "Selbstzuschreibung" (eines Prädikats "... must confess that p", "... am certain that q" usw.) einzustufen. Das ist nach unseren Begriffen genau der Paralogismus im weiten Sinne.

22. Subjekt-Objekt-Identität. Positive Beziehung

Wie gesagt, es muß nicht nur Paralogismusvermeidung und Freiheitsrettung à la Kant geben, sondern auch so etwas wie ein erscheinendes Subjekt, das nicht einfach etwas *anderes* ist als das transzendentale Ich der Geltungsansprüche, als das "spontane", performative Ich intentionaler Akte. Es muß ein phänomenales Ich geben, das nicht nur im Sinne des transzendentalen Idealismus Erscheinung ist (vgl. dazu oben, S. 95f.), sondern vielmehr ein *erscheinendes Wesen* ist und dem eben *aufgrund* dessen, was *Strawson* "kriterienlose Selbstzuschreibung" nennt (und was wir als "performatives Handlungswissen" bezeichnen), *tatsächlich* in propositionalen Äußerungen Handlungen zugeschrieben werden können. Es muß auch eine Art Identität gelten können zwischen dem bestimmenden (welterkennenden und kommunizierenden) und dem bestimmbaren (innerweltlichen) Selbst. Das die Welt kategorial bestimmende Subjekt muß durch seine Erkenntnisakte - eben weil sie *Akte* sind - auch sich selbst bestimmen, und zwar so, daß ein Urteil (eine Proposition) darüber möglich wird. Kurz, es muß eine Art positiver Verbindung geben zwischen dem Ich als (noumenalem) Ding an sich, das seine Spontaneität bzw. seine Kausalität durch Freiheit ausübt, und dem (kommunikativ) erfahrbaren, in Propositionen interpretierbaren, "empirischen" Ich. Ja, man ist versucht zu sagen, daß wir sogar ein empirisches Ich begreiflich machen

müssen, das - fast wie beim Paralogismus! - vom transzendentalen "erschlossen", "abgeleitet", "abgewandelt" werden kann.

Ich habe oben die Frage gestellt, wie man eigentlich, wenn man wie
Strawson von Selbstzuschreibung redet, die gesuchte Identität des zuschreibenden Subjekts mit dem zugeschriebenen verständlich machen will.
- Sehr viel hängt bei ihm offenbar an der Idee der Kriterienlosigkeit; und
seine Betrachtung (1966:165), daß "reference to the empirically identi-
fiable subject (is) not in practice lost in criterionless self-ascription",
enthält gewiß Wertvolles. Ich glaube jedoch, daß dies nicht die ganze
Wahrheit sein kann. Was wir mit der gesuchten Identität meinen, hat m. E.
auch wesentlich mit der *Sprachlichkeit des Gegenstandes* selbst zu tun;
also damit, daß die Handlungen, intentionalen Äußerungen usw., die wir
einem Subjekt – *aufgrund* von Kriterien – tatsächlich zuschreiben können,
schon an sich "sprachlicher Form" (obwohl keine Selbstzuschreibungen!)
waren. Oder anders gesagt; wir setzen voraus, daß unsere Zuschreibung
sich auf eine Kompetenz des Gegenstandes der Zuschreibung stützen
kann: die (kommunikative) Kompetenz, sprachförmige Handlungen in
der 1. Person - auf der Ebene der Intersubjektivität - vollziehen zu
können.

Um das Problem bzw. den Einwand etwas anders zu formulieren: Wenn
man Strawsons Redeweise wörtlich nimmt und z. B. ein Humesches
Geständnis ("I must confess ...") als (kriterienlose) Selbstzuschreibung
analysiert, kommt dann nicht die Zuschreibung gleichsam zu früh, bevor
das Zuzuschreibende stattgefunden hat, indem man dieses Zuzuschreibende mit der Zuschreibung selbst verwechselt? Kurz: Wenn der Akt selbst
als Zuschreibung mißverstanden wird, wird nicht dann die versuchte
Zuschreibung (des Aktes) gegenstandslos?

In einem gewissen Sinn gilt diese Betrachtung nicht nur für Sprechhandlungen, sondern für intentionale Handlungen allgemein, also für Handlungen, insofern sie durch ein performatives Handlungswissen konstituiert
sind bzw. (auch) dadurch identifiziert werden, daß sie so, wie sie erscheinen, *gemeint* oder intendiert waren. Bedingung der Möglichkeit, jemandem mit Wahrheit einen intentionalen Akt, z. B. einen freundlichen Gruß,
zuzuschreiben, ist trivialerweise, daß der Akt stattgefunden hat. Die
Selbstzuschreibung "Ich grüßte ihn freundlich", genau wie die Fremdzuschreibung "Er grüßt ihn freundlich", ist nur triftig, wenn der Handelnde
die Handlung im Augenblick des Handelns auch so *gemeint* hat, sie also
als freundlichen Gruß intendiert hat. Und muß nicht diese Intention
(etwa die "intention-in-action" im Sinne Searles) irgendwie die sprachliche
Form "ich grüße ihn freundlich" haben? - eine Form, die eben nicht als

Selbstbeschreibung bzw. Selbstzuschreibung eines Prädikats aufzufassen ist, wenn das, was tatsächlich eine Zuschreibung sein kann, überhaupt einen Vorgang vom Typ freundlicher Gruß (und nicht vielmehr eine Selbstbeschreibung!) soll adäquat abbilden können.

Alle meine Handlungen bedürfen einer Art des Selbstbewußtseins, das eben nicht die Form eines Bewußtseins von mir als Objekt hat (wie in der Selbstzuschreibung "Ich habe ihn freundlich begrüßt"), sondern eher mit dem "Ich denke" der transzendentalen Apperzeption zu vergleichen ist. Die Präsensform des Bewußtseins "Ich grüße ihn freundlich" als Handlungsbewußtsein des Akteurs ist kein Wissen (im Sinne Wittgensteins), kein Wissen von einem Gegenstand oder einer Handlung; es ist *performatives Handlungswissen,* konstitutiver Bestandteil der Handlung selbst und insofern Bedingung der Möglichkeit ihrer späteren (oder aktuellen) Beschreibung/Zuschreibung zum Akteur als eine bestimmte intentionale Handlung.

Insofern meine ich etwas äußerst Triviales, wenn ich Strawsons Verständnis der "Möglichkeit der Selbstzuschreibung" eine Bedingung hinzufügen will: daß das, was beschrieben werden soll, ja auch muß gegeben, konstituiert sein können. Wäre die Erste-Person-Präsens-Form ("Ich grüße ihn freundlich") *selbst* schon eine Beschreibung, dann käme sie zu früh, und zwar ungefähr aus dem gleichen Grund, aus dem Lockes Reflexionsideen gewissermaßen zu spät kommen: Wenn wir einen Begriff, eine Idee vom Denken, vom Erinnern usw. dadurch bekommen sollen, daß wir von solchen vorsprachlich gegebenen Gegenständen "Notiz" nehmen, dann ist unsere Lage hoffnungslos. Denn hier muß wohl der Nominalismus halt machen und ein "essentialistischer Anspruch" der Begriffe eingeräumt werden. In unserem Fall gilt, daß die Beschreibung keinen Gegenstand finden kann, wenn dieser Gegenstand nicht schon eine sprachliche Form hat - aber diese Form kann ihrerseits offenbar nicht, oder nur bei Strafe eines infiniten Regresses, als die der Beschreibung gedacht werden.

Jetzt muß freilich auch - endlich - die andere Seite der Sache hervorgehoben werden, eine Seite, die meinetwegen gerne als Konzession an Strawson - und als eine gewisse Wittgensteinkorrektur - verstanden werden kann. Erst diese Seite enthält auch den eigentlichen Vorschlag zur Lösung des Problems der "positiven Verbindung", so wie ich es verstehe. Ich meine folgendes: Es kann das performative Handlungswissen in der ersten Person Präsens des Aktes *auch* nicht geben ohne die *mögliche* Abwandlung in die anderen Formen (Präteritum, dritte und zweite Person), die ja *tatsächlich* Beschreibungen der Handlung (bzw. ihre Zuschreibung zu einer Substanz/Person) sind. Dieses Moment hat z. B.

Kant vernachlässigt, als er sich nicht klar machte, daß auch das "Ich denke" des aktualen Erkenntnisaktes bodenlos wird, wenn die Verbindung mit einer möglichen späteren Selbstbeschreibung oder Selbstzuschreibung ("Ich habe gedacht", "Ich habe behauptet" usw.) beziehungsweise mit der möglichen Einnahme der Perspektive der anderen (vgl. G. H. Mead) fehlt.

23. Die natürliche Sprache ist ihre eigene Metasprache.
Die wahrheitssemantische Fehleinschätzung

Durch die letzte Bemerkung kann ich vielleicht auch klarer machen, was ich oben (S. 133) damit gemeint habe, daß wir "fast" einen Paralogismus in Kauf nehmen müssen, wenn die "positive Verbindung" und damit der Handlungsbegriff nicht verlorengehen soll. Was wir brauchen, ist, wenn nicht gerade eine *Verwechslung* der "Einheit meines Bewußtseins" mit dem "Bewußtsein einer Einheit", so jedenfalls eine Art "*Transformation*" des ersten in das zweite; z. B. von (a) "Ich verspreche dir, daß p" in (b) "Ich habe dir versprochen, daß p". In (b) wird eine innerweltliche Größe, auf die mit dem deiktischen Ausdruck "Ich" Bezug genommen wird, in einem Sprechakt vom Typ Geständnis oder Erklärung *beschrieben*, d. h. ihr eine Handlung zugeschrieben: eben diejenige Handlung, die durch die Äußerung von (a) - und zwar intentional oder "bewußt", mit performativem Handlungswissen - *ausgeführt* wurde. Das performative Handlungswissen des zu vernünftigem Handeln kompetenten Wesens hat eine Form, durch welche die mögliche Transformation *in* ein Wissen (im Sinne Wittgensteins) sozusagen "vorgesehen" ist. Bedingung des verantwortlichen (menschlichen) Handelns ist insofern genau die Struktur, die Böhler im Hinblick auf die Erfahrung formuliert: ein "implizites Begleitwissen" vom Handeln, "das wir aber in propositionaler Form vor uns bringen können, so daß es die Gestalt eines 'knowing that' [...] erhält." (Böhler 1985:63. Vgl. oben S. 114f.)

Wir begegnen hier der für die natürlichen Menschensprachen eigentümlichen Merkwürdigkeit, daß die Objekt- oder besser: *Akt*-Sprache mit der über diese Akte berichtenden *Meta*-Sprache identisch ist. Die "Übersetzung" zwischen erster und dritter Person — bzw. zwischen transzendentalem und empirischem Subjekt — ist gewissermaßen immer schon geleistet (oder die Sprache verfällt zur Privatsprache). Diese Übersetzung wäre freilich keine Merkwürdigkeit - oder eben keine "Übersetzung" -, wenn erste und dritte Person nur verschiedene Indexargumente von Satzfunktionen wären. Diese "wahrheitssemantische" Auffassung ist aber nicht haltbar.[35] Sie macht, könnte man vielleicht sagen, gar zu viel aus der eben notierten positiven Verbindung oder Vergleichbarkeit zwischen performativem Handlungswissen und Handlungsbeschreibungen. Ein hier relevantes Wahrheitsmoment gibt es also in der wahrheitssemantischen Position nur insoweit, als Wittgensteins "non-cognitive thesis" und "truthvalue-less thesis" der Korrektur bedarf, was ich nicht bestreiten möchte.[36] Wittgenstein hat gewiß die "negative Beziehung" oder die "transzendentale Differenz" zu sehr betont, wenn er in den *Philosophischen Untersuchungen* das performative Sich*wissen* leugnet und expressive Äußerungen mit natürlichen Zeichen - etwa als Verfeinerungen von ihnen - logisch gleichsetzt. (Vgl. oben S. 91, Anm. 12.) Er hat sozusagen die Möglichkeitsbedingung des wahrheitssemantischen Fehlers unterschätzt: daß das performative und expressive Bewußtsein sich in einer Form artikuliert, die mühelos in eine Zuschreibung (und nicht zuletzt eine Selbstzuschreibung) *transformiert* werden kann. "Mühelos" heißt hier nur: das Bewußtsein artikuliert sich in einer solchen (performativen Satz-)Form, daß die schlichte grammatikalische Beugung oder Abwandlung (von der 1. Person Präsens weg) den performativen Satz in eine Beschreibung/Zuschreibung transformiert. Daher die wahrheitssemantische Versuchung.

24. Schlußwort

Im Abschnitt I habe ich versucht, einem "Fichteschen" Faden zu folgen, und zwar einem Faden, den Strawson in seiner begriffsanalytischen "deskriptiven Metaphysik" sehr schön verdeutlicht: die konsequente Durchführung jenes Kantischen Gedankens, daß Subjektivität und Objektivität im Grunde einerlei ist. Eine Fichtesche Pointe hat auch gewissermaßen meine Kritik an Strawson in den letzten Abschnitten geleitet, nämlich der Gedanke der sich selbst wissenden Tathandlung. In diesem Punkt ist ja Strawson (leider) nicht mehr Fichte gefolgt. Die Grundkonzeption, die meine Ausführungen hier bestimmt hat, möchte ich gleichwohl am ehesten mit einer Formulierung von K.-O. Apel, der die Pointe mit Bezug auf *Selbstreflexion* zuspitzt, zusammenfassen. Indem er gewisse Schwächen

[35] Zu einer ausführlicheren Argumentation gegen die "wahrheitssemantische Auffassung" siehe Apel 1980b und Øfsti 1985a.

[36] Vgl. Hacker 1972 Kap. IX. Eine andere Sache ist, daß Hacker in diesem Buch sehr in Gefahr gerät, das Kind mit dem Bade auszuschütten. Siehe dazu Hackers Selbstkorrektur (Hacker 1986).

in der von Wrightschen Konzeption der Reflexion kritisiert - auch von Wright bleibt ja gewissermaßen dem Subjekt-Objekt-Schema der vorsemiotischen Philosophie verhaftet - schreibt Apel:

"'Reflexion' in dem Sinne, wie sie als *Selbst-Gewißheit* des Handelns die Entsprechung des kommunikativen Verstehens ist, würde ich nicht mit *Selbstbeobachtung* gleichsetzen; ich würde aber auch nicht, wie von Wright dies zu tun scheint, die Selbst-Gewißheit des Handelns in der erst noch nachzuweisenden 'Intentionalität meines Verhaltens'[37], wie es sich als vorliegend bloß beobachten läßt, gleichsam aufgehen lassen. Vielmehr scheint mir die *relevante Reflexion* in der von Austin entdeckten sprachlichen Möglichkeit der 'Performativa', genauer: in der durch sie bezeugten Möglichkeit 'illokutiver Akte' als dem *Paradigma sich selbst verstehender Handlungen, die sich zugleich mitteilen können*, zum Vorschein zu kommen." (Apel 1979a:180 Anm.)

Mit Bezug auf *Argumentationen* zeigt sich auch die *Unbestreitbarkeit* dieses paradigmatischen Zusammenhangs von Intention und performativ artikulierter Selbst-Gewißheit. Denn:

"Will man diesen Typus der in allen 'Tathandlungen' (Fichte) mitgehenden und in selbstrückbezüglicher Rede artikulierbaren Reflexion nicht als *Zeugnis von Intentionen* ernst nehmen, so kann man letzlich die menschlichen Geltungsansprüche - z. B. die Wahrheitsansprüche von Argumenten - auch nicht mehr ernst nehmen." (180)

[37] Von Wright 1971:114; 1974:108 (Apels Anm., A. Ø.).

Ist diskursive Vernunft
nur eine Sonderpraxis?

Betrachtungen zum "Verbindlichkeitstransfer" von transzendental-reflexiv (letzt)begründeten Normen

Die folgenden Bemerkungen beziehen sich auf eine Diskussion, die auf einen Streitpunkt zwischen Karl-Otto Apel und Karl-Heinz Ilting zurückgeht: die Diskussion über den "Verbindlichkeitstransfer" oder die Verbindlichkeitskontinuität von transzendentalreflexiv begründeten Normen in lebensweltlichen Handlungszusammenhängen. Unter anderem geht es darum, wie die Verbindlichkeit von Regeln *innerhalb von Argumentationshandlungen* ("innen") und die Verbindlichkeit von Regeln in Handlungen, die *keine Argumentationshandlungen sind* ("außen"), miteinander zusammenhängen. Läßt sich Verbindlichkeit hier übertragen, oder haben wir es vielleicht mit einem "intellektualistischen Fehlschluß" (Ilting) zu tun? Oder etwas allgemeiner gefaßt: Wenn für eine Person P die Regel R für *P als X* (z. B. als Argumentierender) verbindlich ist, inwiefern und kraft wessen ist dann R ggf. für P auch *als Y, als Z* etc. verbindlich?

Dem Anschein nach scheiden sich an diesem Punkt - erstaunlicherweise - die universalpragmatischen von den transzendentalpragmatischen Geistern. Während Apel gegen Iltings Position argumentiert[1], scheint Habermas, wie ich zeigen möchte, zu sehr das Iltingsche Bild zu akzeptieren (und zwar gegen seine eigenen besten Einsichten). Im folgenden

---

[1] Apel faßt den strittigen Punkt in der Frage zusammen, "ob die normativen Bedingungen einer idealen Kommunikationsgemeinschaft, die wir schon in der argumentativen Diskussion jeder ernsthaft gestellten philosophischen Frage akzeptiert haben müssen, zu den - von Ilting so genannten - 'Bedingungen des verantwortlichen Handelns' in der Lebenswelt eine *interne* Beziehung aufweisen; oder ob sie - quasi wie Regeln eines esoterischen (Schach-)Spiels, auf das man sich nicht einzulassen braucht - ethisch irrelevant sind." (Apel 1990:101) Etwas später erwägt er ein mögliches (Ilting-)Argument, das beinhaltet, daß "die sogenannten *Normen* eines argumentativen Diskurses überhaupt keine moralische Relevanz" besitzen (107); sie haben vielmehr nur den Charakter von "Konventionen" qua "Spielregeln", "deren korrekte Einhaltung allerdings zu den Bedingungen eines Spiels (offenbar auch eines 'Sprachspiels' im Sinne Wittgensteins) gehört". (108)

versuche ich sowohl an Habermas als an Apel eine gewisse Kritik zu formulieren. Es geht zuerst um den Punkt bei Habermas, an dem er m. E. Ilting zu nahe kommt und Apel gegen ihn recht behält. Dies betrifft eine gewisse "neukantianische" Konstruktion bei Habermas (die ihm offenbar behilflich sein soll, sich von der Transzendentalphilosophie zu distanzieren) (I), und ein - m. E. verwandtes - Argument gegen Apels Idee einer transzendental zu begründenden Diskursethik (II). Meine Kritik an Apel geht dahin, daß er dank einer unglücklichen Ausdrucksweise vielleicht nicht ganz ohne Schuld ist. Termini wie "transzendentales Sprachspiel", "Argumentationsspiel" etc., die in seinen Schriften seit langem recht üblich sind, könnten der Betrachtungsweise, die der Argumentation von Ilting und von Habermas (zum fraglichen Punkt) vermutlich zugrunde liegt, Vorschub leisten. Paradox ist allerdings, daß Habermas, dem in Sachen Terminologie weniger als Apel vorzuwerfen ist, zuweilen der verführerischen Kraft dieser Terminologie zu erliegen scheint, während Apel, der Urheber dieser Terminologie, dagegen gefeit ist.

Nun glaube ich in der Tat, daß diese "terminologische" Frage doch tiefer reicht, - manchmal bis zu einer durchgehenden Unklarheit bezüglich des Verhältnisses von Sprachspiel und Sprache. Es ist hier nicht der Ort, diese Unklarheit ausführlich zu erhellen. (Siehe auch Øfsti 1985b und 1990a, b, c.) Einige Hinweise dürften immerhin angebracht sein. Erörtern möchte ich die Frage der Aufhebung von Sprachspielen in einer (formal) "vollständigen" Sprache, das Thema Sprache/Metasprache bzw. Handlungswissen, -beurteilung und -beschreibung (III) und letztlich, in Anknüpfung an den Unterschied zwischen Transzendentalpragmatik und "Praxeologie" (vgl. Skirbekk 1983), Habermas' Unterscheidung zwischen Handlung und Diskurs (IV).

I

In seiner Erörterung der Frage, wie sich "eine universalpragmatische Nachkonstruktion allgemeiner und unvermeidlicher Präsuppositionen möglicher Verständigungsprozesse" zu dem Untersuchungstypus verhält, "den man seit Kant transzendentale Analyse nennt" (Habermas 1976b:198), rückt sich Habermas, wie ich meine, die Problemlage auf eine schiefe Weise zurecht. Er stellt die "nicht nur terminologisch interessante Frage", "ob man solche Untersuchungen von allgemeinen und unvermeidlichen Kommunikationsvoraussetzungen [...] noch 'transzendental' nennen soll." (201) Im Gegensatz zu Apel verneint Habermas diese Frage, m. E. zu

Unrecht. Oder vorsichtiger formuliert: Er stützt sich bei seiner Verneinung auf eine gewisse "neukantianische" Konstruktion, die mir abwegig scheint. Es wird eine Problematik unterstellt, die die fraglichen "transzendentalen Bedingungen" oder "unvermeidlichen Präsuppositionen" der Kommunikation als Bedingungen eines zweiten Erfahrungsbereichs - eben des Bereichs der Kommunikation - neben dem der Naturerfahrung suggeriert. Gegen die Benennung solcher Bedingungen als "transzendental" läßt sich dann gewiß überzeugend argumentieren, indem man allerlei Disanalogien, Unterschiede und fehlende Entsprechungen aufzeigt.

Genau so verfährt Habermas. Zunächst will er "nicht verkennen", daß "das Vorbild" der Transzendentalphilosophie sich anbietet, wenn es um eine rekonstruktive Analyse der genannten Kommunikationsvoraussetzungen geht, "und dies um so eher, als es einen Kant der Sprach- und Handlungstheorie (trotz Humboldt) nicht gegeben hat." (201) Er findet auch "eine transzendentale Untersuchung von Verständigungsprozessen" plausibel, "solange wir diese unter dem Aspekt von Erfahrungsprozessen betrachten." (201) Neben der Naturerfahrung gibt es ja auch die *kommunikative* Erfahrung, deren Bedingungen man klären könnte. "In dieser Perspektive des Vergleichs würden die konkreten Äußerungen den empirischen Gegenständen entsprechen, und Äußerungen überhaupt den empirischen Gegenständen überhaupt [...] Wie unsere Begriffe apriori von Gegenständen überhaupt, [...] so könnten wir auch unsere Begriffe apriori von Äußerungen überhaupt analysieren: die Grundbegriffe von Situationen möglicher Verständigung, jene begriffliche Struktur, die es uns ermöglicht, Sätze in korrekten Äußerungen zu verwenden" (202). Damit hat es aber auch sein Bewenden. Nachdem Habermas auf diese Weise Transzendentalpragmatik in mögliche Analogie zu Kants Untersuchung der Bedingungen der Naturerfahrung gestellt hat, kann er leicht das Fehlen der Parallelität nachweisen. "Situation möglicher Verständigung" ist *nicht* analog zu "Objekt möglicher Erfahrung". Die Erfahrungen, die wir in Kommunikationsprozessen machen, sind (in der performativen Perspektive) gegenüber dem Ziel der Verständigung, dem die Prozesse dienen, sekundär. Sobald wir also den Verständigungsaspekt hervorheben,

"treten die Parallelen mit einer (wie immer aufgefaßten) Transzendentalphilosophie in den Hintergrund. Die der Transzendentalphilosophie zugrundeliegende Idee ist [...] die, daß wir Erfahrungen konstituieren, indem wir die Wirklichkeit unter invarianten Gesichtspunkten objektivieren; diese Objektivierung zeigt sich in den jeder kohärenten Erfahrung notwendig supponierten Gegenständen überhaupt; diese wiederum lassen sich als ein System von Grundbegriffen analysieren. Zu dieser Idee finde ich aber keine Entsprechung, unter die sich die Analyse allgemeiner Kommunikationsvoraussetzungen stellen ließe: Erfahrungen werden, wenn wir

der Kantischen Grundidee folgen, konstituiert, Äußerungen allenfalls generiert."
(202f.)

Wir könnten hier auch A. Wellmers in dieselbe Richtung zielende Formulierung heranziehen, daß wir es bei dem Rahmen des Naturbegriffs (bzw.
des instrumentellen Handelns) mit einer *Polarität* zwischen Subjekt und
Objekt zu tun haben, während der Rahmen der Kommunikation eine
Reziprozität zwischen Ego und alter Ego voraussetzt. (Wellmer 1976:248)[2]
Die suggerierte Parallele läßt sich bei genauerem Zusehen nicht verteidigen, und der Terminus "transzendental" sollte deswegen vermieden
werden.

Was hier interessant ist, ist gewiß nicht nur die terminologische Frage,
sondern vielmehr die Auffassung des Problems. Wenn z. B. Apel den
Terminus "transzendental" in diesem Zusammenhang verteidigen und von
"*Transzendental*pragmatik" reden möchte, dann ist das kaum auf eine
Weise gemeint, die in direktem Widerspruch zu Habermas steht, sondern
zeigt zunächst eine ganz andere Zurechtlegung der Fragestellung. Apel
möchte keine "neukantianische" Perspektive unterstellen, sondern vielmehr
eine *Komplementaritätsperspektive*, in der die Kommunikation und die
Kommunikationsgemeinschaft, die Verständigungsprozesse und ihre Unterstellungen, als solche selbst als transzendentale Bedingung (nicht zuletzt)
der (Natur-)Erfahrung und der (Natur-)Erkenntnis gelten.

Es geht nicht darum, ob wir mit Recht für soziale Phänomene, für kommunikative Erfahrung und Verständigungsprozesse, eine *Parallele* zu Kants
Untersuchung der transzendentalen Bedingungen der Naturerkenntnis (die
u. a. ein "Ich denke" als höchsten Punkt umfassen) in Aussicht stellen
dürfen. Es geht vielmehr (bei Apel) um eine Umbildung der transzendentalen Analyse der Bedingungen der Naturerkenntnis bzw. der transzendentalen Deduktion, unter anderem um die "kommunikationstheoretische"
Expansion und Transformation des "Ich denke". Die Implikate und
Bedingungen des "Ich denke" (nicht zuletzt bei der Naturerfahrung)
müssen selbst, im Lichte eines semiotisch-pragmatischen, sprachphilosophisch transformierten Kantianismus, neu expliziert werden.

Die Perspektive der Komplementarität ist dabei für Habermas gewiß
nichts Fremdes. In diesem Kontext scheint mir jedoch klar, daß er zum
Zweck der Vermeidung des Terminus "Transzendentalpragmatik" eine
andere Perspektive, eben die des Neukantianismus, unterstellt.

---

[2] Vgl. auch Hans Skjervheims Formulierung, daß im sozialen Bereich *Erkennen* ein
Anerkennen voraussetzt.

Dasselbe Anliegen führt an einer anderen Stelle noch deutlicher zu einer m. E. schiefen Perspektive bzw. unplausiblen Betrachtung. In seinem Beitrag zu *Kommunikatives Handeln* (Honneth/Joas 1986:346) schreibt Habermas über "die allgemeinen Präsuppositionen", denen wir uns beim verständigungsorientierten Sprachgebrauch nicht entziehen können: sie sind "nicht im strengen Sinne transzendental", unter anderem deshalb, *"weil wir [...] auch anders als kommunikativ handeln können"*. (Hervorhebung: A. Ø.) - Mir leuchtet dies nicht ein. Mit Bezug auf das auch von Habermas anerkannte kantianische Modell der Transzendentalphilosophie möchte ich sagen: wir können auch etwas anderes tun als Natur erkennen, z. B. schlafen, essen, Schach spielen, mit jemandem (verständigungsorientiert) über einen ästhetischen Gegenstand kommunizieren oder jemanden strategisch zu überlisten versuchen usw. Sollten deswegen die unvermeidlichen Bedingungen der Naturerkenntnis (à la Kant) nicht "transzendental" heißen dürften? Der Status des "Naturerkennens" bei Kant, genau wie der des "verständigungsorientierten Handelns", ist ja nicht der einer gewissen (vermeidbaren) Praxis unter anderen, sondern betrifft Bedingungen von (Inter-)Subjektivität und Handeln überhaupt.

II

Mir scheint, daß Habermas jene schiefe Perspektive keineswegs nur an den oben genannten Stellen hat. Ein m. E strukturell verwandtes Argument gibt es auch in Habermas 1983:95f. Auf dieses Argument möchte ich jetzt eingehen, um so mehr, als es offenbar eine gewisse Attraktivität hat.[3]

Es geht an der erwähnten Stelle um die Widerlegung des moralischen Skeptikers und Apels Versuch zu zeigen, daß dieser Skeptiker schon "mit seinem ersten Einwand" gegen den Moralisten, mit "seiner ersten Verteidigung" seiner Skepsis, sich "auf ein Argumentationsspiel" und damit auf normativ gehaltvolle "Voraussetzungen eingelassen hat, mit denen er sich in performative Widersprüche verwickelt." (Die Apel-Darstellung, die Habermas hier gibt, scheint mir fair.) Dagegen meint Habermas selbst, daß ein Argument dieser Art, das dem Skeptiker in der Tat zeigen kann, daß

---

[3] So schreibt z. B. mein norwegischer Kollege Ånund Haga in einem Aufsatz über "Ethischen Fundamentalismus": "Habermas hat wohl gerade den schwachen Punkt in der Argumentation Apels getroffen, wenn er schreibt: 'Es versteht sich keineswegs von selbst, daß Regeln, die *innerhalb* von Diskursen unausweichlich sind, auch [...] *außerhalb* von Argumentationen Geltung beanspruchen können.'" (Haga 1986:7, Übersetzung: A. Ø.)

er *als Argumentationsteilnehmer* gewisse moralische Grundprinzipien
schon anerkannt haben muß, nicht weit genug trägt,

"um ihn auch als *Aktor* zu überzeugen. [...] Es versteht sich nämlich keineswegs
von selbst, daß Regeln, die *innerhalb* von Diskursen unausweichlich sind, auch für
die Regulierung des Handelns *außerhalb* von Argumentationen Geltung beanspruchen können. Auch wenn Argumentationsteilnehmer gezwungen sein sollten,
normativ gehaltvolle Präsuppositionen zu machen, (z. B. sich gegenseitig als
zurechnungsfähige Subjekte zu achten, als gleichberechtigte Partner zu behandeln,
einander Wahrhaftigkeit zu unterstellen und kooperativ miteinander umzugehen),
so könnten sie sich doch dieser transzendentalpragmatischen Nötigung, sobald sie
aus dem Kreis der Argumentation heraustreten, entledigen. Jene Nötigung überträgt
sich nicht unmittelbar vom Diskurs aufs Handeln." (Habermas 1983:96)

Diese Argumente[4] scheinen mir schwach, ja ans Unverständliche grenzend.
Habermas argumentiert so, als ob keine Identität zwischen dem Argumentierenden (also dem Diskursteilnehmer) und dem Handelnden bestünde;
so als ob *der rational zu Überzeugende* dem *Aktor* nichts zu sagen hätte;
so als ob das, was man in einer Diskussion einräumen und akzeptieren
muß, gleich vergessen werden dürfte und keine Geltung mehr beanspruchen könnte, sobald die Beweisführung bzw. Argumentation zu Ende ist;
als ob man nur, indem man gerade Argumente vorträgt, ein Vernunftwesen sei und sonst ein Tier, für das das Kontradiktionsprinzip, der kategorische Imperativ etc. keine Relevanz habe! - Wird nicht hier einfach der
"Gegenstand" oder *Geltungsbereich* eines Geltungsanspruchs mit seinem
Begründungskontext konfundiert?

  Die Unterscheidung zwischen Geltungsbereich und Begründungskontext
behält ja ihre Berechtigung, auch wenn die Argumente im Begründungskontext die besondere Form der "Letztbegründung" bzw. der Überführung
eines performativen Selbstwiderspruchs haben. Zwar können Argumente
dieser Art den Anschein einer Art Zusammenfall von Geltungsbereich und

----

[4] Ähnlich argumentiert auch Albrecht Wellmer (1986) gegen Apel. Seine Argumentation ist allerdings komplex, und ich möchte gleich klar machen, daß ich manches in
seinen Betrachtungen für triftig halte. Auf S. 105 meint er, es gelinge Apel (und
Habermas - auch er wird von Wellmer kritisiert) nicht, die Brücke "von den Präsuppositionen der Argumentation zur universalistischen Moral" zu schlagen. Auch Kuhlmann
gelinge es nicht ohne Erschleichung, "die Brücke von den diskurs*internen* Verpflichtungen zu einem diskurs*übergreifenden* Moralprinzip" zu schlagen. Vielleicht handle es
sich "bei den unausweichlichen Präsuppositionen der Argumentation gar nicht um
moralische Verpflichtungen" (107). Zur letztgenannten Vermutung Stellung zu nehmen
ist hier nicht meine Sache; mir geht es ausschließlich um den angeblich problematischen Transfer: wie man "die Brücke" schlagen kann. Und was ich dazu zu sagen habe
- daß die Frage falsch gestellt ist -, gilt pari passu auch für nicht-moralische Nichthin-
tergehbarkeiten wie z. B. das Prinzip vom zu vermeidenden Selbstwiderspruch.

Begründungskontext insofern erwecken, als solche Argumente von dem Opponenten *als* Opponenten einen substantiellen Gebrauch machen. (Er wird sozusagen nicht in Effigie erledigt.) Man könnte z. B. darauf hinweisen, daß Descartes' cogito-Beweis eigentlich nur die Existenz des *aktual* Denkenden (Zweifelnden) beweisen kann. Die entscheidende Pointe, die in Aristoteles' "indirektem" Beweis für das Kontradiktionsprinzip vielleicht deutlicher hervortritt, ist jedoch, daß es unmöglich ist, ohne performativen Selbstwiderspruch gegen dieses Prinzip gültig zu *denken*, ungeachtet in welcher Situation man sich befindet, ungeachtet aus welchem Kontext man sich zu Wort meldet. Die Beweislast trägt der Opponent, und gerade in dem Augenblick, da er sie auf sich nimmt, hat er verloren.

Das "Argumentationsspiel" ist nicht, wie diese Ausdrucksweise leider nahelegt, ein besonderes "Sprachspiel" neben anderen mit eigenen (konstitutiven und regulativen) Regeln. Der Diskurs ist keine Sonderpraxis. Die Argumentations-Situation ist vielmehr, wie die Vernunft (das Gewissen, und ähnliche Kompetenzen), in dem Sinne "ubiquitär", daß man sich nicht durch Schweigen oder überhaupt dadurch, daß man etwas anderes tut als zu argumentieren, dem *Legitimationszwang* entziehen kann. (Und die *Legitimation* hat nun einmal die Form einer Argumentation.) Um uns nun ans Moralische zu halten, so kann ich in jedem Augenblick meines Tuns und Lassens *zur Rechenschaft gezogen werden* mit der Frage: "War das nun richtig gehandelt?", so wie ich mir bei jeder Wahl (zwischen verschiedenen, nach den konstitutiven Regeln des jeweiligen Sprachspiels gleich wohlgeformten Alternativen) prinzipiell die Überlegung gefallen lassen muß: "Ist dies nun moralisch in Ordnung? Kann ich mein Vorhaben rechtfertigen?" Es gibt keine Praktiken oder Handlungsbereiche, keine Sprachspiele oder sonstigen Spiele, bei denen ich prinzipiell vor dieser Art Frage sicher sein könnte; es sei denn in dem Sinne, daß die Antwort trivialerweise "ja (schon in Ordnung)" ist, - wie bei einem Schachzug, beim Zähneputzen und dergleichen. Ich kann dem Rechtfertigungszwang in keinem Sektor menschlichen Handelns (d. i. Handeln, das dem Aktor als verantwortlich zugeschrieben werden kann) entweichen. Der Geltungsbereich des kategorischen Imperativs ist das Handeln des Vernunftwesen (des kommunikativ kompetenten Wesens) schlechthin.

Ich kann gegen das Prinzip handeln, klar (und meine Einsicht in die eventuelle Gültigkeit seiner Letztbegründung kann auch nicht moralisch richtiges Handeln *erzwingen*); ich kann aber nicht das Prinzip argumentativ *verneinen* bzw. eine Rechtfertigung meines jeweiligen Handelns durch eine solche Verneinung anstreben, ohne - wenn Apel recht hat - mich eines performativen Selbstwiderspruchs schuldig zu machen. Und niemand kann sich durch Diskurs- oder Argumentationsverweigerung gegen meine Kritik schützen, sich also gegen "immanente Kritik" dadurch abschirmen, daß er sich gar nicht auf einen Diskurs: auf die Praxis, für die allein die genannte Norm/Spielregel angeblich gelten soll, einläßt.

Ein sich wirklich entziehendes Subjekt muß entweder prinzipiell außerhalb der Vernunftwesen angesiedelt sein (d. h. außerhalb der Subjekte, von denen Legitimierung sinnvoll verlangt werden kann, bzw. des Bereichs, wo sinnvoll von Moralität die Rede sein kann) und etwa als Tier gelten; oder ich kann meine Kritik aufrechthalten, bis argumentativ eine Verteidigung versucht wird. Aber dann habe ich *auch* recht (wenn Apel recht hat). Dies ist viel weniger rechthaberisch, als es klingt. Von Rechthaberei kann man nur dort reden, wo ein *Streitpunkt* vorliegt, doch dort, wo sich kein Gegner meldet, behalte ich trivialerweise recht.[5]

Ähnliches läßt sich zu den verschiedenen Vorstellungen einer "alternativen" Vernunft sagen: zum imaginierten Subjekt der exotischen Kultur, zum Repräsentanten einer "anderen" Vernunft, des künftigen Wissens etc. Auch hier gilt ja, daß er *meine* (besten) Argumente nicht anfechten kann. Er tritt ja gar nicht auf in der Diskussion. Wie kann ich durch ihn eine Relativierung meiner besten Argumente, eine Einschränkung meiner Geltungsansprüche, Legitimierungen, Delegitimierungen erfahren? Er erscheint ja allenfalls als meine *eigene* Gegenvorstellung! Oder: Ich brauche die Leistungen dieses gedachten Subjekts nicht mehr zu fürchten als die meiner eigenen Vernunft. - Die Argumentationsfigur ist immer wieder diese: Ich behalte recht, bis jemand gegen mich ein (gültiges) Argument produziert. Aber dann kann ich ihn der Selbstwidersprüchlichkeit überführen. Oder in Apels Worten: Die "Feststellung der Möglichkeit des 'Sich-Entziehens' ist [...] trivial; sie besagt in bezug auf die Begründungsproblematik genau dies: daß derjenige, der sich entzieht, eben nicht argumentieren kann, d. h. daß er z. B. als Vertreter einer skeptischen oder

---

[5] Man darf hier nicht "recht haben" mit "*Rechte* haben" verwechseln. Recht (und unrecht) haben, das können nur Vernunftwesen (Argumentierende). Wer welche Rechte hat, ist eine andere Frage. Ich sage also nicht, daß Tiere, Kleinkinder und andere nichtargumentierende Geschöpfe keine Rechte haben. Diese Frage lasse ich offen. Nur bestehe ich darauf, daß *Geltungsansprüche* argumentationsfähigen Wesen vorbehalten bleiben. D. h., Rechte können qua *Geltungsansprüche* nur von kommunikativ kompetenten Wesen (Vernunftwesen) *behauptet* oder *in Anspruch* genommen (oder bestritten) werden. *Wir* (die Argumentierenden) können aber womöglich eine ganze Menge Rechte anderer Wesen anerkennen. Worauf es jetzt ankommt, ist allerdings nur dies: Niemand kann irgendwelche Art Legitimation, Unangreifbarkeit oder Schutz gegen immanente Kritik erzielen oder "recht behalten" dadurch, daß er sich der Argumentation entzieht. Dadurch erwächst überhaupt kein *Argument*.

nihilistischen *Position* gar nicht in Erscheinung treten könnte." (Apel 1990:77f. Anm. 21)

III

Wie gesagt: Der Diskurs ist keine Sonderpraxis. Die Ausdrucksweise Apels, wo abwechselnd von einem "Metasprachspiel" oder "philosophischen" oder "transzendentalen" Sprachspiel die Rede ist, legt aber leider dieses falsche Bild vom Diskurs nahe: neben den zwar vernetzten, aber immerhin separat identifizierbaren Sprachspielen, die jeweils ihren besonderen (konstitutiven und regulativen) Regeln gehorchen, gäbe es auch "das Argumentationsspiel".[6] Gegen eine solche Auffassung sollte eigentlich auch die Konzeption von Habermas gefeit sein: In seinen ursprünglichen Ausführungen zu Handlung und Diskurs (1971) ist schon deutlich genug, eigentlich deutlicher als bei Apel, daß der Diskurs nicht als ein spezifisches Sprachspiel *neben* den anderen, das soziales Handeln auf seine besondere Weise organisiert und gestaltet, gedacht werden kann. Insofern fällt Habermas mit seinen "Übertragungs"-Skrupeln hinter sein eigenes Niveau zurück.

Im letzten Abschnitt werde ich an diese früheren Ausführungen von Habermas erinnern, indem ich sie mit dem Unterschied zwischen Transzendental- bzw. Universalpragmatik und "Praxeologie" in Verbindung bringe. Im Moment sollen uns zunächst die eingangs erwähnten Unklarheiten bezüglich Sprachspiel und Sprache beschäftigen. Dazu zwei Punkte:

(1) Zwei Bilder der Vielfalt von "Sprachspielen" lassen sich hinter dem geläufigen und reichlich unklaren Gebrauch erahnen: Vielfalt im Sinne des Relativismus und des Übersetzungs*problems* (W. von Humboldt, Whorf), und Vielfalt im Sinne einer Vielfalt von logischen Formen (Verwendungsweisen von Sprachelementen, "Werkzeugen") *innerhalb* einer Sprache. Im letzteren Fall sind also die Sprachspiele eben in einer sie umfassenden Sprache irgendwie "aufgehoben", und die Vorstellung einer Übersetzung zwischen ihnen ist Unsinn, genauso wie die Vorstellung einer essentiellen Vergleichbarkeit der Werkzeuge eines Werkzeugkasten (vgl. §§ 11ff. von Wittgensteins *Philosophischen Untersuchungen*). Der Einwand gegen Wittgenstein, daß er dem hermeneutischen Verstehen oder der Kommuni-

---

[6] Apels Einsichten müssen sich hier sozusagen gegen seine eigene Terminologie behaupten - eine Terminologie, die natürlich auch ihre Vorzüge hat. Ich beschäftige mich hier nur mit den Nachteilen.

kation zwischen Sprachspielen nicht gerecht wird, weil er mit "völlig gegeneinander abgeschlossene[n], inkommensurable[n] Regelsysteme[n]" rechnet (Apel 1973:II 258), ist insofern *hier* nicht am Platze. Das hebt J. Meløe hervor: "Man kann Wittgenstein [...] doch nicht vorwerfen, daß er nicht in der Lage ist, Äußerungen des Pokerspiels vorzuweisen, die den Äußerungen im Schachspiel, wie z. B. "Schach" oder "Weiß beginnt", entsprechen. (Es ist ja schließlich kein Fehler Wittgensteins, daß er einen Kühlschrank nicht dazu bringen kann, auf dieselbe Weise wie ein Radioapparat zu wirken.)" (Meløe 1986:119)

Um so wichtiger ist freilich dann die Frage nach der Sprache als dem logischen Raum, in den die Sprachspiele eingehen und wo zwischen ihnen vermittelt werden kann. Wie schließen sich verschiedene Sprachspiele und Praxisformen zu einer - wie ich es nennen möchte - *vollständigen* Sprache zusammen? Auf welche Weise ist die ganze Sprache bzw. Sprachkompetenz bei jedem ihrer Sprachspiele mit im Spiel?

Wenn man sich verschiedene Sprachspiele vor Augen führt - man kann an Wittgensteins "Zählspiel" und "Bauspiel" und deren Erweiterungen denken oder an die Beispiele in § 23 der *Philosophischen Untersuchungen* -, wird klar, daß diese Spiele und andere, ggf. auch der praktische, theoretische (und therapeutische) Diskurs oder das "transzendentale" oder "philosophische" Sprachspiel, nicht einfach "nebeneinander" liegen (wie Kühlschrank, Radioapparat, etc.), so daß jedes durch Regeln konstituiert ist, die ihm eigen sind und mit denen des "Nachbarn" nicht interferieren. Die volle Sprache ist in jedem ihrer Sprachspiele irgendwie zugegen. Aber wie?

Wittgenstein selbst stellt sich offenbar eine Art "assoziative Opposition" vor, wo jede Erweiterung des Bestands an Sprachmitteln dem Gebrauch eines alten Sprachelements eine zusätzliche Signifikanz verleiht.[7] Dieser Konzeption entspricht gewissermaßen auch seine Verwerfung der Idee einer "vollständigen" Sprache (vgl. § 18). M. E. ist sie allerdings unzureichend. Das zeigt sich u. a. darin, daß wir ohne einen Begriff von der "formalen" Vollständigkeit einer Sprache die oben angesprochenen zwei Arten von sprachlicher Vielfalt schwer unterscheiden können. Denn erst,

---

[7] Vgl. §§ 1, 2, 6, 8, 18, 19, 20 und 21 der *Philosophischen Untersuchungen* und insbesondere *The Blue Book*, wo Wittgenstein die Pointe der (Betrachtung von) "einfachen" und "übersichtlichen" Sprachspielen kommentiert: "We see activities, reactions, which are clear-cut and transparent. On the other hand we recognize in these simple processes forms of language not separated by a break from our more complicated ones. We see that we can build up the complicated forms from the primitive ones by gradually adding new forms." (Wittgenstein 1972:17)

wenn eine gewisse formale Vollständigkeit vorliegt, können "neue Sprachspiele" im Whorf-Humboldtschen Sinne als "Konkurrenten" auftreten und uns auf den Boden des Relativismusproblems führen. Erst dann haben wir mit jener Art Vergleichbarkeit zu tun, die darin zum Ausdruck kommt, daß natürliche *Sprachen* prinzipiell ineinander übersetzt werden können. Insofern ist man versucht, eben Übersetzbarkeit - und zwar *für sich* - als Zeichen der gesuchten formalen Vollständigkeit zu nehmen. Eine vollständige Sprache muß - im Sinne der Übersetzbarkeit - *sich* relativieren und "Sinn" hypostasieren können. (Siehe Øfsti 1990b)

Wie dem auch sei, die vollständige Sprache muß Spiel*raum* "im und zum Sprachspiel" (Martin Seel) gewährleisten. Sie muß die Möglichkeit der Züge in ihren Sprachspielen einschließen, aber darüber hinaus eine Bewegung zwischen den Sprachspielen einer Sprache ermöglichen, ein Ein- und Aussteigen aus ihnen, und zwar in einem Sinne, der über die schlichte Juxtaposition von "Funktionskreisen" hinausgeht. Die *Sprache* bzw. die Sprachkompetenz wäre dann gewissermaßen *der Raum selber*, *in* dem man das Hinein- und Heraussteigen aus den partikularen Spielen, den Rollenwechsel zwischen Beobachter und Teilnehmer, zwischen Performanz und interpretierendem Nachvollzug und ähnliches mehr vornimmt.

Der Spielraum der (vollständigen) Sprache, wenn sie auf diese Weise als eine Art "sensus communis" gegenüber den vielen Sprachspielen verstanden wird, wäre also der "Raum der Vernunft" selbst. Und diese sprachliche Vernunft müßte in zwei Hinsichten übergreifend sein: hinsichtlich der vielen Sprachspiele *einer* natürlichen Sprache, die untereinander familienähnlich sind; und hinsichtlich der Mannigfaltigkeit der natürlichen Sprachen. Die letztere Aufgabe kann die sprachliche Vernunft bewältigen, wenn es stimmt, "daß mit der Erlernung *einer* Sprache - und d. h. mit der erfolgreichen Sozialisation im Sinne *einer* mit dem Sprachgebrauch 'verwobenen' 'Lebensform' - zugleich so etwas wie *das* Sprachspiel - bzw. *die* menschliche Lebensform - erlernt wird". (Apel 1973:II 347) Ein *Spielraum* der angedeuteten Art würde auch der benötigte Raum sein für den Vergleich und die kritische Wertung von Praktiken und Sprachspiel- "Zügen"; wie auch für eine "Distanz" zur "literal meaning" - *mit* der wir spielen können in Poesie und Fiktion und anderen exzentrischen Formen von Sprachgebrauch wie Ironie, Scherz, Beispielgeben (z. B. für mögliche Sprachgebräuche), linguistische Rekonstruktion und Philosophie. (Vgl. Apel 1979b:66f.)

Als Ermöglichung kritischer Distanz gegenüber ihren einzelnen Sprachspielen wirkt die Sprache unvermeidlich manchmal auch als "Spielverder-

ber" (vgl. Øfsti 1990c). Aber dadurch gewinnen wir wohl zunächst auf
sprachphilosophischem Boden eine subjektphilosophische (und ontologische) Errungenschaft zurück: Dank unserer Beherrschung einer vollständigen Sprache können wir uns zu den einzelnen Sprachspielen bzw. unseren "Zügen" in ihnen auf eine Weise verhalten, die im subjektphilosophi-
schen Idiom etwa heißen würde, daß wir bei jeder Handlung oder Äußerung *Vernunftwesen* sind.

(2) Zur intentionalen Handlung gehört ein Handlungswissen, das keineswegs ein thematisches Wissen von der Handlung als vorliegendem Objekt
ist, sondern vielmehr die Situation und *ihr* Thema als Gegenstand hat; das
aber auch in dem Sinne essentiell selbstrückbezüglich ist, daß der Handelnde prinzipiell einen Bericht (eine Interpretation) geben können muß,
worin die Handlung Thema und Gegenstand geworden ist und beschrieben wird.[8] Um im vollen Sinne als intentional Handelnder gelten zu
können, der in einer Situation weiß, was er tut, genügt es *nicht*, eine
"Aktorsprache" zu haben, deren Wörter man in situationsgerechten Zügen
verwenden kann, wenn diese Sprache nicht zugleich eine "Metasprache"
umfaßt, in der diese Züge bzw. Sprachspiele beschrieben und bewertet
werden können. Die Ebene der Aktoren läßt sich von der "Metaebene"
der Zuschauer nicht isolieren, genausowenig wie die Sprache der Aktoren
von der "Meta-" oder "Übersichtssprache" des Beobachters, worin Handlungen (ggf. Sprechakte) bezeichnet, beschrieben und bewertet werden.

Es besteht hier eine Art Identität, die sich wohl am besten anhand der
sog. performativen Sprechhandlungen verdeutlichen läßt. Hier wird ja die
Handlung durch eben dieselbe Formel in der ersten Person Präsens
ausgeführt wie die, durch welche sie in anderen Abwandlungen *beschrieben* wird, so daß der Unterschied zwischen Handlung (in der Aktorsprache) und Beschreibung der Handlung in der Zuschauersprache,
zwischen Ebene und Metaebene, gleichsam nur als eine Änderung der
Deixis oder der Indexwerte (Tempus, Pronomen, etc.) erscheint. Die in
Frage stehende "Identität" ist jedoch nicht die eines Behauptungsinhalts.
Vielmehr haben wir es hier mit einer Einheit zu tun, die zwei "Doppelstrukturen" unterliegt: (i) der "Doppelstruktur der Rede" (Habermas),
derzufolge jede Proposition in einen performativen Akt eingebettet sein

---

[8] Bei den Tieren fehlt auf jeden Fall diese Art reflektierbares Handlungswissen. Was
immer man ihnen als "performatives Handlungswissen" zugestehen kann, es fehlt ihnen
die entscheidende Komponente: einen Bericht oder eine Erläuterung geben zu können.

muß, und (ii) der Möglichkeit der *propositionalen Einholung des performativen Handlungswissens* im Bericht bzw. bei der Interpretation.[9]

Im Hinblick auf performative Sprechakte läßt sich also sagen, daß der Handelnde nicht nur die relevanten Verbalphrasen in der *ersten Person Präsens* beherrschen muß, so daß er im Sprachspiel (des Versprechens, Wettens, Befehlens usw.) agieren oder "ziehen" kann; er muß auch die Abwandlungen in andere Personen und Tempi kennen.[10] - Ein performatives Handlungswissen gibt es nun allgemein, wie Fichte deutlich gemacht hat: Der Handelnde wisse "was er thue, [...] weil er es thue; er setzt daher eine unmittelbare Verbindung des Thuns und des Wissens, eine *Untrennbarkeit* beider [...] voraus." (Fichte 1983:171) Ganz allgemein gilt, daß der Handelnde weiß, was er tut. Hinzuzufügen wäre allerdings, daß dies wohl nur insofern gilt, als der Handelnde sich bereits in einem logisch-pragmatischen Raum bewegt, der einer vollständigen Sprache entspricht.

IV

Ich möchte mich hier auf meinen Kollegen Jakob Meløe beziehen, zumal da seine Variante von "Pragmatik" geeignet ist, im Kontrast zur Transzendental- oder Universalpragmatik einen weiteren Aspekt der vollständigen Sprache zu erhellen. In mehreren Arbeiten hat Meløe eine Art pragmatische Philosophie ("Praxeologie") entwickelt, die den Situationsbezug der Rede und der Handlung besonders hervorhebt und analysiert. Dabei liegt ihm die irreduzible Originalität jeder geschichtlichen Situation am Herzen wie auch die Pointe, daß das Verstehen einer Handlung auf

---

[9] Vgl. (überwiegend mit Bezug auf das performative Handlungswissen des *Argumentierenden*) Kuhlmann 1985:111-44.

[10] Diese sprachliche Einheit von "use" und "mention" ist (für die vollständige Sprache) unabdingbar. Eine Sprachspielkompetenz, die lediglich die "performative" *Teilnahme* am Spiel umfaßte und nicht die mögliche Objektivierung des nichtgegenständlichen Handlungswissens, wäre keine. Ein Subjekt, das Sätze *nur* performativ (in der ersten Person Präsens) verwenden könnte, würde in der Tat kein Vernunftsubjekt sein, das "weiß, was es tut" und dem insofern in moralisch relevanter Weise *Handlungen* zugeschrieben werden könnten.

Seiten eines Beobachters einen internen Bezug auf das performative Know-how des Aktors hat.[11]

Ich möchte also im folgenden versuchen, durch Gegenüberstellung von Praxeologie und Transzendentalpragmatik sowie unter Bezugnahme auf Meløe das Anliegen der Transzendentalpragmatik in einem Punkt zu verdeutlichen bzw. die eingangs aufgeworfene "als was"-Frage zu erhellen.[12] Der gemeinte Punkt hat damit zu tun, daß die Interaktion zwischen Partnern, die eine vollständige Sprache beherrschen, trotz allem Situationsbezug gleichwohl eine bestimmte Art "Situationslosigkeit" impliziert, einen Bezug auf *Ideales*, das die kommunikativ Interagierenden über die - von außen zu konstatierende - soziale *Realität* ihrer Interaktion hinausträgt.

Die Skepsis Meløes gegenüber der Transzendentalpragmatik entzündet sich insbesondere an deren Tendenz[13], sich im Allgemeinen zu halten: bei der kommunikativen Rede als solcher, bei dem Verstehen ganz allgemein, usw. Der Transzendentalpragmatiker beschäftige sich vorzüglich mit einem Gebrauch der Sprache, der sozusagen außerhalb von Handlungskontexten, konkreten Situationen und Sprachspielen stattfinde.[14]

---

[11] Mit Vorliebe kehrt Meløe die Wittgensteinsche (meta-ethnologische) Pointe hervor, daß gutes Verstehen die möglichst kompetente Teilnahme (ein zureichendes Eingeübtsein in die zu verstehende Praxis) voraussetzt, oder in Wittgensteins aphoristischer Zuspitzung: "Wenn ein Löwe sprechen könnte, wir könnten ihn nicht verstehen" (Wittgenstein 1960:536 [PU]). Zum Teil wendet er seine Einsichten auch normativ, als Warnung gegen die Gefahren eines abstrakten und unverantwortlichen Universalismus, der so oder so den Situationsbezug verliert und an "Situationslosigkeit" krankt. Insofern ordnet er Pragmatik (als Praxeologie) in die hermeneutisch-hegelsche bzw. neo-aristotelische Kritik am kantisch-aufklärerischen Universalismus und Rationalismus ein.

[12] Dadurch wird auch von einer anderen Seite her eine weitere Bestimmung der "vollständigen" Sprache bzw. Sprachlichkeit erzielt. - Übrigens spielt die Unterscheidung zwischen Transzendental- und Universalpragmatik bei dem Vergleich mit Meløes Praxeologie keine wichtige Rolle. Ich werde deshalb im Folgenden beide Termini unterschiedslos gebrauchen.

[13] Fairerweise muß ich darauf aufmerksam machen, daß sich Meløe bei seinen kritischen Bemerkungen zur Transzendentalpragmatik zunächst auf *meine* Versuche in diesem Genre (Øfsti 1975) bezieht.

[14] Da ist die Rede von Diskussion - Meløe möchte Wissen, über *was* denn diskutiert wird; man redet von (gegenseitiger) Anerkennung - Meløe vermißt die Konkretisierung und fragt: "Anerkennung als *was*?" (Meløe 1978:110f.) "Eine Pragmatik mit etwas Inhalt kann sich nicht mit Begriffen wie *wissen* und *verstehen* begnügen", sagt er, "*die Antwort auf eine pragmatische Frage ist die Analyse einer Situation*" (114f.). "Sowohl

"Abstraktheit" ist natürlich schlecht. Ein praxeologisch-pluralistisches Bestehen auf der Fülle von konkreten *Situationen* und *Tätigkeiten* kann jedoch an einem wichtigen Punkt auch seinerseits etwas einseitig und als Kritik an der Transzendentalpragmatik recht windschief werden. - Knüpfen wir an eine besondere Situation an und nehmen wir ein von Meløe bevorzugtes Beispiel, das er "praxeologisch" analysiert: das Hissen des Besansegels in einem Fischerboot und das damit verbundene Sprachspiel.

Stellen wir uns vor: zwei Männer, Fischer und Kapitän, in einem Boot mit mehreren Segeln, darunter ein Besansegel. Der Kapitän sagt: "Hiß das Besansegel", der Fischer hißt das Besansegel und rapportiert: "Das Besansegel ist gehißt" (vgl. Meløe 1978:114). Was wäre nun von Seiten der Transzendentalpragmatik einer sorgfältigen praxeologischen Situationsanalyse hinzuzufügen? Etwa dies: Wenn wir voraussetzen, daß der Verlauf als ein kommunikativ gebundener Prozeß zu verstehen ist, und weiterhin, daß hier nicht einfach die Rede von einer symbolisch vermittelten Interaktion ist auf einem Niveau, auf dem Sprechhandlungen noch nicht, wie Habermas es nennt, "propositional ausdifferenziert" sind, sondern von Sprechhandlungen kommunikativ kompetenter Subjekte, so schließen die Äußerungen der Aktoren notwendig gewisse Typen von *Geltungsansprüchen* ein. Der Kapitän erhebt in dieser Situation mit seiner Äußerung (stillschweigend) den Anspruch, daß die Äußerung (verbal gesehen) verständlich ist, daß sie ein adäquater *Ausdruck* dafür ist, was er intendiert oder will, daß sie *richtig* ist (daß er dazu berechtigt ist, den Befehl zu erteilen, daß dieser mit den Normen der aktuellen Zusammenarbeit im Einklang steht), und er nimmt stillschweigend an oder behauptet implizit, daß eine ganze Reihe von Dingen *wahr* sind: daß es ein Besansegel gibt, daß es nicht gehißt ist usw. Der Fischer zeigt nun seinerseits durch sein Handeln, daß er diese Ansprüche akzeptiert. Er akzeptiert (stillschweigend), daß der Befehl (verbal) verständlich ist, daß der Kapitän es so meint, wie er es sagt, daß der Kapitän das Recht dazu hat, den Befehl zu erteilen (wir können sagen, der Fischer erkennt den Kapitän als Kapitän an), daß es ein Besansegel gibt, usw. Der Fischer erhebt wiederum mit seiner Antwort entsprechende Geltungsansprüche. Keiner dieser Ansprüche, oder deren Akzeptierung, braucht explizit hervorzutreten, solange

---

in der Pragmatik als in der Praxeologie ist es die Kasuistik [...] welche dem Theoretiker das Material verschafft, mit dem er zu arbeiten hat. Er hat *nichts* anderes, womit er arbeiten könnte" (115). Kurz gesagt, er moniert eine Pragmatik, die sich scheut, sich bei der Analyse ganz konkreter Praxisformen und Sprachspiele die Hände schmutzig zu machen. Die Analysen einer derart enthaltsamen Pragmatik würden "den Boden nicht berühren" und ihre Begriffe würden in der Luft hängen (108).

die Teilnehmer reibungslos im Sprachspiel funktionieren; also solange die Teilnehmer sich gegenseitig verbal verstehen, solange nichts darauf hindeutet, daß die Teilnehmer sich selbst falsch darstellen, solange die Verteilung der Rollen akzeptiert wird und es keinen Grund dazu gibt, an den implizit oder explizit gemachten Behauptungen zu zweifeln.

Eine pragmatische (praxeologische) Analyse à la Meløe nimmt sich vor, verschiedene Situationen dieses Typs, bei dem Subjekte sprechen und handeln, zu untersuchen, um explizit klarzumachen, was in der Situation "liegt" und was die Handelnden "pragmatisch implizieren". Es werden z. B. Fragen danach gestellt, welche Normen und Institutionen stillschweigend vorausgesetzt werden (Fragen danach, *wer wen* als *was* anerkennt), was in der Situation wert ist, gesagt zu werden, welche möglichen Behauptungen stillschweigend als wahre anerkannt werden und ähnliches; kurz gesagt, es dreht sich hier um die "inhaltsbezogene" Pragmatik verschiedener Sprechsituationen. Die Transzendentalpragmatik von Apel und Habermas ist dagegen auf das *Formale* aus, auf das, was die kommunikative Verbindung von Sprecher und Hörer überhaupt konstituiert und insofern in jedem Sprachspiel gegenwärtig ist. Dort wo der Praxeologe mehr oder weniger anthropologisch sich für ein Sprachspiel nach dem anderen (eine Tätigkeitsform nach der anderen) interessieren kann, hat die Transzendentalpragmatik die für die menschliche Kommunikation nichthintergehbaren Bezüge auf *Gültigkeit* im Auge.

Und diese können nicht selbst derart situationsgebunden sein, daß sie an eine spezielle Tätigkeit gebunden wären, sondern müssen gewissermaßen "in" *allen* Sprachspielen zur Stelle sein, und zwar als *ein prinzipiell möglicher Übergang zum Diskurs*, der von einer hinlänglich "reichen" Sprache/Sprachspielvernetzung generiert bzw. auf einem gewissen sprachlichen Entwicklungsstand erreicht wird. Die implizierten Forderungen nach Gültigkeit (Verständlichkeit, Wahrhaftigkeit, Richtigkeit und Wahrheit) sind nicht an bestimmte Situationen in dem Sinne gebunden, daß sie in einigen Sprachspielen vorkommen können und in anderen nicht. Sie sind z. B. nicht als speziell für das Hissen des Besansegels gedacht, sondern müssen in jedem kommunikativ kompetenten Sprechakt eingebaut sein. (*Wofür* Verständlichkeit usw. beansprucht wird, muß natürlich variieren). Die Geltungsansprüche sind mit der Möglichkeit des Übergangs zum Diskurs auf doppelte Art und Weise intern verbunden. Zum ersten kann von solchen Ansprüchen in der kommunikativen Handlung nur bei Subjekten die Rede sein, die ein Niveau der kommunikativen Kompetenz haben, auf dem Handlung und Diskurs prinzipiell trennbar sind. Zum anderen weisen die Geltungsansprüche auf den Diskurs hin, weil *der*

Diskurs eben der Ort ist, wo die verschiedenen (für die verschiedenen Praktiken spezifischen) Inhalte argumentativ nachgeprüft werden können. Wenn wir sagen, daß der Diskurs als *Möglichkeit* konstitutiv in der kommunikativen Handlung als solcher enthalten ist[15], so könnten wir auch sagen, daß der Punkt, an dem diese Möglichkeit (normalerweise) *aktualisiert* wird, der Punkt ist, an dem Geltungsansprüche nicht ohne weiteres akzeptiert werden.

Solche Bruchstellen lassen die Geltungsansprüche hervortreten und machen klar, daß sie als Geltungsansprüche auf eine prinzipiell mögliche Rechenschaft, Begründung oder Rechtfertigung hinweisen, *und zwar auf Rechtfertigung in einer Sprechsituation, in der der Einzelne nicht mehr länger als dies oder jenes Besondere gilt* (als Kapitän oder Fischer o. ä.) - einer Situation also, bei der man voraussetzen muß, daß alle rollenspezifischen oder institutionellen Asymmetrien und Ungleichheiten, alle speziellen Rechte und Pflichten (die mit der "Position" der Sprecher im weitesten Sinn zu tun haben) außer Kraft gesetzt sind.

Es geht hier um die - nicht selbstverständliche, nämlich post-traditionelle - Anerkennung des Menschen, nicht als Kaufmann, Bauer, Herr, König usw., also als Funktions- oder Würden-Träger soundso, sondern als Mensch schlechthin, und das heißt: als absolut individuiertes, unvertretbares und "universelles" Wesen jenseits der konkreten Rollen der gesellschaftlichen Arbeitsteilung. Eben das war immer die Pointe der universalistischen Aufklärungs- und Emanzipationsbewegungen: Der Mensch ist nicht mit seinem Schicksal in der Welt (Geburt, Begabung, Stand, Vermögen, Beruf, Geschlecht etc.) identisch, sondern zugleich *Subjekt* (Grenze!) der Welt und als solches anerkannt. Eben das haben Kant, Hegel, Rawls, Kohlberg, Habermas, Apel und andere Philosophen der Moderne auf verschiedene Weisen zu verdeutlichen versucht. Der moderne Mensch kann sich selbst nur anerkennen als mögliches Mitglied in einem "Reich der Zwecke", wo es eben *nicht* gilt, "seinen Platz zu kennen"; ein Reich, in dem alle, als freie Subjekte, gleichzeitig Platz auf dem Thron haben können. Insofern kann die Antwort auf Meløes Frage "Anerkennung als was?" nur diese sein: Anerkennung als Zweck an sich selbst, als Subjekt (Grenze) der Welt, als universalistischer Anerkennender.

Kurz, wir unterstellen eine Sprechsituation in der der Sprecher einfach als kommunikativ kompetenter Argumentator und Adressat von Argumenten gilt und in der problematisierte Geltungsansprüche eventuell "eingelöst" werden können. Durch seine *Geltungsansprüche* sind wir bei jedem

---

[15] Darum kreist Kap. V von: Böhler 1985.

Sprechakt auf diese "original position" der Argumentation (wie Apel sie mit Anspielung auf Rawls nennt) bezogen. Der Diskurs ist mithin - im Gegensatz zur kommunikativen *Handlung* (z. B. einem Befehl) - nicht an Situationen (Szenen innerhalb von Praktiken) gebunden, sondern er ist ganz im Gegenteil essentiell *situationsunabhängig*. Die Diskussion darüber, ob P richtig gehandelt hat, als er das und das tat, kann fortgesetzt und ständig von neuem aufgenommen werden. Die philosophische Republik kann in jedem freien Augenblick, in dem nichts *getan* werden muß, wieder errichtet werden.

Der Begriff der diskursiven Einlösung von Geltungsansprüchen weist, wie man sieht, weit darüber hinaus, daß man in einer Handlungssituation, in der Störungen auftreten, die Interaktion rasch wiederherstellen kann mit Hilfe einiger zusätzlicher Informationen, Behauptungen, Erklärungen oder Begründungen, die also im Moment zur Überzeugung ausreichen. Wenn eine Begründung, Interpretation oder Rechtfertigung *im Augenblick* de facto überzeugt, dann nur, weil der Überzeugte nun wiederum stillschweigend annimmt, daß die Begründung usw. überhaupt gut genug ist, um in einer (herrschafts-)freien und unbegrenzten Diskussion, in der alle Argumente auftreten dürfen, standhalten zu können. (Die eine oder andere Art einer solchen Idealisierung *muß* stillschweigend angenommen werden, wenn die Überzeugung nicht zu einer rein psychologisch-positiven Größe degenerieren soll).

Es geht also nicht darum, daß Diskussion alle Probleme lösen kann, und ich sage ebenfalls nicht, daß die einzelnen Sprachspiele nicht in Ordnung sein können, so wie sie sind, so daß sie unbedingt von Diskussion ergänzt werden müßten. Was ich mit Apel und Habermas sage, ist nur dies: Jede situationsgebundene Interaktion oder Sprachspielwirksamkeit, die ja auf Sprache als Verständigungsmedium gegründet ist, impliziert Geltungsansprüche, die auf einen prinzipiell möglichen Übergang zur argumentativen Prüfung der Ansprüche hinweisen. Und diese argumentative Prüfung muß man sich als ein in gewisser Weise *situationsunabhängiges* Medium, ein Medium "außerhalb" der zielgerichteten *Tätigkeit*[16] der Sprachspieler vorstellen.

Die kommunikativen Handlungen der lebensweltlichen Sprachspiele führen *Geltungsansprüche* mit sich, die den Diskurs als ein quasi situationsunabhängiges Medium der Prüfung implizieren. Das heißt, das perfor-

---

[16] Siehe u. a. Habermas (in Habermas/Luhmann 1971:114-9) über die Virtualisierung des Handlungszwangs durch den Diskurs und die Umformung des Geltungsanspruchs in eine Hypothese.

mative "Ziehen" in Sprachspielen (melden, befehlen, fragen, behaupten usw.), das immer konstitutiv durch die Situation und die jeweilige Position des "Spielers" (seine "Rolle" im Spiel) ermöglicht ist, beinhaltet auch - mehr oder weniger explizit - einen Bezug auf die mögliche *Bewertung* der Züge (und des ganzen Vorgangs), die nicht auf dieselbe Weise Situationsgebunden sein kann, sondern vielmehr eine "extramundane" Position des Bewertenden als "Subjekt" (oder "Richter") außerhalb aller besonderen Positionen voraussetzt. Die Subjekte gelten in dieser ("original") Position prinzipiell als von ihren (komplementären) Rollen in der Interaktion freigesetzt und als "universelle" Subjekte uneingeschränkter Reziprozität und Gleichheit. Mit Hinblick auf die Frage nach Bedingungen einer vollständigen Sprache läßt sich die Pointe auch so formulieren: Für Sprecher einer vollständigen Sprache bedeutet das situationsgebundene Spielen eines Sprachspiels auch immer den (prinzipiell) möglichen Übergang zum situationsunabhängigen Diskurs. Selbst wenn der Diskurs nicht in dem Sinne universell ist, daß jede Kultur oder Sprache ihn reflexiv, explizit thematisiert bzw. institutionell abgestützt hat, so muß er wohl mindestens potentiell in ihrer Sprachkompetenz angelegt sein. Wenn Subjekte einer "Kultur" in der Tat außerhalb dieses Potentials angesiedelt sein sollten, so würden sie jedenfalls nichts gegen unsere besten Einsichten einzuwenden haben.

Das Sprachspiel-Idiom und die Einheit der Vernunft

Bemerkungen zu K.-O. Apels Wittgensteinkritik

> Die Grenzen meiner Sprache bedeuten die Grenzen meiner
> Welt. [...] Die Logik erfüllt die Welt; die Grenzen der Welt
> sind auch ihre Grenzen.
>
> Ludwig Wittgenstein

> Wittgenstein hat in seinem Spätwerk die "logische Form"
> der Sprache, die zugleich die logische Form der beschreib-
> baren Welt ist, aufgelöst in die Regeln der unbegrenzten
> Vielfalt möglicher Sprachspiele.
>
> Karl-Otto Apel

A.

Einleitendes

Schon beim Transzendentalphilosophen Kant, der als Aufklärungsrationa-
list ganz arglos die Vernunft hinter allen relativierbaren Sprachformen
ansiedelte, kann man ein Problem der Einheit der Vernunft erahnen.
Schon er gibt zuweilen Anlaß zu der Frage, wie die letzte Vernunfteinheit
hinter theoretischer und praktischer Vernunft (und Urteilskraft), hinter
Naturbegriff und Freiheitsbegriff (oder wie manche heute vielleicht
formulieren würden: hinter dem naturalistischen "Sprachspiel" und dem
"Person-Handlung-Verantwortung-Sprachspiel") wohl zu bestimmen wäre.[1]
Die Frage bzw. das Problem stellt sich ein, sobald letzte Gesichtspunkte
oder Maßstäbe irgendwie in Konkurrenz treten und rational unvermittelt
bleiben (müssen); wenn es hinter ihnen keine höhere Vernunftwarte gibt,

---

[1] Zwar spricht Kant von verschiedenen *Anwendungsbereichen* "der" (einen) Vernunft;
aber das Eine hinter der theoretischen und der praktischen Vernunft bleibt am Ende
doch ungeklärt.

dann sind wir gewissermaßen in den Polytheismus zurückgeworfen. Wenn es die Einheit der Vernunft nicht gibt, dann ist sie auch keine Vernunft.

Seit dem romantischen Expressivismus und Historismus, seit Heidegger, Wittgenstein und der linguistisch-hermeneutischen Wende in der Philosophie (die das Programm einer Transformation der Transzendentalphilosophie fällig gemacht hat), hat das Problem sehr an Tragweite und Aktualität gewonnen. Seit der *Sinnkritik* von Wittgenstein scheint die Vernunft gewissermaßen in eine Pluralität von "Sprachspielen" bzw. Sprachspielkompetenzen zu zerfallen. Worauf die (transzendentale) Reflexion letztlich stößt, sind *Sprachspiele*, Lebensformen, Lebenswelten etc. "Dieses Sprachspiel wird gespielt" muß als "Urphänomen", als das *Primäre*, hingenommen werden. (§§ 654, 656[2]) "Das Hinzunehmende, Gegebene - könnte man sagen - seien *Lebensformen*" (Wittgenstein 1960:539 [PU]). Die Sprachspiele legen den *Sinn* unserer Kognitionen und Handlungen fest. Außerhalb ihrer haben unsere Bemühungen keinen richtigen Sinn mehr, sondern bedürfen vielmehr der Therapie. Und so, wie man - wie es in seinsvergessener Subjektphilosophie heißen konnte - nicht hinter der Vernunft operieren kann, um sie zu analysieren, kritisieren etc. (jedenfalls nicht, wenn mit Geltungsanspruch oder Anspruch auf Vernünftigkeit analysiert und kritisiert wird), so kann man nach Wittgenstein nicht hinter die Sprachspiele zurücktreten, ohne ins *Sinnlose* zu fallen bzw. Räder zu drehen, die mit keiner Maschine verbunden sind. Sofern man sinnvoll spricht (oder denkt), operiert man immer schon innerhalb des Rahmens eines Sprachspiels. - Leider sind nun aber die Sprachspiele und die Lebensformen eine Pluralität, und so entsteht erneut das Problem des Relativismus und Historismus.

Gegen einen Wittgensteinschen Sprachspielrelativismus verteidigt Apel die Einheit der Vernunft. Er findet den benötigten letzten Archimedischen Punkt in der jeweiligen Argumentation, in der "original position" der Argumentierenden. Ich möchte das nicht anfechten. Mir scheint Apels Intention richtig; nur glaube ich, daß sie besser zur Geltung käme, wenn sie nicht wieder mit Hilfe des Sprachspielidioms artikuliert würde. Apel spricht m. E. zu arglos vom "Argumentationsspiel" als einem besonderen oder spezifischen Sprachspiel. Überhaupt, glaube ich, besteht ganz allgemein die Tendenz, viel zu schnell und unbedacht von "Sprachspielen" zu reden -, und aller Grund, diesem inflatorischen Gebrauch (der Begriff "Sprachspiel" hat ja eine enorme Karriere gemacht!) kritisch nachzugehen.

---

[2] Wenn nicht anders angegeben, beziehen sich Paragraphangaben auf Wittgensteins *Philosophische Untersuchungen* (PU).

Ich werde das im folgenden versuchen, und zwar aus Anlaß der Frage nach der Einheit der Vernunft.

Vergegenwärtigen wir uns aber zunächst kurz die positive Pointe des "Sprachspielidioms", wie ich die (ausufernde) Rede von "Sprachspiel" nennen möchte, oder wenigstens einige Aspekte, die für Wittgenstein wichtig sind. (a) Generell gilt, daß die Pointe *sinnkritisch* ist. Mit Hilfe des Begriffs "Sprachspiel" gelingt es Wittgenstein, eine Menge - vielleicht sonst schwer artikulierbarer - sinnkritischer Einsichten und Illustrationen zu bringen. Insbesondere zerstört er die Vorstellung einer vorsprachlichen Vernunft jenseits ihrer Ausdrucksmittel und der Kommunikation. (b) Spezifischer kann man sagen, daß die Denkfigur "Sprachspiel" die *pragmatistische* Pointe erläutert, die dem *Gebrauch* der Sprachmittel - gegen Mentalismus und Platonismus (und die "Gegenstandstheorie" der Bedeutung, vgl. Tugendhat 1976) - eine entscheidende logische Prominenz/Dignität verleiht. Die Rollen, Funktionen oder "Plätze" der "Spielfiguren" im Spiel werden (z. B. gegen die Idee ostensiver Definition) hervorgehoben. Das Wesen der Spielfiguren, ihre Seele, ihre Bedeutung, liegt nicht im Platonischen Himmel bereit und wird ihnen *zugeordnet*. Das Wesen (die Seele) wird durch den regelfolgenden *Gebrauch* der *Figur* konstituiert. (§ 31) (c) Ferner erläutert die Spiel-Konzeption Wittgensteins These, daß es keine "allgemeine Form des Satzes" gibt, also keine Essenz oder kein Wesen aller Äußerungen (§§ 65-70); es gibt vielmehr nur Familienähnlichkeiten, wie die Familie der Spiele (und die der Werkzeuge [§§ 10-14]) es illustriert. (d) Erwähnt werden darf vielleicht auch Wittgensteins Versuch aufzuzeigen, wie in der (sprachlichen) Interaktion - genauso wie beim Miteinander*spielen* - "direkt" verstanden wird. Wir "beherrschen" die Sprache wie eine geübte "Technik" oder Fertigkeit (§ 199), die es uns erlaubt, einfach adäquat zu verstehen oder zu "reagieren" (bei Befehl und Befolgung, Frage und Antwort etc.). Wir fangen den Ball auf, der uns zugespielt wird, und spielen ihn weiter. Wir *lesen* dem anderen seine Intention ab (§§ 150, 162, 169ff.) Man "liest" das Spiel, den Verkehr ... und muß nicht - pace Davidson - Sätze (hermeneutische Hypothesen) *über* die Gegenspieler (ggf. blitzschnell) formulieren und verifizieren. (Vgl. §§ 85, 285, 339, 404-409, 432, 454, 493, 495, 498, 503f., 526-543, 647.) Dieser "mimetische" Aspekt des Verstehens, den Wittgenstein mit Vorliebe durch Vergleiche mit dem Musikverstehen illustriert (PU §§ 257ff., The Brown Book II, 17; Zettel §§ 156ff.), findet *auch* in dem Miteinanderspielen ein Analogon.

Die durch den Sprachspielbegriff bestimmte Perspektive hat aber, wie gesagt, auch ihre problematischen Seiten. Wie jede Metapher hat auch die

Spielmetapher ihre erhellenden und verschließenden Aspekte, und wir müssen uns davor hüten, von ihr gefangen gehalten zu werden!

B.

Das Sprachspielidiom und die Frage nach der Einheit der Vernunft

Ich möchte *zwei* Einheitsprobleme unterscheiden, die beide mit sprachlicher Vielfalt zu tun haben. Die Frage nach der Einheit (der Vernunft über die Sprachspiele hinaus) stellt sich je nach der Art der Vielfalt in verschiedener Weise.

Zwei Bilder der Vielfalt von "Sprachspielen" lassen sich hinter dem geläufigen inflatorischen und reichlich unklaren Gebrauch dieses Wortes erahnen: (a) Man kann hier an eine Vielfalt im Sinne des Relativismus und des Übersetzungsproblems denken (W. von Humboldt, Whorf). In diesem Fall geht es um die Sprachspiele (Sprachen) als "Häuser des Seins" verschiedener Kommunikations- und Sprachgemeinschaften, die trotz möglicher tiefgreifender Unterschiede des Sprachbaus immerhin in dem Sinne "vergleichbar" sind, daß sie alle für ihre Subjekte "die Grenzen der Welt" bedeuten und insofern "Konkurrenten" sind. Sie stellen alle einen Anspruch auf "das Ganze" und sind in diesem Sinne nicht hintergehbar. (b) Oder man kann die Vielfalt im Sinne einer Vielfalt von logischen Formen verstehen, von nicht auf einen gemeinsamen Nenner zu bringenden Verwendungsweisen von Sprachelementen, "Spielen", "Werkzeugen" *innerhalb* einer Sprache. In diesem letzteren Fall sind die Sprachspiele eben in einer sie umfassenden Sprache irgendwie "aufgehoben", und die Vorstellung einer Übersetzung zwischen ihnen ist Unsinn, genauso wie die Vorstellung einer essentiellen Vergleichbarkeit der Werkzeuge eines Werkzeugkastens (vgl. §§ 11ff.). (Übersetzung muß man sich hier allenfalls als Relation zwischen ganzen Werkzeugkästen vorstellen.) Diese letztere Art von Sprachspielvielfalt entspricht gewissermaßen der Wittgensteinschen These, daß es *die* allgemeine Form des Satzes nicht gibt. Es gibt (innerhalb einer Sprache) unterschiedliche Satzformen und Arten der Wortanwendung, die nicht auf eine kanonische Form zurückgeführt werden können. (Von Reduktionsversuchen innerhalb einer Sprache, die diese Art Vielfalt nicht gelten lassen wollen, können wir vielleicht sagen, daß sie zu "Kategorienfehlern" führen müssen.) Der Apel-Habermassche Einwand gegen Wittgenstein, daß er dem hermeneutischen Verstehen oder der Kommunikation zwischen Sprachspielen nicht gerecht werde, weil er mit "gegeneinander abgeschlossene[n], inkommensurable[n] Regelsysteme[n]" rechnet (Apel 1973:II 258), betrifft offenbar das erste, Humboldtsche Bild von Sprachspielen. Bezüglich des zweiten Bildes ist dieser Einwand kaum sinnvoll - auch wenn es nicht völlig klar ist, wie Wittgenstein sich die Zusammensetzung einer Sprache aus Sprachspielen vorstellt. Eine Autonomie oder Autarkie der einzelnen Sprachspiele innerhalb einer Sprache kann es auf keinen Fall geben. Dafür haben aber die Sprachspiele eben ihre je eigene, irreduzible Form.

I. Sprachspiel als "vollständige" (autarke) Sprache

Bezüglich der *kulturellen* Vielfalt von "konkurrierenden" Sprachen oder "Sprachspielen" stellt sich die Frage nach der Einheit der Vernunft als Relativismus- oder Universalismusproblem. So sieht z. B. Habermas in Winchs verstehender Soziologie (Sozialanthropologie) eine linguistische Neuauflage des Historismus. "Im Pluralismus der Lebenswelten und der Sprachspiele finden Diltheys auf eine fiktive Ebene der Gleichzeitigkeit projizierte Weltanschauungen und Kulturen [...] ihr entferntes Echo."[3]

Diese Art sprachlicher Vielfalt bedeutet zugleich eine Vielfalt der Denkweisen und Weltansichten (in W. von Humboldts Sinne) und somit auch ein Relativismusproblem. Wie ist die Einheit der Vernunft angesichts der Vielfalt sprachlicher Horizonte und Lebenswelten zu retten? In welchem Sinne ist deine und meine Vernunft (formal) dieselbe ungeachtet der Frage, welcher Sprache (welchem "Sprachspiel") wir sie verdanken? - Oder kann die Einheit der Vernunft vielleicht nicht gerettet werden? Und wenn nicht, sollten wir vielleicht "um so besser" sagen?

Viele scheinen so zu denken, sie reagieren allergisch gegen "Einheit" und spielen Pluralität und individuelle Freiheit gegen (moralischen) Universalismus und angebliche Gleichschaltung aus. Dahinter kann freilich ein grobes Mißverständnis stecken. Wie Apel an einer Stelle schreibt:

"The issue is not about norms that would prescribe a uniform way of life for all individuals or for all socio-cultural forms of life, as has been suggested by a

---

[3] Habermas 1970:265. Vgl. auch: "In der Spätphilosophie Wittgensteins gibt die entmachtete Monopolsprache der Naturwissenschaften den Raum für einen Pluralismus von natürlichen Sprachen frei, die nun die Wirklichkeit nicht mehr theoretisch in einen einzigen Rahmen der Weltauffassung, sondern praktisch in verschiedene Lebenswelten bannen. Die Regeln dieser Sprachspiele sind Grammatiken ebensowohl von Sprachen wie von Lebensformen. Jeder Ethik oder Lebensform entspricht eine eigene Logik, nämlich die Grammatik eines bestimmten und nicht reduzierbaren Sprachspiels." (231)

fashionable denunciation of ethical universalism (e. g. by Foucault and many others). What we need is rather a foundation of those *formal-procedural* norms of communicative 'Verständigung' by argument which make it possible for all individuals and different collective forms of life to care for their own way of self-realization and hence also for *valuing* the circumstances of life without preventing others from doing the same".[4]

Jürgen Habermas sieht es ganz ähnlich:

"Die Perhorreszierung des Einen und das Lob der Differenz und des Anderen verdunkeln den dialektischen Zusammenhang zwischen beiden. Denn die transistorische Einheit, die sich in der porösen und gebrochenen Intersubjektivität eines sprachlich vermittelten Konsenses herstellt, gewährt ja nicht nur, sondern fördert und beschleunigt die Pluralisierung der Lebensformen und die Individualisierung der Lebensstile. Je mehr Diskurs, um so mehr Widerspruch und Differenz. Je abstrakter das Einverständnis, um so vielfältiger die Dissense, mit denen wir *gewaltlos* leben können. - Und doch verbindet sich im öffentlichen Bewußtsein mit der Idee der Einheit die Konsequenz einer zwanghaften Integration des Vielen. Noch immer gilt der moralische Universalismus als Feind des Individualismus, nicht als dessen Ermöglichung. Noch immer gilt die Zuschreibung von identischen Bedeutungen als Verletzung metaphorischer Vieldeutigkeit, nicht als deren Bedingung. Noch immer gilt die Einheit der Vernunft als Repression, nicht als Quelle der Vielfalt ihrer Stimmen." (Habermas 1988:180)

Als Lösung des Relativismusproblems, das sich bei der "Humboldtschen" Deutung der Sprachspielpluralität anbahnt, bemüht Apel die Idee eines besonderen "transzendentalen" Sprachspiels (wohl im Sinne der Deutung b), das in alle Sprachspiele (im Sinne der Deutung a) eingebaut ist bzw. sein muß. Daran hängt die Einheit der Vernunft. So heißt es in *Transformation der Philosophie*: "Die eigentliche Bedingung der Möglichkeit der Verständigung wäre das *transzendentale Sprachspiel*" (Apel 1973:II 257). Und weiter:

"die Forderung eines transzendentalen Sprachspiels *in* allen Sprachspielen" lasse sich konkretisieren, "wenn wir die spezifische Form der Teilnahme an zwei Sprachspielen ins Auge fassen, die im kunstgemäßen ('hermeneutischen') Verstehen einer fremden Lebensform liegt. Dieses Verstehen könnte als Konfrontation zweier völlig gegeneinander abgeschlossener, inkommensurabler Regelsysteme überhaupt nicht beginnen" (II 258).

In seiner Auseinandersetzung mit Peter Winch nimmt Apel wieder auf "Humboldtsche" Sprachtotalitäten und das Relativismusproblem Bezug. Die Lösung formuliert er hier eigentlich auf zwei Weisen, erstens wieder mit der Postulierung eines "spezifischen", philosophischen oder sprachkriti-

---

[4] Apel 1991:2.113 S. 12; vgl. auch Apel 1988:154ff.

schen Sprachspiels, zweitens mit der These, daß man mit der Erlernung
einer Sprache gewissermaßen zugleich "Sprache überhaupt" lernt:

"Der Philosoph als *Sprachkritiker* muß sich darüber im Klaren sein, daß er bei dem
Geschäft der Sprachspiel-*Beschreibung* selber ein *spezifisches Sprachspiel* in
Anspruch nimmt, das auf alle nur möglichen Sprachspiele *reflexiv* und *kritisch*
bezogen ist. Demnach setzt nun aber der Philosoph immer schon voraus, daß er
prinzipiell an allen Sprachspielen *teilnehmen* bzw. zu den entsprechenden Sprachgemeinschaften in Kommunikation treten kann. Damit ist aber ein Postulat
aufgestellt, das der These Wittgensteins, daß den unbegrenzt vielen und verschiedenen von ihm gemeinten 'Sprach-Spielen' nichts weiter *gemeinsam* sein muß
als eine gewisse 'Familienähnlichkeit' - also kein durchgehender Wesenszug -, zu
widersprechen scheint. In der Tat liegt die *Gemeinsamkeit* aller 'Sprachspiele' m. E.
darin, daß mit der Erlernung *einer* Sprache - u. d. h. mit der erfolgreichen Sozialisation im Sinne *einer* mit dem Sprachgebrauch 'verwobenen' 'Lebensform' - zugleich
so etwas wie *das* Sprachspiel - bzw. *die* menschliche Lebensform - erlernt wird: es
wird nämlich prinzipiell die *Kompetenz* zur Reflexion der eigenen Sprache bzw. Lebensform und zur *Kommunikation* mit allen anderen Sprachspielen miterworben."
(II 347)

Inhaltlich bin ich mit dem hier Gesagten einverstanden. Ich möchte jedoch einiges - z. T. kritisches - anmerken, das zugleich zu meinem nächsten Punkt (Punkt II - über die sprach*interne* Einheit von Sprachspielen)
überleiten soll.

   (i) Der Sinn des Terminus "Sprachspiel" schwankt in diesem Zitat auf
typische Art und Weise. Zwar steht die "Humboldtsche" Bedeutung im
Vordergrund: Sprachspiel heißt zunächst so etwas wie die lebenswelt-
und lebensformgebundene und -konstituierende *Sprache* einer (realen)
Kommunikationsgemeinschaft. Zugleich aber spürt man die intrasprachliche Bedeutung, derzufolge die Sprachspiele weitere Sprachspiele neben
sich haben - *innerhalb* einer Sprache. (Das "spezifische" Sprachspiel z. B.
kann offenbar nicht das *einzige* einer Sprache bzw. einer Kommunikationsgemeinschaft sein.)

   (ii) Der Gegensatz zu Wittgenstein ist m. E. an dieser Stelle unnötig.
Wittgensteins "Nur-Familienähnlichkeits-These" bezieht sich primär auf die
intrasprachliche Perspektive und das Verhältnis der *nicht* ineinander
übersetzbaren Sprachspiele innerhalb einer Sprache. Genausowenig wie
die Werkzeuge eines Werkzeugkastens (oder ein Repertoire von Spielen
im üblichen Sinne: Schach, Golf, Bridge ...) können sie ineinander "übersetzt" werden und sind untereinander nur familienähnlich. Es mag sein,
daß Wittgenstein die Familienähnlichkeitsthese auch - relativistisch - auf

die intersprachliche Ebene ausdehnen möchte.[5] Nichtsdestoweniger sollte man die sprachinterne und die intersprachliche Dimension analytisch klar trennen und nicht vergessen, in welcher Dimension Wittgenstein seine These eigentlich einsetzt, nämlich der innersprachlichen. Sonst würde man sich der Bemerkung Jakob Meløes aussetzen: "Man kann Wittgenstein [...] doch nicht vorwerfen, daß er nicht in der Lage ist, Äußerungen des Pokerspiels vorzuweisen, die den Äußerungen im Schachspiel, wie z. B. 'Schach' oder 'Weiß beginnt', entsprechen. (Es ist ja schließlich kein Fehler Wittgensteins, daß er einen Kühlschrank nicht dazu bringen kann, auf dieselbe Weise wie ein Radioapparat zu wirken.)" (Meløe 1986:119)

Die Trennung zwischen zwei Bedeutungen von "Sprachspielvielfalt" ist also nicht unwichtig. Das kann man sich auch anhand einer Formulierung von Lyotard klarmachen. Lyotard meint, es gilt "der Vielfalt und *Unübersetzbarkeit* der ineinander verschachtelten Sprachspiele ihre Autonomie, ihre Spezifizität zuzuerkennen, sie nicht aufeinander zu *reduzieren*; mit einer Regel, die trotzdem eine allgemeine Regel wäre: 'laßt spielen [...] und laßt uns in Ruhe spielen'." (Lyotard 1982:131. Hervorhebungen: A. Ø.) Es ist klar: Wenn hier die sprach*interne* Vielfalt gemeint ist, ist Lyotards Behauptung der Unübersetzbarkeit und Spezifizität wie auch seinem Protest gegen Reduktion unbedingt richtig, aber auch vollkommen trivial und bar jedes moralischen Sinnes. Und was heißt hier "Autonomie", die Spiele sind ja ineinander verschachtelt und in der *Sprache* aufgehoben? - Wenn dagegen eine Humboldt/Whorfsche *Sprach*vielfalt gemeint ist, ist die anarchistisch-pluralistische Gebärde und die Idee der Autonomie *sinnvoll*. Jetzt kann die Forderung etwa im Sinne eines antiimperialistischen Motivs, ggf. als eine Art Relativismusthese verstanden werden. Die Anerkennung der Autonomie ist hier im Sinne von Separatistenbewegungen oder als Verteidigung von Minoritäten verständlich, in dieser Form aber kaum plausibel. Denn wie soll die Lyotardsche Forderung hier von einer reinen Immunisierungsstrategie oder einer Parole gegen interkulturelle Kommunikation abgegrenzt werden? Und was heißt *hier* "ineinander verschachtelt"? (Etwa daß viele Sprachen/Kulturen gemischt in einem Staat leben?)

(iii) Von den zwei Formulierungen der Apelschen Lösung halte ich - aus Gründen, die später klar(er) werden müssen - die zweite für die weitaus angemessenere. Die Idee eines spezifischen, philosophischen/sprachkritischen Sprachspiels *kann* unter Umständen irreführend sein - nicht zu-

---

[5] Vgl. seine Bemerkung zu Spengler; siehe Hacker/Baker 1984a:235f.

letzt, wenn wir im Kontext der *intra*sprachlichen Perspektive nach der Einheit der Vernunft fragen. (Vgl. II unten.)

(iv) Die zweite Formulierung führt natürlich gleich zu der Frage, *wie* diejenigen Sprachen gebaut oder strukturiert sein müssen, die zu der erwähnten "Selbsttranszendenz" befähigen. Denn offenbar können Sprachspiele wie jene von Wittgenstein in PU (anfangs, §§ 1, 2, 6, 8, 19, 20) geschilderten, auch - oder insbesondere - wenn sie als "die ganze Sprache eines Volksstamms" gedacht werden, diese Fähigkeit *nicht* generieren. Es entsteht also die Frage nach der "vollständigen" oder "kompletten" Sprache. Und im Sinne *dieser* Frage kann man die Kritik an Wittgenstein vielleicht dahingehend formulieren, daß er keinen nicht-trivialen Begriff von einer ganzen (vollständigen) Sprache hat oder einen solchen nicht wahrhaben will (vgl. § 18).

II. Sprachspiel als Teil einer (formal vollständigen) Sprache

Ich verlasse jetzt das "auswärtige" Verhältnis zwischen verschiedenen Sprach- und Kommunikationsgemeinschaften, die Einheitsfrage als Frage der Übersetzung etc. und gehe zur Frage nach der Einheit der Vernunft als einer Frage, die die Vielfalt von Sprachspielen *innerhalb* einer Sprache betrifft, über. Es geht jetzt um das sprach*interne* Repertoire aus *nicht* "konkurrierenden" Sprachspielen, Tätigkeiten, Satzformen, Wortanwendungen, "Werkzeugen" etc. Wie wird daraus so etwas wie eine vollständige Sprache, deren Erlernung zugleich eine Erlernung von "Sprache überhaupt" sein kann? Welche Sprachspiele - oder allgemeinen Strukturen - sind dafür erforderlich?

(1) *Intrasprachliche Verknüpfung (Verschachtelung, Vernetzung?) von Sprachspielen.* Die Frage nach der Einheit der Vernunft (und der Vernunft als Einheit) ist jetzt eine Frage nach der Art und Weise, wie die Vielfalt von Sprachspielen und Sprachspielkompetenzen *einer* Sprache zu dieser *übergreifenden* Totalität (die ich als "vollständige" Sprache bezeichnen möchte und deren Beherrschung man als Vernunft, Vernunft-Kompetenz, Sprach-Kompetenz oder "kommunikative Kompetenz" bezeichnen kann) werden kann. Diese Einheitsfrage schließt auch die umgekehrte Frage ein, wie "das Ganze" (die ganze Sprache) in jedem ihrer Teile anwesend sein kann.

Wenn man sich verschiedene Sprachspiele vor Augen führt - man denke an Wittgensteins "Zählspiel" und "Bauspiel" und deren Erweiterungen oder an die Beispiele im § 23 der PU - wird klar, daß diese Spiele und andere, gegebenenfalls auch der praktische, theoretische (und therapeutische?) Diskurs oder das "transzendentale" oder "philosophische" Sprachspiel, nicht einfach "nebeneinander" liegen können (wie Kühlschrank, Radioapparat, etc.), dergestalt daß jedes durch Regeln konstituiert wäre, die nur ihm eigen wären und die mit denen des "Nachbarn" nicht interferierten. Die ganze Sprache ist in jedem ihrer Sprachspiele irgendwie dabei. Aber wie? Wie schließen sich verschiedene Sprachspiele und Praxisformen zu einer *vollständigen* Sprache zusammen? Auf welche Weise ist die ganze Sprache bzw. Sprachkompetenz in jedem ihrer Sprachspiele mit im Spiel?

Aus Wittgensteins Texten ist nicht einfach eine klare Antwort herauszulesen. Zum Teil scheinen seine Beispiele für Sprachspiele aus "unserer" Sprache zu stammen (§ 23), zum Teil hebt er hervor, daß sie nur Vergleichsobjekte sind, die Licht in unsere Sprache werfen sollen (§ 131). Selten ist von unserer ganzen Sprache die Rede. Nach §§ 1, 2, 6, 8, 18, 19, 20 und 21 sieht es immerhin so aus, als ob Wittgenstein eine Art strukturalistische "assoziative Opposition" vor Auge hat, bei der jede Erweiterung des Bestands an Sprachmitteln dem Gebrauch eines alten Sprachelements eine zusätzliche Signifikanz verleiht. (Vgl. auch *The Blue Book*, wo er die Pointe der (Betrachtung von) "einfachen" und "übersichtlichen" Sprachspielen kommentiert:

"We see activities, reactions, which are clear-cut and transparent. On the other hand we recognize in these simple processes forms of language not separated by a break from our more complicated ones. We see that we can build up the complicated forms from the primitive ones by gradually adding new forms." (Wittgenstein 1972:17)

Dieser Konzeption entspricht gewissermaßen auch seine Verwerfung der Idee einer "vollständigen" Sprache.

Das Bild der Sprache als einer Stadt (in PU § 18) kann zwar eher "additiv" wirken; doch die Hinzufügung neuer Stadtteile ändert ja gewissermaßen auch das Ganze, auch die früheren Teile. Mein Haupteinwand gegen die Stadtmetapher ist jedenfalls vielmehr der, daß sie sich gegen die Idee einer formalen Vollständigkeit der Sprache richtet. Diese Idee ist aber notwendig. Das zeigt sich u. a. darin, daß wir ohne sie die oben angesprochenen zwei Arten von sprachlicher Vielfalt schwer unterscheiden können. Denn erst, wenn eine gewisse formale Vollständigkeit vorliegt, können "neue Sprachspiele" im Whorf-Humboldtschen Sinne als "Konkurrenten" auftreten und uns auf den Boden des Relativismusproblems führen. Bleiben wir bei der Stadtmetapher, so können wir keinen Unterschied begreiflich machen zwischen einem "Kontakt" zwischen Sprachen im Sinne der Übersetzung und einem "Kontakt" im Sinne des *Zusammenwachsens*. Erst mit dem Begriff der formalen Vollständigkeit erhalten wir jene Art Vergleichbarkeit, die darin zum Ausdruck kommt, daß natürliche *Sprachen* prinzipiell ineinander übersetzt werden können. Insofern liegt es auch nahe, eben Übersetzbarkeit - und zwar *für sich* - als Strukturmerkmal der gesuchten formalen Vollständigkeit aufzufassen. Eine vollständige Sprache muß - im Sinne der Übersetzbarkeit - *sich* relativieren und "Sinn" hypostasieren können. (Siehe Øfsti 1990b)

In der intrasprachlichen Perspektive hat das Sprachspielidiom den Vorteil, daß es der Mannigfaltigkeit der Satzarten und überhaupt Wortverwendungsweisen gerecht wird und diese nicht in eine bestimmte kanonische Form zwingt (§ 23). Zugleich aber provoziert es die Frage nach entbehrlichen und unentbehrlichen Sprachspielen. Die Infinitesimalrechnung und Reigen singen sind sicherlich entbehrlich. Was muß aber zu dem Spiel in § 2 (oder § 21) hinzukommen, damit das Ganze so etwas wie ein Vehikel der Vernunft sein kann? Wann wird aus einer Sprachspielvernetzung in diesem Sinne eine vollständige Sprache? Die Versuchung ist groß, irgendwelche besonders wichtigen Sprachspiele - oder einen Kern von solchen - als das Entscheidende zu suchen, etwa "das spezifische Sprachspiel der Sprachspiel-Beschreibung", das "philosophische" oder das "transzendentale" Sprachspiel, vielleicht das "Argumentationsspiel" (den Diskurs) oder dergleichen. Diese Redeweise verleitet jedoch fast zwangsläufig zu der Vorstellung vom Diskurs, von der Argumentation, als noch einer besonderen Praxis oder Institution (Metainstitution), und die Frage der Einheit und der Vermittlung *wiederholt sich*. Man kann natürlich hervorheben, daß "argumentative discourse [...] is not just one *language-game* among others", daß es ein ganz *einzigartiges* Sprachspiel ist ("that unique language-game by which we can talk about language-games in general and can try to settle all kinds of questions about problematic validity-claims that can be raised in other language games" [Apel 1991: 2.111 8]) und dabei inhaltlich das richtige meinen. Das Idiom als solches läuft aber der Intention zuwider. Gott ist kein Gott, wenn er *neben* den endlichen Substanzen existiert, wie Spinoza und Hegel wußten. Deswegen sollte man m. E. lieber von sprachspielübergreifenden oder durchgreifenden Strukturen der *vollständigen Sprache* bzw. kommunikativen Kompetenz reden.

(2) *Gefahren des Sprachspielidioms in intrasprachlicher Perspektive.* Ich werde weiter unten versuchen, einiges zur positiven Bestimmung komplet-

ter Sprachlichkeit zu sagen. Zuerst will ich aber etwas näher auf die Gefahren des Idioms eingehen.

(a) Ich habe mich in einem früheren Aufsatz (1992) auf ein Argument (von Ilting, Habermas u. a.) aus der Letztbegründungsdebatte bezogen, das m. E. die suggestive und z. T. irreführende Kraft des Sprachspielidioms illustriert. Es geht um die Widerlegung des moralischen Skeptikers und Apels Versuch zu zeigen, daß dieser Skeptiker schon "mit seinem ersten Einwand" gegen den Moralisten, mit "seiner ersten Verteidigung" seiner Skepsis, sich "auf ein Argumentationsspiel" und damit auf normativ gehaltvolle "Voraussetzungen eingelassen hat, mit denen er sich in performative Widersprüche verwickelt." (Habermas 1983:95) Dagegen meint u. a. Habermas, daß ein Argument dieser Art, das dem Skeptiker in der Tat zeigen kann, daß er *als Argumentationsteilnehmer* gewisse moralische Grundprinzipien schon anerkannt haben muß, nicht weit genug trägt,

"um ihn auch als *Aktor* zu überzeugen. [...] Es versteht sich nämlich keineswegs von selbst, daß Regeln, die *innerhalb* von Diskursen unausweichlich sind, auch für die Regulierung des Handelns *außerhalb* von Argumentationen Geltung beanspruchen können. Auch wenn Argumentationsteilnehmer gezwungen sein sollten, normativ gehaltvolle Präsuppositionen zu machen (z. B. sich gegenseitig als zurechnungsfähige Subjekte zu achten, als gleichberechtigte Partner zu behandeln, einander Wahrhaftigkeit zu unterstellen und kooperativ miteinander umzugehen), so könnten sie sich doch dieser transzendentalpragmatischen Nötigung, sobald sie aus dem Kreis der Argumentation heraustreten, entledigen. Jene Nötigung überträgt sich nicht unmittelbar vom Diskurs aufs Handeln." (Habermas 1983:96)

Wie ich in dem genannten Aufsatz dargelegt habe, ist dies kaum überzeugend; denn es wird so argumentiert, als ob keine Identität zwischen dem Argumentierenden (also dem Diskursteilnehmer) und dem Handelnden bestünde; als ob *der rational zu Überzeugende* dem *Akteur* nichts zu sagen hätte; als ob das, was man in einer Diskussion einräumen und akzeptieren muß, gleich vergessen werden darf und keine Geltung mehr beanspruchen kann, sobald die Beweisführung bzw. Argumentation zu Ende ist; als ob man nur, indem man gerade Argumente vorträgt, ein Vernunftwesen ist und sonst ein Tier, für das (transzendental)logische Prinzipien, der kategorische Imperativ etc. keine Relevanz haben!

Es ist ja nicht so, daß man sich gegen "immanente Kritik" dadurch abschirmen kann, daß man sich gar nicht auf jene Argumentations- oder Diskurs-Praxis einläßt, für die allein die in Frage stehende Vernunftnorm (als "Spielregel") angeblich gelten soll. Ein wirklich sich entziehendes Subjekt muß entweder als *kein Vernunftwesen*, sondern vielmehr als Tier, gelten; oder es *stellt* sich nur der Kritik nicht. Aus dem letzteren erwächst aber keine Legitimation. Wie Apel mit Bezug auf den in der Debatte nicht auftretenden Skeptiker sagt: Die "Feststellung der Möglichkeit des 'Sich-Entziehens' ist [...] trivial; sie besagt in bezug auf die Begründungsproblematik genau dies: daß derjenige, der sich entzieht, eben nicht argumentieren kann, d. h., daß er z. B. als Vertreter einer skeptischen oder nihilistischen *Position* gar nicht in Erscheinung treten könnte." (Apel 1990:77f. Anm. 21)

(b) Die Nichthintergehbarkeit des Rationalen kann man - wie es Apel gegen Popper getan hat - mit Bezug auf die Frage einer *Wahl* der Vernunft verdeutlichen. Die Poppersche Vorstellung einer *vor*rationalen und zugleich sinnvollen *Wahl* oder Entscheidung zugunsten der Rationalität ist nach Apel mißverständlich. Als vorrationale konnte eine solche Wahl nicht "in eine *reflexive Diskussion* der Entscheidungsmöglichkeiten eingeführt werden. Indem die Entscheidung von Popper in die *Diskussion* eingeführt wird, wird sie als ein Akt der Vernunft unterstellt, der sich selbst in der Wahl bestätigen oder verleugnen kann." Als sinnvolle setzt die von Popper geforderte Entscheidung zugunsten der "kritischen Kommunikationsgemeinschaft" (genauso wie die entgegengesetzte Entscheidung) diese Kommunikationsgemeinschaft schon als Bedingung ihrer Möglichkeit voraus. (Apel 1973:II 328) In Apel 1989a wiederholt Apel die Pointe, diesmal gegen Habermas: Der argumentative Diskurs kann nicht - genausowenig wie "die Vernunft" - *gewählt* werden, weil er "der Struktur nach auch für das einsame Denken - die Selbstverständigung - jedes *verstehbar Wählenden* schon vorausgesetzt ist". (Apel 1989a:53) Zwar kann der Diskurs *als Tätigkeit* wie jede andere Tätigkeit gewählt oder abgewählt werden. Statt seine Position in einem Diskurs zu verteidigen kann man vielleicht angeln, eine Partie Schach spielen, den Gegner verhauen oder auch etwas anderes tun. In diesem Sinne ist der Diskurs nicht ubiquitär. (Man muß ja überhaupt nicht immer sprechen oder sich an einem Sprachspiel beteiligen. Man kann sich einfach zwischen den Spielen ausruhen, sogar schlafen.) Aber daraus entsteht *erstens* kein Argument für eine Relativierbarkeit unserer Vernunft oder des Diskurses als Instanz aller möglichen *Argumente*, und *zweitens* (oder dasselbe anders formuliert?): Man läßt ja nicht die Kompetenz, die einen an dem (prinzipiell möglichen) Diskurs bindet, hinter sich, indem man den Diskurs als aktuale *Tätigkeit* ruhen läßt.

Es ist insofern m. E. ganz deutlich, daß das alte "bewußtseinsphilosophische" oder "subjektphilosophische" Idiom, in dem die Vernunft nicht an besondere Vernunft-*Tätigkeiten* geknüpft wird, auch seine Vorteile hat. Im alten Idiom spricht man von der Vernünftigkeit des *Subjekts*, des Vernunft*wesens*, die bleibt, ungeachtet dessen, welcher Tätigkeit das

Subjekt sich hingibt (solange es eben "vernünftig", "zurechnungsfähig" bleibt). Obwohl diese Vorteile eigentlich im Begriff der "kommunikativen Kompetenz" auf sprachphilosophischem Boden aufgehoben sind, läßt sich Habermas m. E. von dem Bild des Diskurses als eines "Ortes" der Vernunft, den man verlassen kann, irreführen.

(c) *Entscheidungsspiele?* Einen Eindruck davon, wie "hoch die Wellen des Sprachspielidioms schlagen", können wir bekommen, wenn wir uns noch ein paar Apel-Zitate aus der erwähnten Popperkritik vor Augen führen. Um die *Sprachgebundenheit* auch des von Popper suggerierten außerrationalen, "existenziellen" *Entscheidungsaktes* hervorzuheben, schreibt Apel:

"Auch die existenziellen Entscheidungsakte sind als *sinnvolle* Akte solche des *Regelfolgens*, die, wenn schon nicht faktisch, so doch prinzipiell die Möglichkeit einer öffentlichen Beurteilung im Rahmen eines Sprachspiels voraussetzen." (II 328).

Und weiter:

"Wenn es [...] um die Beantwortung der Frage nach dem *Grund der Geltung* des Vernunftprinzips geht, dann scheint mir die Besinnung auf das immer schon vorausgesetzte *transzendentale Sprachspiel*, die in jeder Sprache als reflexive 'Selbstaufstufung der Sprache' durchgeführt werden kann, ausreichend und endgültig zu sein." (II 329)

Zum ersten Zitat: Wenn Habermas sich dieses Zitats annehmen würde, müßte er wohl - nach Maßgabe seiner Vorstellung der Nichtübertragbarkeit von Regeln besonderer Sprachspiele auf andere - zu dem Resultat kommen, daß "existentielle Entscheidung" ein besonderes Sprachspiel wäre, das durch besondere Regeln konstituiert ist. Und dann müßte er ja die Frage stellen, ob die Regeln, die für existentielle Entscheidungen konstitutiv sind, auch außerhalb von diesem Sprachspiel Geltung beanspruchen könnten; ob nicht vielmehr der "existentielle Entscheider", der als Teilnehmer an diesem Entscheidungsspiel womöglich gezwungen ist, gewisse gehaltvolle Präsuppositionen zu machen, sich dieser Nötigung entledigen könnte, sobald er aus dem Sprachspiel träte? Vielleicht übertragen sich die Regeln und Nötigungen des Entscheidungsspiels nicht auf sonstiges Handeln (in anderen Sprachspielen)? Vielleicht gilt die Entscheidung nachher nicht?

Ähnliches ließe sich wohl mit Bezug auf das zweite Zitat sagen: Was wäre, wenn ich das transzendentale Sprachspiel der reflexiven Selbstaufstufung *nicht* mit- oder durchspielen will, sondern ganz andere (Sprachspiel-)Handlungen vorhabe; was bedeuten die Regeln des Selbstaufstufungsspiels dann für mich? Vielleicht nicht viel, denn man kann ja nicht erwarten, daß die Regeln, die für dieses Spiel gelten, auch für Bridge oder Schach oder was immer Geltung beanspruchen können!

Und wiederum mit Bezug auf mögliche "Entscheidungsspiele": Nicht nur die dramatische "Entscheidung für die Vernunft" ist immer schon sprach- bzw. vernunftgebunden. A fortiori gilt dasselbe auch für alle sinnvollen Entscheidungen für oder gegen dieses oder jenes Spiel als mögliche Tätigkeit (von den Entscheidungen für aktuelle - datierte und lokalisierte - Spieltätigkeiten gar nicht zu reden). Mit anderen Worten: Entweder verschiebt sich das Nichthintergehbare auf ein (oder mehrere) "Entscheidungsspiel(e)" - was einer contradictio in adjecto ziemlich nahe käme -; oder "sprachlich bedingt" kann nicht mit "Zugehörigkeit zu irgendeinem spezifischen Sprachspiel" gleichgesetzt werden. "Sprachlich bedingt" muß vielmehr "geltungsbezogen" heißen, was auf den quasi "situationslosen" Diskurs verweist, der uns immer schon in die Pflicht genommen hat. Das Nichthintergehbare wäre insofern der immer prinzipiell *mögliche* - und im Konfliktfall immer prinzipiell *geforderte* - Übergang zur diskursiven Prüfung von Geltungsansprüchen.[6]

Der Diskurs ist keine Sonderpraxis. Wenn Apel aber abwechselnd von einem "Metasprachspiel" oder einem "philosophischen" oder "transzendentalen" Sprachspiel redet, legt er leider eben dieses irreführende Bild nahe: neben den - wohl vernetzten, aber immerhin separat identifizierbaren - Sprachspielen, die jeweils ihren besonderen (konstitutiven und regulativen) Regeln gehorchen, gäbe es noch ein Spiel, "das Argumentationsspiel". Glücklicherweise darf man aber sagen, daß lediglich Apels Redeweise hier seiner (guten) Pointe in die Quere kommt.

C.

Strukturmomente der formal vollständigen Sprache

In meinem Aufsatz (1990b, vgl. aber auch 1990a) habe ich versucht, aus verschiedenen Blickwinkeln etwas zur formalen Vollständigkeit der Sprache zu sagen. (Stichworte: Übersetzbar*keit* für sich, Trennung von Wort

---

[6] Vgl. dazu meine Gegenüberstellung von "Praxeologie" und "Universal-" oder "Transzendentalpragmatik" in Øfsti 1992:310-16; in diesem Band: 151-7.

und "Platz" im Sprachspiel, Hypostasierbar*keit* von Sinn[7], Bedingungen des "Handlungswissens".) Ich möchte hier diesen Versuch weiterführen, indem ich noch einige, z. T. experimentelle, Bemerkungen zu der Frage anhäufe, wie das Vehikel der Vernunft gebaut sein muß.[8]

I. Sprache als "Spielverderber", als Ermöglichung kritisch-reflexiver Distanz zu den Sprachspielen und ihren Zügen

Die vollständige Sprache muß offenbar einen Spiel*raum* "im und zum Sprachspiel" (Martin Seel) gewährleisten. Sie muß Optionen innerhalb von Sprachspielen haben, aber darüber hinaus auch eine Bewegung zwischen den Sprachspielen einer Sprache, ein Einsteigen in sie und ein Aussteigen aus ihnen. Die *Sprache* bzw. die Sprachkompetenz wäre dann gewissermaßen *der Raum selber, in* dem man diese Schritte zwischen den Spielen, den Rollenwechsel zwischen Beobachter und Teilnehmer, zwischen Performanz und interpretierendem Nachvollzug und ähnliches mehr vornimmt.

Es ist wichtig, daß das hier angedeutete Ein- und Aussteigen richtig gesehen wird. Die Möglichkeit eines falschen Bildes gibt es durchaus. Wenn wir z. B. sagen: das Entscheidende ist die Einheit der *Person*, die

[7] Ich habe angedeutet, man könnte versuchen, die Vollständigkeit durch eben den problematischen, relativismus-generierenden Punkt - also das Übersetzen - zu charakterisieren; etwa nach Maßgabe der Figur, daß das *Haben* eines philosophischen Problems - in diesem Fall ein (Whorfsches) Relativismusproblem - zugleich die Mittel zur Lösung enthält. Das Übersetzen lenkt die Aufmerksamkeit gleich auf so etwas wie die Willkürlichkeit des Zeichens, die *Trennung* von Wort und "Platz" im Sprachspiel, die "Hypostasier*barkeit*" von Sinn; samt der Forderung, daß diese Trennung innerhalb der zu übersetzenden Sprache *selbst* sich thematisieren läßt (so daß die Übersetzung in einer Fremdsprache *im Rahmen der Sprache selbst* erfolgen kann - im Gegensatz zu einer Übersetzung der Art: Wenn der Rabe "xxx" schreit, bedeutet das dasselbe wie das Gebrüll "###" des Löwen [z. B. Abschreckung eines Rivalen]). Daß der *Sinn* eines Wortes - und die Sprachspieltätigkeit, die diesen Sinn festlegt - doch eine Art Identität haben kann unabhängig vom Wortlaut, ist sicherlich eine entscheidende "komplettierende" formale Struktur. Es fällt auch gleich auf, daß die Spieler des § 2-Spiels, wenn dieses Sprachspiel in der Tat ihre ganze Sprache ist, keine Möglichkeit haben, sich auf ihr Sprachspiel als solches bzw. auf den Sinn ihrer Worte (ihre "Plätze" im Sprachspiel) zu beziehen, außer durch das tatsächliche Spielen selbst, mit den ihm eigenen Worten.

[8] Man wird in dieser Frage mit Recht die Apelsche nach der "Logos-Auszeichnung der menschlichen Sprache" wiedererkennen. (Vgl. Apel 1980b). Meine Ausführungen im Folgenden haben allerdings eine z. T andere Emphase.

von Spiel zu Spiel (von Institution zu Institution) wechselt, die Einheit der Vernunft hat mit der Identität (Integrität) der Person zu tun, die sich selbst durch die Sprachspiele hindurch gleichbleibt, dann hängt alles davon ab, wie diese Integrität verstanden wird. Besteht sie einfach in der Einheit der Person als (Personal-)Union der entsprechenden Kompetenzen? Diese Vorstellung einer Einheit der Sprachspiele als vereinigter Kompetenz der Person kann unser Problem nicht lösen. Als Personalunion von "Funktionskreisen" (die je nach Anlaß ausgelöst oder "aktiviert" werden) bin ich gewissermaßen über das Niveau von Tieren nicht hinaus, ungeachtet der *Art* der Tätigkeiten oder der Funktionskreise. Der Löwe kann Antilopen jagen und vieles andere mehr; ich kann Schach spielen, Äpfel kaufen, Reigen singen (und so weiter, womöglich durch die ganze Liste des § 23). Und nun kann der Vernunftunterschied zwischen mir und dem Löwen kaum darin bestehen, daß meine Tätigkeiten viel subtiler als die des Löwen sind und u. a. die Verwendung von Worten umfassen. Er muß vielmehr damit zu tun haben, wie mein *Weg* durch die Tätigkeiten oder Sprachspiele geartet ist, wie *dieser* sich strukturell von dem des Löwen durch seine Funktionskreise unterscheidet.

Hier läßt sich aber nun folgende Beobachtung machen, die wohl weiterhelfen kann: Vernunftwesen und ihre Wege durch die Welt kann es nicht nur *an sich* geben, auch nicht (nur) als erkennbares (identifizierbares) Ansich *für uns*. Vernunft muß auch die Struktur eines *Fürsichseins* umfassen, das es ihr erlaubt, für *sich* eine Geschichte zu haben. Dies gehört zur *Zurechnungsfähigkeit* der Person - als Bedingung dafür, daß wir ihr Handlungen und Äußerungen als verantwortbare *zuschreiben* können. Erst diese Struktur des Fürsichseins macht aus den wechselnden Tätigkeiten in verschiedenen Sprachspielen eine persönliche und verantwortbare Geschichte. Die Person hat eine Geschichte im emphatischen Sinne (d. h. für sich), was u. a. bedeutet, daß sie jederzeit *unterbrochen* werden kann, mit Fragen oder Störungen des Typs: "Was Du gestern (im Rahmen des Sprachspiels X) getan/gesagt hast, kann ich nicht verstehen bzw. nicht akzeptieren - nähere Auskunft, bitte!" Und die Antwort kann nicht lauten: "Das war gestern, jetzt spiele ich (spielen wir) etwas anderes." Insofern bedeutet Vernunft - als Geschichte-haben-Können - eine bestimmte Art der Nichtabgeschlossenheit und Nichtimmunisierung. Was wir in der (vollständigen) Sprache als Haus der Vernunft und vereinigende Leistung gegenüber den Sprachspielen suchen müssen, sind nicht (nur) Strukturen wie die assoziative Opposition und auch nicht (nur) besonders wichtige Sprachspiele, sondern die Bedingungen dafür, daß das Sprachsubjekt

einen Weg der genannten Art durch die Sprachspieltätigkeiten zurückle-
gen kann.

Der Spielraum der (vollständigen) Sprache, wenn sie auf diese Weise als
eine Art "sensus communis" oder "Institution der Institutionen" gegenüber
den vielen Sprachspielen verstanden wird, wäre also der "Raum der Vernunft" selbst. Und diese sprachliche Vernunft müßte übergreifend sein
sowohl hinsichtlich der vielen Sprachspiele *einer* natürlichen Sprache,
die untereinander nur familienähnlich sind, als auch mit Bezug auf die
Mannigfaltigkeit der natürlichen Sprachen. Ein Spielraum dieser Art würde
auch den benötigten Raum für den Vergleich und die kritische Wertung
von Praktiken und Sprachspiel-"Zügen" abgeben; ebenso auch für eine
"Distanz" zur "literal meaning" - *mit* der wir spielen können in Poesie und
Fiktion und anderen exzentrischen Formen von Sprachgebrauch wie
Ironie, Scherz, Beispielgeben (z. B. für mögliche Sprachgebräuche),
linguistische Rekonstruktion und Philosophie. (Vgl. Apel 1979b:66f.)

Was die intrasprachliche Einheit betrifft, so ist damit zwar noch nicht
viel gesagt. Festzuhalten bleibt aber die Forderung, daß wir - dank unserer
Beherrschung einer vollständigen Sprache - uns zu den einzelnen Sprachspielen bzw. unseren "Zügen" in ihnen "von außerhalb" auf eine *kritische*
Weise verhalten können. Wir müssen unser Spielen und unsere Züge
bewerten können. (Das heißt, zusätzlich zur Bewertung der Züge *im* Spiel
als *Teil* des Spiels muß auch eine Bewertung von außerhalb hinzukommen können - und sei es nur als Relativierung des Spiels.) Als Ermöglichung kritischer Distanz gegenüber ihren einzelnen Sprachspielen, als
Haus unserer Vernunft, wirkt insofern die volle Sprache gegenüber den
Sprachspielen auch als "Spielverderber". (vgl. Øfsti 1990c).

II. Ebenen in der Sprache

Ich möchte jetzt auf ein anderes Bild sprachlicher Pluralität hinsteuern,
das gewissermaßen "quer" zum Sprachspielidiom steht: das Bild von
Sprach-*Ebenen*, Sprache/Metasprache-Relationen etc. Als Ausgangspunkt
nehme ich wiederum die Frage, was *unsere* volle Sprache eigentlich
zutiefst unterscheidet von den einfachen, überschaubaren Sprachspielen
Wittgensteins.

(1) *Spiele müssen in Sprache eingebettet sein.* Es scheint mir klar, daß wir
- von einem begrenzten, "primitiven" Sprachspielrepertoire ausgehend -
nicht dadurch zu einer "kompletten" Sprache gelangen, daß wir besonde-

re, zusätzliche Sprachspiele, sozusagen als vervollständigende Sprachspiele, *hinzufügen*. Was wir brauchen, ist vielmehr die Möglichkeit der genannten Bezugnahme von außerhalb, insbesondere in Form der *Beschreibung* von Sprachspielzügen. Aber, so könnte jetzt ein Einwand lauten, wäre das nicht gerade die Hinzufügung des Sprachspiels "Berichten eines Hergangs" (§ 23) bzw. seiner Anwendung auf Sprachspieltätigkeiten? So kann man es m. E. nicht sehen. Die Vorstellung einer solchen Hinzufügung wäre genauso mißverständlich wie die der Hinzufügung des "Argumentationsspiels", des "Diskurses", des "Entscheidungs(sprach)spiels" oder dergleichen als besonderer Sprachspiele. - Jetzt können wir aber einen entscheidenden Aspekt dieser Mißverständlichkeit ins Auge fassen. Denn offenbar sind *Berichte* - insbesondere die große Masse selbstverständlicher und (relativ) unkontroverser Narrationen - sprachlich viel enger und *anders* an die (übrigen) Spiele und ihre Züge gebunden, als die Vorstellung der "Hinzufügung" zum Ausdruck bringt. Auch die Idee der assoziativen Opposition führt hier nicht auf die richtige Fährte. Den richtigen Hinweis gibt vielmehr das Verhältnis, das wir von den performativen Sprechakten kennen: daß man einen Bericht ganz einfach durch die grammatische Beugung des performativen Satzes der Zughandlung erhält, so daß er nicht mehr die Indexwerte der ersten Person Präsens hat! Dies bedeutet wohl auch, daß das Sprachspiel "Berichten eines Hergangs" in einem spezifischen Sinn von den beschriebenen Sprachspielen und Sprachspielzügen nicht *trennbar* ist.

Muß das heißen, daß Berichte über ausgeführte Züge eines Sprachspiels eigentlich selbst auch zu diesem Sprachspiel gehören?[9] Das wäre doch ziemlich kontraintuitiv. Es ist ja eigentlich *typisch* für Spiele, daß Beschreibungen ihrer Züge *nicht* zum Spiel gehören. Eine Partie Schach zu beschreiben ist nicht, Schach zu spielen. Die Beschreibungshandlungen, die Züge im Beschreibungsspiel, sind nicht selbst *Schach*züge. Eine Malerei zu beschreiben ist nicht zu malen. Musikkritik zu schreiben ist selbst kein Musizieren. Und dies liegt nicht daran, daß die "Züge" in Musik, Malerei und Schach nicht verbaler Art sind. Ganz ähnliches gilt auch für Spiele, in denen verbale Äußerungen/Performanzen vorkommen. Beschreibungen und Wertungen dieser Züge, auch solche, die einfach durch personale und temporale Abwandlung der (voll explizierten) Zugformulierungen entstehen, sind normalerweise nicht selbst Züge in dem jeweiligen Spiel. (*Im* Spiel, so könnte man vielleicht sagen, werden die Züge durch *Gegenzüge*, durch die "Antworten", kritisiert und insofern bewertet

---

[9] In Øfsti 1990b:128 habe ich gewissermaßen diese Konsequenz gezogen.

- im Schach wie im Fußball und in anderen "Konkurrenz"-Spielen. Aber auch in der *Kunst*. Es gibt in der Tat so etwas wie einen kritischen "Dialog" der Werke einer Kunstart untereinander.)

Es scheint fast ein gemeinsamer Zug von Spielen zu sein (auch von Sprachspielen!), daß Beschreibungen der Züge nicht zum Spiel gehören, sondern aus diesem hinausführen. Dieser Aspekt der Spiele ist jedenfalls in den PU-Beispielen (§§ 1, 2, 6 usw.) ganz deutlich. Sie enthalten offenbar keine Züge, die Beschreibungen ihrer Züge sind. Ja, so etwas ist sogar, wenn wir sie als "die ganze Sprache" eines Volksstamms denken, überhaupt nicht vorgesehen.

Aber wie verträgt sich dies mit der genannten Untrennbarkeit? Es gehört offenbar zu den Spielen im üblichen Sinne, und zwar essentiell, daß sie von der *Möglichkeit* der Beschreibung, überhaupt von der Möglichkeit der Bezugnahme aus anderen Perspektiven "umgeben" sind.[10] Das heißt, der Spieler muß die Kompetenz haben, sich dieser sprachlichen Möglichkeiten zu bedienen. Selbst wenn wir die aktuelle Inanspruchnahme nicht zum Spiel rechnen, würde er ohne diese Kompetenz kaum als Spieler gelten können. (Was sollten wir von einem Schachspieler halten, der keine Beschreibung von Schachzügen verstünde, oder von einem Golfspieler, der sich nicht dazu *entschließen* könnte, Golf zu spielen [der nicht überlegen könnte, ob er Golf spielen soll]? Vielleicht ist auch wieder ein Vergleich mit der Kunst angebracht: mit der Art und Weise, wie Kunstkritik und Besprechung der Werke - ohne selbst Kunstwerke zu sein - essentiell zur Institution Kunst gehören.)

In dem hier angedeuteten "gemeinsamen" Zug von Spielen kann man auch einen Einwand sehen gegen die Benennung von ganzen Sprachen als "Sprachspiele" (vgl. Abschnitt B I), vielleicht sogar einen Hinweis auf die begrenzte Tragweite des Sprachspielidioms. Wenn Spiele *typischerweise* in Sprache eingebettet sind, nicht nur in dem Sinne, daß sie sprachlicher Natur sind, daß Worte und Repliken in ihnen vorkommen, sondern darüber hinaus in dem Sinne, daß wir von der Sprache aus zu ihnen *viele Bezüge* (müssen) aufnehmen können, dann zeigt dies in der Tat eine ernste Begrenztheit des Idioms. Es verfehlt sozusagen die "theoretische" Dimension der Sprache.

---

[10] Es gibt die Möglichkeit, in die Spiele ein- und aus ihnen herauszutreten; wir können nachher sagen (berichten, erzählen), *was* wir gespielt und *wie* wir gespielt haben; wir können beschreiben und kritisieren; rückfragen, analysieren und rekonstruieren; wir können planen - oder verabreden -, etwas zu spielen usw., *ohne* daß diese sprachlichen Leistungen zum betroffenen Spiel als Züge gehören.

(2) *Selbsteinholung der Sprache. Alles, was getan werden kann, kann auch beschrieben werden*. Mit Bezug auf die ("praxeologische") Wittgenstein-Interpretation von Jakob Meløe und sein "Axiom", daß "der Handelnde weiß, was er tut" (Meløe 1986:125), läßt sich eine wichtige Bedingung aufzeigen, ohne die dieses Axiom seinen guten Sinn verlöre. Sehen wir uns die Spieler der "sehr einfachen" Sprachspiele Wittgensteins an. Ihnen fehlt offenbar - wenn wir sie als "vollständige primitive Sprachen" auffassen - etwas ganz Entscheidendes, das wir aber ohne weiteres unterstellen, wenn wir *uns* als Spieler dieser Spiele denken: nämlich die Möglichkeit, diese Spiele, ihre "Züge" und Gegenzüge, die für sie relevanten Situationen und Umstände etc. sozusagen *außerhalb* der aktualen Teilnahme *beschreiben*, interpretieren, bewerten zu können.

Dies ist ein prinzipieller, kein rein quantitativer Unterschied. Es ist nicht einfach so, daß *unsere* Sprache im Gegensatz zu den primitiven Sprachen (§ 6 usw.) eben solche "Beschreibungsspiele" umfaßt. Und wie gesagt, hier reicht auch nicht die Idee der assoziativen Opposition. Hier muß die Idee von "Ebenen" in der Sprache eingeführt werden. Die Möglichkeit der Beschreibung betrifft ja jedes Sprachspiel einer vollständigen Sprache im Sinne einer *Identität* (und eines Unterschieds) zwischen ihrer "*performativen*" "Teilnehmersprache" (die Sprache, *in der* die Züge intendiert und ausgeführt werden) und der "Beobachtersprache", in der über Spiele und Züge berichtet werden kann. Die Sprache, in deren Termini die Züge geleistet werden, muß zugleich ihre eigene Beobachtungs- oder *Meta-Sprache* sein. Eine vollständige Sprache muß also mindestens die Möglichkeit der Beschreibung aller ihr zugehörigen Sprachspiele und Sprachspielzüge enthalten, also den Übergang von der "Praxis" in die "Theorie", von "use" zu "mention", so wie wir es typischerweise vom Übergang von der performativen Erste-Person-Präsens-Form eines Ausdrucks ("Ich verspreche dir, daß p") in die beschreibende Dritte-Person-Form des Berichts ("N. N. hat M. M. versprochen, daß p") kennen.[11]

Es kann zuweilen den Anschein haben (zumal, wenn man an die primitiven Sprachspiele in PU denkt), daß es ausreicht, die relevanten Äußerungen sozusagen "in der *ersten Person Präsens*" zu beherrschen, um im Sprachspiel (des Versprechens, Wettens, Befehlens usw.) agieren oder "ziehen" zu können. Aber der Schein trügt. Um im vollen Sinne als

---

[11] Die sprachliche Einheit von "use" und "mention" ist insofern zunächst im System der deiktischen Ausdrücke (insbesondere der Personalpronomina und der temporalen Abwandlung von Verbalphrasen) bezeugt und nicht so sehr in den (von Semantizisten bevorzugten) Beispielen wie etwa dem Verhältnis zwischen "Frankfurt ist eine Stadt" und "'Frankfurt' hat neun Buchstaben".

intentional Handelnder gelten zu können, der in einer Situation weiß, was er tut, genügt es *nicht*, eine gleichsam auf die erste Person Präsens beschränkte Akteursprache zu haben, in Termini derer das aktuelle Handlungsbewußtsein geformt werden kann bzw. Sprechhandlungen ausgeführt werden können. Offenbar muß diese Sprache zugleich auch eine "Metasprache" umfassen, in der diese Handlungen beschrieben werden können. Diese sprachliche Einheit von "use" und "mention" ist (für die vollständige Sprache) unabdingbar. Eine Sprachspielkompetenz, die lediglich die "performative" *Teilnahme* am Spiel umfaßte und nicht die mögliche Objektivierung des nichtgegenständlichen Handlungswissens, wäre keine. Ein Subjekt, das Sätze *nur* performativ (in der ersten Person Präsens) verwenden könnte, würde in der Tat kein Vernunftsubjekt sein, das "weiß, was es tut", und dem insofern in moralisch relevanter Weise *Handlungen* zugeschrieben werden können. Die Ebene der Akteure läßt sich von der Metaebene der Zuschauer nicht isolieren, die Sprache der Akteure nicht von jener "Meta-" oder "Übersichtssprache" des Beobachters, in der Handlungen (gegebenenfalls Sprechakte) bezeichnet und beschrieben werden können. Uns begegnet hier, was ich die *doppelte* Doppelstruktur der Sprache und Rede nennen möchte. (Vgl. Øfsti 1990b:123f.)

Wir haben die Beobachtung gemacht, daß Berichte über Sprachspielzüge manchmal auf eine sehr unauffällige Art und Weise, durch minimale Änderungen zustande kommen. Die Verbalphrasen, deren Verwendung in der ersten Person Präsens den betreffenden Zug im Sprachspiel (wetten, versprechen, befehlen ...) *ausmacht*, werden ganz einfach *abgewandelt*. Der Bericht kommt nur durch Änderung von Indexwerten zustande. Anschließend haben wir die Frage gestellt, ob dies bedeuten muß, daß Berichte über ausgeführte Züge eines Sprachspiels auch selbst zum Sprachspiel gezählt werden müssen. Ich möchte jetzt diese Frage wie folgt beantworten: Eine solche Zugehörigkeit ist keine selbstverständliche oder natürliche Forderung mehr, wenn wir die Vorstellung einer *Sinnautarkie* von Sprachspielen fallen lassen. Es ist ja keine notwendige Forderung, daß alle Anwendungen, die zur *Sinnkonstitution* eines Verbums beitragen - selbst wenn sie sich nur durch personale und temporale "Indexwerte" unterscheiden -, zu demselben *Sprachspiel* zählen müssen. Die Identität des Sprachspiels ist enger als der Umfang der Sinnbedingungen seiner Züge. Oder: Das Sprachspiel erschöpft nicht den in der Sinnkonstitution seiner Ausdrücke implizierten "Gebrauch".

(3) *Eine (gut motivierte) Schwäche des Sprachspielidioms.* Es muß m. E. als ein irreführender Aspekt des Sprachspielidioms angesehen werden, daß

es unsere Sprachkompetenz (Vernunftkompetenz) in zu hohem Maße als ein Repertoire aus verschiedenen eingeübten Fähigkeiten (Tätigkeiten, Spielzügen, Funktionskreisen) erscheinen läßt. Wittgenstein stellt mit diesem Idiom - oder wir stellen, wenn wir es nicht in seine Grenzen weisen - zu sehr die Performanz, das *Ziehen* in den Sprachspielen, die *erste Person Präsens* sozusagen, in den Mittelpunkt. Die Sprache als zugleich gegebene Möglichkeit der *Beschreibung* dieser Züge: die Möglichkeit der sekundären Objektivierung und propositionalen Vergegenständlichung der Performanzen, wird vernachlässigt oder als ein *eigenes*, selbständiges Sprachspiel ("Berichten eines Hergangs") dargestellt. Diese Emphase ist in Anbetracht der Diskussionslage des späten Wittgenstein, mit seiner Stoßrichtung *gegen* die Tractatusvorstellung von Sprache, gegen die Abbildungstheorie, gegen den Theoretizismus und Objektivismus etc., vollkommen verständlich. Andererseits läßt sich kaum leugnen, daß etliche Aspekte von Sprache und Vernunft dadurch nicht erhellt, sondern eher verdunkelt bzw. sogar unsichtbar gemacht werden. Was zu sehr aus dem Blick gerät, ist die Möglichkeit der *Bezugnahme* auf die Spielzüge als vorhandene Gegenstände; also nicht die unmittelbare (wenn auch *geübte*), mimetisch-praktische Bezugnahme *im* Dialog (als Gegenzug, "Antwort", als ein Aufgreifen ["Lesen"] und Weiterspielen etc.), sondern die "theoretische" Bezugnahme von *außerhalb* des Spiels, die zugleich Bedingung der Narration und der *hermeneutischen* Interpretation und Bewertung ist. Die Verdunkelung betrifft m. E. die (sprachliche) *Einheit* von "use" und "mention", die gegenseitige Abhängigkeit zwischen treffender Beschreibung und kompetenter Teilnahme, die Beziehung zwischen Handlung und Diskurs. Sie betrifft eben die schon erwähnte doppelte Doppelstruktur (und die Rolle des deiktischen Systems in der Sprache). (Vgl. III.)

Angesichts des Theoretizismus und der Einheitswissenschaft war es wichtig, die Notwendigkeit der möglichen kompetenten *Teilnahme*, das *Mitspielenkönnen*, als Bedingung der sozialwissenschaftlichen Theorie hervorzuheben. Die naturwissenschaftlich inspirierte Einheitswissenschaft hatte die Vernachlässigung der Teilnahme oder Kommunikation mit dem Gegenstand vorgeschrieben und dadurch in Richtung einer expliziten oder impliziten Reduktion des sozialwissenschaftlichen Gegenstandes auf Natur gedrängt. (Vgl. *Tractatus* 4.11) In der Naturwissenschaft hat ja die Idee der Teilnahme oder der Kommunikation mit dem Gegenstand überhaupt keinen *Sinn*. Diese Wissenschaften müssen sich sozusagen mit der Bezugnahme von außerhalb (Beobachtung, Beschreibung, Theoretisierung) begnügen. Insofern war die Hervorhebung der kompetenten Teilnahme genau der richtige Zug, um die methodologische Eigenständigkeit der

Geisteswissenschaften zu zeigen, überhaupt um ein angemessenes methodologisches Verständnis dieser Wissenschaften zu erlangen. Jetzt möchte ich jedoch die "theoretische" Seite hervorheben, und zwar durch den Hinweis darauf, daß schon unsere Handlungssprache, in Termini derer wir als sozial Handelnde die Gegenstände der Sozialwissenschaften konstituieren, notwendigerweise auch eine Sprache zur *Beschreibung* von Handlungen ist. (Insofern sind die Akteure auch schon "Soziologen".) Die Umgangssprache (colloquial language), in der wir miteinander (sprach)spielen, ist notwendigerweise immer schon auch eine Sprache zur Beschreibung unserer Spielzüge. Ja, die Leugnung dieses Aspekts der "theoretischen" Bezugnahme von außerhalb würde in der Tat *auch* eine Art implizite Reduktion auf Natur bedeuten. Wer als Subjekt von (verantwortbaren) *Handlungen* gelten können soll, muß im Prinzip auch der *Beschreibung* der Handlungen mächtig sein. Eben das fehlt Tieren in den "Tiersprachen". Was immer man ihnen als "performatives Handlungswissen" im Sinne eines notwendigen Know-hows zugestehen mag, es fehlt ihnen dieses Entscheidende: einen (nachträglichen) Bericht oder eine Erläuterung geben zu können.

III. Das deiktische System der Sprache

Im folgenden werde ich zunächst der oben genannten "wissenschaftstheoretischen" Pointe nachgehen, indem ich auf das Bezug nehme, was Apel "die Alternativkonzeption" genannt hat.

(1) *Die Alternativkonzeption.* Apel spricht (1979a:216ff., vgl. auch 172f., 178ff., 205, 278f.) von einer "Alternativkonzeption" (im Sinne des *Tractatus*) bzw. von einer weitverbreiteten Voraussetzung, die unterstellt,

"daß in bezug auf Handlungen wie in bezug auf Überzeugungen letztlich nur *zwei* methodologisch relevante Typen von Warum-Fragen und entsprechenden Antworten denkbar sind: solche im Sinne von *Ereignis-Erklärungen* und solche im Sinne *objektiv gültiger Begründungen* oder *Rechtfertigungen* des Gebotenseins bzw. der Wahrheitsgültigkeit. Die letzteren hätte man in direkter Rede (in der zweiten Person) im Dialog *an den Anderen* oder im Monolog (in der ersten Person) *an sich* zu richten; die ersteren dagegen wären Fragen (in der dritten Person) *über das Zustandekommen der Handlungen und Überzeugungen der Anderen als Ereignissen in der objektivierbaren Welt, über die* wir (Ich, Du bzw. Ihr, die wir als Sprach-*Subjekte* sozusagen die 'Grenze der Welt' bilden) reden. Anders gesagt: man hätte nur zu unterscheiden zwischen Fragen einer normativen Wissenschaftslogik und Ethik (oder deontischen Logik?) in bezug auf das, was *gilt*, und Fragen der empirischen (Natur-)Wissenschaft in bezug auf das, was 'der Fall ist'.

Was in dieser Alternativkonzeption [...] fehlt, ist die Möglichkeit, den oder die Anderen, über die man in der dritten Person singularis oder pluralis redet, [...] als *virtuelle Interaktions- bzw. Kommunikationspartner* aufzufassen, deren Handlungen oder Überzeugungen man vermöge der *Reziprozität von Selbstreflexion und Antizipation fremder Intentionen und kognitiver Präsuppositionen zu verstehen* sucht [...] Die *hermeneutische* Distanzierung des Anderen als des *fremden Subjekts* von Handlungs-Intentionen und Überzeugungen wird [...] mit seiner *theoretisch-szientifischen* Distanzierung als eines bloßen *Objekts* der eigenen Handlungs-Intentionen und Überzeugungen konfundiert." (Apel 1979a: 216f.)

Weiter unten spricht Apel von einem "szientistischen Fehlschluß", der sich auf die Annahme zurückführen lasse, "daß im Sprachspiel der kommunikativen Verständigung der Übergang von der Rede in der ersten und zweiten Person zur Rede in der dritten Person gleichbedeutend sein müsse mit dem Übergang zum Standpunkt der Beobachtung bzw. der theoretischen Objektivierung des Anderen und der entsprechenden Erklärung seiner Handlungen." (278)

Ich habe an anderer Stelle[12] versucht, diese Alternativkonzeption als ein Kollabieren von zwei Dimensionen in eine Eindimensionalität zu verstehen. Oder anders gesagt: Die "dritte Person" kann sozusagen innerhalb von zwei "Sprachspielen" (um mir diesen Ausdruck doch zu erlauben) gehandhabt werden, als "relativ" dritte Person im "Person-Handlung-Verantwortung"-Spiel, und als "absolut" dritte Person im "naturalistischen" Sprachspiel. Die alltagssprachlichen Formulierungen in der dritten Person (über Personen und Handlungen) funktionieren beim szientistischen Fehlschluß als eine Art Drehscheibe. Personen und ihre Handlungen werden durch diese Form in das naturalistische Sprachspiel eingeschleust und den dort üblichen Bedingungen der Begriffs- und Theoriebildung unterworfen. Was übersehen wird, ist, daß in ihrer normalen Funktion im Person-Handlung-Verantwortung-Spiel (das essentiell umgangssprachlich ist) der Sinn der Handlungsverben essentiell von ihrer handlungs*konstitutiven* Verwendung in der ersten Person Präsens, überhaupt von ihrer Rolle in der unmittelbaren Kommunikation und Interaktion, *lebt*.

Die "Alternativkonzeption" und der "szientistische Fehlschluß" der Einheitswissenschaft sind gewissermaßen nichts anderes als die Kantische dualistische Konzeption. Genau wie in Wittgensteins *Tractatus* gilt im

---

[12] "Partielle (sekundäre) Objektivierung. Bemerkungen zur Sprache als Vehikel der Vernunft", Beitrag zur Konferenz über "Wertprobleme in den Sozial- und Geisteswissenschaften", Ischia 25.3-1.4.92; in diesem Band: 252-80.

Rahmen von Kants Modell der Transzendentalphilosophie: "Entweder muß das Subjekt der Wissenschaft als erfahrbares den Kategorien naturwissenschaftlicher Objektivation - insbesondere der Kategorie der Kausalität - unterliegen, oder es kann überhaupt nicht im Sinne der Erfahrbarkeit thematisiert werden." (Apel 1973:II 186) Dieses Modell wurde zwar von Hegel[13] und den Expressivisten (überhaupt von diesem *ersten* Schub der Sprachphilosophie) moniert, aber doch erst vom späten Wittgenstein wirklich aus den Angeln gehoben. Erst bei ihm wird vollends klar, daß und warum man die dritte Person, die Beschreibung, die Empirie nicht à la Kant dem *naturalistischen* Sprachspiel überlassen darf: Die *Alternativkonzeption* würde *unsere Sprache zerstören.* Die beobachtbaren (und in der dritten Person zu beschreibenden) äußeren Handlungsvorgänge haben auch für das Denken (die "seelischen Vorgänge") kriteriale Bedeutung. Unsere "Handlungssprache" ist davon abhängig, *sowohl* beschreibend (in der dritten Person) als auch handlungskonstituierend in der ersten Person verwendet zu werden. Oder wie Charles Taylor formuliert: "[O]ur language of deliberation is continuous with our language of assessment, and this with the language in which we explain what people do and feel." (1989a:57)

Im folgenden werde ich versuchen, diese Pointe zu erhärten und die *Notwendigkeit* der von Taylor skizzierten Struktur aufzuzeigen. Ohne diese Struktur - so ungefähr lautet meine implizite These - würde es unsere Sprache und unsere Vernunft überhaupt nicht geben können.

(2) *Semantizistischer und Metasprachen-Fehler.* Die "Alternativkonzeption" bedeutet, so kann man sagen, eine Art Verabsolutierung des "Symbol"- oder Abbildungsaspekts der Sprache auf Kosten der Signal- und Ausdrucksaspekte (K. Bühler), eine Verabsolutierung der Theoria auf Kosten der Praxis. Was fehlt, ist ein richtiges Verständnis der konstitutiven Rolle der Sprache in *Handlungen.* Die "performative" Akt-Sprache bzw. ihre (vollständigen) Sinnbedingungen werden übersehen oder falsch konstruiert. Das heißt, neben der Welt als Gegenstand der Beschreibung und Erklärung hat man zwar die Sprech- und Denk-Handlungen des wissen-

---

[13] Vgl. Apel 1973:II 186f. über Hegels Konzeption des objektiven Geistes als implizite Philosophie der hermeneutisch verstehenden Geisteswissenschaften: Hegels Konzeption "geht - kurz gesagt - davon aus, daß das Subjekt der Erkenntnis nicht nur das andere seiner selbst - als eine von außen beschreibbare und erklärbare Welt - erfährt, sondern auch sich selbst in reflexiver Besinnung und im anderen (zumindest im anderen Menschen, seinen Worten und Handlungen)."

schaftlichen Kollegiums anerkannt, aber nur als aktuelle "Grenze der Welt". Auf die *Sprache* dieser Leistungen (außer auf ihren weltabbildenden, propositionalen Teil) wird nicht reflektiert. Und sobald es um die Welt und ihre Beschreibung geht, fällt man auf eine rein theoretizistisch gedachte Abbildungssprache zurück.

Zum Zweck der Erläuterung möchte ich an dieser Stelle einen "semantizistischen" (oder "wahrheitssemantizistischen") Fehler[14] definieren, der gewissermaßen zu einem noch einseitigeren Ausblick als die Alternativkonzeption führt. Der semantizistische Fehler besteht darin, daß man die Rolle der *Verbalphrasen in Handlungen* (zumal Sprechhandlungen) an die übliche prädikative Rolle in Propositionen und propositionalem Wissen angleicht. In der semantizistischen Perspektive gelten Phrasen wie "... begrüßt (---) herzlich" oder "... verspricht (---), daß p" als Satzfunktionen, die durch das Einsetzen irgendwelcher passenden singulären Termini (Namen oder indexikalische Ausdrücke von der Art persönlicher Pronomina) zu wahren oder falschen Sätzen werden. Abwandlungen, einschließlich der passenden Änderungen der Bezeichnung des indirekten Objekts, dienen dazu, *denselben* propositionalen Inhalt (ein Bild eines bestimmten Sachverhalts, der auch in einer "standing sentence" abgebildet werden kann) aus *verschiedenen* Sprecherpositionen zu behaupten. Der Fall der ersten Person Präsens ist, ungeachtet gewisser epistemologischer Eigentümlichkeiten, auch eine Beschreibung, eine Selbstzuschreibung des Prädikats. Die handlungs*konstituierende* Funktion der Verbalphrase in der ersten Person Präsens wird auf diese Weise geleugnet.[15]

Die Positionen der Alternativkonzeption unterscheiden sich, so könnte man sagen, von der semantizistischen dadurch, daß sie neben der beschreibbaren Welt doch mit einem weltabbildenden Subjekt rechnen,

---

[14] Siehe dazu die Kritik (insbesondere an D. Lewis) in Apel 1980b und Øfsti 1985a.

[15] Apel faßt seine Kritik an dem Semantizismus wie folgt zusammen: "Durch die [...] 'Semantisierung' von pragmatisch bedingten Bedeutungen geht [...] dasjenige an diesen Bedeutungen, das sie nach Peirce dazu befähigt, die Sprache an der existierenden Realität festzumachen und das im Falle der Verknüpfung von *indexikalischen mit performativen* Ausdrücken die 'illokutionäre Kraft' im Sinne Austins konstituiert, völlig verloren. Vor allem ist im Zusammenhang unserer Frage nach der Logos-Auszeichnung der menschlichen Sprache zu bemerken, daß dasjenige Bedeutungsmoment der performativen Phrase verloren geht, durch das sie, und nur sie, die sprachlich explizite effektive *Selbstreflexion* der menschlichen Sprechhandlungen ermöglicht. Hinsichtlich der Bedeutung der Performative lassen sich alle Konsequenzen der üblichen Semantisierungs-Strategie in der Feststellung zusammenfassen, daß die *performativ-propositionale Doppelstruktur* der Sätze im Sinne einer *einheitlich propositionalen Struktur* nivelliert wird." Apel 1980b:47f.

das nicht selbst abgebildet werden kann, sondern vielmehr die Bilder "denkt" oder sie auf andere Weise "in Kraft" setzt bzw. geltend macht. Für Wittgenstein ist im *Tractatus* das philosophische Subjekt nicht abbildbar (5.63-5.641) (dafür aber aktiv, im "Denken des Satzsinnes"). Auch Kant betrachtet das transzendentale "Ich" nicht als Bestandteil von Vorstellungen (Bildern) von der Welt oder als mögliches Argument in Satzfunktionen, sondern - im Sinne des "Aktus der Spontaneität" - als ein handelndes Ich: das "Ich denke" muß unsere Weltabbildungen *begleiten* können. (Und hier können wir uns Erweiterungen denken: in praktischen Kontexten, wo repräsentierende Elemente in anderer Art und Weise vorkommen oder gar nicht, könnte der spontane Akt bzw. das "performative Handlungsbewußtsein" eine andere Form haben, etwa "Ich grüße ..." oder "Ich verspreche ...".)

Das Richtige an der Position Kants (und des *Tractatus*) ist die Verwerfung der semantizistischen Gleichschaltung. Selbst wenn eine "Akt-Sprache" hier nur marginal vorkommt - im *Tractatus* ist ja fast nur die Stelle markiert, an die sie gehört[16] -, so ist jedenfalls klar, daß das "Ich denke (affirmiere, behaupte)" der Verstandeshandlungen keine Repräsentation, kein "Bild", keine Proposition (p) ist. Dies gilt es auch bei der angedeuteten Erweiterung oder Extrapolation zu einer kompletten Akt-Sprache festzuhalten. Man muß auf einer *nicht* abbildenden, *nicht* deskriptiven Rolle der handlungs*konstitutiven* Handlungsverben in der ersten Person Präsens insistieren, eben auf einer handlungs- und selbst-konstitutiven bzw. -bestimmenden Rolle. In Sprechakten, in denen irgendein propositionaler Inhalt (p) behauptet, versprochen, befohlen ... wird, "steigen" gewissermaßen das "begleitende" Ich und das performativ-expressive Verbum - gemäß der "Doppelstruktur der Sprache" - auf eine Metaebene. Und insofern gehören sie nicht auf die propositionale ("p-")Ebene.

In der dualistischen "Alternativkonzeption" führt aber nun diese Einsicht zu einer radikalen *Diskontinuität* zwischen der Gegenstandsebene und der Subjekt- oder Meta-Ebene. Sowohl in Wittgensteins *Tractatus* als auch in Kants System gibt es eine unüberbrückbare Kluft zwischen der erkenn-

---

[16] Es ist für Wittgensteins *Tractatus* charakteristisch, daß eine Sprache dieser Art, in der das (philosophische) Ich sich seiner Akte bewußt sein kann, eigentlich fehlt. (Siehe *Tractatus* 5.54ff.) Da ja das intentionale Verhältnis zur Welt *eindimensional* ist: alle (Denk-)Aktverben, die den Gebrauch weltabbildender Sätze hätten differenzieren können, reduzieren sich auf dies eine: das Denken des Satzsinnes als Beschreibung (Abbildung), so sind solche Verben eigentlich überflüssig oder redundant. Die Sprache reduziert sich auf die p, die die *Welt* abbilden. Es gibt keine Möglichkeit einer Artikulation des intentionalen Aktes *selbst* über seinem "Bildinhalt" hinaus.

baren Erscheinungswelt und der theoretischen Praxis (der Spontaneität) des transzendentalen Subjekts, das Bilder "denkt" oder "projiziert" (vgl. *Tractatus* 3.11-3.13). Bei Kant führt dies zu einem hochproblematischen Dualismus zwischen der Form aller Erkenntnis (die Erscheinungswelt kann nur unter dem *Naturbegriff* erkannt werden) und der Form des Selbstverständnisses bzw. der Selbstbestimmung unter dem *Freiheitsbegriff*. Bei Wittgenstein kommt der Dualismus u. a. darin zum Ausdruck, daß das, was das Subjekt als Grenze der Welt in der Sprache "praktiziert" (ja alles "Höhere"), sich nur *zeigen* kann, während das, was *gesagt* (abgebildet) werden kann, sich auf Naturwissenschaft reduziert (*Tractatus* 4.11).

Das Problematische an mindestens diesen (nicht-semantizistischen) Positionen ist offenbar, daß sie eine (zu) radikale Trennung zwischen Subjekt und Objekt (oder Ebene und Metaebene bzw. Sprache und Metasprache) mit sich führen. (Eine Hierarchie von Metasprachen à la Russells Typentheorie hilft hier auch nicht weiter.) Man könnte vielleicht sogar von einer Art *Metasprachenfehler* sprechen. Wenn der semantizistische Fehler die handlungskonstitutive Verbform der ersten Person Präsens als *Beschreibung* auffaßt, so besteht der Metasprachenfehler darin, daß die (welt-)beschreibende Sprache prinzipiell von der Sprache getrennt wird, in der das handelnde (beschreibende) Subjekt sich selbst als handelndes versteht. Es gibt sozusagen keinen Platz für eine *deskriptive* Verwendung jener Verbalphrasen, die das Handlungsbewußtsein des Subjekts formt und artikuliert. Alle Beschreibung wird dem Naturbegriff bzw. dem "naturalistischen Sprachspiel" überlassen, d. h. dem Sprachspiel, in dem die (fruchtbaren) Begriffe (Prädikate, Verbalphrasen) aufgrund von Beobachtung (und Experiment, Peirce) konstruiert werden. Der Dualismus dieser Alternativkonzeption scheint nun kaum problematisch, solange wir mit der zu beschreibenden Welt eben die Natur meinen. In dem Augenblick jedoch, in dem wir die Welt auch die denkenden und sprechenden, verantwortlich handelnden *Menschen* (Vernunftwesen) umfassen lassen, wird es schlimm. Dann landet man in einem hoffnungslosen (logischen) Behaviourismus - ergänzt durch eine interne, mehr oder weniger geheime Privatsprache, in der man sich selbst und seine Handlungen (jedenfalls die wissenschaftlichen) bestimmt und versteht (eine Sprache, in der mindestens - à la Kant - ein "Ich denke" möglich ist, das meine behaviouristischen Vorstellungen begleiten kann).

Die Verwerfung der *semantizistischen* ("horizontalen" und deskriptivistischen) Kontinuität zwischen Subjekt und Objekt darf nicht bedeuten, daß *jede* Kontinuität abgelehnt wird. Der semantizistische Fehler sollte nicht gegen den Metasprachen-Fehler ausgetauscht werden. Die Ablehnung des Deskriptivismus muß nicht heißen, daß man die Forderung der (absurditätsfreien) Substituierbarkeit der ersten Person in Handlungsbeschreibungen aufgeben muß oder darf; ebensowenig wie die Möglichkeit der narrativen Abwandlung des handlungskonstituierenden Handlungsbewußtseins in die Vergangenheit oder in die dritte Person. Die Abwandlungsmöglichkeiten ganz allgemein, das ganze System der persönlichen und temporalen Deixis und damit die *Einheit* der "Außenperspektive" und "Innenperspektive" in der Sprache darf man nicht verloren gehen lassen - etwa gemäß der angedeuteten Auffassung, daß wir prinzipiell alle *zwei* Sprachen sprechen: einerseits eine behaviouristische Observationssprache (mit zugehöriger Theoriesprache), die ich für die Beschreibung und Erklärung anderer, einschließlich ihrer sprachlichen Äußerungen, als Inventar der Welt benütze; und andererseits eine "Bewußtseinssprache", *in* der ich meine eigenen Intentionen konstituiere, forme, artikuliere, verstehe und in der ich gegebenenfalls auch meine Sprechhandlungen *ausführe* (eine Sprache, die sozusagen auf die Erste-Person-Präsens-Form der Handlungsverben beschränkt wäre).

Ich glaube, man kann hier eine gewisse Parallele sehen zu der Wittgensteinschen Analyse der sogenannten "psychologischen Prädikate" in den PU. Das "Haben" von irgendeinem mentalen Zustand oder einer Empfindung (E) "in one's own case" reicht nicht hin, um den Sinn der entsprechenden Bezeichnung ("E") zu definieren. Die Möglichkeit der Zuschreibung zu anderen aufgrund äußerer Kriterien muß hinzukommen, um den sprachlichen *Sinn* des Prädikats (Verbums) festzulegen. Die Besonderheiten des Falles der ersten Person sind aber auch notwendig. Alleine, ohne sie, kann die "behaviouristische" Verwendung auch nicht den richtigen Sinn bestimmen. Der Sinn hat essentiell zwei "Stämme". Im *Tractatus* wurden Sätze der Form "A glaubt, daß p", "A denkt p", "A sagt p" nach dem Muster "'p' sagt p" analysiert, d. h. als eigentlich un*sagbare* Sätze. Wir haben es mit einem "transzendentalen" Verhältnis zu tun, daß sich *zeigen* muß. Nach dem Ansatz der PU wird eine ganz andere Analyse fällig: Sowohl das Denken, daß p (im eigenen Fall sozusagen: "Ich denke, daß p"), als auch die Zuschreibung dieses Denken zu anderen ("A denkt, daß p") sind für den *Sinn* des Verbums notwendig.[17]

---

[17] Die "Zeigen"-Doktrin kehrt zwar in den PU wieder; es bleibt ein Wittgensteinscher Grundtenor, daß die (philosophische) Theorie nie das einholen kann, was in der Praxis gegeben ist und sich *zeigen* muß. Die philosophische Theorie bleibt für Wittgenstein eine Art Anmaßung. Nach den PU aber - so kann man es vielleicht sehen - gehören *beide* Praktiken: die theoretische Praxis, das *Denken*, daß p, und die Beschreibung

Wie dem auch sei, die Sprachstruktur, die ich vor Auge habe, ist - kurz gesagt - die folgende: (i) In vielen menschlichen Handlungen ist ein sprachlich artikulierbares, performatives Handlungsbewußtsein für die Handlung konstitutiv. Die "Verwendung" des entsprechenden Handlungs-verbums *in* der Handlung, d. h. in der ersten Person Präsens, ist dement-sprechend nicht deskriptiv, sondern eben handlungskonstitutiv. (Es ist zwar etwas mißlich, von "Verwendung" zu reden, wenn diese "Verwen-dung" keine verbale Äußerung, sondern nur eine "intellektuelle Anschau-ung" [im Sinne Fichtes], ein "agent's knowledge" [Ch. Taylor] oder der-gleichen ist. Diese Mißlichkeit entfällt erst bei den performativen *Sprech*-handlungen, die für meinen Entwurf hier maßgebend sind.) (ii) Wenn eine andere Zeitform oder ein anderes Pronomen (oder gegebenenfalls ein Name) für das Präsens und die ersten Person substituiert werden, kommt eine Proposition heraus, die eine Handlung *beschreibt*. (iii) Beide Verwen-dungsweisen, die nicht-deskriptive der ersten Person Präsens und die deskriptiven, sind für den *Sinn* der Verbalphrase unentbehrlich. Sie gehören deswegen auch essentiell *derselben Sprache* an. Der Sinn duldet hier keine Aufteilung in Sprache und Metasprache. (iv) Man könnte viel-leicht sagen: Die sprachliche Einheit ist hier durch das System der per-sönlichen und temporalen Indizes geleistet. (Wie *viel* in diesem System steckt, davon vermittelt Tugendhat 1976 einen Eindruck.) Dieses System vermittelt zwischen "performativer" Akt- oder Intentions-Sprache und Beschreibungssprache. Man muß nur die semantizistische Interpretation dieses Systems und den semantizistischen Fehler vermeiden! (Was Tugend-hat m. E. nicht gelingt.[18])

dieser Praxis, d. h. die *Zuschreibung* solchen Denkens zu Personen ("A denkt p"), essentiell zu jener Praxis, die insgesamt den Sinn des Verbums festlegt.

[18] J. Bennett stellt in seinem *Rationality* (1964) die Frage, was eine Sprache leisten muß, die konstituierendes Medium von Vernunft sein kann. Er kommt zu dem Ergebnis, daß die Trennung Singulär/Allgemein muß gemacht werden können (sozusa-gen um die Möglichkeit *rationaler* Verwerfung universeller Aussagen durch singuläre (Beobachtungs-)Aussagen zu gewährleisten). Strawson (1959 und 1966) hebt die Trennung zwischen "numerischer" und "qualitativer" Identität hervor als Bedingung der Reidentifikation und letztens des Unterschiedes zwischen "subjektiv" und "objektiv" (subjektivem Erfahrungsweg durch eine objektive Welt). Beide Ansätze konvergieren m. E. recht gut mit Tugendhats Resultaten bez. der logischen Infrastruktur der singulä-ren Referenz, die ein voraussetzungsvolles System der deiktischen Ausdrücke umfaßt. Was jedoch bei allen drei Autoren m. E. fehlt, ist eine richtige Einschätzung der *persönlichen* Deixis in ihrem Bezug auf *Handlungen*.

(3) *"Zwei Sprachen" noch einmal. Mandler & Kessen.* Die oben genannte Auffassung, daß wir alle eigentlich je "zwei Sprachen" sprechen: eine zur Beschreibung der observierbaren Welt und eine zur Artikulation (zur Formung) unseres eigenen Handlungsbewußtseins, entspricht m. E. ziemlich genau der Auffassung von *G. Mandler* und *W. Kessen* (1959). Nach ihnen ist ein echtes psychologisches Wissen nur auf behaviouristischer Grundlage möglich, das heißt, nur wenn "the language of the subject [d. h. die Person, über die man etwas wissen will] and the language of the psychologist [are] kept strictly separate". (Mandler/Kessen 1959:35) Sie schließen sich der Meinung Gustav Bergmanns an, daß "the behaviour scientist and his subjects do not, in principle, speak the same language" (35). Setzen wir nun voraus, daß auch "the subject" (der Akteur) neben der Sprache (A_i), in der sein intentionales Handlungsbewußtsein, seine Denk- und Perzeptionsakte ("Ich glaube, daß p", "Ich sehe zwei Grün-Schattierungen", "Ich hoffe, daß er kommt", "Ich verspreche, daß p") "geformt" sind, zusätzlich auch eine weltabbildende, behaviouristisch fundierte Sprache (A_w) hat, in der er z. B. Psychologen abbildet; und nehmen wir ebenfalls an, daß "the psychologist" neben seiner weltabbildende Sprache (P_w) zugleich eine "Intentionssprache" (P_i) hat, dann ergibt sich die folgende 4-Sprachen-Situation: P_w bildet das ab, was in A_i artikuliert ist, und ist eine (prinzipiell verschiedene) Metasprache ihr gegenüber; A_w bildet das ab, was die Psychologen in Termini von P_i tun und sagen (artikulieren).

Die entscheidende Absurdität dieser Konstellation kann man vielleicht darin sehen, daß sie das System der performativ-expressiven und referentiellen Deixis, das normalerweise diese Vierheit zu einer Einheit macht, zerschlägt. Reflexion - die Akt/Beschreibung-Transponierung - ist ausgeschlossen. Oder anders gesagt: In den behaviouristischen, wissenschaftlichen Beobachtungssprachen läßt sich nicht mehr länger die erste Person (Präsens) absurditätsfrei substituieren. Nehmen wir die wissenschaftliche, weltabbildende "system language" der Psychologen, P_w. Ihre Termini sollten, als saubere, wissenschaftliche Termini, innerhalb des Kreises von (experimenteller) Beobachtung und Theorie auf die übliche Art und Weise "nominalistisch" aufgrund von Beobachtungen verbalen und sonstigen Verhaltens von Akteuren definiert sein. Für ein Verbum wie "sehen" ("sieht") der Sprache P_w bedeutet dies zwar eine gewisse Verbindung zwischen diesem P_w-Verbum und dem Verbum "sehen" ("sehe") in A_i, aber kaum die richtige. Mandler/Kessen schreiben:

"Broadly, the definition of the technical term 'sees' might be introduced into the system language in the following way: 'S *sees* two different shades of green' is defined as 'When the subject is presented with these two areas he says 'I see two shades of green''." (35)

Versuchen wir hier - auf der Seite der Psychologen - die erste Person zu substituieren, d. h. die P_w-Sprache auch als P_i-Sprache zu benutzen, kommt folgendes heraus: "I *see* two different shades of green" heißt soviel als: "When I am presented with these two areas I say: 'I see two shades of green'". Der Zirkel, der hier entsteht, ist kein gutartiger. Weiter ist klar, daß das Sehen in der ersten Person *Plural* wie auch die Kombination mit der *zweiten* Person (z. B. in Fragen) hochproblematisch wird. Denn hier sind sowohl die P-Sprachen als die A-Sprachen beansprucht. Kurz, der Zerfall in vier Sprachen bedeutet, daß Kommunikation nicht mehr möglich ist. Die Sprachen kollabieren in Privatsprachen.

Die *beiden* Perspektiven bzw. "Sprachen": die des handlungsbewußten Akteurs, der ersten Person, und die des Zuschauers, der ihn *beschreibt*, gehören notwendig zu *derselben* (vollständigen) *Sprache*. Es gibt - trotz Mandler/Kessen - eine Einheit der Sprache(n): Erstens die intrapersonale Einheit zwischen meiner "performativen Sprache", in der ich mein performatives Handlungsbewußtsein *forme*, in der ich ggf. auch meine eigenen "Züge" als Sprachspielteilnehmer *ausführe*, und der Sprache, in der ich Handlungen *beschreibe* (eigene Handlungen ebenso wie Handlungen anderer Personen). Zweitens die interpersonale Einheit zwischen der Sprache meiner Performanzen und der Sprache *anderer*, in welcher meine Performanzen "in der dritten Person" *beschrieben* werden können (und vice versa). All dies ist auch keine empirische Kontingenz, sondern (nach Wittgenstein) ein *notwendiger* Zug der (vollen) menschlichen Sprache. Diese ist nur möglich, sofern dergleichen "*Einheits*"-, "*Konformitäts*"- und/oder "*Symmetrie*"-Prinzipien gelten.[19]

Entscheidend für eine vollständige Sprache ist insofern, daß sie dank der genannten Bedingungen der Sinnkonstitution gewisse Formen von Verselbständigung ausschließt. Die *Konstitution* einer Handlung als eine sinnvolle, intentionale Handlung schließt einen möglichen begrifflich-propositionalen Bezug auf diese Handlung als ein Erkenntnis*objekt* ein, und zwar auf die unauffälligste und einfachste Art: durch die Beschreibung, die durch die angemessene Änderung der Indexwerte entsteht. Zwar entsteht bei Beschreibungen die Möglichkeit des Irrtums, aber das heißt noch lange nicht, daß "radical translation begins at home", wie Quine und Davidson meinen.

---

[19] Vgl. meine "Unity of Language"-These in Øfsti 1985a:16ff.

Wir sprechen, wenn es in einem hermeneutischen Kontext um Subjekt und Objekt des Verstehens geht, mit Recht von *zwei* Sprachen. Nach dem Vorhergehenden müssen wir aber offenbar sehr vorsichtig sein und dürfen nicht immer - also auch innerhalb des Rahmens einer natürlichen Sprache - von *meiner* Sprache und *seiner* Sprache (der Sprache des Objekts, der dritten Person) reden, so als ob sie immer im Prinzip voneinander getrennt werden und selbständig nebeneinander existieren könnten. Wir müssen hier sehr sorgfältig unterscheiden zwischen dem *intra*sprachlichen Subjekt-Objekt-Verhältnis und dem *inter*sprachlichen Verhältnis zwischen (unserer) Subjektsprache und einer (fremden, erforschten) Objektsprache. Im letzten Fall sprechen Subjekt und Objekt in der Tat "prinzipiell" nicht dieselbe Sprache, Übersetzen kommt in Frage usw. (Mandler/Kessen - aber auch die Idee, daß "radical translation begins at home" - nehmen offenbar dieses Verhältnis als ihr Modell ganz generell.)

Im intrasprachlichen Fall geht es aber um etwas ganz anderes. Zwar haben wir immer ein Verhältnis zwischen Sprache und Metasprache, aber jetzt geht es um ein *notwendiges*, sprach*internes* Verhältnis: um dieses Verhältnis in seiner Verbindung mit - oder in seiner Rolle als die Ermöglichung von - einem funktionierenden System temporaler und personaler Deixis. In diesem sprachinternen Fall haben wir es mit dem Verhältnis Sprache/Metasprache als einer besonderen Verknüpfung von Akt und Aktbeschreibung mit zugehörigem deiktischem System zu tun - als Existenzbedingung einer vollständigen Sprache überhaupt.

Um uns an (performative) Sprechakte zu halten: Der Sprecher der "Objekt"-Sprache (die Sprache unserer beobachteten Objekte) nimmt an einem Sprachspiel Teil und äußert in einem Sprachspiel (in seiner "performativen" Sprache): "Ich verspreche dir ...". *Ich* gebe in meiner "Metasprache" (aufgrund von Beobachtung) diesen Sprechakt in einer Beschreibung wieder: "Er hat ihm versprochen ...". Und diese Beschreibung kann nicht in meiner Sprache wahr sein ungeachtet des Handlungsbewußtseins des Akteurs (des Sprachspielteilnehmers). Hier ist entscheidend, daß wir es eben *nicht* mit zwei Sprachen zu tun haben, sondern mit dem deiktischen System innerhalb *einer* Sprache. Ich muß auch Teilnehmer an dem genannten Sprachspiel sein und "denselben" Zug in derselben "Akteursprache" *ausführen* können: jemandem etwas versprechen. Und *er* muß mein Tun mit derselben Phrase *beschreiben* können: "Er (A. Ø.) hat N. N versprochen ...". Dies alles muß möglich sein, *ohne* daß mehr als eine Sprache im Spiel ist. Sonst könnte(n) Sprache(n) gar nicht *existieren*. Anders formuliert: Wir müssen *normalerweise* korrekte Beschreibungen von den Handlungen anderer Akteure erhalten, wenn wir die Verbalphrasen, die

wir selber in der *Konstitution* solcher Handlungen - wenn auch stillschweigend - "aktivieren", in die dritte Person abwandeln und aufgrund
von Verhaltenskriterien (etwa der Äußerung: "Ich verspreche dir ...") zur
Beschreibung anderer verwenden. Wenn unsere Handlungsbeschreibungen
zu oft daneben gingen, dann würde dies die Sprache zerstören (vgl.
§§ 344f.) und die Handlungen auch.

Rationale Argumentation,
Erklären und Verstehen

Zum Universalitätsanspruch
der hypothetisch-deduktiven Methode

Auch in Norwegen ist die Diskussion über die hypothetisch-deduktive Methode eng mit dem sogenannten Positivismusstreit bzw. der Diskussion über die Einheitswissenschaft verbunden. Die Gegner des Positivismus und des einheitswissenschaftlichen Konzepts (wie wir es bei Popper, Hempel, Nagel und anderen einflußreichen Wissenschaftstheoretikern finden) haben behauptet, daß die methodologische Einheitswissenschaft - nicht zuletzt dank einer oberflächlichen Analyse der Logik der Naturwissenschaften - mit ihrem deduktiv-nomologischen (DN-)Schema des Erklärens unter der Hand eine bestimmte, und zwar "technische" oder "instrumentelle" wissenschaftslogische Struktur verabsolutiert; eine Struktur, die für die naturwissenschaftliche Forschung spezifisch ist bzw. nur eine partikulare Form des wissenschaftlichen Sich-Verständlichmachens von Zusammenhängen in der Welt darstellt. Diese wissenschaftslogische oder methodologische Struktur ist oft als "die hypothetisch-deduktive Methode" charakterisiert worden.

Kürzlich ist nun von Dagfinn Føllesdal, Lars Walløe und Jon Elster eine interessante Apologie der hypothetisch-deduktiven Methode geliefert worden.[1] Das bei de Gruyter in der Reihe "Grundlagen der Kommunikation" erschienene, aus dem Norwegischen übersetzte Buch bietet eine Art theoretizistisch-holistischer Auffassung der hypothetisch-deduktiven Methode, die ausgelegt wird als allgemeine Struktur der Anpassung unseres Wissens an die Welt bzw. an ihren Inhalt von sowohl sinnhaltigem als nicht-sinnhaltigem Datenmaterial. Mit jenen Kritikern, die den Universalitätsanspruch dieser Methode nicht akzeptieren wollen, setzen sich die

---

[1] Føllesdal/Walløe/Elster 1986. Seitenzahlen im Text ohne weitere Kennzeichnung beziehen sich auf dieses Buch. Die folgenden kritischen Kommentare zu einigen Kapiteln dieses Buchs sind im wesentlichen eine Überarbeitung eines Auszugs aus Øfsti 1980, das sich mit einer früheren Version (Føllesdal/Walløe 1977) auseinandersetzt.

Verfasser (im folgenden FWE genannt) auseinander, indem sie von der folgenden - m. E. nicht ungerechten - Zusammenfassung der gegnerischen Position ausgehen:

1. Die hypothetisch-deduktive Methode ist nur auf die Naturwissenschaften zugeschnitten.

2. Sie ist ausschließlich in den experimentellen Wissenschaften anwendbar.

3. Hypothetisch-deduktive Systeme bestehen aus Wenn-dann-Sätzen.

4. Die hypothetisch-deduktive Methode setzt den Empirismus voraus, dem zufolge Erkenntnis nur durch Sinneserfahrung möglich ist.

5. Die hypothetisch-deduktive Methode setzt voraus, daß das Untersuchungsobjekt als ein Ding angesehen wird; und daher kann sie nicht auf das Studium des Menschen angewandt werden.

6. Die hypothetisch-deduktive Methode setzt voraus, daß der sie verwendende Wissenschaftler nicht selbst auf das zu Untersuchende einwirkt. Gerade dies ist aber in den Gesellschaftswissenschaften der Fall.

7. Die hypothetisch-deduktive Methode sollte in den Gesellschaftswissenschaften nicht angewandt werden. Denn sie läßt der Möglichkeit keinen Raum, daß der Wissenschaftler selbst ein Teil der zu untersuchenden Gesellschaft ist.

8. Die hypothetisch-deduktive Methode trägt nicht der Möglichkeit der Selbst-Reflexion Rechnung; und sie ist mit einer solchen auch gar nicht vereinbar.

9. Die hypothetisch-deduktive Methode bzw. die "erklärende" Methode findet in den Naturwissenschaften ihre Anwendung; in den Geisteswissenschaften und teilweise auch in den Gesellschaftswissenschaften wird hingegen die "hermeneutische" bzw. die "verstehende" Methode angewandt. (136-143)

FWE wollen nun die Kritik an einer angeblichen Verabsolutierung der hypothetisch-deduktiven Methode mit der Behauptung entkräften, daß diese Methode in der Tat allgemein sei und eine wesentliche Struktur jeder empirischen Wissenschaft - ja jeder rationalen Argumentation - darstelle. In diesem Sinne werden die Thesen der Kritiker Punkt für Punkt - polemisch und recht überzeugend - zurückgewiesen.

Trotzdem muß diese Polemik relativ wirkungslos bleiben und kann die Kritiker der Einheitswissenschaft kaum ernsthaft herausfordern. FWE gehen nämlich von einer sehr verwässerten Interpretation der hypothetisch-deduktiven Methode aus:

"(i) Die in den Theorien aufgestellten und mittels der Methode überprüften Behauptungen werden nicht als absolut sichere Behauptungen angesehen, sondern als *Hypothesen*.

(ii) Die Behauptungen werden überprüft und begründet, indem man aus ihnen Konsequenzen ableitet [...] und dann untersucht, wie gut diese Konsequenzen untereinander, mit unseren übrigen Annahmen und mit unserer Erfahrung übereinstimmen." (133)

Mit Hilfe einer solchen Interpretation - die sich gewiß mit der Bezeichnung "hypothetisch-deduktiv" deckt - ist es kein Problem, die Universalität der hypothetisch-deduktiven Struktur nachzuweisen und diese - wie FWE es tun - nicht nur in den empirischen Wissenschaften wie Soziologie, Geschichtswissenschaft und Linguistik (Grammatik) aufzuzeigen, sondern ebenso in Mathematik und Ethik! Die hypothetisch-deduktive Struktur erweist sich (vgl. 257f.) als logische Verfahrensweise schlechthin, genauer gesagt, als "die kritische Art", welche wir in dem logischen Schluß *Modus tollens* vorfinden (satzlogisch ausgedrückt: $[(p \to q) \& \neg q] \to \neg p$).

Hier muß nun darauf hingewiesen werden, daß die These, um die die Diskussion in Wirklichkeit kreiste, viel weitreichender ist. Es handelt sich nämlich um die (einheitswissenschaftliche) Behauptung, daß *jedes* wissenschaftliche (rationale) Verstehen oder Erklären von Phänomenen explizit oder implizit ein Verstehen der Ursachen bzw. eine kausale Erklärung beinhaltet: Eine singuläre Aussage, die das zu erklärende Phänomen (die Wirkung) beschreibt, wird deduziert aus generellen Aussagen (theoretischen Aussagen, Hypothesen über gesetzmäßige Zusammenhänge) plus weiteren singulären Aussagen, welche die relevanten singulären Fakten (Ursachen) beschreiben. Diese Struktur, die allgemeine Aussagen und singuläre Aussagen (Rand- und Initialbedingungen, samt Explanandum) auf eine bestimmte Weise organisiert, stellt nach Popper und anderen die logische Struktur sowohl der Erklärung eines Phänomens als auch der Voraussage und des Tests dar; je nachdem, welche Aussage problematisiert wird. Dieses Modell für die wissenschaftliche Erläuterung, oft auch "covering law-Modell" genannt, ist das eigentliche Ziel der Kritik gewesen, wenn auch teilweise (im Anschluß an V. Kraft und K. Popper[2]) nur die Bezeichnung "hypothetisch-deduktive Methode" verwendet wurde. In dem bestehenden Diskussionszusammenhang hat das vorher keinen Anlaß zu wesentlichen Mißverständnissen gegeben.

Der springende Punkt ist gar nicht die These von FWE, daß die hypothetisch-deduktive Methode (≈Modus tollens) in jeder Wissenschaft (ja sogar in weiteren Bereichen rationaler Argumentation) eine operationale Bedeutung hat. Damit mögen sie ja recht haben - und insofern auch mit ihrer Zurückweisung der Behauptungen 1-9. Ich möchte jedoch zur ursprünglichen Diskussion zurückkehren und daher vorschlagen, den Ausdruck "hypothetisch-deduktive Methode" in den Punkten 1-9 durch den Ausdruck "covering law-Modell" zu ersetzen. Meines Erachtens lassen sich dann alle neun Behauptungen grundsätzlich aufrechterhalten (viel-

---

[2] Vgl. z. B. Popper 1957:130f.

leicht mit Ausnahme von 3 und 4). Schließlich wollen sie alle nur die Konsequenz aus der Tatsache zum Ausdruck bringen, daß wir zum Gegenstand der Naturwissenschaften keinen kommunikativen Zugang haben. Die Verabsolutierung des "covering law"-Schemas verkennt diesen entscheidenden wissenschaftsdifferenzierenden Umstand, daß die "Natur" der Naturwissenschaften bloß als *Gegenstand* zu Intentionen und Sprache in Beziehung steht: Sie ist prinzipiell kommunikativ unerreichbar, so daß ein *hermeneutisches* Verstehen gegenstandslos bliebe.

Ausgehend von der *Definition*, die uns FWE für die "hypothetisch-deduktive Methode" geben, ist es *nicht* sofort klar, daß sie mit den Kritikern der Einheitswissenschaft kollidieren müssen, also mit denen, welche die Gültigkeit des "covering law"-Modells auf *besondere* Typen von Wissenschaft (nämlich diejenigen, die vom technischen Erkenntnisinteresse bestimmt sind) begrenzen möchten. So heißt es in der Einleitung zu Kapitel IV (über die hypothetisch-deduktive Methode in den Gesellschafts- und Geisteswissenschaften), daß man (auch) untersuchen will, auf welche Weise sich dieses Gebiet von solchen mit andersgearteten Phänomenen unterscheidet. Und Paragraph 16 beginnt folgendermaßen: "In *vielen* Wissenschaften spielt eine Aussagenklasse, die wir als 'wissenschaftliche Gesetze' bezeichnen, eine wichtige Rolle." (Hervorhebung: A. Ø.) Es sieht also aus, als ob FWE das "covering law"-Modell oder die deduktiv-nomologische Erklärung nicht ohne weiteres verabsolutieren wollen, auch wenn sie (mit Recht) behaupten, daß die logische Figur des Modus tollens in jeder Wissenschaft verwendet wird.

Dies erweist sich trotzdem in mancher Hinsicht als Schein. In Wirklichkeit stehen wir einer traditionellen - wenn auch nicht immer konsistent durchgeführten - einheitswissenschaftlichen Position gegenüber, in der die kaum herausfordernde These über die Anwesenheit des Modus tollens in allen Wissenschaften wohl am ehesten die Funktion einer hintersten und solidesten Verteidigungslinie hat. Eine Reihe von Überlegungen unserer Autoren deuten darauf hin, daß im Grunde doch die stärkere These vertreten wird. Das will ich in einigen Punkten erläutern.

1. Der "hermeneutische Zirkel"

Ein Beispiel für falsche oder irreführende Einheitswissenschaftlichkeit ist m. E. die Darstellung der *Hermeneutik* und des "hermeneutischen Zirkels", die FWE geben. Sie bezeichnen die Hermeneutik bzw. den hermeneutischen Zirkel als wissenschaftliche *Methode* und behaupten, daß diese

Methode die gleiche wie die der Naturwissenschaften sei. Der Unterschied bestehe nur darin, daß diese Methode in den hermeneutischen Disziplinen auf *sinnhaltiges Material* angewandt werde. Die Begründung liegt hauptsächlich in der Beschreibung, wie man (ihnen zufolge) beim Verstehen z. B. von historischem Quellenmaterial zwischen diesem Material und erklärenden Hypothesen sozusagen hin- und herpendelt:

"Dabei wird sich oft herausstellen, daß die Hypothese nicht damit übereinstimmt; und so stellt man dann eine weitere Hypothese auf, um zu sehen, ob diese mit dem ganzen Material vielleicht besser in Übereinstimmung zu bringen ist. Auch das Verständnis des Quellenmaterials selbst und sonstige einfach unterstellte Annahmen werden im Laufe dieses Prozesses immer wieder Veränderungen unterzogen. Neue Hypothesen lassen das Quellenmaterial und die sonstigen vorausgesetzten Annahmen nun in einem neuen Licht erscheinen. Dies führt vielleicht wiederum zu weiteren Änderungen der Hypothesen usw. Dieses ständige Vor- und Zurückgehen zwischen den unterschiedlichen Hypothesen, den übrigen zugrundegelegten Annahmen und dem Quellenmaterial wird oft als 'hermeneutischer Zirkel' bezeichnet. Eine solche vor- und zurückgehende Bewegung findet sich aber auch in der Anwendung der hypothetisch-deduktiven Methode der Naturwissenschaft wieder. Dort wird dieser Vorgang als 'Forschungsspirale' bezeichnet. Somit scheint zwischen der hypothetisch-deduktiven Methode und der hermeneutischen Methode eine offensichtliche Ähnlichkeit zu bestehen. Von daher ist auch die Feststellung begründet, daß die hermeneutische Methode *nichts anderes ist* als die hypothetisch-deduktive Methode in ihrer Anwendung auf ein Bedeutung-tragendes Material (d. h. auf Texte, Kunstwerke, Handlungen etc.). (122, vgl. auch 142)

Hier läßt sich m. E. eine wohlbekannte Denkfigur unschwer wiedererkennen, nämlich diejenige, wonach unser kognitiver Weltbezug dadurch bestimmt ist, daß wir uns bzw. unsere (erklärenden) Hypothesen und Theorien durch "trial and error" - oder "hypothetisch-deduktive Methode" - an "unsere unbekannte Welt" anpassen[3]; also eben jene Denkfigur, die bei Popper sogar eine Art erkenntnistheoretischer Prominenz erhält.[4] Aber gerade dieser einheitswissenschaftliche Zugriff muß den Charakter des hermeneutischen Verstehens verfehlen. Theorien und Hypothesen über die Welt und deren Phänomene können (mehr oder weniger) zutreffend sein, und wenn man sie sich angeeignet oder verstanden hat, erhält man da-

[3] Vgl. Popper 1963:151: "there is no more rational procedure than the method of trial and error - of conjecture and refutation", gesetzt, daß es unsere Aufgabe ist, "to live in this unknown world of ours; to adjust ourselves to it as well as we can; to take advantage of the opportunities we can find in it; and to explain it, if possible [...] with the help of laws and explanatory theories."

[4] Vgl. Wellmer 1967.

durch eine Erklärung und also ein Verständnis von den betreffenden Phänomenen. Ziel der hermeneutischen Anstrengung dagegen ist es nicht, Hypothesen (im "zirkulären" Hin und Her des "hypothetisch-deduktiven" Verfahrens) *über* das zu Verstehende aufzustellen, bis man zu zutreffenden Hypothesen gelangt. Hier geht es vielmehr darum, durch eine geschickte Annäherung, durch angemessenen Kontextaufbau und adäquate Fragestellung, sich in eine solche Lage zu bringen, in der man dem Phänomen selbst Sinn abgewinnen oder ablesen kann, in der man seine "Pointe" bekommt, also es versteht und es sich aneignen kann, so wie man z. B. eine erklärende Hypothese versteht und sich aneignet.[5]

Selbst die aufgeweichte Einheitswissenschaftlichkeit von FWE ist nicht weich genug, um nicht ganz offensichtlich die Pointe des "hermeneutischen" Einspruchs gegen die Einheitswissenschaft zu verfehlen. Ich möchte versuchen, diese Pointe noch einmal kurz darzustellen, reagierend auf die Herausforderung von FWE. In diesem Kontext dürfte das "konstitutionslogische" Argument ein springender Punkt sein: sinnhaltige, also hermeneutisch zugängliche Phänomene werden auf völlig andere Art *identifiziert* als "physische" Phänomene. Und dieser Unterschied der Identität der Phänomene ist eigentlich entscheidend dafür, was man als "Erklären" oder "Verstehen" der Phänomene bezeichnen kann. Nur solche Phänomene können Gegenstand hermeneutischen Verstehens sein, deren Identität durch ihren *Sinn* oder ihre "Pointe" mitbestimmt ist. Umgekehrt hat auch das hypothetisch-deduktive Erklären Voraussetzungen auf dem konstitutionslogischen Niveau (auf dem u. a. die Kausalitätskategorie ihren Platz hat). Die hypothetisch-deduktive Erklärung funktioniert, so konnte man vereinfachend sagen, nur im Zusammenhang mit einer Identifikationslogik, die wir als "experimentelles Messen" bezeichnen können.

Der hermeneutische Zirkel operiert auf dem konstitutions- oder identifikationslogischen Niveau und hat sein Gegenstück in dem experimentellen Messen. Bei FWE hingegen wird der "hermeneutische Zirkel" auf das *Niveau unseres forschenden Umgangs mit Daten* verschoben, wo er sich als Ausdruck einer einheitlichen Struktur in der Wissenschaft erweisen soll: Zunächst haben wir ein *Material* (von Phänomenen, Daten, Beobachtungen), das sinnhaltig oder nicht sinnhaltig sein kann; dann folgen die erklärenden Hypothesen und die hypothetisch-deduktive Methode, die auch "der hermeneutische Zirkel" heißen darf, wenn es sich bei dem Material um ein sinnhaltiges handelt. Aber ob das Material nun sinnhaltig

---

[5] Vgl. die ausgezeichnete Analyse des hermeneutischen Verstehens in: Kuhlmann 1975, bes. 169ff.

ist oder nicht - für die weitere Bearbeitung und Erklärung des Materials mit Hilfe von Theorien, Hypothesen etc. haben wir es, aus der Sicht dieser Methodologie, mit der gleichen (zirkulären oder spiralförmigen) Struktur zu tun.

Gegen diese Einheitswissenschaftsthese müssen die "Hermeneutiker" zweierlei geltend machen: Erstens, daß es tatsächlich sinnvoll ist, von einem *konstitutionslogischen oder ontologischen Niveau* der wissenschaftsermöglichenden Bedingungen zu reden; einem Niveau, das vom Niveau der Theorien und Hypothesen über Phänomene unterschieden werden kann und auf dem "ontologische" Unterschiede aufgezeigt werden können, die sich als solche nicht auf rein inhaltliche, "materiale" Unterschiede ohne formale (methodologische, wissenschaftslogische) Relevanz reduzieren lassen. Zweitens muß festgehalten werden, daß der "hermeneutische Zirkel" seinen Ort auf dem konstitutionslogischen Niveau der Identifikation (Registrierung, "Messung") hat. Wenn sich eine solche Differenzierung - wie ich meine - aufrechterhalten läßt, ist es klar, daß sich FWE mit ihrem Versuch, Geisteswissenschaften und Naturwissenschaften auf einen gemeinsamen, hypothetisch-deduktiven Nenner zu bringen, eines verkehrten Vergleichs schuldig machen. Nicht gewisse "zirkuläre" hypothetisch-deduktive Beziehungen zwischen Theorien und Daten auf dem "Erklärungsniveau" sind die naturwissenschaftliche Parallele zum hermeneutischen Zirkel, sondern vielmehr das, was wir als konstitutionslogische oder, mit der Erlanger Schule, als "protophysikalische" Beziehungen bezeichnen können.[6]

Nun haben wir freilich Grund zu glauben, daß FWE die Unterscheidung zwischen einem Identifikationsniveau und einem Niveau der theoretischen Bearbeitung ablehnen würden. Zunächst einmal herrscht ja in der methodologischen Einheitswissenschaft die Tendenz, ein spezifisch erkenntnistheoretisches oder konstitutionslogisches Niveau nicht anzuerkennen (oder Methodologie selber als Erkenntnistheorie anzubieten).[7] Außerdem kann man die These von der Gültigkeit des hermeneutischen Zirkels (auch) in den Naturwissenschaften als eine Kritik des Unterschieds, den ich geltend mache, verstehen. Der Hintergrund für diese These ist ja bei FWE die Auffassung, daß nicht nur Erklärungen theorieabhangig sind, sondern auch Beobachtungen. Der Titel von § 27 ihres Buches lautet: "Die Theorieabhängigkeit der Beobachtung". Es ist übrigens unübersehbar, daß die Verfasser dieses beliebte Thema der modernen Wissenschaftstheo-

[6] Siehe z. B. Habermas 1970:192-210. Siehe auch Øfsti 1966.

[7] Vgl. Anm. 4.

rie (inklusive der Kritik an den "crucial tests" etc.) mit einem *Holismus* à la Quine in Übereinstimmung bringen möchten - einem Holismus, der nochmals unterstreicht, daß alles zusammenhänge und daß es nutzlos sei, irgendeinen "rock bottom" von Daten von der Gesamtheit unserer Auffassungen zu trennen.

Es ist hier nicht der Ort darauf einzugehen, wie sehr FWE das Bild von "der Wissenschaft" als einem hypothetisch-deduktiv strukturierten Ganzen, welches "der Wirklichkeit" angepaßt wird, überdehnen.[8] Aber gleichgültig, wie berechtigt der Hinweis auf die Theorieabhängigkeit oder Theorie-Imprägniertheit der "Daten" sein mag, diese Tatsache macht die für den Streit um die Einheitswissenschaft entscheidenden Unterschiede nicht hinfällig. (Wir müssen darauf achten, daß wir nicht in einer holistischen Nacht enden, in der alle Katzen grau und alle Unterschiede aufgehoben sind.) Wir *haben* ja in der Physik eine von der Theorie unabhängige Basis in der Form eines ständig wachsenden Repertoires von prinzipiell wiederholbaren *experimentellen Effekten* (deren theoretische Deutung und Erklärung sich freilich immer wieder ändern kann und wird). Wir verfügen ja über theorieunabhängige Meß-Resultate in dem Sinne, daß wir über eine universale, theorieneutrale Sprache verfügen, in der physische Phänomene abgebildet oder identifiziert (gemessen) werden können. Diese "Sprache" ist das MKSA-System oder etwas Äquivalentes. Die Bestimmung der Identität eines Phänomens durch die Beobachtung (das Messen) muß auch insofern als unabhängig von der Theorie gelten, als die Phänomene erst durch unsere Theorien und erklärenden Hypothesen über Gesetzmäßigkeiten in einen *logischen* Bezug zueinander gebracht werden. Mit anderen Worten: Auf der Ebene der Identifikation müssen Ursache und Wirkung als kontingent oder "extern" im Verhältnis zueinander gelten (auch wenn es einen Teil der "kausalen" Identifikation eines Phänomens im experimentellen Bezugsrahmen ausmacht, daß es a priori als Fall irgendeiner universalen Regel muß gedeutet werden können). Es handelt sich einfach um die seit Hume allgemein akzeptierte Annahme, daß das Verhältnis von Ursache und Wirkung (im Gegensatz z. B. zum Verhältnis von Grund und Folge) die logische Unabhängigkeit der beiden voraussetzt. Auch wenn das Falsifizierbarkeitskriterium von Kuhn, Lakatos und anderen, ganz zu schweigen von Quine, kräftig aufgeweicht worden ist, so ist dadurch noch lange nicht die "Theorieunabhängigkeit" der experimentellen Basis, wie wir sie hier angedeutet haben, widerlegt. Auch

[8] Einige Überlegungen zu dieser Überdehnung enthält Øfsti 1982.

Poppers Kritik an Hume[9], wie überhaupt seine "Scheinwerfertheorie", kann den Kontingenzbegriff Humes, der für nomologische Kausalerklärung konstitutiv ist, nicht anfechten.[10]

Eine entsprechende relative Autonomie für das Identifikationsniveau gegenüber dem Niveau der Verständlichmachung finden wir innerhalb der Geistes- und Sozialwissenschaften nicht, wo wir mit sinnhaften Phänomenen und einer Identifikationsform arbeiten, die wir mit dem hermeneutischen Zirkel assoziieren können. Dies bedeutet schon einen prinzipiellen Unterschied zwischen den Naturwissenschaften und den Wissenschaften vom Menschen, einen Unterschied, den man nicht (wie FWE 131) zu einer Frage des unterschiedlichen *Grades* von Theorieunabhängigkeit der "Daten" machen kann. Wenn es darum geht, Texte, Handlungen und andere menschliche Äußerungen zu verstehen (wo nach der Meinung von Dray und anderen das "rationale Erklären" den Hintergrund bildet), so stehen wir nicht vor Phänomenen, die sich prinzipiell im Experiment wiederholen lassen[11], sondern vor solchen, die ihrem Wesen nach zum *geschichtlichen Prozeß* gehören - welcher prinzipiell irreversibel, nicht wiederholbar ist, da er eben "unsere" Geschichte als verstehende, miteinander redende und handelnde Subjekte ausmacht. Ebensowenig finden wir eine universale Sprache oder einen Beziehungsrahmen - vergleichbar mit dem MKSA-System -, innerhalb dessen die Phänomene sich identifizieren lassen. Im Gegenteil stellt jede einzelne Kultur, Epoche etc. gewissermaßen einen besonderen Beziehungsrahmen mit einem eigenen Repertoire von (möglichen) Phänomenen dar. Daher rührt ja das Relativismusproblem in den Wissenschaften vom Menschen. Die Frage nach einem *einheitlichen* Beziehungsrahmen stellt sich hier (auf formalem Niveau) als Frage nach der Möglichkeit einer Vernunft, die die verschiedenen Beziehungsrahmen überschritte und für die Kommunikation nichthintergehbar wäre; anders ausgedrückt: als Frage nach den Bedingungen der Möglichkeit der *Übersetzung* und damit nach der Möglichkeit, eine "gemeinsame Sprache" zu finden. Schließlich werden wir beim Studium der menschli-

---

[9] Siehe z. B. Popper 1963:44f.

[10] Auch Searles Kritik an Hume und an dem "logical connection"-Argument, in Searle 1983 und an anderen Stellen, trifft nicht die hier entscheidende Distinktion zwischen intentionalen und nomologisch-kausalen Beziehungen.

[11] Wiederholbarkeit heißt hier: Es gibt eine "Testbasis" aus experimentellen Effekten, die wir überprüfen bzw., ausgehend von neuen Theorien, näher untersuchen können, indem wir sie - prinzipiell gleichgültig wann im Verlauf unserer Geschichte - wiederholen können.

chen Handlungen und Äußerungen die Humesche "Externalität" im Verhältnis zwischen Phänomenen und Ereignissen nicht wiederfinden. Es ist klar, daß die Phänomene hier logische Verbindungen zueinander eingehen, daß sie aufeinander hinweisen und ihre Identität voneinander beziehen. Frage und Antwort, eine Behauptung und deren Zurückweisung, ein Befehl (Anfrage, Wunsch) und dessen "Befolgung", eine Absicht und ihre Ausführung usw. sind miteinander intern verbunden. Intentionen können wir nur mit Bezug auf ihre intentionalen Objekte identifizieren[12], die Identifikation von Handlungen erfordert u. a. die Beschreibung von Situationen und Motiven usw.[13]

Den hermeneutischen Zirkel kann man auch zu diesem Punkt in Beziehung setzen, d. h. man kann ihn als Ausdruck dafür ansehen, daß sinnhaltige Phänomene intern miteinander verknüpft sind, so daß die genauere Identifizierung eines gegebenen Phänomens ein ständiges Erweitern des Bezugsrahmens verlangt, z. B. dadurch, daß man sich in immer weiteren Kreisen über das "Phänomen selbst" hinausbewegt und dabei die "Umgebungen", vom unmittelbaren Zusammenhang bis - prinzipiell - zur Gesamtheit unserer Geschichte, einbezieht. Das soziale Leben und die Geschichte existieren nicht partes extra partes, dergestalt, daß die Umgebung oder der Zusammenhang eines gegebenen Phänomens erst als erklärende Ursachen in bezug auf Theorien oder Hypothesen über Gesetzmäßigkeiten heranzuziehen sind. Die Umgebungen oder Zusammenhänge gelten als *Kontext* und kommen bereits bei der Bestimmung der *Identität* der Phänomene, welche immer erneut, aus immer neuen Perspektiven erfolgen muß, in Betracht. Dies schließt natürlich auch ein, daß das Verhältnis zwischen Identifikationsniveau und Erklärungsniveau Eigentümlichkeiten aufweist, die im höchsten Maße für die Wissenschaften

---

[12] Man kann natürlich versuchen, *den Wunsch A's nach einer weiteren Kartoffel* (der vielleicht der Grund dafür war, daß A sich noch eine Kartoffel genommen hat) zu identifizieren, indem man *den Zustand* (im Magen, Nervensystem usw.), *in dem A sich zum aktuellen Zeitpunkt befand*, mißt. Wir würden dabei ein Phänomen erhalten, das sich im Prinzip in eine deduktiv-nomologische Erklärung einpassen ließe. Das Problem wäre nur, welche Art von Verbindung zwischen diesem derart gemessenen Phänomen und dem Wunsch als *kommunikativ* zugänglichem (kommunikativ identifizierbarem und *kommunizierbarem)* Phänomen bestehen soll.

[13] Wenn eine Handlung von einer Person in einer Situation vorgenommen wird - so daß der Verlauf als Handlung identifizierbar ist -, dann ist das Verhältnis zwischen den Elementen nicht externer oder äußerer Art wie das Verhältnis Ursache-Wirkung oder "Stimulus"-"Respons". Die Handlung verhält sich zur Situation eher wie eine "Antwort" im normalen Sinne, nämlich wie eine *Stellungnahme*. In diesem Sinne rekonstruiert D. Böhler den Handlungsbegriff: Böhler 1985:234-354.

vom Menschen spezifisch sind. Gerade die Bemühung, das Phänomen genauer zu identifizieren, wird notwendigerweise auf entscheidende Art dazu beitragen, das Phänomen intelligibel zu machen, insofern sie zur Berücksichtigung des Zusammenhangs mit anderen Phänomenen, also des Kontextes, führt. Man denke an Collingwoods Einsicht, daß die genauere Identifikation, die Antwort auf "was?" oder "welches?" bei sozialen Phänomenen zugleich eine Antwort auf die Frage "warum?" ist. Soziale Phänomene stehen selbst - und nicht erst eine eventuelle theoretische Erklärung oder Deutung dieser Phänomene - in einem Sinn- und Kommunikationszusammenhang, in einer Tradition und einer kulturellen "Gesamtheit". Insofern muß man das hermeneutische Bemühen eher mit dem *sich Hineinversetzen* in eine Theorie als mit dem *Anwenden* einer Theorie zur Verständlichmachung von (meinetwegen theorieabhängigen) Daten vergleichen.

Damit ist nicht gesagt, daß es für unterschiedliche Typen von Gesellschaftstheorien keinen Platz gibt, sondern lediglich, daß das Verhältnis zwischen Theorie, Gegenstand und "Daten" auf diesem Gebiet höchst eigentümliche hermeneutische Verhältnisse mit sich führt, die sich auf keinen Fall im Sinne des theoretizistischen Holismus einem einheitswissenschaftlichen "hermeneutischen Zirkel" zwischen Theorie und Daten subsumieren lassen, wie FWE uns glauben machen wollen.

2. Der Verzicht auf Familienkleinodien etc.

Selbst wenn FWE mit einer Definition der hypothetisch-deduktiven Methode (und einem Holismus) operieren, welche liberal bis zum Nichtssagenden erscheinen kann, so ist die Uneinigkeit in bezug auf die methodologische Einheitswissenschaft trotzdem nicht nur eine scheinbare. Im stillen machen sie weiterhin unmißverständlich das "covering law"-Modell zum Ausgangspunkt ihrer Überlegungen. Das wird auch deutlich, wenn wir ihre Beispiele für "die Anwendung der hypothetisch-deduktiven Methode in den Gesellschaftswissenschaften, den Humaniora und der Ethik" betrachten (Kap. IV). Die Affinität zur "covering law"-Tradition ist nicht zu verkennen.

Das zentrale Beispiel ist der Geschichtsschreibung entnommen und soll die Anwendung der hypothetisch-deduktiven Methode in der Geschichtswissenschaft illustrieren. Es handelt sich hierbei um Überlegungen, die der Geschichtswissenschaftler Knut Mykland in seinem Aufsatz *Fredrik VI und der Beschluß zur Abtretung Norwegens*[14] angestellt hat. Mykland versucht in diesem Artikel zu begründen, daß der dänische König Fredrik VI. 1813, nach der Leipziger Niederlage seines Verbündeten Napoleon, keineswegs darauf eingestellt war, auf Norwegen zu verzichten, sondern daß er den Plan hatte, die Verhältnisse so zurechtzubiegen, daß sie unter seinem Vetter Christian Fredrik einen Volksaufstand gegen die - 1814 im Kieler Vertrag zwischen der dänischen und schwedischen Krone festgelegte - Abtretung Norwegens an Schweden ermöglichen würden. Dazu schreibt er:

"Kein Mensch läßt sich eines geliebten Familienkleinodes berauben, ohne sich zu fragen, ob es denn nicht möglich ist, es wiederzuerlangen."

Und weiter:

"Ein König wird sein Reich wohl nie seinem Erbfeind überlassen, ohne daß sich ihm - mit allgemein menschlicher Notwendigkeit - die Frage stellt, ob die Abtretung nicht doch verhindert werden kann. Gibt es Möglichkeiten, so wird er sich fragen, die Abtretung wieder rückgängig zu machen?"

Diese Zitate werden nun von FWE als *psychologische Thesen* oder "Gesetze" interpretiert, die zusammen mit gewissen faktischen Bedingungen die Manöver und Pläne Fredriks VI. implizieren. Die Behauptung über die Pläne Fredriks VI. folge

"aus jeder einzelnen dieser psychologischen Thesen in Verbindung mit bestimmten anderen Behauptungen, deren Wahrheit von vornherein vorausgesetzt wird. Also beispielsweise den Behauptungen, daß Norwegen für Fredrik VI. ein entsprechendes 'Familienkleinod' darstellte, daß Fredrik VI. König war usw. Die Gültigkeit einer jeden dieser psychologischen Thesen ist jedoch von der Eigenart der betreffenden Situation abhängig. Genau wie in den Naturwissenschaften müssen wir auch hier über eine vollkommene Übersicht über die Situation verfügen, um letztlich entscheiden zu können, welche 'Gesetze' zur Anwendung kommen und was für ein Resultat aus deren Zusammentreffen erwartet werden kann."

Es ist schwierig, die Sache anders zu sehen, als daß FWE sich hier der ehrenwerten einheitswissenschaftlichen Tradition anschließen, nach der auch der Geschichtswissenschaftler Sachen erklärt bzw. verständlich macht, indem er von universalen Gesetzen ausgeht (selbst wenn diese oft stillschweigend vorausgesetzt, trivial etc. sein können). Sie fügen einer bereits recht langen Vorschlagsliste von sozialen (Natur-)Gesetzen neue Vorschläge hinzu. Man kann dabei an Poppers Liste in *The Poverty of*

---

[14] Mykland 1967; hier zitiert nach FWE 103.

Historicism denken oder an Hempels Gesetz: "Bevölkerungen tendieren dazu, in Gebiete zu ziehen, welche bessere Lebensbedingungen bieten."[15]
Zwar sagen FWE ganz klar, daß die psychologischen Thesen keine universale Gültigkeit besitzen, aber gleichzeitig wird behauptet, daß die Situation in den Naturwissenschaften ganz ähnlich sei. Das soll wohl bedeuten, daß die Situationsabhängigkeit nicht prinzipiell von derjenigen verschieden ist, die für Naturgesetze wie Galileis Fallgesetz, Boyle-Mariottes Gesetz und dergleichen gilt: Daß ein frei fallender Körper eine Strecke zurücklegt, die sich proportional zum Quadrat der Fallzeit verhält, gilt natürlich nur so lange, als die Fallstrecke, verglichen mit dem Abstand zwischen den Massenzentren, klein ist, und so lange, als wir Reibungskräfte (Luftwiderstand) vernachlässigen können etc. Daß das Produkt aus Druck und Volumen in einem abgeschlossenen Gasbehälter konstant ist, gilt nur unter der Voraussetzung, daß die Temperatur konstant ist usw. Kurz gesagt, die Anwendung eines Gesetzes in einer gegebenen Situation (oder einem bestimmten Gebiet) setzt voraus, daß gewisse Randbedingungen erfüllt sind.

Alles deutet darauf hin, daß FWEs Vorschläge für Gesetze nicht um ein Haar besser sind als die ihrer Vorgänger, die wir aus den Diskussionen über das "covering law"-Modell in der Geschichtsschreibung kennen und die Dray, Wright Mills und andere überzeugend kritisiert, d. h. als Parallelen zu naturwissenschaftlichen Gesetzen verworfen haben. Was für eine "psychologische These" oder welches "Gesetz" soll denn die Tatsache sein, daß ein Mensch, dem ein teures Familienkleinod geraubt wird, sich normalerweise fragt, ob und wie er es wiedererlangen kann? Was uns natürlich als erstes ins Auge fällt, ist - wie FWE bereits festgestellt haben -, daß dieses "Gesetz" gar keine universelle Gültigkeit hat. Man muß z. B. billigerweise voraussetzen: daß der Beraubte die Möglichkeit hat, etwas zur Wiedererlangung des Kleinodes zu unternehmen; daß er nicht davon überzeugt ist, das Kleinod sei durch den Raub zerstört worden; daß sein Bemühen seines Erachtens nicht lediglich zu Demütigungen führen wird und ähnliches mehr. Aber lassen sich diese Bedingungen mit den Randbedingungen vergleichen, die erfüllt sein müssen, wenn ein Naturgesetz angewendet werden soll? Offenbar ist das nicht der Fall. Die genannten Bedingungen sind nicht von der Art, wie wir sie bei der Etablierung von empirisch-nomologischen (ggf. psychologischen) Zusammenhängen antreffen; ich würde vielmehr auf sie stoßen, wenn ich mir die Frage

---

[15] Popper 1957:62f.; Hempel 1949:464.

stellte[16], unter welchen Bedingungen es wohl überhaupt einen Sinn haben könnte, sich um eine Wiedererlangung zu bemühen. Anders gesagt, die in Frage kommenden Bedingungen sind eigentlich die Bedingungen dafür, daß ein Wiedererlangungsbemühen einigermaßen vernünftig oder rational ist.

Es handelt sich hier nicht um einen empirischen Zusammenhang. Das sehen wir auch gleich, wenn wir danach fragen, was das "Gesetz" falsifizieren könnte. Wenn eine Person ein "teures Kleinod" verloren hat, die Person allerdings damit rechnen darf, daß es nicht zerstört ist, daß eventuelle Bemühungen zur Wiedererlangung nicht nur zu Demütigungen führen werden usw., wenn die Situation im Ganzen offenbar die Frage erlaubt, ob es nicht wiedererlangt werden kann; wenn aber besagte Person trotzdem sich diese Frage nicht stellt, wenn sie sich gar nicht bemüht - dann müssen wir wohl daran zweifeln, ob ihr das Kleinod wirklich so viel wert war. Die Bemühungen, es zurückzubekommen, sind ja nicht zuletzt ein Maßstab dafür, wieviel das Kleinod der Person bedeutete. Das heißt nicht notwendigerweise, daß die Leistung des Geschichtswissenschaftlers (in diesem Falle Myklands) "leer", ohne empirischen Wert ist. Aber der Wert, also das empirisch-hypothetische Moment, liegt gerade in der Einführung des Gesichtspunktes "Verzicht auf etwas, das man gern

---

[16] Wohlverstanden: Ich vertrete nicht ein Generalisieren, ausgehend von der Beobachtung eines einzigen Falles: meines eigenen. Es ist überhaupt nicht die Rede davon, die *Introspektion* als Ersatz für andere Arten von psychologischem Beobachtungsmaterial vorzuschlagen. Die introspektive Empirie ist hier genauso irrelevant wie z. B. das behavioristische Datenmaterial. Das Wesentliche ist einfach, daß das Verstehen von anderen in gewissem Sinn die gleiche *Form* haben muß wie das Selbst-Verständnis, wenn ein Verstehen überhaupt möglich sein soll. Die Betrachtungen, Einschätzungen, Prämissen usw., die meinen Handlungen zugrunde liegen, müssen solcherart sein, daß auch andere im Prinzip daran teilhaben können und umgekehrt. Die *Kommunikation* muß möglich sein - und das setzt voraus, daß das "Ich", welches das Subjekt in meinem performativen Handlungswissen ist, durch das "Du" und die dritte Person substituiert werden kann. Auch das muß freilich wiederum richtig verstanden werden. Es ist hier *nicht* die Rede vom "Einfühlen" (Empathie) als einer (zweifelhaften) empirischen Methode, sondern einfach davon, daß in der Sprache, die wir sprechen und die ich verstehe (in der ich mir meiner selbst und meiner Beweggründe bewußt bin), die Begriffe nicht ihren Sinn verändern, je nachdem, ob das (logische) Subjekt "Ich", "Du" oder "Er"/"Sie" ist; also z. B. nicht bei dem Übergang von der ersten Person "Ich rechne damit, daß das Kleinod nicht zerstört ist" zu der dritten Person: "Er rechnet damit, daß das Kleinod nicht zerstört ist" und entsprechend bei einer Veränderung des Tempus). - Meine Rationalität ist übrigens auch kein introspektiv etabliertes Faktum, sondern besteht darin, daß ich eine Sprache beherrsche, in der ich die Welt, meine Beweggründe und damit mich selbst verstehe und in der ich z. B. Fakten retrospektiv feststellen und festhalten kann.

hat", um zu sehen, ob das Material sich mit diesem Schlüssel aufschließen läßt. Es könnte ja sein, daß *diese* Figur (mit ihrem gesamten Geflecht von Regeln und Kriterien, von transzendentalpragmatischen Aspekten - z. B. Eigentumsverhältnissen als solchen - bis hin zu institutionellen, geschichtlich-relativen Konkretisierungen) nicht die treffendste im Hinblick auf eine rationale Rekonstruktion wäre.

Am deutlichsten tritt jedoch die Verkehrtheit von FWEs Konzeption m. E. zutage, wenn wir die Tatsache in Betracht ziehen, *daß Fredrik VI. sich selbst* nach ihrem DN-Schema *nicht verstehen kann.* Sein performatives Handlungswissen und Sich-Verstehen - wie wir es als Hermeneutiker suchen - kann mit psychologischen Gesetzen und Initialbedingungen nach diesem Schema nicht rekonstruiert werden. Als Handelnder müßte er ja wissen, was er meint und macht (und warum)[17], und insofern müßte er sich selbst schon verstanden haben, ehe er eventuell allgemeine Gesetze über das Seelenleben von Königen zur Kenntnis nimmt und ggf. zur Erklärung von Ereignissen in der Welt heranzieht. Zwar kommt auch in seinem Selbstverständnis eine Einschätzung seiner *Situation* vor, aber das zeigt nur die fundamentale Zweideutigkeit der Bezugnahme auf "die Situation" in DN-Erklärungen und in rationalen Erklärungen à la Dray: in der DN-Erklärung kommt die Situation als Initialbedingung vor, in der rationalen Erklärung dagegen als rational nachvollziehbarer *Grund* für die eine oder die andere Handlung.

Auf die zahlreichen und vielgestaltigen Probleme des rationalen Verstehens und Erklärens von Handlungen und Äußerungen (z. B. Erklärungen!) kann hier nicht eingegangen werden. Der einheitswissenschaftliche Versuch FWEs, dieses Gebiet für das "covering law"-Modell durch die Einführung von psychologischen "Gesetzen" zurechtzustutzen, führt jedoch offenbar in die falsche Richtung, wie Collingwood und Dray - und nicht zuletzt Wittgenstein - deutlich gemacht haben.

---

[17] In seiner Diskussion mit Dray weist Hempel zwar darauf hin, daß dieses "rationale" Verstehen oder Erklären durch Beweggründe und Normen vielleicht doch am ehesten - zumal in unserem Selbstverständnis - "Rationalisierung" im Sinne der Psychoanalyse, also gar nicht adäquat ist. Dabei verkennt er aber, daß wir im psychoanalytischen Sinn nur deswegen von "Rationalisierung" reden können, weil wir *normalerweise* uns selbst, unsere Handlungen und Beweggründe (ein Stück weit) doch gut verstehen. *Daß es sich so verhält, ist auch kein empirischer Befund. Verhielte es sich anders, würde kein verantwortliches Subjekt hinter Handlungen und Äußerungen stehen* (z. B. hinter den Behauptungen von Einheitswissenschaftlern wie FWE), und die hermeneutische Anstrengung, andere zu verstehen (z. B. die Autoren FWE), wäre ebenfalls sinnlos. (Vgl. mein Argument gegen Føllesdal in Øfsti 1985a:28-34. - Vgl. auch hier: Anm. 12 und 16.)

3. Zu Vertrauen, Verantwortung etc.

Ich habe behauptet, daß, wenn FWE die Gültigkeit der hypothetisch-deduktiven Methode für alle Wissenschaften, also auch für die Wissenschaften vom Menschen (bzw. von sinnhaltigem Material) beanspruchen, es sich dann in Wirklichkeit um das "covering law"-Modell dreht, welches von ihnen einheitswissenschaftlich ausgedehnt wird. Wir haben ein Beispiel aus Kap. IV (in dem sie die humanwissenschaftliche Methode explizit diskutieren) erörtert, welches diese Behauptung zu bestätigen scheint. Nun haben wir das Glück, auch eine mehr indirekte Bestätigung erlangen zu können. Ergänzend zu den Beispielen von der Anwendung der hypothetisch-deduktiven Methode auf sinnvolles Material, welche in Kap. IV gegeben werden, finden wir auch mehrere Beispiele in Kap. I, welches davon handelt, wie Meinungen, Haltungen, Gesichtspunkte usw. entstehen und beeinflußt werden können. Auch hier kann kein besonderer Zweifel daran bestehen, daß das "covering law"-Modell der Darstellung zugrunde liegt und die Perspektive bestimmt, was wiederum zu Merkwürdigkeiten der schon vertrauten Art führt.

Wir hören in diesem Kapitel von diversen Gesetzen und Theorien, die von einer langen Reihe von "Experimenten" - ausgeführt von einer nicht minder imponierenden Reihe von Forschern - gestützt oder widerlegt worden sind. Es kann sich dabei um Theorien handeln, die "experimentell und anhand von Datenmaterial überprüft" worden sind und die u. a. darauf hinauslaufen, "daß es zwischen den Auffassungen, Empfindungen, Einstellungen und Handlungen einer Person verschiedenartige *Inkonsistenzen*" geben kann "und daß diese dann bei der betreffenden Person das Eintreten von so etwas wie einem psychischen Spannungszustand bewirken". (10) Es kann sich um Theorien handeln, die beinhalten, daß der Absender eine wichtige Rolle für unser Vertrauen in das, was *gesagt* wird, spielt, also daß wir (unter sonst gleichen Umständen) leichter jemandem Glauben schenken, dem wir vertrauen, als Personen, die dieses Vertrauen nicht genießen. (12) Oder es kann die Rede davon sein, daß man eine Botschaft, die der eigenen Meinung nahekommt, als ausgewogen und ehrlich betrachtet, während man solche, die weit von dem eigenen Standpunkt entfernt liegen, leichter als verzeichnete und propagandistische Meinungsäußerungen auffaßt (von denen man sich dann auch nicht so leicht beeinflussen läßt). (22)

Es ist nicht der Inhalt dieser "Hypothesen", der uns suspekt vorkommt. Ja, man kann wohl sagen, daß es sich hierbei um einen alten Hut handelt. (Bereits Aristoteles schreibt in seiner *Rhetorik*: "Die Gesinnung ist im

Spiel, wenn der Ausdruck den Redenden überzeugend erscheinen läßt. Den Ehrbaren nämlich glaubt man eher und schneller, bei allen Gegenständen schlechthin" [*Rhetorik*, 1356 a 4-7. Hier zitiert nach FWE 11]) Das, was beim Lesen von FWE ein solch merkwürdiges Gefühl auslöst, ist wohl der todernste Trubel, der das Ganze umgibt; also der Versuch, die Dinge als empirischen Fund, ja als Gesetze darzustellen, welche die *Forschung*, ein strahlender Name nach dem anderen, bestätigt und mit Hilfe von *Experimenten* nuanciert hat.

Der Satz des Aristoteles wird z. B. mit folgender Behauptung kommentiert:

"Daß wir uns eher von glaubwürdigen als von anderen Menschen überzeugen lassen, kommt wahrscheinlich daher, daß wir möchten, daß unsere Überzeugungen auch wirklich richtig sind." (11)

Weiterhin wird darauf hingewiesen, daß "diese aristotelische Einsicht in zahlreichen Experimenten bestätigt worden (ist)", u. a. in "der klassischen Untersuchung von Hovland und Weiss", die im Jahre 1951 nachgewiesen haben,

"daß der Behauptung, daß atomgetriebene Unterseeboote technisch möglich sind, weitaus öfter und schneller Glauben geschenkt wurde, wenn sie J. Robert Oppenheimer zugeschrieben wurde (von dem die Testpersonen vorher selber gesagt hatten, daß sie dessen Urteil für sehr gewichtig hielten), als wenn sie der Pravda (auf deren Urteil sie recht wenig gaben) zugeschrieben wurde." (12)

"Wir möchten gerne, daß unsere Überzeugungen auch wirklich richtig sind", - ist das ein empirisches Gesetz? Könnte es auch anders sein? In gewisser Hinsicht verhält es sich ja oft umgekehrt (und das um so mehr, je schlechter die Welt nach unserer Überzeugung ist). Es kommt auch vor, daß wir gerade das, von dem wir ahnen, daß es wahr ist, nicht wahrhaben wollen: daß wir Einsichten abweisen, weil sie unbequem sind, daß wir dem "Wunschdenken" verfallen, "uns weigern zu glauben ..." usw. Es gibt natürlich auch empirische Wahrheiten des Typs: "N. N. hängt stark an der Auffassung A, die falsch ist". Aber es ist kein empirisches Gesetz, daß wir, wenn wir einer Reihe von Annahmen A_1-A_{n+p} gegenüberstehen, von denen wir glauben, daß A_1-A_n wahr und die restlichen falsch sind, gerne die n ersten (aber nicht die p nächsten) "haben" bzw. uns aneignen wollen, da diese diejenigen sind, von denen wir glauben, daß sie auch wirklich richtig sind. Sie *sind* bereits unsere; sie für wahr zu halten *bedeutet*, daß sie unsere Auffassungen sind. Es wird wohl auch kaum helfen, die behauptete Präferenz für Wahrheit als einen allgemeinen, psychologisch "apriorischen" Wunsch zu betrachten, daß die Auffassungen,

die wir uns eventuell aneignen werden, wahr sein sollen. Wir kommen
da wohl eher zu einer empiristisch verstellten Version der Idee, daß
Vernunft auch Wille zur Vernunft ist.

Kann man sich vorstellen, daß unser Vertrauen in eine Person sich -
ceteris paribus - *nicht* auf die (weiteren) Aussagen dieser Person übertragen lasse; daß der Sprecher und seine Aussage sozusagen nur kontingent miteinander verknüpft seien und daß das Vertrauen in eine *Person*
etwas sei, was von dem Vertrauen in die Wahrheit ihrer Aussagen (bzw.
die Wahrhaftigkeit ihrer Äußerungen und der Richtigkeit ihrer Handlungen) logisch getrennt sei? Die eine oder andere Variante des Cartesianismus könnte vielleicht ein ja auf eine solche Frage beinhalten. Auf jeden
Fall kann die Suche nach Antworten auf diesem Gebiet nicht die Aufgabe
empirischer Sozialforscher sein. Was hier zur Diskussion steht, sind nicht
empirische Verhältnisse, sondern die Begriffe, die wir davon haben (und
haben müssen), was es bedeutet, eine Person zu sein, was es heißt, etwas
zu behaupten, jemandem so etwas wie eine Behauptung zuzuschreiben
usw. Kurz: Es dreht sich hier um *transzendentalpragmatische* (universalpragmatische) Verhältnisse.

Es muß befremdend wirken, wenn man hier die "Forschung" bemüht
und den Anschein erweckt, daß wir es mit experimentell bestätigten
empirischen Zusammenhängen (Gesetzmäßigkeiten) zu tun haben, die
dann eventuell technisch ausgenützt werden können, um Ziele zu erreichen. Ein Beispiel: In dem Abschnitt über "die Rolle des Senders" für
unser Vertrauen in Aussagen auf einem gewissen Gebiet (ganz abgesehen
von dem logischen Inhalt der Behauptung) heißt es:

"Die entscheidensten Faktoren scheinen [...] die fachliche Kompetenz auf dem
betreffenden Gebiet und vor allen anderen Dingen die Vertrauenswürdigkeit zu
sein.[18]
All dies machen sich Werbung und Propaganda zu Nutzen. Der Sender versucht
den Eindruck zu vermitteln, für den Empfänger nur das Beste zu wollen. Und all
das, was das Vertrauen der Hörer schmälern könnte, verbirgt man eben, so gut es
geht." (13)

Hier hört sich das - äußerst irreführend - an, als ob Reklame oder Propaganda von einer empirischen Gesetzmäßigkeit Gebrauch machten. In
Realität ist hier nicht von einer solchen Anwendung oder einem Gebrauch
die Rede, sondern von einem *Mißbrauch des Vertrauens*, einer Form von

---

[18] Die wissenschaftlich respektable Vorsichtigkeit der Formulierung: Es "scheint" so
(aber es ist natürlich schwierig, sicher zu sein, vielleicht werden künftige Experimente
eine Modifikation verlangen?) - auch sie ist m. E. fehl am Platze.

Falschspiel. Daß dieses einen Gewinn abwirft, ist kein empirisches For-
schungsresultat, genauso wenig wie "ehrlich währt am längsten" es ist.[19]
(Es ist übrigens durchaus fraglich, ob "Vertrauen" überhaupt den besten
Schlüssel zu dem Phänomen Reklame [und Propaganda] darstellt. Vielleicht sind "Selbstverlust", "Verachtung" oder dergleichen ebenso gut).

Aber was nun, wenn Zusammenhänge, wie ich sie hier als nicht-empirische, als eine Art von Begriffsnotwendigkeiten dargestellt habe, sich
trotzdem als nicht allgemein gültig erweisen sollten; wenn man also
einräumen müßte, daß unter bestimmten Voraussetzungen oder Bedingungen der Zusammenhang nicht gilt, daß die "Wirkung" unter Umständen
eine andere ist? Haben wir dann nicht ein starkes Indiz der Empirizität?
Ergibt sich nicht eine klare Parallele zu dem uns aus dem Gebiet der
Naturwissenschaften gut bekannten Sachverhalt, daß gewisse empirisch-
kausale Zusammenhänge, die in Gesetzen formuliert sind, streng genommen nur unter bestimmten Randbedingungen gelten (und daß der
Fortschritt in der Forschung gleichzeitig eng mit gerade der weiteren
Nuancierung und Präzisierung von solchen Bedingungen verknüpft ist)?[20]
FWEs Gedankengang folgt offenbar dieser Parallele, und faktisch sieht es
so aus, als könne man sie bestätigen.

Ein mögliches Beispiel für einen scheinbar apriorisch-gültigen Zusammenhang (von transzendentalpragmatischem Charakter), der trotzdem von
bestimmten Bedingungen abhängt und sich also als empirisch erweist,
könnte man in folgendem sehen: Normalerweise würde man zweifelsohne
davon ausgehen, daß man, wenn man jemanden von etwas überzeugen
will, dieses so positiv wie möglich darlegt und dabei gerne die negativen
Seiten verschweigt. (Wohlgemerkt: die Voraussetzung ist ja hier, daß es
nur um die Zustimmung des Adressaten geht und nicht darum, daß er
eine wohlbegründete Ansicht erwerben soll). Ja, es ist sogar naheliegend,
darin eine Art von Notwendigkeit zu sehen. Die positiven Seiten sind ja
gerade die, die für eine Zustimmung "sprechen". Und nun erweist sich
dieser Zusammenhang trotzdem als nicht allgemein gültig! - FWE nehmen
sich dieses Thema vor und schreiben:

---

[19] Selbst wenn man dieses Sprichwort als einen "Ratschlag der Klugheit" im Sinne
Kants versteht, ist es kaum richtig, es als eine Behauptung (Hypothese) über einen
empirisch-kontingenten Zusammenhang zu sehen.

[20] Wir können hier wieder daran denken, daß das Boyle-Mariottesche Gesetz oder
Galileis Fallgesetz nur dann gelten, wenn das Gas weit von seinem Sättigungspunkt
entfernt bzw. die Fallstrecke im Verhältnis zu dem Abstand zwischen den Massenzentren klein ist.

"Eine von Propagandisten häufig zu hörende Behauptung ist die, daß, wer eine Sache propagieren möchte, deren negative Seiten überhaupt nicht erwähnen sollte. Denn solches würde beim Adressaten lediglich Zweifel wecken und ihn unentschlossen werden lassen [...]

An der Yale-Universität sind inzwischen jedoch unter Leitung von Carl Hovland eine ganze Reihe von Experimenten durchgeführt worden, die dieser Verallgemeinerung widersprechen und die Situation weitaus nuancierter darstellen." (17)

Daraufhin folgt ein Bericht über ein "Experiment", ausgeführt an amerikanischen Soldaten, welches bewies, daß *die*jenige Darstellung, die "ein ausgewogenes Bild lieferte, die größte Wirkung erzielte." (18) Man ist sogar in der Lage, die ausschlaggebenden Bedingungen zu spezifizieren:

"Die Experimente zeigen [...] deutlich, daß eine ausgewogene Darstellung [...] dann weitaus wirkungsvoller als eine einseitige Darstellung ist, *wenn sich die Zuschauer selbst noch unschlüssig sind*. Wenn die *Zuschauer von Anfang an dazu tendieren, der propagierten Sache ohnehin zuzustimmen, und sich nur noch nicht ganz sicher sind*, dann freilich erweist sich die einseitige Darstellung als wirkungsvoller." (18f., Hervorhebung: A. Ø.)

Aber das ist immer noch kein Gnadenstoß für den "Apriorismus" und ein Beweis dafür, daß man es hier mit experimentellem Wissen zu tun hat. Ganz im Gegenteil können wir unmittelbar die pragmatische Vernunft und Notwendigkeit in diesen angeblich psychologisch-kontingenten Zusammenhängen rekonstruieren. Wenn die Zuhörer ursprünglich unschlüssig sind, d. h., wenn sie bereits wissen oder ahnen, daß die Sache verschiedene Seiten hat, oder sie sich wirklich im Zweifel befinden, so muß ein Überredungsversuch, welcher die Gegenargumente zu verbergen sucht, notwendigerweise wenig überzeugend wirken. Um das zu beweisen brauchen wir keine Experimente. (Und auch nicht für den Nachweis, daß man, wenn man sich sowieso überzeugen lassen will, autoritative Unterstützung schätzt). Es besteht ebensowenig Grund dazu, Experimente in Gang zu setzen, um nachzuweisen - lassen Sie das *meine* "Hypothese" sein - daß es (unter genauer angegebenen Umständen, die wir uns dazudenken können) am effektivsten wäre, *die Gegenargumente zurückzuweisen*. Doch das ist offenbar kein experimentell administrierbarer "Faktor". Zusammenhänge dieses Typs an Zusammenhänge experimentell-nomologischer Art zu assimilieren und die nähere Bestimmung der Umstände als eine experimentelle Präzisierung von Rand- und Ausgangsbedingungen zu stilisieren, unter denen empirische Gesetze gültig sind, führt auf eine falsche Spur.[21] Da sollte man eher versuchen, diese Nuancen und Verzweigungen der Bedingungen im Zusammenhang mit dem Modell der rationalen Erklärung von Dray und anderen bzw. mit der Einführung von Modifikationen in *dessen* Rahmen zu sehen. Auf jeden Fall ist klar, daß wir es hier genausowenig wie in dem oben genannten Beispiel des "verlorenen Kleinods" mit empirisch-kontingenten Gesetzmäßigkeiten zu tun haben.

Meiner Meinung nach zeigt uns FWEs Art der Anwendung der hypothetisch-deduktiven Methode "auf sinnhaltiges Material", wie wir sie in Kapitel I finden, zweierlei: Zum ersten wird deutlich, daß beträchtlich mehr in ihrer These über die Universalität der hypothetisch-deduktiven Methode steckt als die Behauptung, daß der Modus tollens in jeglicher Wissenschaft und Argumentation unverzichtbar ist. In der Praxis zeigt sich, daß sie sich auf das einheitswissenschaftliche Modell der Erklärung mit Faktoren und Gesetzen, also das "covering law"-Modell, stützen. Zum anderen erweist sich, daß der Versuch, die Behandlung von "sinnhaltigen Phänomenen" diesem Modell anzupassen, verschiedene Varianten von "experimentellen Methoden und Begriffsverwirrung" (Wittgenstein) erzeugt. Da, wo das zu Untersuchende (wie Meinungen und Haltungen, wenn auch noch so "unsachliche") trotz allem über ein Verhältnis zu *Sachen* vermittelt ist, legt sich die prinzipiell ahistorisch-universale, experimentelle Methode quer. Ganz gleich, wie genau man die Bedingungen für einen angeblich gesetzmäßigen Zusammenhang spezifiziert, so werden diese Bedingungen (im Prinzip) historisch abstrakt bleiben und lediglich administrative Daumenregeln abgeben können. Die Einheitswissenschaftlichkeit und das Insistieren auf den Referenzrahmen des Experiments erscheinen hier als ein Ausweichen vor der hermeneutischen Anstrengung, die Situation aufzuarbeiten und sich in die Sache zu versetzen, ja sogar als Ausdruck für das administrative Bedürfnis, sich darüber zu halten. Was Phänomene des Typs Vertrauen, des Willens zu wahren Auffassungen und ähnliches betrifft, so stimmt es schon, daß wir hier auf universale, vielleicht sogar "nomologische" Zusammenhänge stoßen; aber diese sind nicht universal, wie Natur-

---

[21] Z. B.: Wenn der Satz "Unter den Bedingungen C_1 ... C_n wirkt das ausgewogene Bild am überzeugendsten" wirklich ein empirisches (experimentelles) Gesetz darstellte, so müßte man sich vorstellen können, daß dieses Gesetz dazu benutzt werden könnte herauszufinden, welches unter mehreren möglichen Bilder das ausgewogenste wäre, - eine Form der wissenschaftlichen Wahrheitssuche, die mindestens so absurd wäre, wie die Benutzung des Science Citation Index zur Beurteilung der Qualität von wissenschaftlichen Arbeiten. (Letzteres bekommt trotz allem einen Sinn als ein parasitäres Phänomen, das sich auf Vertrauen stützt: N-tausend Forscher können sich unmöglich irren ...)

gesetze es sind, sondern weil sie mit dem zu tun haben, was es *bedeutet*, ein Subjekt oder eine Person *zu sein*. Sie betreffen die "logischen" Bedingungen dafür, daß man Personen überhaupt so etwas wie Behauptungen oder Meinungen zuschreiben kann (oder wenn man will, die Bedingungen dafür, daß man zwischen einer solchen Zuschreibung und der Zuschreibung von Ding- oder Tier-Prädikaten unterscheiden kann). Der Druck in Richtung persönlicher Konsistenz (Festinger) oder die Verbindung, die darin besteht, daß man für seine Äußerungen *verantwortlich* ist, stellen z. B. keine psychologisch-empirischen Zusammenhänge dar, sondern eine der Reflexion zugängliche Möglichkeitsbedingung für das Verständnis von Argumenten als *pragmatische* Größen. Und ohne den prinzipiell möglichen Rekurs auf die *pragmatische* Argumentationssituation und auf das, was es heißt, etwas zu *behaupten*, werden auch Sätze in Büchern (oder Poppers Größen der "dritten Welt") nicht als Argumente oder Behauptungen gelten können.

Es würde sehr weit führen, auf diese Dinge ausführlich einzugehen. Ich möchte hier lediglich darauf hinweisen, daß wir es offenbar mit ganz grundlegenden Strukturen zu tun haben - die sich m. E. innerhalb des Rahmens einer, sagen wir, transzendentalen Reflexion auf unsere *kommunikative Kompetenz* analysieren lassen.[22] Versucht man demgegenüber, wie die Verfasser von *Rationale Argumentation*, diese Strukturen als Gegenstände einer experimentell-psychologischen Analyse zu behandeln, so wird wohl das Resultat am ehesten etwas sein, das uns an "Korridorforschung"[23] erinnern könnte.

Insgesamt bleibt der Eindruck, daß die Verfasser die Rolle des hermeneutischen Verstehens übersehen - vielleicht weil sie unreflexiv denken: Sie kennen nur einerseits Gegenstände, die mit Hilfe der hypothetisch-deduktiven Methode bzw. der rationalen Argumentation erklärt werden sollen, und andererseits eben diese rationale Leistung. Dabei verkennen

---

[22] Jon Elster hat natürlich vollkommen recht, wenn er Festingers "Dissonanzthese" mit Hegel in Zusammenhang bringt. (Elster 1978:86). Aber man muß dann doch hinzufügen, daß es nicht die Aufgabe einer experimentellen Sozialpsychologie sein kann, das Erbe Hegels fortzusetzen. Das muß die Aufgabe einer transzendentalen Pragmatik, wie ich sie hier genannt habe, sein.

[23] Korridorforschung: Wenn ein Forscherteam sich mit Hilfe von empirischen Methoden und Meßgeräten daran macht herauszufinden, wo der Bodenbelag in Korridoren am meisten abgenutzt ist. Das Ergebnis ist hierbei oft, daß dies in der Mitte des Korridors und vor den Türen der Fall ist. Aber es gibt Ausnahmen. Wenn z. B. eine Bank oder eine Blumenschale in der Mitte des Korridors steht, werden die abgenutzten Stellen in Form einer Kurve um die Schale herumführen. Usw.

sie, daß wenigstens die rationale Argumentation und das Erklären selber etwas ist, das Gegenstand des (ggf. hermeneutischen) Verstehens bleiben muß und gar nicht durch rationale Argumentation im Sinne des "covering law"-Schemas deduktiv-nomologisch erklärt werden kann.

Verstehen des schon Verstandenen

Überlegungen zu Boeckhs Formel

> [Die] *intellectuelle Anschauung*: sie ist das unmittelbare
> Bewußtsein; daß ich handle und was ich handle; sie ist
> das, wodurch ich etwas weiß, weil ich es thue.
>
> J. G. Fichte

> Der Handelnde (... der Sprecher) weiß, was er macht; er
> weiß, daß er alles das weiß, was er braucht, um seine
> Tätigkeit auszuführen. [...] Das ist aber dasselbe, wie die
> (Form der) Situation zu kennen, in der er sich befindet.
>
> J. Meløe

> [D]ie eigentliche Aufgabe der Philologie [scheint] das
> *Erkennen* des vom menschlichen Geist *Produzierten*, d. h.
> des *Erkannten* zu sein. Es wird überall in der Philologie
> ein gegebenes Wissen vorausgesetzt, welches sie wiederzu-
> erkennen hat.
>
> A. Boeckh

I

Vorbemerkungen

Boeckhs Vorstellungen sind wohl in mancher Hinsicht "veraltet". So gilt
seine Metaphilologie *Gadamer* zunächst (und sicher historisch korrekt)
als Aufklärungshermeneutik bzw. psychologistisch befangene Hermeneutik
der Einfühlung. Meines Erachtens enthält die Boeckhsche Formel nichtsdestoweniger eine entscheidende Wahrheit, die aus Psychologismus,
methodischem Solipsismus u. a. befreit werden sollte und die - seit (oder
mit) der semiotischen Wende und der Wittgensteinschen Entdeckung der
essentiellen "Zweistämmigkeit" des *Sinn*es "psychologischer" Prädikate -
auch befreit werden kann. Bei dem "Erkennen des schon Erkannten" muß

es nach dieser Wende bzw. Endeckung nicht mehr um (romantische) Psychologie und "Einfühlung" gehen, sondern um ein Verstehen, das sich auf die prinzipiell notwendige Möglichkeit der "sekundären Objektivierung" des performativen Handlungswissens, die Abwandlung von Verbalphrasen aus der ersten Person Präsens und ihre Bedingungen, stützt. Aus diesem Blickwinkel werde ich im folgenden - höchst indirekt - einige Überlegungen zur Boeckhschen Formel vortragen. Die Überlegungen sind in der Tat sehr indirekt, insofern als die "Philologie" und ihre methodischen Schwierigkeiten nicht im Blickpunkt stehen werden, sondern vielmehr das "gegebene Wissen" selbst als ihre Voraussetzung und ihr Gegenstand. Das heißt etwas präziser und im Hinblick auf die Fragestellung der Konferenz:[1] Wenn wir zwei verschiedene Aspekte der Fragestellung unterscheiden können, die etwa mit Stichworten wie "Handwerk der Philologie/Überprüfung von Interpretationshypothesen" und "Ontologie der Sprache" bezeichnet werden können, dann ist es der letztere, dem ich mich direkt zuwenden werde.

Ich möchte also etwas zur "Ontologie" der Sprache (der intentionalen Handlung, der Sprechhandlung) sagen, einige "transzendentalpragmatische" Pointen hervorheben, die Strukturen des Sprechens und Handelns bzw. des *Verstehens* von Sprechen und Handeln betreffen. Es geht um die handlungs*konstitutive* Rolle der Sprache und des Sprachverstehens; um das Verhältnis zwischen *Performanzen* und dem verstehenden *Beschreiben* von Performanzen; um Formen des "Verstehens", die es immer geben muß bzw. immer z. T. gelingen müssen; um strukturelle Beziehungen, die immer schon in Ordnung sein müssen, sofern es überhaupt sprachliche Kommunikation geben soll. Ganz allgemein gesagt: Es geht um das Subjekt-Objekt-Verhältnis auf dem Gebiet des in Frage stehenden "Verstehens", das ich mit dem entsprechenden Verhältnis auf dem Gebiet des "Erklärens" (im Sinne der Erklären/Verstehen-Kontroverse) kontrastieren will. Insofern werde ich auch eine gewisse Parallelführung mit der Frage, wie richtiges (gültiges) *Erklären* möglich ist, anstreben.

Meine Hauptthese ist gegen die einheitswissenschaftliche Position gerichtet, insbesondere gegen das Bild, das sie von der Beziehung Sprache-Gegenstand entwirft. Es geht um ein Bild, das uns leicht gefangenhält und das man "naturalistisch" oder "objektivistisch", aber vielleicht auch "semantizistisch" (oder "wahrheitssemantizistisch") nennen kann: *dort* ist die Welt

---

[1] Diese Arbeit entstammt einer Konferenz zum Thema "Probleme der Hermeneutik", veranstaltet vom Forum für Philosophie Bad Homburg (14.-16. Dez. 1990), bei der die Frage, zu der Stellung genommen werden sollte, lautete: "Wie ist richtiges (gültiges) Verstehen von wissenschaftlichen oder philosophischen Texten möglich?"

("the unknown world of ours", wie Popper sagt), *hier* die weltspiegelnde oder weltabbildende Sprache, in der die Wahrheit (die Wahrheiten) über sie formuliert werden kann. Die Verabsolutierung dieses objektivistischen Bildes, das gewissermaßen dem Erklären entnommen ist, möchte ich in mehreren Anläufen angreifen, u. a. mit Bezugnahme auf einige einschlägige Ausführungen von Dagfinn Føllesdal. Wichtig ist, daß dieses Bild nicht nur unsere Auffassung der (methodischen) Erkenntnisleistungen des Verstehens und Erklärens betrifft, sondern noch mehr, wie wir die Sprach- und Begriffsbildung denken. Nach meiner Meinung ist die Sprach-, Begriffs- und Gegenstandsbildung auf dem Gebiet des Verstehens Bedingungen untergeordnet, die mit dem genannten Bild unvereinbar sind. Ein ganz anderes Bild von Sprache und Realität ist hier vonnöten.

Nun gibt es ja auch das (von mir allenfalls indirekt zu behandelnde) Problem des *interpretierenden* Verstehens und die Frage, welche Konsequenzen die sprach-(handlungs-)ontologischen Ergebnisse für dieses Verstehen haben. Einen Kommentar zu diesem Thema, das das Verhältnis zwischen "Erklären" und "Verstehen" betrifft, möchte ich jedoch gleich an dieser Stelle geben. Mit "Interpretation" entsteht natürlich auch so etwas wie Interpretations*hypothesen*, die wahr oder falsch sein können und die wir überprüfen müssen. Da kann man vielleicht auch von einem hypothetisch-deduktiven System reden, wie z. B. Føllesdal bei der Darstellung seiner These, daß die wissenschaftliche Methode nur eine ist und daß die Wissenschaften sich nur in den Daten unterscheiden:

"In den Geistes- und Gesellschaftswissenschaften bestehen die Daten zu einem großen Teil aus sinnhaltigem Material [...] Um dieses Material behandeln zu können, benötigen wir daher Theorien der Bedeutung, der Intention usw. Diese Theorien machen in Verbindung mit unseren Interpretationshypothesen die Prämissen des hypothetisch-deduktiven Systems aus, das an den Texten und an dem übrigen Material überprüft wird." (Føllesdal/Walløe/Elster 1986:133f.)

Diese Art von Einheitswissenschaft bzw. "unity of scientific method" kann man zwar ganz trivial auffassen, eben als Hinweis darauf, daß Hypothesen überprüft werden müssen. Was Føllesdal hier sagt, muß gar nicht im Gegensatz zu der "dualistischen" Position in der Erklären/Verstehen-Kontroverse stehen, also zur Behauptung der Eigenständigkeit des Sinn*verstehens* gegenüber dem hypothetisch-deduktiven (deduktiv-nomologischen) *Erklären*. Nicht-trivial wird es aber, wenn es als Verteidigung der Popper/Hempelschen Position vorgetragen wird, also als Behauptung des Monopols hypothetisch-deduktiven Erklärens oder als Vernebelungsstrategie zur Vertuschung des Methodendualismus. (Beides scheint bei Føllesdal der Fall zu sein. Von einer methodologisch differenzierenden Rolle des "hermeneutischen Zirkels" will er nichts hören[2], und er ist offenbar der Auffassung, daß die Kritiker der herkömmlichen Einheitswissenschaft sich schlechterdings geirrt haben. (Vgl. etwa Føllesdal/Walløe/Elster 1986:102ff., 136ff. Vgl. auch unten, III 1 (a).)

Nicht-trivial ist die Føllesdalsche Einheitswissenschaft auch, wenn gemeint ist, daß *alles* Verstehen dem genannten Überprüfungsmuster folgt. Dann kann und muß man sofort entgegenhalten: Irgendwann muß *direkt* verstanden werden. Es kann nicht alles Verstehen immer nach dem Muster "Überprüfung einer Hypothese" stattfinden, auch wenn die Aufstellung und Überprüfung der Interpretationshypothese noch so blitzschnell abläuft. Es kann nicht sein, daß gültiges, gelungenes Verstehen immer darin besteht, daß eine Hypothese (Theorie, Annahme) mit einem (zu verstehenden) Gegenstand *übereinstimmt*, daß unsere Behauptungen *über* einen Menschen oder einen Text ("Er bedeutet p", "Er hat behauptet, daß p") wahr sind. Es kann nicht sein, daß der Maßstab des Gelingens auf diese Weise eine Adäquatio ist.

Mindestens die Hypothese selbst muß man schon verstanden haben. Wenn *alles* Verstehen Interpretation ist, dann kann es eigentlich kein Verstehen geben und insofern auch keine Interpretationen. Es muß ein "knowledge of intentional contents" geben, das kein "theoretisches" Wissen von einem vorgegebenen Gegenstand, kein "Wissen über" ist, sondern vielmehr unmittelbar.[3] Und dies gilt nicht nur für das Selbstverständnis. Auch Fremdverstehen muß zum Teil unmittelbar erfolgen. Früher oder später, z. B. beim Lesen (Sehen, Hören) eines "sinntragenden Materials",

---

[2] Vgl. Føllesdal/Walløe/Elster 1986:122 zur geisteswissenschaftlichen Methode: Das "ständige Vor- und Zurückgehen zwischen den verschiedenen Hypothesen, den übrigen zugrunde gelegten Annahmen und dem Quellenmaterial wird oft als 'hermeneutischer Zirkel' bezeichnet. Eine solche vor- und zurückgehende Bewegung findet sich aber auch in der Anwendung der hypothetisch-deduktiven Methode der Naturwissenschaft wieder. [...] Somit scheint zwischen der hypothetisch-deduktiven Methode und der hermeneutischen Methode eine offensichtliche Ähnlichkeit zu bestehen. Von daher ist auch die Feststellung begründet, daß die hermeneutische Methode *nichts anderes ist* als die hypothetisch-deduktive Methode in ihrer Anwendung auf ein bedeutungstragendes Material". (Vgl. auch 142.)

[3] Vgl. Searle 1987:146: "Language is indeed public; and it is not a matter of meanings-as-introspectable-entities, private objects, privileged access, or any of the Cartesian paraphernalia. The point, however, is that, when we understand someone else or ourselves, what we require - among other things - is a knowledge of intentional contents. Knowledge of those contents is not equivalent to knowledge of the matching of public behavior with stimuli nor to the matching of utterances with conditions in the world."

muß unmittelbar verstanden werden.[4] Wenn man überlegt, daß Interpretationshypothesen paradigmatisch dadurch überprüft werden, daß man den Produzenten (des zu Verstehenden) *fragt*, hat man schon einen Hinweis, daß hier kein unendlicher Regreß entstehen darf. Ich kann wohl ein paar Mal nachfragen, aber ein unmittelbares *Verstehen dessen, was gesagt wird*, kann nicht unendlich verschoben werden. Und wenn mir im Gespräch, beim Lesen, beim Zuhören *neuer* Sinn erschlossen wird, dann ist ja mein Verständnis (oder Mißverständnis) notwendigerweise jeder Interpretationshypothese voraus. Erst nachher kann ich ggf. überprüfen, ob der andere in der Tat das gemeint hat, was ich von ihm lernte. (Irrtümer können hier auch nicht gewöhnlich sein, genausowenig wie Halluzinationen bei den Erfahrungsurteilen (vgl. Anm. 24). Die Zeichen der anderen können auch nicht als nur Anlässe prinzipiell autarker, eigener Sinnproduktion gedacht werden.) - Eine wichtige Leistung *Wittgensteins* an dieser Stelle ist wohl die, über (die Konstitution von) *Sinn* auch das *Fremdverstehen* in die logische Infrastruktur des "Fichteschen" Selbstverstehens (der "intellectuellen Anschauung") mit einzubeziehen und nicht erst als "indirektes" Ergebnis zu behandeln, d. h. als Verifikation von "Hypothesen" über fremde Subjekte, auf die prinzipiell verzichtet werden kann und die ohnehin auf der selbstgenügsamen, "sinnautarken" Grundlage der eigenen Subjektivität entworfen sind.

Wie gesagt, ich werde in dem Folgenden mich fast gänzlich auf den Aspekt "Ontologie" des Sprachlichen beschränken und kaum etwas direkt zur Frage der Interpretation und der Interpretations*hypothesen* sagen. Ich möchte aber ganz allgemein darauf bestehen, daß die Behandlung dieser Frage *vor dem Hintergrund* eines richtigen Verständnisses der sprachlichen Produktions- und Beschreibungsbedingungen bzw. Aneignungsbedingungen von intentionalen Handlungen stattfindet, so daß die (der Naturwissenschaft entnommene) theoretizistische Perspektive nicht verabsolutiert wird.

---

[4] Vgl. Wittgenstein PU §§ 503, 504: "Wenn man aber sagt: 'Wie soll ich wissen, was er meint, ich sehe ja nur seine Zeichen', so sage ich: 'Wie soll *er* wissen, was er meint, er hat ja auch nur seine Zeichen.'"

II

Perspektive des Erklärens

Wie ist gültiges Erklären möglich? Ich stelle diese Frage hier als Frage nach tiefliegenden Zügen und Bedingungen des Erklärens bzw. der Gültigkeit von Erklärungen oder vielleicht besser: nach Strukturmomenten des Erklären-Gerüsts (bzw. der Perspektive der Einheitswissenschaft).

1. Form der kausalen Erklärung

"[T]o give a causal explanation of a certain *specific event* means deducing a statement describing this event from two kinds of premises: from some *universal laws*, and from some singular or specific statements which we may call the *specific initial conditions*". (Popper 1957:122) Diese Definition legt in gewisser Weise die Form des Erklärens fest. Das in unserem Kontext Wichtigste ist jedoch die - von den Einheitswissenschaftlern nicht explizit gemachte, sondern vielmehr unterstellte - "Infrastruktur" oder "Umgebung" dieser Definition. Die genannte Form als solche leistet ja, wie bekannt, weit weniger, als die Einheitswissenschaftler geglaubt und gewünscht haben. Der *Kausalbegriff* läßt sich nicht, wie z. B. Popper es wollte, aus der Wissenschaftstheorie eliminieren. Hypothetisch-deduktive Erklärungen nach dem Popper-Hempel-Oppenheim-Schema *erklären* erst, wenn die universellen Sätze ganz besonderer ("kausal"-)logischer Struktur sind; sie müssen u. a. kontrafaktische Implikationen erlauben. (Und diese Kontrafaktizität läßt sich wahrscheinlich erst durch Rekurs auf den Handlungsbegriff als irreduziblen Komplementärbegriff begreiflich machen. Vgl. von Wright 1971: 65f.) Schon aus diesem Grund ist klar, daß die *experimentelle* Perspektive, wie sie etwa von Kant in der *Kritik der reinen Vernunft* (B XIII) verdeutlicht wird, aufs innigste mit nomothetischem Wissen verbunden ist. (Dank des Kantischen *Vergleichs* mit Frage und Antwort an der genannten Stelle tritt hier auch der *Kontrast* zu einer echt kommunikativen Perspektive deutlich hervor.[5])

Weitere Strukturmomente des Erklären-Gerüsts können unterschieden werden. Es fordert auch einen besonderen Begriff der Evidenz: was als *Evidenz* zählen kann, ist wesentlich experimenteller, nicht "historischer"

---

[5] Zur wahrhaft kommunikativen Perspektive vgl. Habermas' und Apels (transzendental)pragmatische Analysen der Sprechsituation: die Doppelstruktur der Rede, die kontrafaktischen Idealisierungen u. a.

Natur. (Vgl. Wellmer 1967.) Auch der Begriff der *Erfahrung* unterscheidet sich demgemäß hier von einem Hegelschen oder kommunikativen. Wir können von einem empiristischen, Kantischen, Erfahrungsbegriff reden. Des weiteren gibt es die besondere Art und Weise, in der eine "ideale Grenze" der Wahrheitssuche à la Peirces "ultimate opinion" sinnvoll ist, und die dazugehörige Unterstellung einer *Konstanz* des Gegenstandes der Forschung. Die Natur ist konstant, wenn auch die sie beschreibende und erklärende Theorie sich geschichtlich, aus rationalen Gründen, entwickelt. Der Gegenstand ist ihr im voraus (kontingent) *gegeben*; *über* ihn entsteht ein sich rational entwickelndes Wissen. Diese Konstanz ist als "Erklärens-Apriori" notwendig.

2. Bedingungen der Begriffsbildung

Für die "Sinnkonstitution" naturwissenschaftlicher (naturerkennender) Begriffe bedeutet all dies Mehrfaches: Die Begriffsbildung geschieht u. a. durch *Beobachtung*, durch Ostension und ihre Voraussetzungen; aufgrund von instrumentellen Eingriffen (Peirce) und experimentellem "trial and error"; wie auch selbstverständlich durch Querverbindungen innerhalb des Begriffsnetzes. Es gilt in bestimmter Weise der Nominalismus und die Forderung der "Fruchtbarkeit", d. h. der Prädiktionskraft und Erfolgskontrolle: "savoir pour prevoir pour pouvoir".[6] Ich gehe zur Erläuterung etwas näher auf ein paar Popperstellen ein, die den "Nominalismus" bzw. das, was ich "Theoretizismus" nennen möchte, betreffen (und die offenbar für Popper etwas einheitswissenschaftlich Gültiges darstellen).

(a) *Nominalismus.* Der Poppersche Nominalismus betrachtet Begriffe als (am besten fruchtbare) Konstruktionen unsererseits in unseren Versuchen, die Welt zu verstehen: "The task of science is only to describe how things behave", was am besten gelingt "by freely introducing new terms whereever necessary, or by re-defining old terms whereever convenient while cheerfully neglecting their original meaning." (Popper 1957:29) Popper schließt sich den methodologischen Nominalisten an, "(who) regard *words* merely as *useful instruments of description*" (29) und kritisiert explizit den methodologischen Essentialismus der Geisteswissenschaften (social sciences), z. B. wenn sie mit *Institutionen* rechnen, so als ob sie mehr wären als theoretische Modelle, oder wenn sie mit *Begriffen* operieren, als

---

[6] Der Begriff muß einen Dienst leisten innerhalb irgendwelcher "powerful theory", d. h. einer Theorie mit großer Prädiktions- bzw. Erklärungskraft.

ob sie eine Art Leben im Gegenstand selbst hätten. Die meisten Gegenstände der Sozialwissenschaften sind, meint Popper, "abstrakte Gegenstände";

"they are *theoretical* constructions. (Even 'the war' or 'the army' are abstract
objects, strange as this may sound to some. What is concrete is the many who are
killed, or the men and women in uniform etc.) These objects, these theoretical
constructions used to interpret our experience, are the result of constructing
certain *models* (especially of institutions), in order to explain certain experiences
- a familiar theoretical method in the natural sciences [...] Very often we are un-
aware of the fact that we are operating with hypotheses and theories and we
therefore mistake our theoretical models for concrete things. [...] [T]he model is
of an abstract or theoretical character, and we are liable to believe that we see it,
either within or behind the changing observable events, as a kind of observable
ghost or essence." Unsere Aufgabe ist jedoch "to analyze our sociological models
carefully in descriptive or nominalist terms, viz. terms of individuals". (Popper
1957:135f.)

(b) *Theoretizismus*. Der "Theoretizismus" - den man auch "Objektivismus"
oder "Deskriptivismus" ("Semantizismus") nennen könnte - besteht gewissermaßen in der Verabsolutierung der "dritten Person"-Perspektive: Alles
Wissen ist "Wissen *über*" einen Gegenstand (die "dritte Person").[7] Und wie
ein gewisser Nominalismus hat der Theoretizismus unzweifelhaft eine
Geltung im Bereich der experimentellen Wissenschaften. In Poppers
Conjectures and Refutations kommt er an einer Stelle besonders deutlich
zum Ausdruck, nämlich dort, wo Popper - ganz einheitswissenschaftlich
- die methodologische Grundstruktur der Wissenschaft mit der Figur des
"trial and error" verknüpft: Wissenschaft ist Entwurf von generellen
Erwartungen, die dann ggf. durch individuelle Erfahrungen falsifiziert
werden. Wir stehen der Welt gegenüber, und unsere Aufgabe als Forscher
oder Wissenschaftler kann vernünftigerweise nur die sein,

"to live in this unknown world of ours; to adjust ourselves to it as well as we can;
to take advantage of the opportunities we can find in it; and to explain it, if
possible [...], with the help of laws and explanatory theories. If we have made this
our task, then there is no more rational procedure than the method of trial and
error - of conjecture and refutation: of boldly proposing theories; of trying our
best to [...] show that these are erroneous; and of accepting them tentatively if our
critical efforts are unsuccessful." (Popper 1963:51)[8]

---

[7] Das gilt auch bei der *Introspektion*: man beobachtet *etwas*. Eine andere Sache ist,
daß die Introspektion den Objektivisten meistens als eine höchst unzuverlässige oder
unkontrollierbare, wenig intersubjektive Beobachtungsform gilt.

[8] Für eine entsprechende Quine-Stelle siehe Quine 1979:47; zitiert in Føllesdal/Wal-

Das theoretizistische Bild (das das Denken zuweilen fest gefangenhält) ist eben das eingangs angedeutete: Dort ist die Welt ("the unknown world of ours"), hier kommt die Sprache und das in ihr formulierte, weltabbildende Wissen bzw. die sie erklärende Theorie.

Der Theoretizismus entspricht gewissermaßen dem ersten, "*ontologischen*" ("wissenschaftlichen", "intentio-recta-") Paradigma der Philosophie, das mit Descartes und Kant durch ein *reflexives* ersetzt wird. Er geht insofern auf die antike griechische Philosophie zurück. Nach dem "antiaristotelian purge of natural science in the 17.th century" (Taylor 1989:59) wird aber der Theoretizismus nominalistisch (und instrumentalistisch), und dadurch entsteht - nicht zuletzt im Bunde mit einem dritten Motiv: der Aufklärung - eine Kombination, die in unserem Zusammenhang hochinteressante Folgen hat: die Verurteilung und Verabschiedung der Alltagssprache und ihrer Begriffslogik als "vorwissenschaftlich", "mythosdurchtränkt", "vorurteilsvoll", "unaufgeklärt" usw. Es ist klar, hier steckt auch Wahres. Für das richtige Verständnis des Verstehens hat sich aber diese Verabschiedung als verhängnisvoll herausgestellt. Man denke nur an die - meistens nicht explizit gemachten - Unterstellungen, die nach dem nominalistisch-theoretizistischen Bild allgemein für wissenschaftliche Gegenstände gelten und die Ch. Taylor versuchsweise in vier Punkten aufgezählt hat:

"1. The object of study ist to be taken 'absolutely', that is, not in its meaning for us or any other subject, but as it is on its own ('objectively'). 2. The object is what it is independently of any descriptions or interpretations offered of it by any subjects. 3. The object can in principle be captured in explicit definition. 4. The object can in principle be described without reference to the surroundings." (Taylor 1989:33f.)

III

Perspektive des Verstehens

Gegen die unter II skizzierte theoretizistische Perspektive ist jetzt die Perspektive des *Gegenstandes* hervorzuheben, d. h. die Perspektive des Akteurs, des Phänomen*produzenten*, der ersten Person; die Perspektive der intentionalen Leistungen, die sich selbst verstehen. Alles Verstehen gründet in diesem *Sich-selbst-Verstehen* (oder In-der-Welt-Sein), in dieser *Existenz*. Alles hängt jetzt davon ab, daß wir der Perspektive des Gegen-

løe/Elster 1986:97f.

standes (des zu Verstehenden) gerecht werden. Auch hier erlaube ich mir eine - weitgehend willkürliche - Zerlegung in zwei Punkte.

1. Form des Verstehens

Es geht hier um zwei Punkte. (a) Die "Form" des Verstehens soll geklärt werden in ihrem Unterschied zur "Form" des Erklärens, so wie sie etwa im Popper-Hempel-Oppenheimschen "Kausalerklärungsschema" artikuliert ist. Von entscheidender Bedeutung ist hier die gerade erwähnte Bedingung oder Rolle des *Selbstverstehens* des zu Verstehenden. (b) Dies verlangt aber auch einen Kommentar zu der Art und Weise, wie das genannte Selbstverstehen gleichwohl kein "Fazit" ist.

(a) *Dray vs. Hempel und Føllesdal.* Ich finde es nützlich, in diesem Zusammenhang an Drays "rationale Erklärung" (1957:124) bzw. ihre Hempelsche Rekonstruktion in einem Schema zu erinnern. Nach Hempels gar nicht unangemessener Rekonstruktion sieht die "rationale Erklärung" im Sinne Drays ungefähr so aus (Schema 1):

Agent A was in a situation of kind C
When in a situation of kind C, the thing to do is X
_____

Therefore, agent A did X

Hier markiert die erste Aussage "certain antecedent conditions". Die zweite Aussage des Explanans dagegen ist ein "principle of action taking the place which in a covering law explanation is held by a set of general laws." (Hempel 1963:154f.)

Nun ist bekanntlich dieses Schema nach Hempel unzureichend, denn es ist nicht streng deduktiv. Aus den Prämissen können wir nicht die "Prädiktion" herleiten, "that A did in fact do X". Um diese Konklusion zu rechtfertigen, sagt Hempel,

"the *explanans* would have to include a further assumption, to the effect that at the time in question A was a rational agent, and was thus disposed to do what was appropriate in the given situation. When modified accordingly, our *explanans* takes on a form which may be schematized as follows [Schema 2, A. Ø.]:

Agent A was in a situation of kind C.
A was a rational agent at the time.
Any rational agent, when in a situation of kind C,
will invariably (or: with high probability) do X,

and it will then logically imply (or confer a high inductive probability on) the *explanandum*:

A did X" (Hempel 1963:155).

Diese modifizierte oder ausgefüllte Version des Schemas gibt in der Tat eine echte Erklärung. Das Explanandum ist jetzt "strictly predictible". Dafür ist aber das Resultat ein ganz normales, hypothetisch-deduktives "covering-law"-Schema geworden. Drays "principle of action" ist durch ein scheinbar empirisch-kontingentes Gesetz ersetzt worden (vgl. jedoch Anm. 14), und wir haben eine Erklärung-durch-Gründe erhalten, die "presents A's action, as it were, as a manifestation of his general disposition to act in characteristic ways - in ways that qualify as appropriate or rational - when in certain situations". (155)

Ich möchte an dieser Stelle eine m. E. hochinteressante Tatsache hervorheben: Wenn wir diese Schemata durch die Substitution der ersten Person (Präsens) "testen", d. h. sie in die erste Person Präsens (vielleicht auch Futurum) "abwandeln", zeigt sich, wie sehr die Hempelsche Variante ihre Stärke in der "dritte Person"-Form hat. Während das *unmodifizierte* Schema die Abwandlung in die erste Person recht gut verträgt, ja gewissermaßen in dieser Form *zu seinem Recht* kommt[9], verwandelt sich dagegen das modifizierte Schema durch diese Beugung zu einer Art Absurdität. *So* (in dieser Form) verstehe ich mich als rational Handelnder eben *nicht*!

Wir sehen, welche *radikalen* Änderungen die ursprüngliche rationale Erklärung Drays durch ihre Hempelsche Modifikation erlitten hat: Die Bezugnahme auf "die Situation" hat offenbar einen radikal verschiedenen Sinn in DN-Erklärungen und in rationalen Erklärungen à la Dray. In der DN-Erklärung kommt die Situation als *Initialbedingung* vor, in der rationalen Erklärung dagegen als rational nachvollziehbarer *Grund für* eine Handlung. In der Hempelschen Version ist die Handlung gesetzmäßiger "Respons" auf die Initialbedingungen, in der ursprünglichen Version ist sie die (rationale) *Antwort* auf die Lage. Das Draysche rationale "principle of action" hat auch einen ganz anderen Sinn als das Gesetz über vernünftige Akteure, was auch in der Ersten-Person-Präsens-Form, ja auch in der *zweiten* Person Präsens völlig klar wird: Hier soll nicht aus *Wissen-über* (allenfalls aus der normativen Erwartung, daß der andere sich kommunikativ, zuverlässig, kurz: rational, verhält) *prognostiziert*, sondern

---

[9] Das heißt, das performative Selbstverständnis in der Situation hat eine Form, die durch die Erste-Person-Präsens-Form des Drayschen Schemas gewissermaßen explizit gemacht wird.

rational (in Offenheit für das Richtige, Rationale, Wahre) *kommuniziert* werden.[10] Die Draysche Rationalitätsprämisse ist also kein universelles "Gesetz" im hypothetisch-deduktiven Schema oder der Ansatz zu einem solchen, sondern unterstellt einen Übergang von diesem Schema zur "normativen" Perspektive der kommunikativen Subjekt-Subjekt-Relation; vom Erklären zum Verstehen. Dementsprechend läßt sich auch über die Hempelsche *singuläre* Rationalitätsprämisse sagen, daß ihr Fehlen im ursprünglichen Schema kein Zufall ist. Denn die Rationalität des Akteurs ist nach dem Drayschen Verständnis keine Initialbedingung im Sinne der covering-law-Erklärung, sondern markiert den Abschied von ihr bzw. die Bedingung dafür, daß ein ganz anderes Schema, eben das der "rational explanation", relevant ist.

Das Hempelsche Schema produziert also Absurditäten in der ersten (und zweiten) Person Präsens. Ich möchte das noch etwas erhärten, indem ich auf ein Beispiel eingehe, das von Dagfinn Føllesdal zur Unterstützung der einheitswissenschaftlichen Position angeführt worden ist.

Føllesdals Beispiel ist der Geschichtsschreibung entnommen und soll zeigen, daß auch hier, wo Dray u. a. es bestreiten möchten, in Wirklichkeit deduktiv-nomologisch *erklärt* wird: In einem Aufsatz über die Folgen des Kieler Friedens für Dänemark-Norwegen vertritt der Historiker Knut Mykland die Ansicht (sehr vereinfacht dargestellt), daß der dänisch-norwegische König Frederik VI nicht darauf eingestellt war, Norwegen der Siegesmacht Schweden zu überlassen, so wie es der Friedensvertrag voraussetzte, sondern daß er den Plan hatte, einen norwegischen Volks-aufstand dagegen zu entfachen, der die Abtretung Norwegens vereiteln bzw. rückgängig machen könnte.[11] In diesem Zusammenhang schreibt Mykland zwei Sätze, die von Føllesdal zitiert werden:

"Kein Mensch läßt sich eines geliebten Familienkleinodes berauben, ohne sich zu fragen, ob es denn nicht möglich ist, es wiederzuerlangen." Und: "Ein König wird sein Reich wohl nie seinem Erbfeind überlassen, ohne daß sich ihm - mit allgemein menschlicher Notwendigkeit[12] - die Frage stellt, ob die Abtretung nicht doch

---

[10] Ich verdanke diese Formulierung weitgehend einem Diskussionsbeitrag von Apel.

[11] Mykland 1967; vgl. auch Føllesdal/Walløe/Elster 1986:102ff., wonach Mykland hier zitiert wird. Vgl. auch Øfsti 1986:83ff.

[12] Ich möchte die Behauptung wagen, daß diese Notwendigkeit *nicht* die eines empirisch-kontingenten Gesetzes, sondern vielmehr "logischer" Art ist (was recht wichtig ist für die "Anwendung" in der ersten Person). Die Notwendigkeit hat mit der "Logik" unserer Institutionen und Begriffe zu tun, etwa im Sinne von Peter Winch, wenn er in die Haut eines Mitglieds eines kriegführenden Staates schlüpft: "My

verhindert werden kann. Gibt es Möglichkeiten, so wird er sich fragen, die Abtretung wieder rückgängig zu machen?" (Føllesdal/Walløe/Elster 1986:103)

Diese Sätze werden nun von Føllesdal als *psychologische Thesen* oder "Gesetze" interpretiert, die zusammen mit gewissen faktischen Bedingungen die Manöver und Pläne Frederiks VI implizieren. Die Behauptung über die Pläne Frederiks VI. folge

"aus jeder einzelnen dieser psychologischen Thesen in Verbindung mit bestimmten anderen Behauptungen, deren Wahrheit von vornherein vorausgesetzt wird. Also beispielsweise den Behauptungen, daß Norwegen für Frederik VI ein entsprechendes 'Familienkleinod' darstellte, daß Frederik VI König war usw. Die Gültigkeit einer jeden dieser psychologischen Thesen ist jedoch von der Eigenart der betreffenden Situation abhängig. Genau wie in den Naturwissenschaften müssen wir auch hier über eine vollkommene Übersicht über die Situation verfügen, um letztlich entscheiden zu können, welche 'Gesetze' zur Anwendung kommen und was für ein Resultat aus deren Zusammentreffen erwartet werden kann." (103)

Die Einheitswissenschaft trägt, scheint es, den Sieg davon. In der Tat, diese Ausführungen Føllesdals haben eine gewisse Plausibilität, solange wir bei den Beschreibungen (in) der "dritten Person" bleiben. Daß unser Verständnis von den Handlungen und Manövern Frederiks eine Kenntnis seiner Situation samt einer Zuhilfenahme gewisser psychologischer Gesetze einbezieht - daß es also eine deduktiv-nomologische Struktur hat -, scheint nicht so abwegig, solange wir dieses Verständnis als das des späteren Historikers denken. Machen wir aber den Test durch Substitution der ersten Person: In demselben Augenblick, da wir die hypothetisch-deduktive Erklärung in die erste Person Präsens "abwandeln", wird klar, daß wir eine Absurdität produziert haben:

behaviour is governed, one could say, by my concept of myself as a member of a belligerent country. The concept of war belongs *essentially* to my behaviour." Vgl. unten S. 244.

Norwegen ist an Schweden abgetreten
...   Singuläre
Ich bin König   Antezedens-
Norwegen ist mir ein geliebtes Famili-   Bedingungen
enkleinod
Der schwedische Herrscher ist mein
Erbfeind

Kein Mensch läßt sich eines geliebten
Familienkleinodes berauben, ohne (mit
großer Wahrscheinlichkeit) sich zu   Generelle Gesetze
fragen, ob es denn nicht möglich ist,
es wiederzuerlangen ...
Könige überlassen (mit großer Wahrscheinlichkeit) nicht ihren Erbfeinden
ihr Reich, ohne daß ... usw.

Ich biege (mit großer Wahrscheinlichkeit)
die Verhältnisse so zurecht, daß Norwegen   Explanandum
wiedererlangt werden kann.

Zwar kann nicht geleugnet werden, daß die Art und Weise, wie Frederik sich selbst und seine Handlungen versteht, indem er handelt, einen Bezug auf seine *Situation* und das, was sie bedeutet (einschließlich seiner Pflichten, Rechte, Möglichkeiten als König), voraussetzt. Sonst *wäre* er gar nicht in einer Situation. Dies ist jedoch keine echte Konzession, sondern zeigt nur die fundamentale Zweideutigkeit der Bezugnahme auf "die Situation". (Vgl. oben.) Und jedenfalls wird die Absurdität völlig klar, wenn wir uns an die für die DN-Erklärung unvermeidlichen allgemeinen Aussagen wenden. Denn: Was soll *Frederik* mit den psychologischen Gesetzen oder Thesen? Als Handelnder müßte er ja wissen, was er meint und macht (und warum), und insofern müßte er sich selbst schon verstanden haben, ehe er eventuell allgemeine Gesetze über das Seelenleben von Königen zur Kenntnis nimmt und ggf. zur Erklärung von Ereignissen in der Welt heranzieht.

Wenn wir bedenken, daß die Psychologie es erst in den letzten hundert Jahren zu etwas gebracht hat, müssen wir wohl die Schlußfolgerung aus der Hempel-Føllesdalschen Position ziehen, daß geschichtliche Personen wie Frederik - von Personen aus noch weiter zurückliegenden Vergangenheiten gar nicht zu reden - eigentlich gar nicht verstehen konnten, was sie getan und gemeint haben. (Oder jedenfalls nur auf eine höchst unvollständige, irreführende, vorurteilsvolle Art und Weise - in Anbetracht des notwendigerweise primitiven, vorwissenschaftlichen Charakter ihres eventuellen Wissens von psychologischen Gesetzen. Genauso wie sie sehr wenig von der Wirkungsweise der Natur verstünden, solange sie mit vorwissenschaftlicher Alltagssprache und ihren Mythen sich begnügten.) Solche, für unsere Vorfahren wenig schmeichelhaften Folgerungen liegen nahe. Ja, wir können selbst nicht ganz sicher gehen. Vielleicht ist es immer so, daß wir (psychologischen) Laien unsere Handlungen nur ganz unklar verstehen, insofern als unser Handlungsbewußtsein ja in Termini der vorwissenschaftlichen, *umgangssprachlichen* Begriffe, Wendungen, Verben usw. geformt und artikuliert ist.[13]

Vielleicht müssen wir sogar einsehen, daß vergangenes, gegenwärtiges und künftiges menschliches Handeln erst dann verstanden werden kann, wenn Generationen einer fernen Zukunft - in *ihrem* Verstehen und ihren Formen von Intentionen, Handlungen, Gefühlen, Wünschen, Gedanken, Überlegungen usw. - die umgangssprachlichen Begriffe und ihre Querverbindungen hinter sich gelassen haben und anstatt mit der Alltagssprache mit richtigen, wissenschaftlich definierten Begriffen und Termini operieren. (Eine psychologische Terminologie, die von unserer aktuellen, umgangssprachlichen "Psychologie" noch viel weiter entfernt wäre, als die moderne Physik von der vorwissenschaftlichen, gewissermaßen "alltagssprachlichen" aristotelischen Physik entfernt ist.)[14]

---

[13] Um Mißverständnissen vorzubeugen, ist es vielleicht notwendig, eine gewisse "Konzession" zu machen, die die hier gemeinte Absurdität verdeutlichen kann. Gesetze kommen in "rational explanations" als Stützen für meine Manipulationsüberlegungen (genauso wie singuläre Aussagen über das zu Manipulierende) selbstverständlich vor. Die Überlegung, was das "appropriate thing to do" sein möchte, schließt natürlich solche Kenntnisse mit ein. (Nicht zufällig lassen sich Gesetze auf eine "technologische" Form bringen. Vgl. z. B. Popper 1957:61ff.) Insofern werden auch Gesetze und singuläre Informationen, die *mich* betreffen, einen Platz in meinem Schema-1-förmigen Selbstverständnis haben können; in dem Maße nämlich, in dem ich selbst Gegenstand der Manipulation bin. Man kennt natürlich immer Gesetze: mechanische, biologische, physiologische, medizinische, psychologische etc., deren Gegenstand man ist und deren Initialbedingungen man manipulieren kann. Ich nehme meine Pille (oder eben nicht); ich bringe meinen (zu) schweren Körper nicht auf (zu) dünnes Eis, Odysseus ließ sich an den Mast binden, usw. - Die Pointe, um die es mir geht, steht jedoch fest: das handelnde und *sich als handelndes verstehende* Ich in der Handlung ist kein Objekt solcher Selbstmanipulation.

[14] An dieser Stelle wird freilich die Unterscheidung wichtig zwischen echten Kausalgesetzen einerseits, d. h. nominalistisch-empirisch-kontingenten Gesetzen, und "essentialistischen" Gesetzen vom Typ "alter Weisheiten" ("Eintracht macht stark") andererseits, die ggf. "Ratschlägen der Klugheit" ("divide et impera") zugrunde liegen können und die auch auf die Alltagssprache in einem bestimmten Sinne *nicht* verzichten können. Zum letzteren Typ sei folgendes angemerkt: Auf Hempelsche Weise kann man aus jedem Drayschen "rational principle of action" ein "Gesetz" machen. Was man auf diese

Eben diese Konklusion scheint der "eliminative Materialist" *Paul Church-land* zu ziehen. Nach Churchland macht das ganze Netz unserer alltags-sprachlichen (common-sense) psychologischen oder mentalen Prädikate[15]

Weise bekommt, ist allerdings eine Menge von "Gesetzen", die gar nicht empirisch-kontingent, durch Observation und Experiment etablierbar und überprüfbar (falsifizier-bar) sind, sondern die vielmehr einen normativ-rationalen, gewissermaßen "apriori-schen" Status haben und aus logisch-normativen (rationalen) Überlegungen hervorge-hen. Man denke etwa an Gesetze wie: Jedes rationale Wesen, das die notwendige Reife hat, wird, wenn es 7 und 5 addiert, zu der Summe 12 kommen. Entsprechend auch für den ganzen Bestand an mathematischen, logischen Wahrheiten, ja für Wahrheiten überhaupt. Z. B. würde die rationale Handlung, die Newtonsche Physik zugunsten der Einsteinschen zu verwerfen (die Draysche Wissenschaftstheorie zugunsten der Hempel-schen [wenn die letztere wahr ist], die Wittgensteinsche Philosophie zugunsten der Churchlandschen, usw.) auf ganz ähnliche Weise "Gesetze" hervorbringen: Jedes rationale Wesen, das die notwendige Reife hat, wird, wenn es die Evidenz(en) prä-sentiert bekommt, die Einsteinsche Physik für die wahrere halten, usw. In all diesen Fällen ist es jedoch töricht und eine Art petitio principii, das Selbstverständnis auf die Kenntnis solcher Gesetze und der entsprechenden Initialbedingungen zurückzuführen. Wenn ich aus dem Fenster falle, eine Krankheit durchleide oder ähnliches, dann ist mir der Verlauf verständlich, d. h. erklärbar, eben mittels genereller Gesetze und singulärer Anfangsbedingungen. Wenn ich aber addiere (oder auf ähnliche Weise ande-re der angedeuteten Gesetze "instanziiere"), dann verstehe ich mich bzw. meine Hand-lung *nicht* aus der Kenntnis des betreffenden Gesetzes und einer singulären Aussage, die meine Rationalität feststellt. Ich verstehe mich vielmehr als einer, der richtig addiert, der regelrecht beweist, der eine Theorie aufstellt oder überprüft etc.
Diese Unterscheidung zwischen "essentialistischen" und "empirisch-kontingenten" Gesetzen ist natürlich besonders wichtig angesichts der wohlbekannten großen Pro-bleme, das *Nomische* der allgemeinen Aussagen im Hempel-Oppenheim-Schema so zu bestimmen, daß es tatsächlich eine erklärende Kraft erhält. Bei den Gesetzen vom Typ "alter Weisheiten" und vollends bei den Gesetzen vom Typ "hempeltransformierter Einsichten" ist diese Kraft offenbar zunächst (neben der Subsumtion selbst) an den "*rationalen*" Gehalt des Gesetzes geknüpft. Das Gesetz selbst ist auf ein Verstehen von rationalen und nicht bloß naturkausalen Zusammenhängen gegründet. Indirekt basiert also eine eventuell "erklärende" Kraft des Hempelschemas in diesem Fall auf der Möglichkeit solchen rationalen Nachvollzugs. So wie das Kausalgesetz kausale Notwen-digkeit (und dadurch Erklärungskraft) in einer bestimmten Form "speichert", so spei-chert auch das "Verstehensgesetz" *rationale* Notwendigkeit in einer bestimmten Form. Dies allerdings *nur*, solange der alltagssprachliche Person-Handlung-Sprachrahmen nicht - etwa über Verhaltensdispositionen - zugunsten einer wissenschaftlichen Reduk-tion auf Neurophysiologie oder dergleichen verlassen ist. Es ist übrigens für den normalen Umgang von Personen miteinander charakteristisch, daß erst dann, wenn solche rationalen Verbindungen und Rekonstruktionen *nicht* gefunden werden können, *kausale* Erklärungen durch echte, kontingent-empirische (z. B. physiologische) Gesetze in Frage kommen, die keinen Unterschied zwischen rational und irrational - überhaupt nichts Normatives - kennen.

[15] D. h. die Prädikate oder Verbalphrasen, die Wünsche, Glauben, Ängste, Intentionen, Perzeptionen "and so forth" betreffen. (Churchland 1981:68.)

mit ihren "lawlike connections" eine empirisch-psychologische Theorie aus[16], die er "folk psychology" (FP) nennt[17] und die er gänzlich verurteilt. Alles Verständnis - auch das Selbstverständnis[18] - in Termini dieser Art mentalistischen Vokabulars kann nur falsch sein. Churchland vertritt die These, daß

"our commonsense conception of psychological phenomena constitutes a radically false theory, a theory so fundamentally defective that both the principles and the ontology of that theory will eventually be displaced, rather than smoothly reduced, by completed neuroscience. Our mutual understanding and even our introspection may then be reconstituted within the conceptual framework of completed neuroscience, a theory we may expect to be more powerful by far than the the commonsense psychology it displaces, and more substantially integrated within physical science generally." (Churchland 1981:67)

Ich erlaube mir, dies als absurd einzuschätzen. Wenn wir in den neurophysiologischen Beschreibungen von Handlungen und intentionalen Subjektleistungen ganz allgemein die Verben ins Präsens abwandeln und für die Personindikatoren (Namen und andere singuläre Termini, die Personen identifizieren[19]) die erste Person substituieren, dann wird gleich klar: Ich kann mich als intentional Handelnder, in performativer Einstellung, in der ersten Person Präsens, in dieser Sprache nicht selbst verstehen. Es kann in terms dieser Sprache kein "agent's knowledge" (Charles Taylor) geben. Der Handelnde kann nicht in dieser Sprache wissen, was

---

[16] "[T]he relevant network of common-sense concepts does indeed constitute an empirical theory, with all the functions, virtues *and perils* entailed by that status." "[T]he semantics of the terms in our familiar mentalistic vocabulary is to be understood in the same manner as the semantics of theoretical terms generally: the meaning of any theoretical term is fixed or constituted by the network of laws in which it figures." (68f.)

[17] Kern der FP sind die propositionalen Haltungen. "[T]he 'propositional attitudes', as Russell called them, form the systematic core of folk psychology". (70)

[18] "[I]ntrospective judgements about one's own case turn out not to have any special status or integrity anyway. [...] one's *introspective* certainty that one's mind is the seat of beliefs and desires may be as badly misplaced as was the classical man's *visual* certainty that the star-flecked sphere of the heavens turns daily." (70)

[19] Ein Problem ist freilich schon, *wie* oder *als was* Personen in der neuen Sprache identifiziert werden können. Was wird überhaupt mit dem "Ich" und der ganzen "Logik" der persönlichen Pronomina passieren?

er macht.[20] Und das heißt natürlich zugleich, daß jede "hermeneutische" Anstrengung *anderer*, ihn bzw. mich zu verstehen, einfach *gegenstandslos* ist.

Churchland würde vielleicht entgegnen: Jawohl, um so besser; was die Sprache und Theorie der Neuroscience bieten, ist die Möglichkeit, daß ich mich jetzt viel besser und präziser (als durch "folk psychology") *erklären* kann. Auch das ist aber sehr fraglich. Man kann nicht auf diese Weise das Verstehen verabschieden. Dazu einige Punkte:

(1) Erstens: Die theoretische Sprache und das theoretische Wissen *über* die Akteure kommen *für sie* - für ihr Selbstverständnis - *"immer zu spät"*. Der Akteur/Sprecher muß *jetzt* schon wissen, was er tut, denkt, sagt, meint, und zwar formal und inhaltlich: daß er verspricht und was er verspricht, daß er behauptet und was er behauptet, usw. Für ihn gilt Fichtes Formel zur intellectuellen Anschauung: "Sie ist das unmittelbare Bewußtseyn; daß ich handle, und was ich handle: sie ist das, wodurch ich etwas weiß, weil ich es thue." (Fichte 1983:I/4 216f.) Der Handelnde/Sprechende kann nicht auf empirische Erkenntnisse aus der Beobachterperspektive warten. Er muß jetzt schon ein "agent's knowledge" (Taylor) oder "performatives Handlungswissen" (Kuhlmann) haben.

Auch Churchland kann nicht auf die Sprache der "completed neuroscience" warten, um zu verstehen bzw. zu wissen, daß und was er jetzt tut: daß er einen Aufsatz schreibt, womit er sich an ein Publikum wendet, daß er gewisse Thesen vertritt (die er - hoffentlich - auch versteht), daß er sie verteidigen möchte usw. Churchland mag vielleicht für ein völlig andersartiges Handlungsverständnis als das der FP reden, aber diese Rede selbst muß notwendigerweise in jener Sprache, die wir nun einmal haben, formuliert sein; mit den Möglichkeiten, die sie uns gibt, gewisse Sprechhandlungen auszuführen: Thesen zur Diskussion stellen, kritisieren, verneinen, bejahen, Vorwürfe machen, Forderungen aufstellen, Voraussagen machen, Erklärungen geben usw. Wenn Churchland behauptet (um nun diesen nicht neurophysiologisch definierten Ausdruck zu erlauben), daß seine - und unsere - Sprache hier hoffnungslos defekt ist, dann kann

---

[20] Vgl. Jakob Meløe (1986:125) zu der Äußerung "Platte" in der § 2-Sprache von Wittgensteins PU: Wir können das Axiom voraussetzen, "daß *der Handelnde (hier der Sprecher) weiß, was er macht*; er weiß, was er braucht, um seine Tätigkeit auszuführen. Wenn A 'Platte' sagt, dann weiß er, daß er damit B um eine Platte bittet. *Das ist aber dasselbe, wie die (Form der) Situation zu kennen, in der er sich befindet.* Er weiß, daß die Situation so ist, daß seine Äußerung 'Platte' als Befehl 'Gib mir die Platte!' verstanden wird." (Ob wir dies in der Tat für A und B in PU § 2 voraussetzen können, das steht auf einem anderen Blatt. Vgl. Øfsti 1990b.)

das ja nur bedeuten, daß eigentlich keine sinnvolle These, keine Vorwürfe gegen die Alltagssprache, keine Forderungen einer Revision formuliert worden sind. Er hat eigentlich nichts gesagt - und es ist für uns nichts zu verstehen (außer in einem deduktiv-nomologischen Sinne).[21] (Ganz Ähnliches läßt sich auch bez. Th. Abels Ridikülisierung der "method called 'Verstehen'" sagen. Er mag wohl das Verstehen zu etwas rein Heuristischem herabsetzen, vergleichbar etwa mit dem Trinken einer Tasse Kaffee. Nichtsdestoweniger möchte er bestimmt gerne verstanden werden, ja, mehr noch, er erhebt sogar einen Anspruch auf unsere Zustimmung.)

Solange wir Churchland als Opponenten (also Gesprächspartner) auffassen, unterstellen wir notwendigerweise ("mit allgemein menschlicher Notwendigkeit"), daß er sich selbst als Handelnder in terms einer Sprache versteht, die er schon jetzt beherrscht: eben der Alltagssprache.[22] Ohne das durch ihre fundamentalsten Strukturen ermöglichte "Selbstverständnis in der Situation, implizit oder explizit reflexives Selbstverständnis"[23] wären seine Handlungen keine Handlungen im menschlichen Sinne. Es würde nicht mehr länger ein *Subjekt* dahinter stecken, das für die Handlungen verantwortlich wäre, das sie als die seinen anerkennte, das also zur Antwort gestellt und kritisiert (bzw. gelobt) werden könnte; kurz: kein Subjekt, mit dem wir *kommunizieren* könnten.[24] Die Churchland-

---

[21] Churchland ist aber offenbar ein kaltschnäuziger Bursche, denn er kennt ja gewissermaßen die Argumente der Art, daß der Naturalist (Materialist o. ä.) mit seinen Geltungsansprüchen einen performativen Selbstwiderspruch begeht, daß er sich selbst nicht "einholen" kann. Dies geniert ihn jedoch nicht. Er meint, nach dieser Art von Argument müßte auch der Vitalismus gegen anti-vitalistische Argumente verteidigt werden können. ("In seinen anti-vitalistischen Ausführungen und Argumenten setzt der Anti-Vitalist gerade das voraus, was er explizit verneint!") Der Vertreter des "Selbsteinholungsprinzips" blamiert sich also dadurch, daß er "zu viel" beweist. - Es ist jedoch klar: Der "Anti-Vitalist", der Kategorien der Intentionalität und Teleologie ganz allgemein verleugnet, *kann* in der Tat widerlegt werden.

[22] Zur Einbettung von Theoriesprachlichem in der Alltagssprache siehe Øfsti 1985a:22.

[23] Apel 1974:124. (Vgl. auch Meløe 1986:125.) Apel stellt übrigens das reflexive Selbstverständnis-in-der-Situation nicht nur dem behaviouristischen Handlungserkennen, sondern auch der introspektiven Selbstbeobachtung entgegen.

[24] Diese Kommunikations- und Verständnis-Bedingung schließt ein, daß wir *normalerweise* uns selbst annähernd richtig verstehen (in der Form einer Drayschen "rational explanation"). Denn "Normalität" ist hier für die Sprachlichkeit selbst konstituierend, von der unser Handlungsleben getragen wird und die es selbst dauernd "füttert". Abweichungen oder Ausnahmen können vorkommen (vgl. hierzu Punkt b unten). Es ist jedoch ein Fehlschluß, hier zu glauben, daß, was manchmal geschieht, prinzipiell

sche Revolution läßt sich nur durchführen um den Preis der Verabschiedung des verantwortlichen Subjekts, mit dem wir kommunizieren können.

(2) Zweitens müssen wir festhalten, daß die rationale, wissenschaftliche Erklärung *selbst*, ob sie nun die naturwissenschaftliche Erklärung eines Naturereignisses oder eine neurowissenschaftliche Erklärung eigener intentionaler Leistungen ist, sowohl als Proposition wie auch als Handlung mir selber *verständlich* sein muß. Sonst *ist* sie (für mich) keine Erklärung. Das heißt, mein Verstehen der (neuro-physiologischen) Erklärung einer gegebenen "propositional attitude", Handlungsintention oder dergleichen, kann nicht, um mir verständlich zu sein, darauf warten, daß *es* mir nun wiederum als Ereignis neurophysiologisch *erklärt* wird. *Der Regreß muß in ein Verstehen enden* (und warum nicht gleich?). Früher oder später muß irgendwo eine Proposition, eine Erklärung, eine (Sprech- oder Verstandes-)Handlung vollzogen und (nicht erklärt, sondern) *verstanden* werden (im Sinne des "Fichteschen" Vollzugs). Schon die erste Erklärung, *als* Gegenstand einer zweiten neurophysiologischen Erklärung, ist keine Erklärung mehr. Ihr kann vielleicht kausale Effizienz bzw. der Status einer Wirkung zugesprochen werden. Als *Erklärung* ist sie aber kraft-, witz- und wertlos.[25]

(3) Drittens, *was gehen mich die Ursachen meiner Handlung* - im Sinne des Behaviourismus oder der Neurophysiologie - *überhaupt an*? Vgl. hierzu K.-O. Apels Rekonstruktion der von Wrightschen "interventionistischen" Analyse des Kausalitätsbegriffs, wo er die Komplementarität zwischen der Dimension der kausal erklärbaren Verhältnisse in der Welt und der Dimension des *Verstehens* meiner eigenen instrumentellen, in die Welt "eingreifenden" Handlungen hervorhebt:

"Unser leibhafter und zugleich zweckbezogener Eingriff in die Natur, [...] diese erste Phase der experimentellen oder technischen Gesamthandlung läßt sich im Prinzip - d. h. bei Strafe des nicht mehr Verstehens der Handlungsintention - nicht mehr observativ als eine Ereignisverknüpfung objektivieren. Anders gesagt: Ich kann im Prinzip nicht die Ursache meiner Handlung beobachten." (Apel 1979a:102)[26]

immer geschehen könnte. (Vgl. PU § 345)

---

[25] Vgl. hierzu Øfsti 1986, der sich auf die Føllesdalsche Assimilation von "Rationaler Argumentation" und hypothetisch-deduktiver Erklärung bezieht. (Føllesdal/Walløe/Elster 1986) Die Pointe (die hoffentlich rational verständlich und nachvollziehbar ist) ist dieselbe wie jetzt: Rationale Argumentation muß verstanden, nicht erklärt werden.

[26] Es muß an dieser Stelle erneut hervorgehoben werden, daß echte Gesetze und "rationale" Gesetze vom Typ "alter Weisheiten" nicht auf dieselbe Ebene gestellt werden können. Die letzteren gehen mich auf ganz andere Weise an als diejenigen der Neuro-

Man kann sich angesichts eines Programms zur "reconstitution" wie desjenigen Churchlands gewissermaßen zwei Möglichkeiten vorstellen.

(i) *Entweder* wäre es nach dem erforderten sprachlichen und theoretischen Fortschritt immer noch möglich, in Termini der neuen Sprache sich zu verständigen, d. h. kommunikative Sprechakte in dieser Sprache als einer geteilten *auszuführen* (auszuwechseln), zu beschreiben (abzuwandeln) und insofern zu verstehen. Das transzendentalpragmatische *System* fundamentaler Strukturen: die transzendentalpragmatisch notwendigen Klassen von Sprechakten mit zugehörigen Geltungsansprüchen, Welten etc.; die "Doppelwurzeligkeit" oder "Zweistämmigkeit" der mentalen Prädikate[27]; die *doppelte Doppelstruktur der Rede*: performative Einbettung von propositionalen Sätzen + nachträgliche propositionale Vergegenständlichung der Performanz im Bericht des Hergangs; die "logische Beziehung" zwischen Motiv und Handlung (vgl. das sog. LB-

physiologie oder Biochemie. Meine *Motive*, nicht im Sinne von neurophysiologischen Zuständen, sondern im Sinne von nachvollziehbaren menschlichen *Möglichkeiten*, gehen mich ja in der Tat sehr an. Gesetze, die die "Logik" des Neides, der Eifersucht, des Machtkampfes etc. spiegeln, können mich sicher, wenn sie mir klar werden, nachdenklich stimmen - und klüger machen. (Allerdings: Der Unterschied zwischen dem Sich-*normativ*-Verhalten in der ersten Person als Handelnder bzw. dem Sich*verstehen* aus dieser Perspektive und dem theoretisch-*deskriptiven Erklären* muß erhalten werden. Der Zukunftsbezug des Selbstverstehens bleibt "normativ", nicht deskriptiv-prognostisch.)

Es fehlt ja nicht an Beispielen für psychologische (oder soziologische) Gesetze, wenn man den Gesetzesbegriff hinreichend lockert und rationale Handlungsprinzipien und -Gründe auf Hempelsche Weise umformt. Beispiele können wir aus den verschiedensten Bereichen des rational Nachvollziehbaren und Rekonstruierbaren holen. Etwa aus der Spieltheorie und Machttheorie ("Ein schwacher Führer wird Unruhen und Konflikte provozieren" etc.). Oder aus allerlei "Dialektiken" aus dem Bereich des menschlichen Zusammenlebens ("Les extremes se touchent", "Quantität schlägt in Qualität um"). Man könnte Beispiele nennen wie die "Wirkungsgesetze" des Neides, der Eifersucht, der Intimität, der Freundschaft, Feindschaft und Liebe ("Die Freunde meiner Freunde sind auch meine Freunde", "die Feinde meiner Feinde sind meine Freunde", "die Geliebten meiner Geliebten sind meine Feinde/Rivalen") usw. (Solche Dialektiken bzw. Gesetze werden manchmal durch die Literatur, Dramen zumal, uns vorgeführt. Vgl. auch Sartres Aufsuchen der Intelligibilität (intelligibilité) der geschichtlichen Bewegungsgesetze in *Critique de la raison dialectique*.) Offenbar kann die Einsicht in solche "Gesetze" das Selbstverstehen steigern. Aber nur solange, als man aus der Sprache des rationalen Selbstverstehens unserer Handlungen nicht aussteigt.

[27] Ich betrachte die Entdeckung dieser "Zweistämmigkeit" als eine Wittgensteinsche Errungenschaft. Vgl. unter anderem PU § 580: "Innere Vorgänge brauchen äußere Kriterien" und die Bedingungen der *Lernbarkeit* mentaler Prädikate, die Wittgenstein hervorhebt. Vgl. auch Strawson 1959.

Argument)[28] - und hiermit ist keine Vollständigkeit beabsichtigt -; dieses System wäre dann aufrechterhalten. Wir hätten es nur mit einer anderen, in die unsere übersetzbaren Sprache zu tun, und der Übergang zum befremdlichen, neurophysiologisch klingenden Wortlaut wäre müßig. (Die "folk psychology" wäre nur umgesiedelt.[29])

(ii) *Oder* aber Churchland hätte in der Tat die performativ-propositionale Doppelheit der Umgangssprache, die Zweistämmigkeit usw. getilgt und eine verabsolutierte Dritte-Person-Sprache eingeführt, eine Sprache also, deren Verbalphrasen *insgesamt* innerhalb einer festgefrorenen Subjekt/Objekt-Spaltung konstituiert wären. Dann hätten wir es mit einer Sprache zu tun, in der wir nicht mehr für uns selbst und andere *verständliche* (Sprech-)Handlungen ausführen könnten und wo es nicht mehr verantwortliche Handelnde gäbe, die wüßten, was sie machten, sagten, kommunizierten. Kurz: Er hätte sich außerhalb aller uns (rational) verständlichen Möglichkeiten - außerhalb von Sprache überhaupt - begeben. Die Sprache des "naturalistischen" Sprachspiels *muß* eingebettet sein in die (Sprech-)Handlungssprache. (Vgl. Anm. 22)

Noch einen Durchgang (zur Ehre Boeckhs): Wir halten zweierlei fest:

Erstens: Der Akteur kann sich nicht *selbst* durch Deduktion von universellen Gesetzen und singulären Initialbedingungen verstehen.

---

[28] Unser "volks-psychologisches" Verständnis unseres Tuns und Lassens, das notwendige, konstitutive Selbstverstehen der Handlung, das wir mittels unserer Beherrschung der Umgangssprache haben, setzt ja u. a. eine *logische Beziehung* zwischen Handlungs-"ursache" (Wünsche, Glaube, Wertungen etc.) und "Wirkung" (Handlung) voraus.

[29] Vgl. hierzu Davidson gegen die Suggestion von u. a. Smart und Quine, "that we could improve our conceptual lot if we were to tune our language to an improved science. Thus both Quine and Smart [...] regretfully admit that our present ways of talking make a serious science of behavior impossible. [...] The cure, Quine and Smart think, is to change how we talk. Smart advocates (and predicts) the change in order to put us on the scientifically straigth path of materialism. [...] If we were to follow this advice, I do not myself think that science or understanding would be advanced [...] But the present question is only whether, if such changes were to take place, we should be justified in calling them alterations in the basic conceptual apparatus. The difficulty in calling them so is easy to appreciate. Suppose that in my office of Minister of Scientific Language I want the new man to stop using words that refer, say, to emotions, feelings, thoughts, and intentions, and to talk instead of the physiological states and happenings that are assumed to be more or less identical with the mental riff and raff. How do I tell whether my advice has been heeded if the new person speaks a new language? *For all I know, the shiny new phrases, though stolen from the language in which they refer to physiological stirrings may in his mouth play the role of the messy old mental concepts.*" (Davidson 1984:188; Hervorhebung: A.Ø.)

Zweitens: Wenn der Akteur sich nicht schon *selbst* verstanden hat, gibt es *für uns* nichts zu verstehen. Unser "direktes" (Dilthey: "pragmatisches") Verstehen wie auch jede hermeneutische Anstrengung ist gegenstandslos.

Was dies - insbesondere den ersten Punkt - betrifft, ist eine wahrscheinlich nicht unübliche Meinung, daß das Selbstverstehen und das Fremdverstehen zwei sehr verschiedene Sachen sind, so daß die Eigentümlichkeiten des Selbstverstehens für die wissenschaftliche Erforschung anderer, was hier wohl den Diskussionsgegenstand ausmacht, kaum von Belang ist. Sie brauchen insbesondere die (theoretizistische) einheitswissenschaftliche Perspektive nicht zu stören. Darauf möchte ich in drei Punkten antworten.

(i) Es stimmt schon, daß hier ein wichtiger Unterschied besteht, insofern als das Selbstverstehen kein Verstehen eines - wenn auch sinnvollen - *gegebenen* Gebildes ist. Es ist kein Wissen *über*[30], kein "observational knowledge" (Anscombe), weder extro- noch introspektiv, sondern ein performatives Handlungswissen, ein "agent's knowledge" (Taylor), eine "intention-in-action" (Searle), oder - um jenen Philosophen noch einmal zu erwähnen, der vielleicht die präziseste Bestimmung gefunden hat - es ist "intellektuelle Anschauung" im Sinne Fichtes.

(ii) Aber das heißt noch lange nicht, daß man die Forderung der (absurditätsfreien) Substituierbarkeit der ersten Person und damit die *Einheit* der "Außenperspektive" und "Innenperspektive" in der Sprache aufgeben darf oder muß, - etwa gemäß der Auffassung von *G. Mandler* und *W. Kessen*, nach denen ein echtes psychologisches Wissen nur dann möglich ist, wenn "the language of the subject [d. i. die Person, über die man etwas wissen will] and the language of the psychologist [are] kept strictly separate".[31] Die *beiden* Perspektiven bzw. "Sprachen": die des handlungsbewußten Akteurs, der ersten Person, und die des Zuschauers, der ihn *beschreibt*, gehören notwendig zu *derselben* (vollständigen) *Sprache*. Es gibt - gegen die These von Mandler/Kessen - eine Einheit der Sprache(n): Es gibt die intrapersonale Einheit zwischen (a) meiner "performativen Sprache", in der ich mein performatives Handlungsbewußtsein *artikuliere* und in der ich ggf. auch meine eigenen "Züge" als Sprachspielteilnehmer *ausführe*, und (b) der Sprache, in der ich Handlungen *beschreibe* (eigene

---

[30] Deswegen wollte Wittgenstein hier überhaupt nicht vom Wissen reden. ("Es ist richtig zu sagen 'Ich weiß, was du denkst', und falsch: 'Ich weiß, was ich denke'." [1960:534 (PU)]) Wir wollen jedoch nicht diese terminologische Strategie wählen.

[31] Mandler/Kessen 1959:35. Sie schließen sich der Meinung Gustav Bergmanns an, daß "the behaviour scientist and his subjects do not, in principle, speak the same language". (35) Für Argumente gegen diese Variante, siehe Øfsti 1985a.

Handlungen sowohl als Handlungen anderer Personen). Und es gibt eine interpersonale Einheit zwischen der Sprache meiner Performanzen und der Sprache *anderer*, in der meine Performanzen "in der dritten Person" *beschrieben* werden können (und vice versa). All dies ist auch keine empirische Kontingenz, sondern (nach Wittgenstein) ein *notwendiger* Zug der menschlichen Sprache. Diese ist nur möglich, sofern dergleichen *"Einheits"*-, *"Konformitäts"*- und/oder *"Symmetrie"*-Prinzipien gelten.[32] Ihre Gültigkeit zeigt sich eben darin, daß die Verbalphrasen unseres performativen Selbstverständnisses (in der ersten Person Präsens!) in Person und Tempus *abgewandelt* werden können. Dabei nimmt eine bestimmte Gruppe von Verben eine Schlüsselrolle ein; diejenigen expressiven und performativen Verben nämlich, deren aktuelle Verwendung in der ersten Person Präsens schon eine Performanz oder Handlung ausmacht und bei denen eine sekundäre Objektivierung und Beschreibung der Handlung bzw. Performanz durch die schlichte Beugung - einfach durch Substitution eines anderen "Indexwertes" - erfolgt.

Deshalb kann es nicht wahr sein, wie Quine und Davidson meinen, daß "radical translation begins at home". Eine Sprache, in der ich mich selbst im Sinne des performativen Handlungswissens verstehen kann, *gibt* es erst, wenn auch die *Einheit* besteht zwischen der "performativ-expressiven Sprache", in der ich meine Intentionen (spontan) forme und in der ich meine Sprechakte *ausführe*, und der Sprache der *Beschreibungen* (in der dritten Person) jener durch die performativ-expressive Sprache konstituierten Handlungen/Äußerungen.

(iii) Das hier Gesagte muß freilich gleich wieder präzisiert und modifiziert werden im Sinne der Apelschen Grundfigur der "Verständigung über etwas". In Punkt (ii) wurde ja Fremdverstehen in der Tat ohne weiteres mit dem "beschreibenden Verstehen" der Narration gleichgesetzt. Das aber kommt einer Vermengung der Distinktion zwischen Selbst- und Fremdverstehen mit der zwischen *nichtobjektivierendem* und *objektivierendem* Verstehen sehr nahe, was falsch wäre. Selbst wenn mein Verstehen von anderen letztlich im *Rahmen* einer intrasprachlichen Einheit der genannten Art stattfindet, so heißt das noch lange nicht, daß es die Form "A gesteht mir, daß p", "A fragt mich, wieviel Uhr es ist", "Er begrüßt mich" usw. hat. Vielmehr *begegnet* mir die Frage meines Dialogpartners, sein Gruß etc. als etwas (ein Sinninhalt), das mir *gesagt*, zugemutet, gegeben, mich gefragt wird; als etwas, das mir (in der Rolle der zweiten Person) von dem (mir gegenüber kommunikativ) Handelnden (der ersten Person)

---

[32] Vgl. meine "Unity of Language"-These in Øfsti 1985a:16ff.

im Dialog "zugespielt" wird. Wenn hier überhaupt ein Gegenstand, etwas "in der dritten Person" Objektiviertes, vorkommt, dann als das Thema, *worüber* wir kommunizieren. Im ungestörten dialogischen Verstehen spielen Sätze über den anderen meistens keine Rolle. Vielmehr wird das, was er sagt, unmittelbar *gelesen* bzw. *gehört*. Zwar ist sicherlich dieses direkte Verständnis nur möglich, weil es die *Möglichkeit* der (partiell) objektivierenden Narration durch Abwandlung *gibt* (welche gelegentlich auch zur Klärung u. a. genützt wird: "Du hast gerade gesagt [versprochen, behauptet, beordert ...], daß p, nun ist aber ..., und wie soll ---?"). Aber dies gilt pari passu auch für das direkte Selbstverstehen. Normalerweise, so kann man wohl sagen, spielen Aussagen der Art "C gesteht mir ...", "C fragt mich ..." etc. im *Dialog* die Rolle der (interpretierenden) Rede des Sprechers (A), der seinem Hörer (B) verständlich zu machen versucht, was *eine dritte Person* (C) gemeint, gesagt, gemacht hat. (Vgl. Apel 1973:II 204f.) A's Verstehen von B (und vice versa) ist dagegen nicht objektivierend.

(b) *Selbstverstehen kein Fazit.* Wir haben festgestellt, daß der *Gegenstand* des hermeneutischen Verstehens (das zu verstehende Phänomen) sich selbst (als Sprecher, Handelnder, Sprechhandelnder) unmittelbar verstehen muß, wenn die Frage nach richtigem hermeneutischen Verstehen überhaupt *sinnvoll* sein soll. Sonst fehlte ja der Gegenstand des hermeneutischen Verstehens. (Darüber hinaus haben wir behauptet, daß Handlungen - zumal Sprechhandlungen im Dialog - prinzipiell auch für andere unmittelbar verständlich sein müssen, in dem Sinne, daß das Verstehen im ungestörten, unproblematischen Dialog keine Vergegenständlichung oder [ggf. implizite] Beschreibung des Dialogpartners beinhaltet.)

Andererseits sollte aber dieses Selbstverständnis nicht als ein *Fazit* (im übertragenen Sinne!) aufgefaßt werden, als *die* Realität, an der das Verstehen anderer gemessen werden soll, wie New Criticism, Gadamer, Ricoeur und viele andere Strukturalisten und Poststrukturalisten, von Psychoanalytikern ganz zu schweigen, gezeigt haben.[33] Die Äußerung, die

---

[33] Wenn alles Verstehen (auch das notwendige Selbstverstehen) essentiell kontextuell, sprach- und situationsbedingt ist, heißt das auch, daß man nicht selbst die totale Kontrolle hat. Kontext, Situation (Thema), Sprache sind sui generis öffentlich-intersubjektive Sachen. Zwar kann ein quasi cartesischer Subjektivierungsoperator angewandt werden ("die Intention war, gemäß *meines* Verständnisses des Kontextes, der Situation, der Sprache, der Sitten, Regeln, Institutionen ... eben: H"). Die Frage nach Motiv, Gesinnung, Situationsauffassung ist nicht ohne Grund wichtig in der Rechtspflege. Dieses Manöver hat aber seine prinzipielle Grenze. Es kann nicht - auf cartesianische Art und Weise - global sein.

Handlung, bleibt für Interpretationen offen. Die Unverzichtbarkeit des Selbstverständnisses sollte also nicht dahingehend mißverstanden werden, daß der Handelnde - im Gegensatz zu uns anderen, die wir auf pragmatisches Verstehen (im Sinne Diltheys) oder hermeneutische Interpretation angewiesen sind - sich selbst irrtumsfrei kennt, ohne jede logische Vermittlung oder empirische Störung von außen, dank seiner "privilegierten Position". Man ist versucht zu sagen: Gott weiß es doch immer schon besser. (Diese Figur *muß* ja nicht objektivistisch-reduktiv, sondern kann auch idealistisch-antizipativ verstanden werden!)

Zwei Aspekte müssen aber jetzt - jedenfalls analytisch - unterschieden werden. Auf der einen Seite haben wir die Frage des authentischen Sich-Verstehens und der Selbst*täuschung* (u. a. im Sinne des psychoanalytischen Rationalisierungsverdachts). Auf der anderen Seite das in unserem Zusammenhang vielleicht interessantere Thema: die prinzipiell nichtabschließbare Interpretations- und Wirkungsgeschichte, die "Produktivität" der Zeit und neuer geschichtlicher Konstellationen ganz allgemein. Mit neuen Kontexten gewinnen Werke neuen Sinn (Ricoeur, Gadamer, Danto). Jede Generation muß bekanntlich die Geschichte erneut schreiben. Ich beschränke mich allerdings auf einige Kommentare, die hauptsächlich die erste Seite betreffen.

In Hempels Antwort auf Dray finden wir auch einen, eher beiläufigen, Kommentar zu der Frage des authentischen Selbstverstehens. Hempel schreibt:

"I think the broadly dispositional analysis I have outlined applies also to the intriguing case [...] of explaining one's own actions by reference to the reasons for which they were done. To be sure, in an account of the form 'I did X for reasons R', explanation and justification are almost inextricably fused, and yet, we do distinguish between a genuine explanation and a mere rationalisation in such contexts; and an account of the form 'I did X for reasons X' would be suspected of being a rationalization if there were grounds to believe that I had not actually done X for the reasons given [...] Thus again, a statement given by me of the reasons for my action can have explanatory force only on the assumption of a disposition to act rationally in the given situation." (Hempel 1963:161f.)

Gewiß, wir unterscheiden zwischen Rationalisierungen (im Freudschen Sinne) und dem Authentischen oder "Genuinen". Hempel unterläuft jedoch offenbar an dieser Stelle ein Kurz- oder Fehlschluß. Denn die Alternative zu einer Rationalisierung ist ja nicht eine deduktiv-nomologische *Erklärung* im Sinne des von Hempel "verbesserten" Dray-Schemas, sondern eine *andere rationale* Erklärung im Sinne Drays! Es ist, als ob die Kategorie des richtigen oder authentischen Selbstverstehens bei

Hempel fehlte[34], als ob das Authentische nur die Form einer Selbstobjektivation nach dem DN-Schema haben könnte. Zwar scheint die zitierte Stelle den Fall, daß kein Grund für einen Rationalisierungsverdacht bestünde, als Möglichkeit zu unterstellen. Systematisch ist aber dafür kein Platz vorgesehen, und dies schlägt offenbar durch.

Ich möchte hier Charles Taylors "best account (BA) principle" erwähnen. Dieses Prinzip richtet sich gegen jeden Reduktionismus und die Herabsetzung dessen, was in der Alltagssprache bzw. in unserem Handlungsleben als Realität gilt, zu bloßen Epiphänomenen, rein Subjektivem etc. Als Handelnde (und Argumentierende) müssen wir uns selbst verstehen. Unser Leben muß "make sense". Dieser Forderung ist jedoch nicht Genüge getan durch

"some theoretical language which purports to explain behaviour from the observer's standpoint but is of no use to the agent in making sense of his own thinking, feeling and acting. Proponents of a reductive theory may congratulate themselves on explanations which do without these or those terms current in ordinary life, e. g. "freedom" and "dignity", or the various virtue terms [...] which resist splitting into "factual" and "evaluative" components of meaning. But even if their third-person explanations were more plausible than they are, what would be the significance of this if the terms prove ineradicable in first-person, non-explanatory uses? Suppose I can convince myself that I can explain people's behaviour as an observer without using a term like 'dignity'. What does this prove if I can't do without it as a term in my deliberations about what to do, how to behave, how to treat people, my questions about whom I admire, with whom I feel affinity, and the like?" (Taylor 1989:57)

Die Vorstellung, daß solche Termini für echte Erklärungen irrelevant sind, rührt von einer tiefliegenden Prämisse der naturalistischen Denkart her: "that the terms of everyday life, those in which we go about living our lives, are to be relegated to the realm of mere appearance." In astronomischen Erklärungen müssen ja alltagssprachliche Termini wie "Sonnenuntergang" offenbar einer wissenschaftlichen (theoretischen) Terminologie weichen. "But what ought to trump the language in which I actually live my life?", fragt Taylor (1989:58). Es gilt hier zweierlei. Auf der einen Seite ist klar, daß wir oft bemüht sind, das, worum es den Leuten bei ihren "likes, dislikes, deliberations, and so forth" geht, in Darstellungen zu (be)greifen, "which purports to be more perceptive, shorn of certain delusions or limitations of vision that affect the people themselves." Aber ungeachtet dessen gilt, daß die Termini solcher Darstellungen "are *also*

[34] Und eben sie darf nicht fehlen! Es muß sie geben, wenn auch nur als ideale Grenze.

terms in which the individuals can live their lives". (58; Hervorhebung: A. Ø.)

Wir dürfen nicht den Boden des Vokabulars der "propositional attitudes" verlassen, so wie "theories like behaviourism or certain strands of contemporary computerbased cognitive psychology" es tun, wenn sie "declare 'phenomenology' irrelevant on principle". (58) Solche Theorien machen einen entscheidenen Fehler. Denn:

"What we need to *explain*[35] is people living their lives; and the terms in which they cannot avoid living them cannot be removed from the explanandum, unless we can propose other terms in which they could live them more clairvoyantly. We cannot just leap outside of these terms altogether, on the grounds that their logic doesn't fit some model of 'science' and that we know a priori that human beings must be explicable in this 'science'. [...] The terms we select have to make sense across the whole range of both explanatory and life uses. The terms indispensable for the latter are part of the story that makes best sense for us, unless and until we can replace them with more clairvoyant substitutes. The result of this search for clairvoyance yields the best account we can give at any given time [...] The best account in this sense is trumps. Let me call this the BA principle." (58)[36]

In der Tat:

"What better measure of reality do we have in human affairs than those terms which on critical reflection and after correction of the errors we can detect make the best sense of our lives? 'Making the best sense' here includes not only offering the best, most realistic orientation about the good but also allowing us best to understand and make sense of the actions and feelings of ourselves and others. *For our language of deliberation is continuous with our language of assessment, and this with the language in which we explain what people do and feel.*" (57; Hervorhebung: A. Ø.)

2. Bedingungen der Begriffsbildung

Die Frage des Verhältnisses zwischen "vorwissenschaftlicher" Umgangssprache und Wissenschaftssprache stellt sich auf dem Gebiet der Natur- und dem der Geisteswissenschaften ganz unterschiedlich. Auf dem naturwissen-

---

[35] Taylor verwendet diesen Ausdruck nicht "terminologisch", etwa für theoriegestützte Deduktionen (wie ich in diesem Aufsatz), sondern mehr in Richtung von nachträglichem, einsichtsvollem "Tieferverstehen".

[36] In diesem BA-Prinzip und seiner Ein- oder Hochschätzung der Alltagssprache sieht Taylor gewissermaßen das Komplement des "anti-aristotelian purge of natural science in the 17.th century". (59)

schaftlichen Gebiet kann der Übergang zur Wissenschaftssprache als eine Präzisierung und Verbesserung der *Sprache* relativ zu einer *vorgegebenen* Realität betrachtet werden. Präzision fordert Revision. Auf dem geisteswissenschaftlichen Gebiet gehorcht nun aber die Umgangssprache einer anderen "Logik", einer Logik, die damit zu tun hat, daß die Sprache wesentlich Sprache von "*selfinterpreting animals*" ist (Taylor). Hier ist die Umgangssprache nicht nur beschreibend, sondern essentiell auch *konstituierend*. Auch hier kann man wohl sagen, daß Präzisierungen Revisionen fordern, aber nicht in dem Sinne, daß wir zu einem immer besseren Wissen über einen gegebenen Gegenstand gelangen. Es ist vielmehr eine Frage des sich selbst Verbesserns, um durch unsere Anstrengungen selbst präzisere (bessere) Menschen zu werden. Durch die *immer stattfindenden Selbstdeutungen und Handlungsanstrengungen*[37] bewegen wir uns auch als Gegenstand. Wir machen Erfahrungen (im Hegelschen Sinne). Die Alltagssprache wird jedoch nicht durch diesen Prozeß verlassen. Die Alltagssprache ist ja die, *durch* die wir miteinander umgehen, kommunizieren und interagieren und unsere Leistungen auch verstehen. Sie ist keine von außen herangetragene Sprache irgendwelcher Theorie, mit Hilfe derer Beobachter Ereignisse zu erklären versuchen. Sie ist vielmehr für die Ereignisse selbst, für unser Tun und Lassen, für die Handlungen und den Umgang der Akteure *konstitutiv*. Und durch unsere Erfahrungsbewegung wird die Alltagssprache ihrerseits geschichtlich weiterentwickelt. (Hier spielt nicht zuletzt die Literatur, Kunst überhaupt, eine wichtige Rolle.)[38]

(a) *Essentialismus*. Ich erlaube mir, an Peter Winchs Bemerkung zu dem oben dargestellten Nominalismus/Individualismus Poppers zu erinnern:

"Poppers statement that social institutions are just explanatory models introduced by the social scientist for his own purposes is palpably untrue. The ways of thinking embodied in institutions govern the way the members of the societies studied by the social scientist behave. The idea of war, for instance, which is one of Popper's examples, was not simply invented by people who wanted to *explain* what happens when societies come into armed conflict. It is an idea which provides the criteria of what is appropriate in the behaviour of members of the conflicting societies. Because my country is at war there are certain things which I must and certain things which I must not do. My behaviour is governed, one could say, by my concept of myself as a member of a belligerent country. The concept of war belongs *essentially* to my behaviour. But the concept of gravity does

---

[37] PU § 199 gilt natürlich auch umgekehrt: Eine Sprache verstehen (eine Technik beherrschen) heißt auch: immer wieder (inhaltlich) *Sätze*, sich selbst, die Welt verstehen.

[38] Vgl. auch Kathy Wilkes über die Leistung des Thesaurus. (Wilkes 1984:348)

not belong essentially to the behaviour of a falling apple in the same way: it belongs rather to the physicist's *explanation* of the apple's behaviour. To recognize this has, pace Popper, nothing to do with a belief in ghosts behind the phenomena." (Winch 1958:127)

Was hier mit Bezug auf "Krieg" und "die Armee" gesagt ist, gilt natürlich ganz allgemein und leuchtet womöglich noch deutlicher ein, wenn wir Begriffe wie bezahlen, grüßen, versprechen, geben, behaupten, befehlen, erklären usw. heranziehen. Wenn diese Begriffe nicht schon im Gegenstand selbst, im Selbstverständnis der Handelnden, operativ sind, dann hat der Sozialwissenschaftler, der sie irgendwie *beschreibend* benützen möchte, gar nichts zu suchen. Uns begegnet hier der *essentialistische* Anspruch des Verstehens.

Poppers verkehrter Antiessentialismus, den Winch kritisiert, ist auch Ausdruck des *Objektivismus*, der eine Trennung verabsolutiert zwischen auf der einen Seite "wir", die wir die Welt zu erklären oder zu verstehen versuchen, und auf der anderen Seite "this unknown world of ours" (vgl. oben): Auf der einen Seite haben wir die *Gegenstände* (unserer Forschung), auf der anderen Seite die Begriffe, die Intentionen, unser Verstehen dieser Gegenstände. Wie Winch aber zeigt, kann diese Konstellation nicht für die Sozialwissenschaften gelten.[39] Die Begriffe etc. sind gewissermaßen schon da draußen, im Gegenstand. Wir hätten aber die Pointe auch umgekehrt formulieren können. Die Gesellschaft kann nicht nur ein Glied der Popperschen "unknown world of ours" sein, denn: Kann und muß nicht "die Gesellschaft" mit gleichem Recht eben als *wir* gelten und gedacht werden: wir alle, die wir einer (mehr oder weniger und auf verschiedene Weisen) unbekannten Welt gegenüberstehen; die wir uns ihr anzupassen (aber auch sie zu reformieren!) versuchen, so gut es geht; die wir aus ihren Möglichkeiten einen Nutzen ziehen (insofern wir strategisch handeln); und die wir versuchen - wenigstens einige von uns, etwa Popper und Hempel -, sie mit Hilfe von "laws and explanatory theories" zu erklären? Es ist klar, daß die Gesellschaft, auch als Thema von Wissenschaft und Forschung, nicht einfach als (unbekanntes) Erkenntnisobjekt "da draußen" gedacht werden kann, als etwas uns völlig Fremdes. In einem bestimmten Sinne muß sie eben als "wir selbst" gedacht werden und insofern als ein "Subjekt": als etwas, das eine Geschichte und seine Traditionen (u. a. wissenschaftliche) hat wie auch Aufgaben, die seine Fortsetzung in die Zukunft betreffen. Die Gesellschaft kann nicht "absolut"

---

[39] Vgl. auch Apel über die "szientistische Alternativkonzeption" bzw. den "szientistischen Fehlschluß" (1979a:172f., 175f., 216f., 278).

in der dritten Person gedacht werden, als ein absoluter Gegenstand; "sie" muß notwendigerweise auch zugleich als ein "wir" und ein "uns" gedacht werden. Kurz, die Gesellschaft muß für uns als eine *Kommunikationsgemeinschaft* gelten, die alle Kommunikationsrollen oder -positionen umfaßt: neben der dritten Person (Einzahl und Mehrzahl) auch die zweite und erste Person (Einzahl und Mehrzahl). Insofern könnte man (bzw. könnten "wir": das "ideale" Verfasser- oder Erkenntnissubjekt) Poppers Aufstellung folgendermaßen charakterisieren: er errichtet - nicht unglaubhaft, sofern man von naturwissenschaftlichen Modellen ausgeht - eine Trennung prinzipieller Nicht-Kommunikation zwischen "uns" (die wir mit theoretischen Konstruktionen etc. operieren, um "certain experiences", also Beobachtungen des sozialen Lebens, zu erklären) und dem Gegenstand, d. h. den Akteuren mit ihren Haltungen, Erwartungen, Handlungen, Erkenntnissen usw. Systematisch gesehen ist insofern *kommunikative Erfahrung* bei Popper und seinesgleichen ausgeschlossen. Dann ist es natürlich auch kein Wunder, wenn übersehen wird, daß auch die observierten Akteure sich zu ihrer Gesellschaft verhalten und insofern "Soziologen" sind, wie auch umgekehrt, daß der Soziologe seinerseits ein kommunizierender Teilnehmer unter den Akteuren verbleiben muß.

Der Ausschluß von kommunikativer Erfahrung findet freilich nur auf der systematischen, wissenschaftstheoretischen Ebene statt. Wenn es zum Inhaltlichen und Konkreten kommt, ist auch Popper klüger als sein System und anerkennt weitgehend die Phänomene. Somit setzt er in der Fortsetzung des obigen Zitats ohne weiteres voraus, daß die sorgfältige Analyse von überindividuellen sozialen "Modellen", "in terms of individuals" nach Maßgabe des methodologischen Individualismus, eine Analyse in Termini ihrer "attitudes, expectations, relations etc." sein wird. (Popper 1957:136) Dies ist natürlich mit der nominalistischen Kommunikationsbarriere, die auf der prinzipiellen Ebene doch errichtet wird, unvereinbar.[40] Wie Winch sagt: "it is impossible to go far in specifying the attitudes, expectations and relations of individuals without referring to *concepts* which enter into those attitudes". (Winch 1958:127; Hervorhebung: A. Ø.) Und der Zugang zu den Begriffen der *Akteure* fordert die Kommunikation mit *ihnen*. Übrigens ist auch klar, daß die Akteurbegriffe,

---

[40] Vorausgesetzt allerdings, daß die Haltungen, Erwartungen usw. der individuellen Akteure nicht auch *selbst* als theoretische Konstruktionen unsererseits (auf der Basis reiner Verhaltensbeobachtung) gedacht sind, die wir (Soziologen) allenfalls mit unseren Kollegen diskutieren können im Hinblick auf ihre Fruchtbarkeit etc. So extrem (oder konsequent) ist freilich *Popper* nicht. Mandler und Kessen kommen aber einer solchen Position sehr nahe. Vgl. oben.

mit denen wir hier zu tun haben, Begriffe sind, "the meaning of which certainly cannot be explained in terms of the actions of any individual person". (127)

Eine alternative Darstellungsweise der hier hervorgehobenen Kommunikationsbedingung könnte etwa die folgende sein: Die Beschreibungen von Individuen und ihren (propositionalen) Haltungen, Erwartungen, Relationen etc. können nicht theoretische Beschreibungen in einer von außen herangetragenen Sprache sein; sie müssen vielmehr *essentiell* "Beugungen" sein (in der dritten oder zweiten Person oder in Vergangenheitsform) von jenen *erste Person Präsens*-Formeln der Sprache, die für die Handlungen, Haltungen, Erwartungen usw. selbst *konstitutiv* sind. Dieses Abwandlungsverhältnis muß in jeder natürlichen Sprache immer schon geleistet und in Ordnung sein.

Mit dem Obigen haben wir zugleich eine Verbindung angedeutet zwischen dem Essentialismus, unserer Boeckhschen Ausgangsformulierung (daß der Gegenstand des Verstehens selbst ein Verstehen sein muß, das erst durch einen Bezug auf Sachen/Gegenstände/Situationen konstituiert ist) und drittens der (Gadamerschen) "Zugehörigkeit zum Gegenstand": Der "Historiker" ist Teil desselben gesellschaftlich-geschichtlichen Gegenstandes und von derselben geschichtlichen Realität getragen, den bzw. die er beschreibt; wie auch umgekehrt der gesellschaftliche/historische Akteur selbst Historiker/Soziologe (Gesellschaftsversteher) ist.

(b) *Expressivismus und Performanz*. Sprachliche Ausdrücke haben wesentlich zwei Bezüge auf Weltgrößen (wenn wir von den innersprachlichen, syntaktischen Beziehungen absehen):

(i) Die "semantische" Dimension: Sie können *über* Sachen/Tatsachen sein, diese Sachen *bezeichnen*, *beschreiben*, über sie *wahr sein* und dergleichen. Die Sprache kann z. B. die primären und sekundären Qualitäten/Zustände/Abläufe eines Gegenstandes, einer Stadt, einer Person, eines Werkzeug usw. "abbilden". Wenn es um *Personen* geht, kann sie auch zusätzlich von ihren "propositional attitudes", ihren Äußerungen, Handlungen (verbalen wie nicht-verbalen), Gefühlen, Motiven, Willensanstrengungen, Auffassungen, Intentionen usw. - beschreibend, referierend, wiedergebend, narrativ - "Bilder" aufstellen.

(ii) Sprachliche Gebilde haben aber zusätzlich *immer* ein bestimmtes Verhältnis zu Personen (Sprechenden), nämlich das, *Ausdruck* ihrer Auffassungen, Wünschen, Wertungen (propositional attitudes) u. ä. zu sein. Sprachliche Gebilde gehören essentiell in *Sprechhandlungen* als realisierende Momente von diesen. Als Teil von Handlungen haben sie immer einen Bezug zu einer handelnden Person. Diesen Bezug zu Personen haben aber nicht nur sprachliche Ausdrücke. Er besteht generell für alle Handlungen, die echte Handlungen (d. h. "intentional") sind und die wir dem Handelnden zuschreiben als etwas, wofür er verantwortlich ist.[41] Zwar fehlt für nicht-kommunikative Handlungen der für Sprechhandlungen konstitutive Bezug auf Hörer/Adressaten, aber sie bleiben als verantwortbare auf jeden Fall prinzipiell verständlich.

Vor diesem Hintergrund läßt sich vielleicht die Position der "Theoria"- oder "Beobachtungs"-Tradition, des einheitswissenschaftlichen Positivismus und Erklären-Monopolismus folgendermaßen bestimmen: Die (semantische) Relation der Sprache zur Welt und den Gegenständen wird verabsolutiert (vgl. *Tractatus*) und die expressive Relation verkannt. Oder wenn man will: Man übersieht die Tragweite der Tatsache, daß wir früher oder später auf "mentale" ("psychologische") Verhältnisse stoßen müssen, die in Termini der Sprache, die man nun einmal hat, benutzt und beherrscht, in der Tat gegeben, *konstituiert* sind. Wenn ich (etwas) weiß, hoffe, glaube, verspreche, befehle, behaupte usw., dann *existieren* diese Phänomene erst kraft meiner Sprache bzw. Sprachkompetenz oder jedenfalls nicht außerhalb ihrer. (Vgl. Wittgenstein, PU § 342.) Zwar darf - ja muß - man von unbewußten oder impliziten Formen des Glaubens und Wün_schens reden. Solche Zuschreibungen haben aber keinen (außertierischen) Sinn, wenn sie nicht prinzipiell von dem betreffenden Subjekt *eingeholt* und als Glaube oder Wunsch explizit gemacht werden können.

Wenn Churchland von unserem umgangssprachlichen Verständnis der psychologischen Phänomene spricht (our common-sense conception of psychological phenomena), dann unterstellt er gleich die Alleingültigkeit der ersten, theoretizistischen Perspektive, die der Beschreibung. Unsere umgangssprachliche Verständigung (our mutual understanding) und unser Handlungswissen (our introspection) werden gleich als "Theorie" gedacht (Theorie über mentale Phänomene), wobei wir gleich das Problem haben, ob wir hier zunächst *Gegenstände* der Theorie sind oder Theoretiker, die mit Aussagen in der Dritten-Person-Form *über* die psychologischen Phänomene operieren. Auf jeden Fall wird die konstitutive, *produktive* und/oder *expressive* Rolle unserer umgangssprachlichen Verbalphrasen übersehen. Wonach erklärt werden kann, daß unsere alltagssprachlichen *Beschreibungen* in Termini von Glaube (daß p), Hoffnung (daß q), Handlung x, Lebensproblem y ... in einer hoffnungslos *unwissenschaftlichen* Sprache

---

[41] Wie wenn wir sagen "Er hat gewußt, was er getan hat". (Obwohl "gewußt" hier nicht im *Modus des Erkennens aufgrund von Evidenz* gedacht werden darf, sondern vielmehr im "Fichteschen" Modus. Vgl. dazu Wittgenstein und Anscombe.)

gegeben sind, eben in der der "folk psychology", so daß hier kräftig revidiert werden muß.

Die Adäquatheit dieser Sprache soll jedoch nicht (nur) unter den Bedingungen der theoretischen Dritte-Person-Perspektive eingeschätzt werden! Es ist ja nicht immer so, daß eine Sprache - als Medium von Theorien- über - einem außersprachlichen Gegenstand angepaßt werden soll![42] Es geht hier vielmehr darum, *die Beschreibungen*, die in der dritten und zweiten Person formuliert sind (genauer: die nicht in der ersten Person Präsens formuliert sind - neben der intersubjektiven gibt es ja auch die "intrasubjektive" Beugung), den *Performanzen*, die in der "ersten Person Präsens" artikuliert oder intendiert sind, anzupassen. Und diese Anpassung ist grundlegend oder notwendigerweise im Normalfall in jeder natürlichen Umgangssprache immer schon geleistet.

IV

Schlußwort

Im ersten Hauptteil habe ich versucht, ein Verhältnis zwischen Welt und Sprache/Sprachbildung/Theoriebildung zu skizzieren, das (etwa im Popperschen Sinne) nominalistisch und theoretizistisch ist: Theorien oder Hypothesen über die Realität werden aufgestellt und an Evidenzen hypothetisch-deduktiv überprüft. Die Begriffsbildung unterliegt der Forderung der Fruchtbarkeit, d. h. letzlich der der Prädiktionskraft von Theorien.

Im zweiten Hauptteil wurde dann versucht, ein anderes Verhältnis von Sprache und Gegenstand kenntlich zu machen, bei dem man nur mit ganz besonderen Vorbehalten von einer Anpassung der Sprache an die Realität reden kann. Die Realität ist hier keine der sprachlichen Anpassung vorgegebene oder vorausgehende, sondern vielmehr selbst sprachlicher Natur. Sie heißt subjektiver und objektiver Geist und besteht aus "Gegen-

---

[42] In einer Kritik, die hauptsächlich gegen Davidson und Quine gerichtet ist, wird die theoretizistische Verabsolutierung der Zuschauerperspektive und die entsprechende Leugnung der ersten Person-Perspektive auch von J. Searle moniert. Ich zitiere sein Schlußwort: "When we understand someone else or ourselves, what we require - among other things - is a knowledge of intentional contents. [...] We see this most obviously in the first-person case, and our neglect of the first-person case leads us to have a false model of the understanding of language. We think, mistakenly, that understanding a speaker is a matter of constructing a 'theory', that the theory is based on 'evidence', and that the evidence must be 'empirical'." (Searle 1987:146)

ständen" wie Gedanken, Theorien, Gefühlen, Handlungen, Handlungsresultaten (Artefakten) etc. Es geht hier um Größen, die wir nur sprachlich (kommunikativ) identifizieren können, an denen wir kommunikativ teilhaben wollen und an denen wir auch notwendigerweise immer schon Teil *haben*. Auch hier besteht z. T. eine Distanz zwischen Gegenstand und Beschreibung (eine Distanz Subjekt-Objekt oder Objekt-Subjekt), etwa die zwischen Performanz und nachträglicher Objektivierung, zwischen performativ-expressiver Anwendung der Verbalphrasen in der ersten Person Präsens, und anderen, deskriptiven Verwendungen. Diese Kluft ist jedoch notwendigerweise - kraft der *Existenzform* der Sprache - immer schon überbrückt. Die Begriffe, Prädikate, Verbalphrasen etc., die zur *Beschreibung* von Handlungen (und ihrer "Umgebungen" im weitesten Sinne) benutzt werden oder benutzt werden sollten (die "adäquat" wären), und die Begriffe, Prädikate etc., durch die die beschriebene Realität (die Handlungen) selbst *konstituiert* ist, sind ja in dem Sinne notwendigerweise dieselben, daß wir (pace Mandler/Kessen) keine "Zweisprachlichkeit" dulden. Wir rechnen nicht erstens mit einer "Performanz"-Sprache, in der wir unsere Intentionen formen, artikulieren und insofern überhaupt erst "haben" und ggf. auch *ausdrücken* (unsere Züge in den Sprachspielen ausführen), und dann zweitens mit einer "Beschreibungssprache", in der wir diese Züge *beschreiben*. Statt dessen *beugen* wir einfach die Verbalphrasen, im grammatikalischen Sinne. - Aber über dieses Verhältnis hinaus besteht hier, im Rahmen des intrasprachlichen, unmittelbaren und unproblematischen Verstehens, auch so etwas wie ein *nicht* narratives, nicht "propositionales", gar nicht objektivierendes Verstehen, das das zu Verstehende überhaupt nicht als seinen *Gegenstand* hat, sondern als aktuales Ko-Subjekt: als Partner im aktualen Dialog oder als problemlos lesbaren Text, mit dem man das Objekt (das Thema, das Worüber) *teilt*. Auch dieses Verhältnis unmittelbaren Verstehens auf der "Ebene der Intersubjektivität" (Habermas) ist fürs Verstehen insgesamt (d. h. auch für das narrative und hermeneutische Verstehen) unabdingbar.

Nun sind vielleicht im Normalfall immer beide Verhältnisse oder Sprach-Rahmen mehr oder weniger repräsentiert. Wir haben es zum einen mit einem sprachlich konstituierten Gegenstand zu tun, an dem wir im Sinne des zweiten Rahmens teilhaben wollen, aber andererseits auch mit einer Situation, in der wir im Sinne des ersten Rahmens auf eine "empirische" Anpassung von Interpretations*hypothesen* angewiesen sind. Prototypisch: Man versteht eine fremde Sprache und das in ihr Artikulierte nicht. Insofern kehren Züge des *ersten* Rahmens wieder, mit Hypothesenbildung, Überprüfung von Hypothesen etc. Nach meiner Darstellung in diesem

Aufsatz ist das Ziel der (hermeneutischen) Anstrengungen nun, die "inner-sprachliche" Situation im Sinne des *zweiten* Rahmens *wieder herzustellen* und insofern den ersten Rahmen als einen "äußeren" oder "vorbereiten-den" hinter sich zu lassen. Oder anders gesagt: Es geht darum, die "hermeneutische" Situation eines Abstands zwischen verschiedenen Sprachen auf den innersprachlichen, immer schon gewissermaßen über-brückten Abstand zwischen "Sprache" der Performanz und "Sprache" der Beschreibung zurückzuführen. (Was allerdings nicht heißt, wie wir gesehen haben, daß mein Verstehen die Form einer expliziten oder impliziten *Beschreibung* des Verstandenen hat bzw. über eine solche läuft.)

Die Gegenposition stellt es genau umgekehrt, fast spiegelbildlich, dar: sie will den *zweiten* Rahmen hinter sich lassen oder auf den ersten zurückführen: sie verabsolutiert den ersten Rahmen und begreift auch das innersprachliche (ggf. direkt dialogische) Verstehen als eine sehr schnel-le und unauffällige Anpassung von Hypothesen an eine (von der Inter-pretationssprache) unabhängige Realität; sie stattet jede Person mit einer prinzipiell eigenständigen Sprache aus, leugnet den prinzipiellen Unter-schied zwischen inter- und intrasprachlichem Abstand und erklärt mit Quine und Davidson, daß "radical translation begins at home".

Partielle (sekundäre) Objektivierung

Bemerkungen zur Ontologie (Struktur) der Sprache als Vehikel der Vernunft

Die folgenden Bemerkungen lassen sich als Erläuterungen bzw. Explorationen zu der neuen paradigmatischen Grundfigur: "Verständigung über etwas", von Apel und Habermas verstehen. Dabei werden recht viele und womöglich verstreute Themen berührt, wie etwa: szientistischer Objektivismus und "Alternativkonzeption" (Apel) im Sinne des *Tractatus* (und Kants); hermeneutisches (und "pragmatisches", "direktes") Verstehen und Narration; performatives Handlungsbewußtsein handelnder Subjekte und seine Abwandlung in Handlungsbeschreibungen; die Frage nach einem Niveau der Sprachlichkeit, auf dem Sprache Vehikel von Vernunft wird (Sprachspiel vs. Sprache); Wittgensteins Beitrag zur Klärung der Logik "mentaler" Prädikate; transzendentales vs. empirisches Subjekt; Systeme der Deixis; doppelte Doppelstruktur der Sprache; "naturalistischer" vs. "praktischer" Sprachrahmen; wertende vs. wertneutrale Sprache. Bei all dem soll aber die genannte Figur das verbindende Element sein bzw. die zentrale Lichtquelle, die die verschiedenen Topoi erhellt.

Unter "der neuen paradigmatischen Grundfigur" verstehe ich also die Apelsche *Komplementaritätsfigur* der "Verständigung über etwas", bei der eine "horizontale" Ebene der Verständigung zwischen Subjekt und Kosubjekt (zwischen erster und zweiter Person) komplementär steht zu der Beziehung auf etwas (dritte Person), *worüber* Verständigung erzielt wird. Genau dieselbe Figur entwirft auch Habermas, indem er von zwei Ebenen des Dialogs spricht:

"Eine Verständigung kommt nicht zustande [...] wenn nicht mindestens zwei Subjekte gleichzeitig *beide* Ebenen betreten: a) die Ebene der Intersubjektivität, auf der die Sprecher/Hörer *miteinander sprechen*, und b) die Ebene der Gegenstände, *über* die sie sich verständigen (wobei ich unter 'Gegenständen' Dinge, Ereignisse, Zustände, *Personen, Äußerungen und Zustände von Personen* verstehen möchte)." (Habermas 1971:105. Letzte Hervorhebung: A. Ø.)

Die Komplementaritätsfigur ließe sich demgemäß auf die folgende Weise darstellen:

erste und zweite Person   intersubjektive Ebene/
                                     Verständigung über etwas

          (propositionale) Abbildung

die Welt/dritte Person   Ebene der Gegenstände/
                                     Ebene des etwas

                           I

An mehreren Stellen (insbesondere in 1979a:172f., 178ff., 205, 216ff.,
278f.) moniert Apel (im Sinne dieses paradigmatischen Konzepts?) eine
"szientistische Alternativkonzeption" à la Kant und Wittgenstein I, die in
bezug auf Handlungen nur mit *zwei* "methodologisch relevanten Typen
von Warum-Fragen" bzw. Antworten rechnet:

Erstens Warum-Fragen, die "in direkter Rede (in der zweiten Person) *an den
Anderen* oder (in der ersten Person) *an sich* zu richten" sind, zweitens "Fragen (in
der dritten Person) *über das Zustandekommen von Handlungen und Überzeugungen der Anderen als Ereignissen in der objektivierbaren Welt, über die* wir [...]
reden". Die Antworten sind entsprechend nur von zweierlei Art: entweder (i)
"*objektiv gültige Begründungen* oder *Rechtfertigungen* des Gebotenseins bzw. der
Wahrheitsgültigkeit" als Antworten auf "Fragen einer normativen Wissenschaftslogik
und Ethik (oder deontischen Logik?) in bezug auf das, was *gilt*" oder (ii) "*Ereignis-
Erklärungen*" als Antworten auf "Fragen der empirischen (Natur-)Wissenschaft in
bezug auf das, was 'der Fall ist'". Was in dieser Alternativkonzeption fehlt, ist laut
Apel "die Möglichkeit, den oder die Anderen, über die man in der dritten Person
singularis oder pluralis redet, [...] als *virtuelle Interaktions- bzw. Kommunikationspartner* aufzufassen, deren Handlungen oder Überzeugungen man vermöge der
*Reziprozität von Selbstreflexion und Antizipation fremder Intentionen und kogniti-
ver Präsuppositionen zu verstehen* sucht. [...] Die *hermeneutische*[1] Distanzierung
des Anderen als des *fremden Subjekts* von Handlungs-Intentionen und Überzeugungen wird [...] mit seiner *theoretisch-szientifischen* Distanzierung als eines
bloßen *Objekts* der eigenen Handlungs-Intentionen und Überzeugungen konfundiert." (216f.)

Die dritte Möglichkeit, die die Objektivierten als "virtuelle Kommunikationspartner" behält und die Apel als "Quasi-Objektivierung" benennt (173),
entspricht dabei offenbar der Dimension der *hermeneutischen* Fragestellung und Leistungen. Später ist im selben Text auch von einem "szientisti-

---

[1] Ich würde an dieser Stelle lieber "narrative Distanzierung" sagen. Vgl. unten.

schen Fehlschluß" die Rede, durch den die hermeneutischen Erkenntnisleistungen übersehen werden und in dem

"der Schritt von der *vorwissenschaftlichen Verständigung* über Gründe und
Intentionen und Handlungen zur methodischen Wissenschaft" mit "dem Schritt zur
theoretischen Objektivierung von Handlungen und ihrer *(Kausal-)Erklärung* als
Ereignissen" gleichgesetzt wird. Dieser Fehlschluß läßt sich auf die eben dargestellte
Annahme zurückführen, "daß *im Sprachspiel der kommunikativen Verständigung
der Übergang von der Rede in der ersten und zweiten Person zur Rede in der
dritten Person gleichbedeutend sein müsse mit dem Übergang zum Standpunkt der
Beobachtung bzw. der theoretischen Objektivierung des Anderen und der
entsprechenden Erklärung seiner Handlungen.*" (278)

In *The Hermeneutic Dimension of Social Science and its Normative
Foundation* ist wiederum von "virtual communication partner", "partial
objectification" und "subject-object" die Rede. Hier heißt es:

"[T]he incomplete objectivization that constitutes the possibility of *talking about
third persons* is a dialectical one [...], for it constitutes a *subject-object*, so to
speak, i. e. an *object of cognition* and possibly even of research, that at the same
time remains a *cosubject* of those who are talking [...] [T]he switch from the
reciprocity of the actual dialogue-situation to the talk about a *third* person is the
condition of the possibility of *narration*, which is the primary account of human
actions and *achievements* in all dimensions of time: present, past and future. It
seems clear as well that the *narrative historical account* of past actions and
achievements of human beings includes the possible talk about the *departed
authors of texts* and hence makes it possible to deal with *text-interpretation* as a
deficient mode, so to speak, of *actual communicative understanding.*"

Der Mangel (deficiency) besteht darin, daß "the departed authors of the texts
cannot receive and answer our questions as it is possible in direct communication.
But precisely this deficiency can [...] be compensated for by *two methodological
devices* [...] based on the partial objectivation of the speech-acts and meaning-
intentions of third persons as they are expressed in texts."

1) "The *partial objectification* of speech acts and their meanings as being expressed by texts makes it possible to set up *hermeneutic conjectures*, i. e. *hypotheses about* the meaning-intentions for the authors .., before looking for answers to
our questions we have to search for (i. e. set up hermeneutical hypotheses about)
those questions that the departed authors tried to answer in their texts."

2) "The narrative projection of the autors and their writings into the past, and,
hence, the insertion of the reported events into the temporal frame of history,
makes it possible to differentiate between two different historical contexts and
preconditions of meaning-intentions: one's own and that of the objectivized texts."
(Apel Ms. 1991:21f.)

Das Thema "Quasiobjektivierung" wird von Apel auch in *Sinnkonstitution und Geltungsrechtfertigung* berührt. Apel stellt hier fest, daß bei Kant

"die Frage nach den Bedingungen der Möglichkeit der *objektiven Gültigkeit der Erkenntnis* mit der Frage nach der transzendentalen *Konstitution des Sinns von Objektivität bzw. Gegenständlichkeit* identisch" ist. (Apel 1989b:156 Vgl. auch 163)

Diese Identifizierung wurde möglich, weil Kant erstens sich nur für die transzendental deduzierbare *Form* der möglichen Welterfahrung interessierte und nicht für die Bedingungen des Sinngehalts konkreter Erfahrungen und zweitens "nicht nach den Konstitutionsbedingungen jener *sekundären Gegenständlichkeit*" fragte, "die so etwas wie *Geistes-* oder *Sozialwissenschaften* möglich machen könnte". (157)

Zum letzteren fügt Apel hinzu:

"Es handelt sich hier nicht mehr um eine originäre, den Sinn der erfahrbaren Phänomene allererst konstituierende Vergegenständlichung der Welt [...], sondern um eine *sekundäre Vergegenständlichung der lebensweltlichen Phänomene kommunikativer Erfahrung* [...] (Wenn schon beim Übergang von der Ich-Du-Reziprozität der Situation performativer Kommunikation zur Beobachterperspektive der dritten Person eine distanzierende Objektivierung eintritt, die so etwas wie narrative Historie allererst möglich macht, so bleibt hier doch zugleich die Möglichkeit der kommunikativen Erfahrung in virtualisierter Form bestehen und ermöglicht so etwas wie hermeneutisches Verstehen symbolisch strukturierter Wirklichkeit, das heißt von Sinnphänomenen, die mit Zeichenkonventionen und subjektiven Intentionen, Geltungsansprüchen und Gründen a priori verknüpft sind.)" (158f.)

II

Ich glaube, was Apel in diesen drei Kontexten mehr oder weniger unterschiedlich zum Ausdruck bringt, ist dicht an der Wahrheit. Nur fehlt etwas, das unter Umständen doch wichtig sein könnte, nämlich eine deutliche(re) Differenzierung von *Hermeneutik* (bzw. hermeneutischem Verstehen) und *Narration* (bzw. narrativer Projektion in die Vergangenheit), die eine gewisse Komplementarität zwischen den beiden Leistungen ersichtlich machen kann. Etwas mehr Sorgfalt an diesem Punkt könnte auch dazu beitragen, genau zu verdeutlichen, wie die "neue paradigmatische Grundfigur" aufgefaßt werden muß, um die "Alternativkonzeption" zu durchbrechen.

Wenn Apel z. B. von "objectivized texts" oder von "partial objectification of speech acts and their meanings" spricht, dann bezieht er sich eigentlich nur auf die *Narration* als Mittel des hermeneutischen Verstehens. Das

hermeneutische Verstehen selbst besteht m. E. eher in einer zur Objektivierung gegenläufigen Bewegung, nämlich der einer *Wiederherstellung* der
Dialogsituation (der Situation der Verständigung über etwas) mit dem
Autor des Textes, so daß der Autor und sein Text eben *nicht* mehr lediglich Gegenstand einer Erzählung (Narration) bleiben, sondern einen wieder direkt *ansprechen*. Die "vorläufige" Objektivierung - wie ich sagen
möchte -, die in der Narration als *hermeneutischem* Mittel stattfindet, hat
ja eben die *"Ressurrektion"* des Textes bzw. der dritten Person zum Ziel.
Dort, wo objektivierter Text und dritte Person waren, sollen zweite Person
und ihre Anrede/Mitteilung werden! Insofern möchte ich etwa die folgende Differenzierung vorschlagen:

(a) *Hermeneutik*: Die Hermeneutik bzw. die hermeneutische Anstrengung zielt darauf, zeitliche, kulturelle, sprachliche Abstände zu überbrükken und die Bedingungen eines (virtuellen) Dialogs herzustellen. Der
Verfasser des fremd(artig)en Textes soll quasi in die Position meines
Gesprächspartners treten. (Das schließt natürlich auch mit ein, daß es
einen (virtuellen) gemeinsamen Bezug auf ein etwas gibt, *über* das wir
uns verständigen können.) Dabei ist, wie zunächst Gadamer hervorgehoben hat, das Entscheidende, an die richtige(n) Frage(n) zu kommen, auf
die der vorliegende Text eine Antwort ist. Dabei wird quasi Geschichte
übersprungen. Das heißt, man nimmt diese Positur ein: Der Sprechakt des
anderen, sein Text, kommt auf mich zu; seine Stimme klingt virtuell noch;
und ich verstehe *unmittelbar* seine intentionale Leistung, seine "Antwort",
- nach dem Modus des Verstehens *im* Dialog. Ungefähr diese Figur
zeichnet die Hermeneutik (nach dem Kuhlmannschen Modell, vgl. Kuhlmann 1990) aus. In diesem Überspringen des geschichtlichen Abstands
besteht ein Wahrheitskern der von Heidegger monierten Rede Diltheys
vom Sich-hinein-Versetzen. Er besteht einfach in der auch von Gadamer
hervorgehobenen Notwendigkeit einer Wiederherstellung des Dialogs bzw.
des Zurückfindens zu ihm. Andererseits bleibt natürlich die Kritik nach
wie vor gültig: Erstens liegt Dilthey falsch, insofern er im Subjekt-Objekt-
Paradigma verbleibt, so daß der Schein entsteht, Einfühlung sei Konkurrent zu anderen *Methoden der Objekterkenntnis*. Zweitens hat auch schon
die Rede von "Wiederherstellung" oder "Zurückfinden" einen Haken. Sie
stellt das geschichtliche "Zwischen" als ein Hindernis dar und übersieht
seine Produktivität und Kreativität; - eine Produktivität der Zeit, die man
sich wohl am besten in ihrer Eigenschaft als positive Ressource verdeutlichen kann: Eine Person, die zu ihrer Zeit nicht verstanden werden
konnte, können *wir* vielleicht doch retten. Erst wir können - im Gegensatz zu ihren realen, damaligen Gesprächspartnern - die angemessenen

Fragen stellen und die Äußerungen der betreffenden Person als Antworten darauf verstehen.

(b) *Narration*/Leistung der Narration: Im Gegensatz zur Hermeneutik und ihrer Bestrebung, den Dialog virtuell wieder zu errichten, wo es also gilt, "das Gesagte sich *gesagt* sein zu lassen" (Gadamer 1960:418, vgl. auch 343f.), erschöpft sich die Narration in *Berichten* von Hergängen, in *Beschreibungen* von Akteuren, ihrer Situationen, Handlungen und Äußerungen. *Hier* haben wir es mit dem zu tun, was Apel meint mit "the narrative projection of the authors and their writings into the past, and, hence, the insertion of the reported events into the temporal frame of history". Man könnte vielleicht meinen, die Leistung der Narration ist im Prinzip gänzlich trivial: Was jetzt im Modus des Präsens zu beschreiben ist, wird fortlaufend zu Vergangenheit, und die Beschreibungen müssen dementsprechend fortlaufend in die Vergangenheitsform gebeugt/abgewandelt werden. (Ich komme gleich darauf zurück.) Hier gibt es aber Finessen, wie etwa das Phänomen und das Problem der Segmentierung von Handlungen bzw. Handlungsreihen und das - komplementäre? - Problem der *Zusammenfassung*. Man denke etwa an A. Danto und seine reductio ad absurdum des idealen Chronisten. (Danto 1974, insb. 241ff.) Diese Art Komplikationen sind wir nicht los, selbst wenn wir uns auf das Kernstück begrenzen, um das herum noch kompliziertere Geschichten gebaut und erzählt werden: nämlich Personen und ihre Handlungen und Äußerungen, d. h. Biographien. Schon in einer Biographie ist alles reichlich vorhanden: die Aufstufung von elementaren Einzelhandlungen ("basic actions"), Handlungssequenzen, Durchführung von Plänen, Lebensprojekte ...; wobei jederzeit Kontingenzen einbrechen und Pläne gekreuzt werden, aber auch kommunikative Begegnungen stattfinden, so daß immer neue Situationen aufgefangen und neu angefangen werden müssen, so daß immer wieder *gelernt* werden muß, so daß die Frage nach Verantwortung, Schuld und Unschuld sich ins Unendliche kompliziert.

All diese Komplikationen, die vielleicht inhaltlich die eigentliche Substanz und Problematik der Narration ausmachen (und die durchaus auf das Problem des hermeneutischen Verstehens und *Wertens* verweisen), möchte ich jedoch hier nicht in voller Breite anfassen. Ich beziehe mich auf das Allereinfachste: die Einzelhandlung und ihren Transport in die Vergangenheit. Einige Punkte dazu:

(i) Die Leistung der Geschichtswissenschaften, wenn es darum geht, unser *Verstehen* zu fördern, besteht letztlich nicht in der Konstruktion von Theorien oder in ihrer Anwendung gemäß dem Popper-Hempelschen DN-Schema (sowas hat allenfalls den Charakter eines Mittels, eines Eingeschobenen), sondern liegt schon in den *Beschreibungen*. Nehmen wir das Allereinfachste, aus dem geschichtliche Vorgänge aufgebaut werden, also das mehr oder weniger triviale *Handeln*, in einer Situation, aus Gründen. Fortlaufend handeln wir - nachher wird erzählt, was wir gemacht haben. Und hier *brennt* es natürlich ständig, denn wir wollen, daß die Beschreibungen korrekt - oder richtiger: *gerecht* - sein sollen. Das ist nicht lediglich ein wissenschaftliches, sondern ein existentielles Anliegen. Man denke an die Sensibilität, die wir zeigen, wenn Leute sich anmaßen, unsere eigene Geschichte zu erzählen. Aber vor allem: Die meisten Beschreibungen, die "atomaren" und trivialen zumal, sind - vor jeder Theorieanwendung - unmittelbar *verständlich*. Woher kommt das? Meines Erachtens einfach daher, daß wir alle, von "one's own case", wie es etwas mißverständlich hieß, ungefähr wissen, was es heißt, in einer Situation soundso, aus Gründen soundso, soundso zu handeln. Meine Vertrautheit mit dem einschlägigen Gefüge von Situations- und Handlungsbewußtsein, das die Handlung zu eben dieser Handlung macht, habe ich in der *Beschreibung* des anderen und seines Handelns sozusagen nur abgewandelt. Oder anders - und vielleicht mißverständlicher - gesagt: Ich habe schon den Begriff, und nun subsumiere ich den anderen und seine Handlung darunter. Wir erhalten dadurch eine Subsumption, in der schon ein Verstehen steckt; und insofern könnten wir von einer Kategorie "verstehende Beschreibung" reden. (Vgl. Collingwood)

(ii) Ich möchte dies nun auch in eine umfassendere Perspektive rücken und hervorheben, daß es mir nicht nur um Berichte über Vergangenes geht, sondern ebenfalls um *synchrone* Abwandlungen in die dritte Person, die also das Präsens nicht verlassen. Die entscheidende Trennung ist nicht die zwischen Gegenwart und Vergangenheit, sondern die zwischen der Form des Akteurbewußtseins, seinem Handlungsbewußtsein in der ersten Person Präsens sozusagen, das für seine Handlung *konstitutiv* ist, und den Abwandlungen der sprachlichen Form dieses Handlungsbewußtseins, die eben *Beschreibungen* sind.

Das Verhältnis, das ich vor Augen habe, ist insbesondere bei sog. performativen Sprechhandlungen einfach zu beobachten, weil hier die Äußerung der konstitutiven Verbalphrase - in der ersten Person Präsens - für die Konstitution der Handlung auch hinreichend ist; die Handlung erschöpft sich in dieser Äußerung. Und durch die schlichte Beugung der betreffenden Verbalphrase "Ich behaupte/befehle/wette/verspreche ..., daß p" entsteht nun eine *Beschreibung* solcher Handlungen: "Ich habe behauptet", "Er verspricht", "Sie wettet" usw. Aber auch andere Handlungen sind durch ein intentionales Handlungsbewußtsein mitkonstituiert. Wenn ich

z. B. meinen Arm hebe und eine Person dadurch freundlich begrüße, dann *ist* dies ein freundlicher Gruß z. T. eben dank meines performativen Handlungsbewußtseins: "Ich grüße ihn freundlich".[2] Und daraus wird durch Abwandlung eine - wie ich sagen möchte - verstehende Handlungs-*beschreibung*: "Ich habe ihn freundlich begrüßt", "Er hat N. N freundlich begrüßt" etc. Eben diese Art Abwandlung ist es, die ich als "sekundäre" oder "partielle" Objektivierung verstehen möchte.

(iii) Noch kurz ein Wort zum Verhältnis von hermeneutischen und narrativen Leistungen. Vielleicht kann man sagen, daß meine Bemühung *hermeneutisch* ist, wenn sie darin *terminieren* will, daß ich mit einem nicht präsenten Autor in ein dialogisches Verhältnis trete, so daß seine Äußerung (sein Text) letzlich doch - trotz des Abstandes - so auf mich zukommt wie im Dialog: ich verstehe unmittelbar seine Äußerung als eine über eine uns gemeinsame Sache, ich verstehe direkt, was er meint. Um an dieses direkte, quasi dialogische Verständnis eines Gesprächspartners (zweite Person) zu gelangen, braucht es freilich zuweilen viele Manöver

---

[2] Es kann hier offenbar nicht von "performativen" Leistungen im Sinne der Sprechakttheorie die Rede sein. Nach dieser Theorie wird ja eine performative Sprechhandlung dadurch konstituiert, daß die entsprechende Verbalphrase in der ersten Person Präsens geäußert wird. In dem generalisierten Fall spielt das "Fichtesche" Handlungsbewußtsein eine ähnliche, wenn auch nicht gleichermaßen hinreichende Rolle: Ich weiß, was ich tue, eben weil ich es tue. Es gibt eine Untrennbarkeit der Handlung und des Handlungsbewußtseins. Diese Parallele genügt jedoch m. E., um die Rede ganz generell von einem "performativen Handlungsbewußtsein" zu rechtfertigen. Die Berechtigung dieser Terminologie kann man vielleicht auch dadurch erhärten, daß man sich kontrastierende Beispiele vor Augen führt, bei denen das Bewußtsein offenbar nicht hinreichend ist, z. B. ein Bewußtsein wie "ich sehe ein, daß p" oder "ich weiß, daß p", "ich erfahre, daß p" etc. Hier wird ja offenbar die Einsicht, das Wissen, die Erfahrung etc. nicht schon durch ein Bewußtsein dieser Art konstituiert, die Wahrheit von p muß ja auch festgestellt werden. Die Formel gilt offenbar allenfalls für "attempt verbs" und nicht für "achievement verbs". Oder besser gesagt: Die konstituierende Funktion des Handlungsbewußtseins beschränkt sich eben auf die Handlung als Intention bzw. Versuch; das Resultat, das Gelingen kann es nicht garantieren. In dem Fall, wo das Handlungsbewußtsein nicht nur ein Akt-Bewußtsein, sondern auch einen propositionalen Gehalt hat (entsprechend der performativ-propositionalen Doppelstruktur der Rede), streckt sich also die konstituierende Kraft des Bewußtseins nicht über den *performativen* Aspekt hinaus. Ich weiß, daß ich glaube, "daß p", eben weil ich es glaube; aber ich kann nicht allein dadurch *wissen*, daß p, daß mein Bewußtsein eine gewisse Form (ein Gefühl der Sicherheit, des vermeintlichen Wissens) hat. Ob ich weiß oder nicht hängt ja auch von p und seinem Wahrheitswert ab. Ich glaube, diese Betrachtung bestätigt in der Tat, daß es angemessen ist, ganz allgemein von einem performativen Handlungsbewußtsein dort zu reden, wo die Fichtesche Formel zutrifft, nämlich beim "performativen" Teil von Handlungen. (Vgl. auch Basishandlungen vs. komplexere Handlungen und Handlungsresultat vs. Handlungskonsequenz im Sinne von Wrights.)

und (Um)Wege. Die Situation ist eben eine "hermeneutische" und nicht
einfach eine des direkten, unmittelbaren Dialogs, wenn die Direktheit
oder die Dialogsituation *nur indirekt*, über philologische, linguistische,
historische etc. Bemühungen zu erreichen ist. Dabei muß auch u. U. eine
ganze Menge Geschichten erzählt werden, über Umstände, Situationen,
Personen, wann wer was unter welchen Bedingungen getan hat. Insofern
ist die Narration Mittel der Hermeneutik. Es gilt aber auch eine gewisse
Symmetrie. Um an korrekte Handlungsbeschreibungen und Narrationen
zu kommen, muß man auch Äußerungen *verstehen*[3], und wenn es um
Texte und Äußerungen von "departed authors" geht, eben *hermeneutisch*
verstehen. Insofern ist die Hermeneutik auch Mittel der Narration.

(iv) Zur Verdeutlichung, ganz kurz zu der Art und Weise, wie Apel
Hermeneutik, Geistes- und Sozialwissenschaften mit der "sekundäre[n]"
Vergegenständlichung der lebensweltlichen Phänomene kommunikativer
Erfahrung" verbindet. Ich glaube, daß Apels Darstellung normalerweise
hinreichend klar sein wird. In meinem aktuellen Kontext könnte jedoch
eine präzisierende Bemerkung angebracht sein: Es scheint mir falsch, oder
jedenfalls ungenau, die genannte sekundäre Objektivierung (die eben
nicht mit der originären, Kantischen, gleichsam "naturwissenschaftlichen"
zu verwechseln ist) der Hermeneutik, den Geistes- bzw. Sozialwissenschaften, also allem, was nach höherstufigen Leistungen schmeckt, zuzuschla-
gen und in einen gewissen Gegensatz zu den "lebensweltlichen Phänome-
ne(n) kommunikativer Erfahrung" zu setzen, etwa nach dem Schema:
sekundäre Objektivierung und *hermeneutisches* Verstehen gehören
zusammen, die lebensweltlichen Phänomene kommunikativer Erfahrung
sind demgegenüber mit *pragmatischem* Verstehen im Sinne Diltheys zu
assoziieren. Gegen eine solche Verteilung ist m. E. festzuhalten, daß auch
das *pragmatische* Verstehen im Sinne Diltheys im allerhöchsten Grade die
sekundäre Objektivierung umfaßt. Ist sie doch nur die Abwandlung (aus
der ersten Person Präsens) des expliziten oder impliziten (Handlungs-)Ver-
bums einer intentionalen Handlung oder, anders gesagt, das Ersetzen des
"performativen Ichs" eines Handlungsbewußtseins durch einen referierenden singulären Terminus (Name oder Indexwortes der Art Personalpronomen) einer *Proposition*.

Etwas ähnliches ließe sich wohl auch bezüglich Apels Charakterisierung
der hermeneutischen Situation als einer - im Vergleich zu der des "direkten" Dialogs - "mangelhaften" ("defizienten") sagen. Ich möchte hervorhe-

---

[3] Wenn das nicht gelingt, muß sich die Narration ggf. mit Angaben in direkter Rede
begnügen: "Er hat gesagt: 'Fidel er alt inne, ser jeg'".

ben, daß, was hier zunächst als "Mangel" (deficiency) dargestellt ist, aufs engste mit *positiven* Möglichkeiten und Notwendigkeiten verbunden ist. Die "narrative Projektion in die Vergangenheit" ist ja nur ein Modus der generellen Möglichkeit sekundärer Objektivierung von Performanz (von dem "Ziehen" im Sprachspiel), also der Möglichkeit, performative Gewißheiten in propositionale zu transponieren. Und diese ist nicht nur konstitutive Bedingung der *Hermeneutik* und der *Narration*, sondern auch des *Begründungsdiskurses* und vieles anderen mehr.[4]

Ich bin nicht sicher, ob dies als Kritik an Apel gelten kann. Immerhin, es hat bei ihm zuweilen den Anschein (z. B. an der oben zitierten Stelle), daß die "lebensweltliche Kommunikation" und das unmittelbare, pragmatische Verstehen ohne die sekundäre Objektivierung auskommen könnten. Und das wäre falsch. Sie steckt zutiefst darin (wie noch zu zeigen ist).

III

Die Stoßrichtung des Bisherigen war, die zentrale Bedeutung der sog. sekundären Objektivierung hervorzuheben. Ich möchte dies jetzt dahingehend verschärfen, daß ich die Möglichkeit sekundärer Objektivierung als eine noch tiefer angelegte Bedingung ausweise: als Voraussetzung von Sprachsinn und Denken überhaupt bzw. als fundamentale Struktur unserer Sprache als Vehikel der Vernunft. Auf diesem Wege komme ich allmählich auch zur Unumgänglichkeit einer essentiell wertenden Sprache. Ich möchte zu diesem Zweck einen Neuanfang machen, oder eine Szenen-Änderung, und das Thema Verstehen in die Perspektive einer anderen Frage rücken: Welche Strukturen muß diejenige Sprache aufweisen, die *Vernunft* soll beherbergen bzw. ihr Medium oder Vehikel soll sein können?

---

[4] Die Unabdingbarkeit der "Projektion in die Vergangenheit" als Bedingung der Hermeneutik weist z. B. gleich in Richtung des Bereichs meiner *Gründe* beim Handeln. Diese Gründe gehören kaum "direkt" zu meinem performativen Handlungsbewußtsein, aber vielleicht "virtuell", als eine Art Potential. Vgl. Drays "rational explanation", die ja, in der ersten Person Präsens gebeugt, so etwas wie mein aktuelles Handlungsverständnis darstellt. Zwar sind meine Gründe nicht voll explizit da, wohl aber potentiell, als Handlungsprämissen, die in einem praktischen Syllogismus explizit gemacht werden können. Jedenfalls können sie auf die Frage "warum?" - normalerweise - explizit gemacht werden. Vgl. ferner die Diskussion über das LB-Argument wie auch die Diskussion anläßlich der Frage, ob meine Gründe/Motive "auf die richtige Weise" für die Erfüllung der Intention kausal effektiv wurden etc. Vgl. auch Anm. 9.

Ich möchte hier von den Beispielen Wittgensteins am Anfang der PU ausgehen, wo sehr einfache Sprachspiele vorgeführt werden - u. a. zu dem Zweck, Licht in unsere (volle) Sprache dadurch zu werfen, daß wir uns die einfachen Sprachspiele als "die *ganze* Sprache eines Volksstamms" vorstellen. Offenbar sind diese "Sprachen" völlig ungeeignet, die genannte Funktion (Beherbergung) zu erfüllen. Sie sind in *der* Hinsicht in der Tat sehr unvollständig. Und man kann die Frage stellen: was müßte hinzukommen, um sie zu vervollständigen?

(a) *Vervollständigung durch zusätzliche Sprachspiele?* Es scheint mir klar, daß wir - von der Situation eines begrenzten Sprachspielrepertoires ausgehend - nicht zu einer (formal) "vollständigen" Sprache dadurch gelangen, daß wir besondere Sprachspiele, ein "transzendentales" Sprachspiel, ein "Argumentationsspiel" oder dergleichen[5], oder auch einfachere Spiele wie z. B. das "Berichten eines Hergangs" (§ 23), sozusagen als vervollständigende Sprachspiele (als "Vororte" im Sinne von PU § 18), *hinzufügen*. Was das Berichten betrifft, so ist z. B. klar, daß es sprachlich viel enger an die beschriebenen Züge und Spiele gebunden ist als es einer Nebenstellung/Hinzufügung der angedeuteten Art entspricht: Die Berichte resultieren ja gewissermaßen schlicht aus der grammatischen Beugung des performativen Satzes eines "Zuges" im Sprachspiel (d. h. der Satz, in Termini dessen der Akteur im aktualen Handeln *weiß, was er tut*), so daß er nicht mehr die Form der ersten Person Präsens hat.

Im Hinblick auf performative Sprechakte läßt sich sagen, daß der Handelnde nicht nur die relevanten Verbalphrasen in der *ersten Person Präsens* beherrschen muß, so daß er im Sprachspiel (des Versprechens, Wettens, Befehlens usw.) agieren oder "ziehen" kann; er muß auch die Abwandlungen in andere Personen und Tempi kennen.[6] - Ein performatives Handlungswissen gibt es aber allgemein, wie Fichte deutlich gemacht hat: Der Handelnde wisse "was er thue, [...] weil er es thue; er setzt daher eine unmittelbare Verbindung des Thuns und des Wissens, eine *Untrennbarkeit* beider [...] voraus." (Fichte 1983:171) Ganz allgemein gilt, daß der Handelnde weiß, was er tut. Hinzuzufügen wäre allerdings, daß

---

[5] Vgl. Øfsti 1992:297.

[6] Diese sprachliche Einheit von "use" und "mention" gehört notwendig zur vollständigen Sprache. Eine Sprachspielkompetenz, die lediglich die "performative" *Teilnahme* am Spiel umfaßte und nicht die mögliche Objektivierung des nichtgegenständlichen Handlungswissens, wäre keine *Sprach*kompetenz. Ein Subjekt, das Sätze *nur* performativ (in der ersten Person Präsens) verwenden könnte, würde in der Tat kein Vernunftsubjekt sein, das "weiß, was es tut", und dem insofern in moralisch relevanter Weise *Handlungen* zugeschrieben werden könnten.

dies wohl nur insofern gilt, als der Handelnde sich bereits in einem logisch-pragmatischen Raum bewegt, der einer vollständigen Sprache entspricht.

Es muß m. E. als irreführender Aspekt der Rede vom "Sprachspiel" angesehen werden, daß sie in zu hohem Maße unsere Sprachkompetenz (Vernunftkompetenz) als ein Repertoire aus verschiedenen eingeübten Fähigkeiten (Tätigkeiten, Spielzüge, Funktionskreisen) erscheinen läßt. Wittgenstein stellt mit diesem Idiom - oder wir stellen, wenn wir es nicht in seine Grenzen weisen - zu sehr die Performanz, das *Ziehen* in den Sprachspielen, die *erste Person Präsens* sozusagen, in den Mittelpunkt. Die Sprache als zugleich Möglichkeit der *Beschreibung* dieser Züge: die Möglichkeit der sekundären Objektivierung und propositionalen Vergegenständlichung der Performanzen, wird vernachlässigt oder als ein *eigenes*, selbständiges Sprachspiel dargestellt. ("Berichten eines Hergangs", § 23.) Obwohl dies vollkommen verständlich ist in Anbetracht der Diskussionslage des späten Wittgenstein, mit seiner Stoßrichtung *gegen* die Tractatusvorstellung von Sprache, gegen die Abbildungstheorie[7], gegen den Theoretizismus und Objektivismus etc., so läßt sich kaum leugnen, daß etliche Aspekte von Sprache und Vernunft durch diese Gewichtlegung nicht erhellt, sondern eher verdunkelt und unsichtbar gemacht werden. Was zu sehr aus dem Blick gerät, ist die *Bezugnahme* auf die Spielzüge; zwar nicht die Bezugnahme unmittelbar *im* Dialog (als Wahl aus dem Repertoire der möglichen Antworten, Gegenzüge etc., als ein Aufgreifen und Weiterspielen), sondern die Bezugnahme von *außerhalb* des Spiels als

---

[7] Für Wittgensteins *Tractatus* ist charakteristisch, daß eine "Performanz"-Sprache, in der das (philosophische) Ich sich seiner Akte bewußt sein kann, eigentlich fehlt. (Siehe *Tractatus* 5.54ff.) Da das intentionale Verhältnis zur Welt *eindimensional* ist: alle (Denk-)Aktverben, die den Gebrauch weltabbildender Sätze hätten differenzieren können, reduzieren sich auf dies eine: das Denken des Satzsinnes als Beschreibung (Abbildung), so sind solche Verben eigentlich überflüssig oder redundant. (D. h., man könnte sich auch im Rahmen des *Tractatus* wenigstens einen Unterschied vorstellen zwischen "Ich denke [behaupte, urteile], daß p" und "Ich erwäge als Hypothese [bzw. logische Möglichkeit], daß p" gemäß dem Unterschied zwischen Tatsache und Sachverhalt. Diese mögliche Trennung führt allerdings bei Wittgenstein nicht zur Thematisierung einer "Akt-Sprache".) Die Sprache reduziert sich nach der Bildtheorie des *Tractatus* auf die p, die die *Welt* abbilden. Es gibt keine Möglichkeit einer Artikulation des intentionalen Aktes *selbst* über seinen "Bildinhalt" hinaus. Es gibt (in der Sprache, die allein vom *Tractatus* zugelassen wird) kein Kantisches "ich denke", das infolge Kant alle meine "Bilder" muß begleiten können (und noch weniger eine umfassendere "Akt"-Sprache). Auf Grund dieses Mangels kann Wittgenstein auch "A denkt, daß p" ("A urteilt p") nicht richtig analysieren. "Ich denke, daß p", die erste Person Präsens-Form des Satzes, fehlt ja!

Bedingung der Narration und ggf. der "hermeneutischen" Interpretation und Bewertung. Die Verdunkelung betrifft m. E. die (sprachliche) *Einheit* von use und mention, die gegenseitige Abhängigkeit zwischen treffender Beschreibung und kompetenter Teilnahme, die Beziehung zwischen Handlung und Diskurs und noch anderes mehr. Grob gesagt geht es um die Aspekte, die man mit dem Ausdruck "doppelte Doppelstruktur der Sprache" bezeichnen könnte (die performativ-propositionale plus die mitgelieferte Möglichkeit der "partiellen" - propositionalen - Objektivierung von Performanzen) bzw. um die Rolle des deiktischen Systems in ihr.

(b) *Zweistämmigkeit.* Durch seine Analyse der "Doppelstämmigkeit" mentaler Prädikate hat Wittgenstein gleichwohl auch zu diesem Punkt Entscheidendes beigetragen.

Wittgenstein vertritt die These, daß der *Sinn* mancher Prädikate (sog. "mentaler Prädikate") essentiell von zwei Wurzeln abhängt: von der eigenen intentionalen Leistung ("my own case") und von der Beobachtung anderer, denen das Prädikat aufgrund von (kriterialer) empirischer Evidenz zugeschrieben werden kann. (Vgl. auch Strawson 1959.) Ich glaube, man kann und muß den Sinn unserer Handlungsverbalphrasen (d. h. der Verbalphrasen, die in der ersten Person Präsens unser performatives Handlungsbewußtsein ausmachen) analog analysieren. Ihr Sinn stammt aus zwei Wurzeln: aus der handlungs*konstitutiven* Rolle (die wohl nur bei sog. performativen Sprechakten als ein handlungskonstitutiver *Gebrauch* bezeichnet werden darf) *und* aus der deskriptiven Rolle.[8]

Die "Zweistämmigkeit", die Möglichkeit, performative Gewißheiten in propositionale zu transponieren etc., bedeutet u. a., daß gewisse Lücken *nicht* klaffen können, zumal die zwischen meinem Verstehen im aktuellen Handlungspräsens und meinem Verstehen meiner Vergangenheit und auch die zwischen Selbstverstehen und Fremdverstehen. Zwar sind Irrtümer, Fehlerinnerungen, Fehlidentifikationen möglich, und die *hermeneutische Distanz* bzw. die *"Produktivität" der Zeit* soll nicht geleugnet werden, aber immerhin muß es eine Grundlage eines "pragmatischen Verstehens" (Dilthey) geben, wo die Brücke immer schon geschlagen ist, wenn unsere Handlungsprädikate ihren Sinn sollen haben können. Wir

---

[8] Man könnte meinen: diese "Doppelstämmigkeit" kann nur gelten, wenn die Sprache hinreichend komplex ist. Unter dieser Schwelle (in einer § 19-Sprache z. B.) ist sprachlicher Sinn gezwungenermaßen "einfacher". - Man kann fragen, was dann zurückbleibt. Immerhin ist klar, daß innerhalb einer "vollständigen" Sprache - mit doppelter Doppelstruktur, Abwandlungsprinzip, propositionaler Ausdifferenzierung, Geltungsansprüchen und potentiell zugänglichem Diskurs - die "doppelstämmige" Sinnkonstitution einer Reihe von Handlungsverben (wie auch anderer "mentaler Prädikate") gilt.

dürfen nicht dem Fehlschluß erliegen, daß, was einmal geschieht (Fehlidentifikationen, Mißverständnisse etc.), prinzipiell immer der Fall sein könnte.

Entscheidend für eine vollständige Sprache ist wohl, daß sie (hiermit) bestimmte Identitäten erlaubt: eine Identität zwischen dem Handlungssubjekt und dem handlungsbeschreibenden Subjekt bzw. eine Identität zwischen der Handlung als (meinem) Akt und der Handlung als (meinem) Objekt. Diese Identitäten sind in der möglichen propositionalen Vergegenständlichung des Aktes bezeugt. (Mit Bezug auf den *Tractatus* und die doppelte Doppelstruktur der Rede formuliert: Nicht nur ist jeder weltabbildende Satz in einen Sprech- bzw. Projektionsakt [ein "Denken des Satzsinnes"] eingebettet. Auch dieser Akt muß propositional vergegenständlicht werden können - *ohne* Paralogismus, ohne damit die transzendentale Subjekt/Welt-Differenz einzuebnen.) Und der performative Widerspruch ist sozusagen der Punkt, an dem sich zeigt, daß unsere Identität unumgänglich beide Ebenen, die des Akt-Subjekts und die des Subjekts (= Gegenstands) einer Proposition, umfaßt. Der performative Widerspruch ist insofern der Ort der Reflexion. (Und man könnte die These wagen: Vollständig ist eine Sprache erst, wenn sie performative Selbstwidersprüche ermöglicht, oder sogar: wenn sie die benötigten Sprachmittel [z. B. die Möglichkeit des Rückbezugs auf Gesagtes] für Dialoge bereitstellt, in denen solche Widersprüche aufgezeigt werden können. [Vgl. Kuhlmann 1992[9]]). Man könnte zwar versuchen, diese Struktur bzw. diese Identitäten zu umgehen, indem man eine rein *semantizistische* Strategie verfolgt oder eine Russell-Hierarchie von Metasprachen aufstellt. Das führte aber in die Irre - was ich hier als schlichte Behauptung stehen lasse.[10]

(c) *Deixis*. Die obigen Überlegungen laufen im Grunde darauf hinaus, daß die Möglichkeit von Vernunft letzlich gewissermaßen an dem deiktischen System hängt bzw. in seiner Beherrschung steckt. Dies könnte

---

[9] In diesem Zusammenhang liegt es nahe, auch die verwandte These zu formulieren: Eine vollständige Sprache muß die triadische Struktur der Zeicheninterpretation (Peirce) und die (Roycesche) "triadische Struktur der Traditionsvermittlung bzw. der sie tragenden minimalen 'Interpretationsgemeinschaft' von drei Subjekten" ermöglichen: Ein Subjekt (A) macht als vermittelnder Interpret einem zweiten (B) verständlich, was ein drittes Subjekt (C) meint. (Vgl. Apel 1973:II 204f.)

[10] Zum "semanticist fallacy" und dem "meta-language fallacy", siehe Øfsti 1990a:161. Die Intuition ist gewissermaßen, daß beide Fehler eine Leugnung der Reflexion bedeuten, die dazu führt, daß man nicht mehr in einem hinreichend starken Sinne weiß, was man tut, indem man etwas sagt (bestreitet, behauptet, bezweifelt ...), und insofern auf das Niveau von Tieren zurückfällt.

vielleicht als eine Banalisierung oder Trivialisierung erscheinen. (So einfach kann diese Sache doch unmöglich sein?!) Dieser Schein entsteht jedoch m. E. zunächst unter der Voraussetzung einer semantizistisch verengten Perspektive, die das entscheidende ausblendet. Mit "deiktischem System" sind hier nicht nur die Sprachmittel gemeint, die uns erlauben, aus verschiedenen Sprecherpositionen einen propositionalen Inhalt als "denselben" auszusprechen. ("Ich sitze", "Du sitzt", "Er hat gesessen" ...) Auch die Problematik: "transzendentales" vs. "empirisches" Subjekt, ist angesprochen. Das *performative* Ich jenes *Akt*bewußtseins, das Kuhlmann "performatives Handlungsbewußtsein", Taylor "agent's knowledge", Fichte "intellektuelle Anschauung" nennt, ist ja gewissermaßen das transzendentale Ich des Kantischen "Ich denke". Das *performative* "Ich" ist kein gewöhnliches Indexwort, das auf eine Substanz in der Welt hinweist, die ein Prädikat (die Verbalphrase des Satzes) zugeschrieben bekommt ("Selbstzuschreibung"). Das Ich ist nicht Teil der Welt, sondern das Subjekt, das zur Welt wertend *Stellung* nimmt, auf die Weltlage "antwortet". Es gehört nicht zur Welt, sondern es ist eine Grenze der Welt. (*Tractatus*, Sequenz 5.6) Es ist das *zukunfts*- und *geltungs*bezogene Subjekt, an das man nie mit *Beschreibungen* herankommt (vgl. den ständigen Skandal der objektivierenden, z. B. psychologischen Ansätze), sondern nur, indem man mit ihm Geltungsansprüche erhebt und ggf. diskutiert, indem man sich mit ihm in die Zukunft (ent)wirft. Nichtsdestoweniger muß auch dieses zukunftsbezogene und (intentionale Akte) konstituierende Ich sozusagen in die Welt hinein "gebeugt", "abgewandelt" werden können. (Genau das fehlt bei Kant. Seinem "ich denke" entspricht kein "ich habe gedacht", "er denkt" etc. Etwas Analoges - oder Spiegelbildliches? - gilt für Wittgensteins *Tractatus*. Er thematisiert zwar das "A denkt p", aber die Erste-Person-Präsens-Form fehlt! Vgl. Anm. 7.) Die dritte Person und die Beschreibungen von Handlungen anderer Personen ("in der dritten Person"), und zwar als ehemalige oder zukünftige Kommunikationspartner, als virtuelle Iche und Dus, gehören, genauso wie die Abwandlung des eigenen Handlungsbewußtseins in Vergangenheitsform, essentiell zur Sprache. Ohne diese Objektivierungsmöglichkeiten gäbe es ihre Grundstruktur, ja die Vernunft selbst nicht. Als "nur" (transzendentale) Subjekte wären wir auf das performative Ziehen in Sprachspielen angewiesen, so wie Wittgenstein es in seinen Beispielen für "primitive Sprachen" darstellt. Aber damit wäre auch unser Selbst- und Handlungsbewußtsein bei diesem Handeln auf ein wohl nur "tierisches" reduziert, auf ein "Know-how" und ein Handlungsbewußtsein, das es trivialerweise auch beim sprachlosen Tier geben muß.

Die "Vergleichsobjekte", die Wittgenstein am Anfang von PU entwirft und die er als mögliche "ganze Sprachen" suggeriert (§§ 2, 6, 8, 19, 20), werfen somit auf unerwartete und dramatische Weise Licht auf jene Züge der Sprache, die uns gerade jetzt interessieren. Es fällt auf, daß diese primitiven Sprachen, ganz im Gegenteil zu unseren natürlichen Sprachen (zumal der Sprache, in der Wittgenstein diese Sprachspiele *beschreibt*), nicht selbst die sprachlichen Mittel zur *Beschreibung* des Spiels und seiner Züge enthalten. Für Sprachsubjekte ("Volksstämme"), für die ein solches Sprachspiel ihre Sprachlichkeit erschöpft, heißt das zunächst, daß es keine Narrationen, keine Geschichte, keine Hermeneutik geben kann! Es gibt *nur* das sozusagen automatisch-direkte Verstehen, das in einer passenden kommunikativen ("abgerichteten"?) "Reaktion" in der Situation zum Ausdruck kommt; also nur das aktuale "Ziehen" im Sprachspiel (quasi in "Erste-Person-Präsens"-Form): Ausführung des Befohlenen, Bejahung, Verneinung, Greifen nach einer Antwort, nach einem Gegenentwurf oder dergleichen. (Vgl. auch § 2.) Aber auch dies muß ja entfallen. Wenn es keine *Beschreibungen* der Handlungen gibt, heißt das auch, daß es keine Abhebung einer Handlung als vollendet, *vergangen* geben kann; keine Segmentierung oder Einschnitte (*"für sich"*), keine Möglichkeit, auf nicht mehr präsente Handlungen zurückzublicken und auf sie - von außerhalb der Handlungs- bzw. Kommunikationssituation - Bezug zu nehmen. Auch die Möglichkeit, in der Form einer Vorstellung, Erwägung und ggf. *Planung* auf Handlungen als mögliche, zukünftige Bezug zu nehmen, fehlt. Man könnte sagen, die Verbalphrasen haben keine *Infinitivform* mehr. Und das ist schon dramatisch. Es läßt sich dann kaum mehr aufrechthalten, daß der Handelnde in einem nicht-tierischen Sinne "weiß, was er tut".

Zwar ist es einseitig, das unmittelbare, "direkte" Verstehen zu leugnen und Verstehen insgesamt etwa als Resultat der Verifikation einer Interpretations*hypothese* (einer Beschreibung, einer "Theorie") aufzufassen, so wie dies D. Davidson und D. Føllesdal zu tun scheinen. Das Umgekehrte, das heißt die Auslassung der Möglichkeit einer Bezugnahme auf Handlungen als "Vorhandenes", als "Gegenstände" (der Beschreibung, der Interpretation, der Erklärung usw.), so wie es gewissermaßen im Sprachspielidiom eingebaut ist, ist jedoch ebenso einseitig. Ja, diese Einseitigkeit könnte sogar einen gewissen Zweifel betreffs dieser Redeweise aufkommen lassen.[11] Es besteht aller Grund, nicht zu viele Gemeinsamkeiten von

---

[11] Dabei dürfen wir natürlich nicht die sinnkritischen "Errungenschaften" der Spiel-metapher vergessen. Der Vergleich mit Spielen erläutert z. B. folgendes: (i) Die all-

Sprache und Spiel (Sprechen - Spielen) sehen zu wollen.[12] Ist es nicht für Spiele insgesamt geradezu kennzeichnend, daß Kommentare zu den Zügen, daß Beschreibungen, Interpretationen, Bewertungen etc. der Züge nicht selbst als Züge zum Spiel gehören?[13] Damit soll keinem Theoretizismus das Wort geredet werden, sondern nur auf die unabdingbare, sinnkonstitutive Rolle (auch) der objektivierenden Verwendung von Handlungs- bzw. Intentionsverben hingewiesen sein.

Es war oben von der positiven Bedeutung der Möglichkeit der "Projektion in die Vergangenheit" die Rede. Ich glaube, eine Sprache, die diese Art Projektion und Bezug (durch ihr deiktisches System) ermöglicht, wird auch die Möglichkeit der Projektion in die *Zukunft* zulassen, so daß das Sprachsubjekt auch (im Gegensatz zum Hund) sich auf das freuen (oder das fürchten) kann, was nicht unmittelbar bevorsteht (bzw. im Feld des kausal Nahegebrachten/Erwartbaren liegt), sondern vielmehr erst vermittels des deiktischen Systems mit der Gegenwart in Beziehung gesetzt werden kann.[14] Es sollte jedoch noch einmal hervorgehoben werden, daß dieses

gemeine pragmatistische Pointe, die den *Gebrauch* der Sprachmittel in den Vordergrund rückt. Die "eigentliche" Sprache liegt nicht gleichsam *hinter* den Wörtern. Das Wesen der Spielfiguren, ihre Seele, ihre Bedeutung, liegt nicht im Platonischen Himmel bereit und wird ihnen *korreliert*/zugeordnet; das Wesen (die Seele) wird durch den *Gebrauch* der *Figur* konstituiert. (ii) Der Vergleich mit Spielen - wie der mit Werkzeugen - illustriert die antiessentialistische Einsicht (so weit sie reicht), daß es keine *allgemeine Form* des Sprachgebrauchs, des Satzes, gibt; es bestehen nur Familienähnlichkeiten. (PU §§ 10-14, 65-70) (iii) Wir sprechen *mit* unserem Gesprächspartner, wir formulieren nicht Sätze über ihn. Wir lesen den Sinn ab und haben nicht erst vermittels Sätzen (hermeneutischen Hypothesen) über ihn zu ihm Zugang. Spiele können ein solches durch Übung (Abrichten) ermöglichtes direktes ("mimetisches") Verstehen illustrieren. Vgl., wie der Fußballspieler "das Spiel" "liest"; vgl. Frage - Antwort, Befehl - Ausführung, Zug und Gegenzug -. Dazu PU §§ 85 (285), 150, 162, 169ff., 199, 339, 432, 454, 493, 495, 498, 503f., 526-543, 647.

[12] Vgl. Hacker/Baker 1984b:56: "Language is not a game, nor typically are the activities into which its use is woven."

[13] Dafür sind aber *unsere* Spiele und Spielzüge im gewöhnlichen, nicht-analogischen Sinne in eine (vollständige) Sprache *eingebettet*; - was wahrlich nichts Äußerliches ist. Ein Schachspieler, der nur Ziehen, nur Schach *spielen*, sich nicht aber sprachlich-beschreibend auf Schachzüge und Partien beziehen könnte, der nicht "virtuell" Spielen könnte, wäre er noch ein Schachspieler? Oder: Ist sowas denkbar (logisch möglich)? Insofern gilt eine Art Umkehrung des Hacker/Bakerschen Satzes in Anm. 12: Sprachspielaktivitäten sind typischerweise, notwendigerweise in *Sprache* eingebettet.

[14] Dies zeigt noch einmal die extreme Begrenztheit der "Sprachen" am Anfang der PU. Mit einem rein "tierischen" Bewußtsein dessen, was man tut, kommt man nicht weit. Mit *nur* "performativem Handlungsbewußtsein", ohne ein deiktisches System und

deiktische System nicht nur diese Art Bezüge auf "Ereignisse", sondern auch auf das eigene Handeln umfassen muß. Das heißt, es muß über das Präsens als mein aktuelles Handeln - über mein performatives Handlungsbewußtsein - laufen, nicht über das Präsens lediglich als Ort "*vorliegender*", aktuell beobachtbarer Ereignisse. Kurz, es muß das "performative Ich" umfassen (vgl. Habermas 1971:109), das nicht *Gegenstand* irgendwelcher Zuschreibung ist, sondern ein handelndes, ein behauptendes, wettendes, versprechendes ... Subjekt. Es reicht nicht, hier mit Strawson und Tugendhat (mit Semantizisten ganz allgemein) von "kriterienloser" Selbstzuschreibung und "epistemischer Asymmetrie" zu reden. Kriterienlose Selbstzuschreibung in der ersten Person Präsens ist wohl unter Umständen auch ein mögliches Handeln, aber (normalerweise) nicht das, was wir tun (wollen), wenn wir performative und expressive Verben in der ersten Person Präsens aussprechen. Wenn wir "Ich behaupte, wette, verspreche ... (daß) p" sagen, dann haben wir es überhaupt nicht mit Beschreibungs- oder Zuschreibungshandlungen zu tun, sondern mit Handlungen ganz anderer Art; nämlich eben Behaupten, Wetten, Versprechen ... Für *diese* Handlungen tragen wir nachher eine Verantwortung, nicht für "epistemische" Akte der Zuschreibung eines Prädikats ("... behaupte/wette/verspreche") zu einem Gegenstand.

IV

Zur Verdeutlichung der "Verantwortungsdeixis" und der doppelten Doppelstruktur von Rede und Sprache

Man kann sich zwei Perspektiven bzw. Sprachrahmen vorstellen, in denen alltagssprachliche Beschreibungen von Gegenständlichem (im weitesten Sinne) eingeordnet und gelesen werden können: erstens eine Perspektive à la *Tractatus*, die durch eine weltabbildende Observations- und Theoriesprache zur Beschreibung und Erklärung von Gegenständlichem bestimmt ist. Diese Sprache bzw. die Logik/Grammatik dieses Sprachrahmens können wir auf die gängige logisch-empiristische Art und Weise auffassen, d. h., als durch den Funktionskreis von Experiment, Beobachtung (experi-

die Möglichkeit der "Abwandlung" des Handlungsbewußtseins, fehlt nicht nur die Möglichkeit der "Projektion in die Vergangenheit" und der *Beschreibung* der Züge (der Handlungen), es fehlt damit auch die Voraussetzung für die Projektion von Handlungsmöglichkeiten in die *Zukunft*, für das Überlegen (und für *Gründe*), überhaupt für einen Bezug des Handlungsbewußtseins auf die Handlung als allgemeine Möglichkeit.

menteller Beobachtung) und Theorie konstituiert. Diese Sprache ist wertneutral. Dann zweitens eine Perspektive und Sprache, die durch die (im *Tractatus* vernachlässigte, vgl. Anm. 7) handlungskonstitutive oder (intentionaler) Akt-konstitutive Rolle von Verbalphrasen bedingt ist; eine Perspektive und ein Sprachrahmen, deren Logik ("Grammatik") u. a. durch die Transaktionen zwischen zwei Ebenen konstituiert wird: die Ebene der Akt-Performanz (erste Person Präsens von Intentionen/Akt-Verben) und die Ebene der Gegenstände, d. h. jetzt die der sekundär objektivierten Handlungen und Akte. Den ersten Sprachrahmen könnte man den "naturalistischen" oder "theoretizistischen" Sprachrahmen nennen, den letzteren den "Handlungssprachrahmen", den "Verantwortungssprachrahmen", den "praktischen" Sprachrahmen oder dergleichen. Der erste entspricht einer Verabsolutierung von Beschreibung (Prädikatzuschreibung) und einem semantizistisch gedachten deiktischen System (Tugendhat, Strawson). Der zweite einem umfassenden Repertoire von Sprechakten und einem deiktischen System, das auch ein "performatives" Ich umfaßt.

Was hier mit der "Logik" oder "Grammatik" eines Sprachrahmens gemeint ist, kann verdeutlicht werden anhand bestimmter Typen der Präzisierung und der Bildung von "äquivalenten" Formulierungen (in denen "dasselbe" Phänomen sprachlich erscheint) durch Metamorphosen und Satztransformationen. Für den "praktischen" Sprachrahmen ist ein bestimmter Typ der Präzisierung und Umformung charakteristisch, für den naturalistischen Rahmen ein anderer. (Siehe (a) und (b) unten.) Eine alltagssprachliche Formulierung muß nicht immer schon als solche dem einen oder dem anderen Rahmen zugeordnet werden. Je nachdem können wir sie als Glied der einen (Art von) Transformationsreihe auffassen oder als Glied einer Reihe der anderen Art. (Vgl. Wittgensteins HE-Kopf und ähnliche Effekte!) Insbesondere steht unseren alltagssprachlichen Handlungsbeschreibungen nicht auf der Stirn geschrieben, in welche Art von Reihe sie gehören; - was unter Philosophen Verwirrung stiften kann.

(a) *Charakteristischer Präzisierungs- und Umformungstyp des "praktischen" Sprachrahmens*. Hier geht es zunächst um jene Art von Umformungen, die uns aus allerlei praktischen Diskussionen wohlvertraut sind, wo die Parteien darauf aus sind, sich zu rechtfertigen - oder ganz einfach so günstig wie möglich dazustehen -, und wo Umschreibungen, Präzisierungen, Interpretationen usw. als mehr oder weniger wohlwollend, feindlich, schmeichelhaft, ungerecht, tendenziös etc. erscheinen. Es geht um das Einbeziehen und Auslassen von mehr oder weniger *Kontext*, um die Metapher und die Vergleiche, die die Wortwahl nahelegt, etc. Es kann um Nuancen gehen, die aber sehr wohl wichtig sein können! Bei alldem ist charakteristisch, daß die Frage, *wie* der Akteur es *gemeint* hat, welche Motive und Werthaltungen ihn bestimmt haben, von entscheidender Bedeutung ist. Nicht das Ereignis als solches, unabhängig von der Qualität des Wissens und Wollens des Akteurs, ist Gegenstand unserer Beurteilung. War es - trotz negativen Resultats - doch gut gemeint? (Und welche Verantwortung für welche Unwissenheit muß der Akteur tragen?) Waren mehrere und vielleicht gegenläufige Normen in der Situation zu berücksichtigen? Wieviel Opferbereitschaft oder Moral war in der Situation zumutbar? - Fragen dieser Art bestimmen das Kräftefeld oder den Wahrnehmungs- und Beschreibungshorizont, innerhalb dessen der Streit um die Beschreibungen stattfindet.[15] Das hat natürlich damit zu tun, daß entsprechende Fragen mehr oder weniger explizit auch das Bewußtsein des Akteurs wohl prägten, indem er oder sie dabei war, sich zu bestimmen, zu handeln und dadurch den Gegenstand der folgenden Beschreibungen zu konstituieren.

Die prominente Rolle der *Intention* bzw. die Frage, mit Hinblick auf welche (moralischen, ästhetischen, kognitiven) Standards der Akteur sich bemüht hat, markiert, so könnte man sagen, daß unsere Beschreibungen dessen, was wir selbst und andere tun und getan haben - genauso wie die Handlungen selbst - unter dem Druck von *Wertungen* stehen. Solche Beschreibungen, nicht zuletzt bei Handlungen (und Situationen), die nicht völlig trivial sind, sind demgemäß auch Gegenstand eines ständigen politischen und/oder moralischen "Feilschens". (Das kommt nicht zuletzt dann zum Vorschein, wenn es um Geschichtsschreibung geht und damit auch unumgänglich um synthetisierende Zusammenfassungen von Handlungen, Handlungsverläufen und Handlung-cum-Ereignis-Ketten.) (Vgl. hierzu auch oben S. 257f.)

Charakteristisch für die hier angedeuteten Umformungen und Verschiebungen ist natürlich auch, daß die *Umgangssprache* nicht verlassen wird. Wir verbleiben in der Sprache der Literatur und der Geschichtsschreibung;

---

[15] Mit Hinblick auf die Beobachtung Anscombes und Davidsons (Anscombe 1957, Davidson 1963), daß eine Handlung unter gewissen (wahren) Beschreibungen intentional sein kann und unter anderen nicht, interessieren uns hier nur Beschreibungen, die mögliche Kandidaten für ein intentionales Handlungswissen sein können. Vor allem interessiert uns allerdings jene Grauzone von Beschreibungen, in der es nicht ausgemacht ist, daß der Akteur selbst die letzte Autorität bleibt, sondern es vielmehr einen Spielraum gibt, innerhalb dessen er vielleicht - unter dem Druck von "Psychoanalyse", Sprachentwicklung, geschichtlichem Verlauf - nachgeben und Eingeständnisse machen muß. (Gewaltfreiheit unterstellt, soweit es geht...) Vielleicht gibt es auch Raum für Glück: das Selbstverständnis des Akteurs wird von seiner Umgebung in positive Richtung revidiert.

in der Sprache, in der wir Handlungssituationen identifizieren und uns artikulieren, entscheiden, handeln und auslegen können. Oder wie Charles Taylor bei der Darstellung seines "best account principle" es formuliert: in dem Sprachrahmen, in dem wir "(can) make the best sense of our lives". Und Taylor fügt hinzu: "'Making the best sense' here includes not only offering the best, most realistic orientation about the good but also allowing us best to understand and make sense of the actions and feelings of ourselves and others. *For our language of deliberation is continuous with our language of assessment, and this with the language in which we explain what people do and feel.*" (Taylor 1989:57, Hervorhebung: A. Ø.) Das ist offenbar auch die Sprache der sog. "thick evaluative concepts" und "defeasible concepts".

Mit dieser Einheit von Überlegungs-, Wertungs- und Verstehens-Sprache ist auch der m. E. allerwichtigste Zug des hier angesprochenen Transformationstypus berührt: Die "verstehenden" Handlungs*beschreibungen* ("explanations"), die wir in dieser Sprache geben, müssen bei Substitution der ersten Person Präsens (und ggf. der zweiten Person) ungefähr so etwas hergeben wie das Handlungsbewußtsein, den Motivationshorizont, die "Gesinnung" des Handelnden. Am deutlichsten läßt sich dies wohl dort beobachten, wo wir es mit einfachen und direkten, voll expliziten illokutionären Handlungen zu tun haben. Hier erhalten wir durch die Substitution sogar gerade das, was der Sprecher sagt, um die Handlung auszuführen. ("N. N. befahl M. M. [daß] p, [weil ...]" wird durch die Substitution zu "Ich befehle dir [daß] p, [weil ...]", etc.)[16] Die Sprache des performativen Handlungsbewußtseins ist dieselbe wie die der Handlungserklärung, wobei allerdings unterstellt werden muß, daß "Erklärung" hier nicht deduktiv-nomologische Erklärung heißen kann, sondern nur etwa "verstehende Beschreibung".

(b) *Charakteristischer Präzisierungs- und Umformungstypus des naturalistischen Sprachrahmens.* Nun kann man, wie gesagt, Handlungsbeschreibungen in eine ganz andere Reihe von Präzisierungen einordnen, die dann ein ganz anderes "Sprachspiel" oder eine ganz andere Perspektive

---

[16] Bei Sprechakten, bei denen eine perlokutionäre Absicht als Teil des Handlungsbewußtseins essentiell unausgesprochen bleiben muß (bei Strafe des Nichtgelingens oder Moorescher Paradoxien!), wird die treffende Handlungsbeschreibung nichtsdestoweniger eben den *perlokutionären* Akt beschreiben müssen. "Es ist kalt da draußen, aber ich glaube es nicht" ist eine Moore-paradoxe Aussage. Eine Handlungsbeschreibung der Form "Er hat (gegen besseres Wissen) 'Es ist kalt da draußen' behauptet, um seinem Partner das Verweilen nahezulegen" ist dagegen durchaus logisch in Ordnung und gar nicht paradox.

bestimmen, nämlich eine "naturalistische" oder "objektivistische" (und *wertfreie*) Perspektive. Hier haben wir es z. B. mit Präzisierungen vermittels "größerer Meßgenauigkeit" zu tun, aber auch mit verbesserter Trennschärfe dank theoretischer Fortschritte. Bezüglich der Transformation von Handlungsbeschreibungen (und "rational explanations"), wäre eine typische Reihe eine, die von der Alltagssprache in Richtung "dispositional analysis" (und deduktiv-nomologische Erklärung) (Hempel) und von dort aus in Richtung Analysen ginge, die von wissenschaftlichen Theorien (Biologie, Biochemie, Neurophysiologie, Physik ...) "imprägniert" wären. Hier bewegen sich die Umformungen und Präzisierungen - grob gesagt - zwischen "*vor*wissenschaftlicher" Alltagssprache einerseits und Wissenschaftssprachen andererseits, in denen präzise und fruchtbare Begriffe aus einem Zusammenspiel von Experiment, Observation und Theorie gebildet werden. Die Beschreibungen werden unter den Kantischen "Naturbegriff" gebracht.

Bei diesem Umformungstypus kommen ungleiche "Ebenen" und "Reduktionen" ins Spiel. Was alltagssprachlich "Er drückt den Knopf" oder "Dies ist gut trinkbares, kaltes Wasser" heißt, läßt sich (vielleicht) in koextensionale, wissenschaftliche Aussagen (etwa biologische, neurophysiologische, chemische und thermodynamische) umformen. Wir betreten das Terrain der Reduktionismusproblematik und die Frage nach dem Verhältnis zwischen den verschiedenen Beschreibungsebenen.[17]

Der Sprachrahmen der objektivistischen Umformungen ist zunächst und wesentlich von zwei Aspekten charakterisiert: Erstens gilt hier die Alltagssprache einfach als eine bestimmte Ebene unter vielen anderen (und normalerweise auch als die schlechte, unpräzise, "mythenimprägnierte", "volkspsychologische" (Churchland), die man am besten hinter sich lassen sollte). Zweitens wird hier die "Dritte Person"-Form, oder richtiger gesagt, die Form "Beschreibung eines Objekts", nirgends verlassen. Das semantizistisch gedachte System von propositionaler Abbildung und Deixis als infrastruktureller Bestandteil der singulären Referenz (auf Objekte propositionaler Prädikation) gilt unverkürzt. Sätze, die in der ersten Person Präsens formuliert sind, gelten genauso wie alle anderen als propositional, d. h. als Weltabbildung, Zuschreibung eines Prädikats (einer Verbalphrase) zu einem Gegenstand, - nur, daß es in diesem Sonderfall um eine Selbstzuschreibung geht. Daß eine bestimmte Person aus X kg Wasser besteht

---

[17] Vgl. hierzu Searle 1983:262ff. Nach meiner Auffassung überspielt Searle hier all zu schnell den Unterschied zwischen den zwei von mir skizzierten "Sprachrahmen". Vgl. Øfsti 1991.

oder Hunger hat oder Schmerzen fühlt, kann z. B. unter Umständen durch
Sätze wie "Ich bestehe aus X kg Wasser", "Ich habe Hunger" und "Ich
fühle Schmerzen" dargestellt werden. Die Prädikate gelten aber auch in
diesem Fall eigentlich als vorwissenschaftliche, verbesserungsbedürftige
Prädikate, die durch "wissenschaftlichere" Prädikate (die mit Bezug auf
H_2O, Magen- und Blutzuckerzustand, neurophysiologischen Zustand etc.
definiert sind) ersetzt werden könnten und sollten.[18]

Was herausfällt, ist die - für den "praktischen" Sprachrahmen entscheidende - Möglichkeit, daß Sätze in der ersten Person Präsens *expressiv*
sind oder ein *Handlungswissen* artikulieren, das in dem Sinne *performativ* ist, daß es notwendiger Bestandteil der *Konstitution* der betreffenden
Handlung ist (also diese Handlung zu eben jener Handlung macht, die
durch die Abwandlung des Satzes in anderen Formen propositional
"abgebildet" wird). Erst diese Art des performativen Ich-Bezugs und ein
deiktisches System, das auch ein *performatives* und *expressives*[19] Ich
umfaßt (das durch Abwandlung der Sätze in Vergangenheitsform allerdings
in ein *referierendes* Ich transformiert wird), erschließt uns den
Sprachrahmen, in dem Handlungen nicht einfach als Ereignisse gelten,
sondern als von *Personen* zu *verantwortende* intentionale Handlungen,
die durch ihren Bezug auf eine "verstehende" und "wertende" Sprache
konstituiert sind, in der zugleich ein immerwährendes (explizites oder
implizites) Aushandeln des Richtigen, der kritischen, positiv und negativ
wertenden Beschreibungen und Um(be)schreibungen stattfindet.

Den zwei Sprachrahmen, dem "naturalistischen" und dem "praktischen",
entspricht, wie schon angedeutet, je eine besondere Perspektive. Dem
"naturalistischen" Rahmen entspricht die szientistische (genauer: Kantische) Alternativkonzeption bzw. die einheitswissenschaftliche Vorstellung
einer Verabschiedung der Alltagssprache zugunsten einer idealen oder

---

[18] In den zwei letztgenannten Beispielen kann man allerdings eine gewisse Änderung
der "Logik" der Begriffe beim Übergang von Alltagssprache zur Wissenschaftssprache
bemerken: Auf der Ebene der Alltagssprache muß die Feststellung (von Hunger,
Schmerzen) in der dritten Person sich auf Kriterien stützen, während sie in der ersten
Person "kriterienlos" ist. Diese "epistemische Asymmetrie" (Tugendhat) fällt bei dem
Übergang zur Wissenschaftssprache weg. Diese Sprache kennt keine kriterienlose
(Selbst)Zuschreibung.

[19] Insofern die oben angegebenen Beispiele "Ich habe Hunger", "Ich fühle Schmerzen"
als *expressiv* zu verstehen sind (vgl. Wittgenstein: "Ich habe Schmerzen" nicht als
Beschreibung, sondern als in einem Kontinuum mit Schmerz*ausdrücken* stehend [als
Ersatz des Schreis]), insofern fallen diese Beispiele aus dem objektivistischen und
semantizistischen Rahmen heraus und gesellen sich dem Rahmen zu, der neben
Beschreibungen auch Performativ-Expressives umfaßt.

jedenfalls verbesserten, wissenschaftlich saubereren Sprache.[20] Vielleicht könnte man hier auch von der Perspektive der "theoretischen Vernunft" Kants reden (oder sogar von der des "zweiten Paradigmas" der Philosophie) bzw. von deren impliziten Sprachauffassung: Was nicht als (extramundanes) Subjekt der Wissenschaft unterstellt ist, was irgendwie *erscheint* und *beschrieben* werden kann, gilt als Objekt unter dem Naturbegriff. Den "praktischen" Rahmen sollten wir jedoch nicht - wie es naheliegend scheinen mag - mit der Perspektive der "praktischen Vernunft" Kants assoziieren. Denn auch sie bleibt ja der Alternativkonzeption verhaftet, auch wenn der Schwerpunkt hier nicht bei den Erscheinungen, sondern bei Intentionen liegt. Hauptpunkt unseres "praktischen Sprachrahmen" ist dagegen, daß wir es hier mit einer Sprache ("Logik", "Grammatik") zu tun haben, in der die dritte Person, sofern es um Personen geht, keine *absolut* dritte Person ist, sondern nur "dritte" relativ zur jeweiligen Sprechsituation: sie kann auch als ansprechbarer Adressat (in der zweiten Person) und auch als (Sprech-)Akt-Subjekt in der ersten Person (ggf. auch im Plural, als Teil eines Wir) in Bezug zur Sprache stehen. Hier gibt es demgemäß auch - gegen die Unterstellung der Alternativkonzeption - eine *Verbindung* zwischen Subjekt- und Objekt-Rolle: die Abwandlung der Verbalphrasen der intentionalen Akte hin und her zwischen Subjektposition und Objektposition: "Ich denke (daß) p" - "Ich habe gedacht (daß) p"; "Ich behaupte (daß) p" - "Ich habe behauptet (daß) p"; usw.

Für meine Konzeption ist wichtig, daß (und wie) die zwei Sprachrahmen sich in den alltagssprachlichen Handlungsbeschreibungen sozusagen berühren. Wie gesagt, bei solchen Beschreibungen ist nicht schon ausgemacht, in welchen Rahmen sie einzuordnen sind. Die "Objektrolle" des Beschriebenen ist *eine Art Kreuzung, Schnittpunkt oder "Drehscheibe"*, bei der wir leicht vergessen, daß wir es wesentlich mit zwei Richtungen (Dimensionen) und möglichen Übergängen zu tun haben: einerseits dem Übergang von "vorwissenschaftlicher" zur "wissenschaftlichen" Beschreibung, aber andererseits auch dem Übergang von Gegenstandsbeschreibung (Handlungsbeschreibung) zur handlungs*konstitutiven* Form der Verbalphrase in der ersten Person Präsens. In der letzteren Dimension geht es um die unterschiedlichen Rollen der Handlungsverbalphrasen bei ihren Abwandlungen in verschiedene Personen und Tempi; in der ersteren um

---

[20] Warum sollte man nicht in voller Breite die alltäglichen, "vorwissenschaftlichen" Verbalphrase: (und - beispielsweise - die ihnen innewohnende "Volkspsychologie") durch wohldefinierte, präzise, experimentell testbare, theoretisch abgestützte Verbalphrasen ersetzen, so wie wir es im Bereich der Naturwissenschaften gewohnt sind?

die "Niveau"-Differenzen unterschiedlicher Arten der Beschreibung, wo "dasselbe" jedoch nie die Rolle eines beschriebenen Objekts verläßt.

Die Funktion der alltagssprachlichen Handlungs*beschreibungen* als "Drehscheibe"[21] hat man m. E. viel zu wenig zur Kenntnis genommen. Man gleitet von der "quasiobjektivierenden" Beschreibung von Personen und Handlungen in der dritten Person zu einer vollständigen Objektivierung und übersieht den entscheidenden Unterschied zwischen "absolut" dritter Person und "relativ" dritter Person und die unterschiedliche "Logik" der entsprechenden Verbalphrasen. Dadurch vollzieht sich so etwas wie ein (unauffälliger) Wechsel in der Logik der Begriffe oder der Sprache (des Sprachrahmens), in der wir uns bewegen. Eben von diesem entscheidenden, aber manchmal unauffälligen Schritt lebt gewissermaßen der szientistische Fehlschluß bzw. die Alternativkonzeption.

Die genannte Undurchsichtigkeit beherrscht z. B. die wohlbekannte Hempel-Dray-Debatte. Daß Dray der Alltagssprache und dem "Verantwortungssprachrahmen" verpflichtet ist, ist klar. Wenn man in seinem Erklärungsschema die erste Person Präsens substituiert, kommt gerade so etwas wie das Handlungsbewußtsein und der Motivationshorizont des Akteurs, seine Werthaltungen und Gründe, heraus. (Das ist - im Sinne des Obigen - gerade die Pointe.) Was Hempel betrifft, bringt es eigentlich nur Unklarheit, daß er mit seinem Vorschlag zur Verbesserung des "rational explantion"-Schemas die Alltagssprache nicht verläßt (sondern nur mit dem Ausdruck "dispositional analysis" einen Abschied andeutet). Hätte er es unmißverständlich klar gemacht, daß die alltagssprachliche Formulierung nur als vorwissenschaftliche Anfangsstufe anzusehen, die durch präzispotente Wissenschaftssprache zu ersetzen sei, wäre es schon klar gewesen, daß er auf einer ganz anderen Spur ist und mit Dray eigentlich keine Konkurrenz aufnehmen kann. Oder anders gesagt: Erst wenn man innerhalb des naturalistischen Rahmens sich nicht mehr der Alltagssprache bedient, sondern zu "wissenschaftlichen" Präzisierungen und Reduktionen - auf eine andere Ebene - übergegangen ist, wird unmißverständlich deutlich, daß dieser Rahmen seinen (hohen!) Preis hat: Der "Weg zurück"

---

[21] Einen zweiten (notwendigen) "Berührungspunkt" in der Alltagssprache kann man darin sehen, daß der naturalistische Sprachrahmen mindestens ein Niveau enthalten muß, auf dem die Gegenstandssprache die Gegenstandswelt *so* darstellt, daß ihre Phänomene und Gegenstände zu unseren Handlungsmöglichkeiten - das heißt jetzt: unseren (instrumentellen) Intentionen und Intensionen - "passen". Es muß innerhalb des naturalistischen Rahmens Beschreibungsebenen geben, auf denen die Welt als Korrelat, Arena, Gegenstand unserer Beobachtungen und instrumentellen Handlungen dargestellt ist. Es muß Brücken geben, die von theoretischen Beschreibungen zu diesen Beschreibungsebenen zurückführen.

zum Handlungsbewußtsein ist abgeschnitten. Die neuen "wissenschaftlichen" Verbalphrasen führen durch Substitution der ersten Person Präsens nur zu Absurditäten und keineswegs zur Form eines performativen Selbstwissens einer Handlung.

Insofern ist es erhellend, statt auf Hempel sich auf "eliminative Materialisten" wie Paul Churchland zu beziehen, die ganz radikal die Alltagssprache (mit ihrer "ontology" und ihren "principles", soweit sie psychologische Phänomene betreffen) als "fundamentaly defective" hinter sich lassen wollen und stattdessen der Sprache von "completed neuroscience" zusteuern. Man stelle sich die Substitution der ersten Person Präsens in einer *neurophysiologischen* Darstellung vor! (Obwohl man fragen muß, ob es in dieser Sprache überhaupt eine Referenz auf *Personen* gibt, so daß wir wüßten, *wo* zu substituieren wäre?!) Es würde jedenfalls nichts dabei herauskommen, was als eine zu verantwortende Handlungsintention und -orientierung verstanden werden könnte. - Es ist jedoch auch schon bei Hempel klar, daß er innerhalb des naturalistischen Rahmens operiert. Denn auch in seinem - obwohl alltagssprachlich formulierten - Schema, sofern es ja mit Initialbedingungen und Gesetzen (im Sinne des "Naturbegriffs") operiert, führt eine Substitution der ersten Person Präsens zu ganz merkwürdigen Formulierungen, zu allem anderen als einem möglichen Kandidaten für das handlungskonstituierende Selbstverständnis der Handlung.

Die Pointe dieser Erläuterung zur "Verantwortungsdeixis" sollte man auch so deuten, daß eine Verabsolutierung des naturalistischen Sprachrahmens - auch wenn er qua Alternativkonzeption eine auf die erste Person Präsens beschränkte Sprache für die intentionalen Denk- und sonstigen intentionalen Akte des Subjekts erlaubt - nicht durchführbar ist, sondern letzlich auf eine *Sprachzerstörung* hinauslaufen muß. Die Handlungsverben müssen auch die selbstreflexive und *objektivierende* (beschreibende) Verwendung erlauben, wenn die handlungs- (und selbst-) *konstitutive* "Verwendung" in der ersten Person Präsens, in dem *nicht-objektivierenden* selbstreflexiven Aktus, die richtige Form haben und konstitutiv sein können soll, d. h., wenn sie auch bei dieser Verwendung einen Bezug auf eine "allgemeine (verbal-begrifflich artikulierbare) Möglichkeit" bedeuten können soll. (Vgl. den Topos "Zweistämmigkeit".) Der naturalistische Sprachrahmen darf also die objektivierende Beschreibung nicht monopolisieren, die "sekundäre" bzw. "partielle" Objektivierung darf nicht im Sinne der Alternativkonzeption ausgeschlossen werden.

V

Abschließend möchte ich den zentralen Gedanken noch einmal hervorheben: Die Abwandlung von Handlungsverben (Verbalphrasen), die in Erste-Person-Präsens-Form als Form des Handlungsbewußtseins für die jeweilige Handlung *konstitutiv* sind, darf nicht *semantizistisch, unter Verabsolutierung des propositionalen Weltbezugs*, gedeutet werden, d. h. nicht als (propositionale) Darstellung *desselben Sachverhaltes* aus verschiedenen Sprecherpositionen durch entsprechende Änderung des personalen und temporalen Indexwerts. Wenn wir stattdessen den Indexwert (Ich, Präsens) als Element eines "verantwortungsdeiktischen" Systems auffassen, erhält die Selbstverständlichkeit und Notwendigkeit der möglichen Abwandlung von Handlungsverben einen durchaus nichttrivialen Charakter. In ihnen erscheint jetzt das notwendige - bei Kant fehlende - *Bindemittel* zwischen einerseits der Ebene der transzendentalen, zukunftsgerichteten, nach Werten und Standards *aktual handelnden* Iche (die im *sachbezogenen* - d. h. zugleich geltungs-, wert- und standardbezogenen - Dialog ohne propositionale Vergegenständlichung ihrer Dialogpartner auskommen und *als* transzendentale Subjekte miteinander zu tun haben) und andererseits der Ebene der Subjekte als *empirisch* erscheinende und zu beschreibende "Gegenstände" (einer zweiten Verständigung). Diese "Transformationsschiene" steckt zutiefst in der Struktur unserer Alltagssprache (= *Umgangs*- = *Dialog*sprache) und ermöglicht ihre Rolle als Vehikel der Vernunft - im Gegensatz zu den in die Umgangssprache eingebetteten rein propositionalen Sonder- oder Spezialistensprachen (zumal denen der Naturwissenschaft) und im Gegensatz zu Sprach*spielen*, die nur aus "Spiel*zügen*", also gewissermaßen aus dem Austausch auf transzendentaler Ebene, bestehen.

Bezüglich der Frage des wertneutralen Verstehens möchte ich zwei Punkte hervorheben: (a) Insofern die Alltagssprache diejenige ist, in Termini derer wir unsere wertbezogenen, begründbaren Handlungen *ausführen*, ist sie "wertimprägniert". Mein *Handlungs*bewußtsein ist ja weder ein neutrales Konstatieren, daß etwas getan wird, noch eine zweigliedrige Sache, bei der der ins Spiel kommende Begriff der Handlung (die Verbalphrase) und die Wertung bzw. Entscheidung getrennt sind. Wenn *überlegt* wird, dann wird nicht so sehr nach der richtigen Bewertung oder Einschätzung einer möglichen Handlung so-und-so gesucht, deren Begriff (Verbalphrase) indessen *festliegt*, sondern vielmehr nach Worten, Begriffen, Referenzpunkten, die mir eine akzeptable, verantwortbare (jedenfalls wollbare) Handlung an die Hand geben, mit anderen

Worten Formulierungen, unter deren Beschreibung ich das, was ich tun werde, gutheißen kann. (Oder umgekehrt, wenn es um etwas gegen meine Neigung Gefordertes geht, kann ich nach einer Phrase suchen, unter der ich das Geforderte ablehnen kann. Die Wortflinken können - so scheint es - sich mehr erlauben und mehr entweichen.) Das Handlungsbewußtsein ist jedenfalls eine Einheit, die essentiell zwischen Situationsidentifizierung, Neigungen und Standards (Werten) *vermittelt*. Und diese Einheitlichkeit wird vermittels seiner Sprache (der Handlungssprache im praktischen Sprachrahmen) gestiftet.

(b) Mein *Selbstverständnis* im Handeln ist nicht wertneutral. Das Handeln selbst ist ja gerade (wenn auch nur implizit) eine Stellungnahme[22], eine Entscheidung, ein Bewerten.[23] Wie verhält es sich nun mit dem Verstehen von *anderen*? Inwiefern kann man Normen, Werte, Standards etc. *erkennen*, ohne sie zu teilen, *anzuerkennen*? (i) Wenn es stimmt, daß auch hermeneutisches Verstehen ein quasi dialogisches, direktes Verstehen als sein Endziel haben muß bzw. letzlich ein solches Verstehen ist, nur daß die dialogische Situation hier lediglich "virtuell" und erst über Umwege (Übersetzen, Aufarbeitung des geschichtlichen Kontexts des zu Verstehenden etc.) zu erreichen ist, dann reduziert sich die Frage gewissermaßen auf die Frage, ob direktes, unmittelbares Verstehen im Dialog ohne Anerkennung der Werte/Standards des Partners möglich ist. (ii) An dieser Stelle aber muß die Fragestellung - und die Antwort - sich spalten. Einerseits ist klar, daß man die wohlverstandenen (Geltungs)Ansprüche des anderen mit "nein" beantworten können muß. Gerade die explizite oder implizite Stellungnahme zu den Geltungsansprüchen des Partners zeichnet die dialogische Auseinandersetzung aus. (Andererseits setzt diese Auseinandersetzung als solche gemeinsame Standards/Werte voraus - etwa Wahrheit, Richtigkeit, Authentizität - eben die *letzt*begründbaren Standards. Sie lassen sich im Dialog nicht ohne Selbstwiderspruch verneinen.) (iii) Die Frage müßte eigentlich anders formuliert sein. Sie müßte heißen: Ist es im Dialog möglich, Standards und Werte des Partners zu erkennen, ohne zu ihnen mit "ja" *oder* "nein" Stellung zu nehmen, ohne sie überhaupt zu bewerten? Das heißt, kann eine Reservation gegenüber der

---

[22] Wenn wir die Identität einer Person beurteilen sollen (und wenn diese Identität gewissermaßen an den *Stellungnahmen* der Person hängt), dann sind wir bekanntlich gut beraten, mehr auf die *Handlungen* der Person zu achten als auf das, was sie *sagt*.

[23] Sie ist ein Ausüben von *Urteilskraft*, bei dem nicht nur Situationselemente etc. unter Begriffe subsumiert werden, sondern auch letzlich der Handelnde selbst, indem er *sich* bestimmt (relativ zum Netz sprachlicher Möglichkeiten).

Anerkennung es überhaupt vermeiden, schon eine Ablehnung, ein negativer Urteil zu sein? Gibt es hier neben "ja" und "nein" überhaupt einen Raum für etwas Drittes? (iv) Insofern die dialogische Auseinandersetzung geradezu *der* Ort der Stellungnahme zu Geltungsansprüchen ist, scheint die Antwort negativ sein zu müssen. Was *im* Dialog ausgerechnet nicht möglich ist, ist, der Stellungnahme (mit "ja" oder "nein") ästhetisch oder szientifisch-objektivistisch auszuweichen. (v) Und doch gibt es diese Möglichkeit, wenn auch in einem ganz besonderen Sinn. Es gibt ja die Möglichkeit der Unentschiedenheit, der Unsicherheit, wo man noch nicht ganz *versteht*, wo man noch nicht "eine gemeinsame Sprache" gefunden hat und wo es insofern (vielleicht z. T. auch für den Sprecher!) unklar bleibt, *wie* das Gesagte gemeint war, wie es zu verstehen ist. An dieser Stelle kann - auch inmitten eines Dialogs - ein Moment der Reflexion einsetzen, ein Moment, bei dem die Sprache nicht mehr länger unreflektiert als Medium der thematischen Sacherkenntnis gilt, sondern eher umgekehrt.[24] Wertfreies Verstehen entspricht insofern dem Moment im Dialog, bei dem Reflexion, Rückfragen, quasi objektivierende Distanzierung des Dialogs etc. einsetzen. Auch der direkte Dialog ist nicht ohne "Hermeneutik". Dieses Moment muß jedoch an die Situation der dialogischen *Auseinandersetzung* zurückgebunden bleiben. Es ist zunächst ein Anzeichen dafür, daß die Zeit für die Stellungnahme noch nicht reif ist.[25]

---

[24] Vgl. Habermas' Trennung zwischen analytischem und reflexivem Sprachgebrauch, 1971:106.

[25] Genau dies macht gewissermaßen die praktische Blickrichtung von Næess 1953 und 1966 aus.

Nachweise

Die Verabsolutierung des Begriffs der empirischen Theorie. Der Fall Quine
in: *Kommunikation und Reflexion*, hg. v. W. Kuhlmann/D. Böhler, Frankfurt am Main 1982, 15-45.

Sprachspiel oder Sprache?
u. d. T. "Sprachspiel vs. vollständige Sprache" in: *Philosophie des Geistes*,
Akten des 9. int. Wittgensteinsymposiums, hg. v. R. Chisholm u. a., Wien
1985, 586-90.

Sprachspiel versus vollständige Sprache? Einige Bemerkungen zum späten
Wittgenstein, zur Übersetzung und Übersichtlichkeit, zum Handlungswissen und Diskurs
Zeitschrift für allgemeine Wissenschaftstheorie 21 (1990), 105-33.

Das "Ich denke" und Kants transzendentale Deduktion im Lichte der
sprachphilosophischen (pragmatischen) Wende. Versuch einer Ergänzung
der Strawsonschen Kant-Interpretation
Eigenständige Veröffentlichung in der Reihe: Det Kongelige Norske Videnskabers Selkab, Skrifter, Nr. 3, Trondheim 1988

Ist diskursive Vernunft nur eine Sonderpraxis? Betrachtungen zum
"Verbindlichkeitstransfer" von transzendental-reflexiv (letzt)begründeten
Normen
in: *Zur Anwendung der Diskursethik in Politik, Recht und Wissenschaft*,
hg. v. K.-O. Apel/M. Kettner, Frankfurt am Main 1992, 296-316.

Das Sprachspielidiom und die Einheit der Vernunft. Bemerkungen zu
K.-O. Apels Wittgensteinkritik
eine gekürzte Version in: *Transzendentalpragmatik. Ein Symposion für
Karl-Otto Apel*, hg. v. A. Dorschel/M. Kettner/W. Kuhlmann/M. Niquet,
Frankfurt am Main 1993, 62-92

Rationale Argumentation, Erklären und Verstehen. Zum Universalitätsanspruch der hypothetisch-deduktiven Methode
mit Ausnahme der Seiten 208-14 in: *Die pragmatische Wende*, hg. v.
D. Böhler/T. Nordenstam/G. Skirbekk, Frankfurt am Main 1986, 73-90.

Verstehen des schon Verstandenen. Überlegungen zu Boeckhs Formel
(bisher unveröffentlicht).

Partielle (sekundäre) Objektivierung. Bemerkungen zur Ontologie (Struktur) der Sprache als Vehikel der Vernunft
(bisher unveröffentlicht)

Literaturverzeichnis

Abel, Th. (1953), The operation called *Verstehen*, in: *Readings in the Philosophy of Science*, hg. v. H. Feigl/M. Brodbeck, New York, 677-87.

Anscombe, G. E. M. (1957), *Intention*, Oxford.

Anscombe, G. E. M. (1975), The first person, in: *Mind and Language*, hg. v. S. Guttenplan, Oxford, 45-65.

Apel, K.-O. (1973), *Transformation der Philosophie*, 2 Bde., Frankfurt am Main.

Apel, K.-O. (1974), Diskussionsbeitrag in: *Semantics and Communication*, hg. v. C. H. Heidrich, Amsterdam, London.

Apel, K.-O. (Hg.) (1976), *Sprachpragmatik und Philosophie*, Frankfurt am Main.

Apel, K.-O. (1977), Types of Social Science in the Light of Human Interests of Knowledge, *Social Research* 44/3, 425-70.

Apel, K.-O. (1979a), *Die Erklären:Verstehen-Kontroverse in transzendentalpragmatischer Sicht*, Frankfurt am Main.

Apel, K.-O. (1979b), Sprechakttheorie und Begründung ethischer Normen, in: *Konstruktionen versus Positionen*, hg. v. K. Lorenz, Bd. II, Berlin, 37-107.

Apel, K.-O. (1980a), C. S. Peirce and the post-Tarskian Problem of an Adequate Explication of the Meaning of Truth, *The Monist* 63/3, 386-407.

Apel, K.-O. (1980b), Zwei paradigmatische Antworten auf die Frage nach der Logos-Auszeichnung der menschlichen Sprache; in: *Kulturwissenschaften*, hg. v. H. Lützeler, Bonn, 13-68.

Apel, K.-O. (1982), Kant, Hegel und das aktuelle Problem der normativen Grundlagen von Moral und Recht; in: *Filosofi och kultur*, hg. v. A. Werner, Lund, 59-90.

Apel, K.-O. (1987), Pragmatische Sprachphilosophie in transzendental-pragmatischer Begründung, Ms. Frankfurt am Main (Norwegische Übersetzung: N. Gilje und A. Øfsti, *Norsk Filosofisk tidsskrift* 22, 1-28).

Apel, K.-O. (1988), *Diskurs und Verantwortung*, Frankfurt am Main.

Apel, K.-O. (1989a), Normative Begründung der "Kritischen Theorie" durch Rekurs auf lebensweltliche Sittlichkeit? in: *Zwischenbetrachtungen*, hg. v. A. Honneth/Th. A. McCarthy/A. Wellmer, Frankfurt am Main, 15-65.

Apel, K.-O. (1989b), Sinnkonstitution und Geltungsrechtfertigung. Heidegger und das Problem der Transzendentalphilosophie, in: *Martin Heidegger, Innen- und Außenansichten*, hg. v. Forum für Philosophie Bad Homburg, Frankfurt am Main, 131-175.

Apel, K.-O. (1990), Faktische Anerkennung oder einsehbar notwendige Anerkennung? in: *Zur Rekonstruktion der praktischen Philosophie. Gedenkschrift für Karl-Heinz Ilting*, hg. v. K.-O. Apel/R. Pozzo, Stuttgart-Bad Cannstatt.

Apel, K.-O. (1991), The Hermeneutic Dimension of Social Science and its Normative Foundation. (Ms.: 2.111-2.113).

Apel, K.-O./Kettner, M. (Hg.) (1992), *Zur Anwendung der Diskursethik in Politik, Recht und Wissenschaft*, Frankfurt am Main.

Aristoteles (1972), *Metaphysik*, in: *The Works of Aristotlle*, Bd. VIII, hg. v. W. D. Ross, Oxford.

Bennett, J. (1964), *Rationality*, London.

Böhler, D. (1971), *Metakritik der Marxschen Ideologiekritik*, Frankfurt am Main.

Böhler, D. (1985), *Rekonstruktive Pragmatik*, Frankfurt am Main.

Churchland, P. (1981), Eliminative Materialism and the Propositional Attitudes, *Journal of Philosophy* 78, 67-90.

Danto, A. (1974), *Analytische Philosophie der Geschichte*, Frankfurt am Main.

Davidson, D. (1963), Actions, Reasons and Causes, in: Davidson 1980, 3-19.

Davidson, D. (1980), *Essays on Actions and Events*, Oxford.

Davidson, D. (1984), On the Very Idea of a Conceptual Scheme, in: ders., *Inquiries into Truth and Interpretation*, Oxford, 183-98.

Descartes, R. (1959), *Meditationen*, Hamburg.

Diamond, C./Teichman, J. (Hg.) (1979), *Intention and Intentionality* (Essays in Honour of G. E. M. Anscombe), Brighton Sussex.

Dray, W. (1957), *Laws and Explanation in History*, Oxford.

Elster, J. (1978), *Logic and Society*, New York, Toronto.

Fichte, J. G. (1983), *Gesamtausgabe der Bayerischen Akademie der Wissenschaften*; hg. v. R. Lauth/H. Gliwitzky, Stuttgart-Bad Cannstatt.

Føllesdal, D./Walløe, L. (1977), *Argumentasjonsteori og vitenskapsfilosofi*, Oslo.

Føllesdal, D./Walløe, L./Elster, J. (1986): *Rationale Argumentation. Ein Grundkurs in Argumentations- und Wissenschaftstheorie*, Berlin.

Gadamer, H.-G. (1960), *Wahrheit und Methode*, Tübingen.

Gipper, H. (1977), Die Sonderstellung der menschlichen Sprache gegenüber den Verständigungsmitteln der Tiere; in: *Mitteilungen der Berliner Gesellschaft für Antropologie, Ethnologie und Urgeschichte*, Bd 5.

Habermas, J. (1970), *Zur Logik der Sozialwissenschaften*, Frankfurt am Main.

Habermas, J. (1971), Vorbereitende Bemerkungen zu einer Theorie der kommunikativen Kompetenz, in: Habermas/Luhmann 1971, 101-41.

Habermas, J. (1976a), Universalpragmatische Hinweise auf das System der Ich-Abgrenzungen, in: *Kommunikation, Interaktion, Identität*, hg. v. M. Auwärter/E. Kirsch/M. Schröter, Frankfurt am Main, 332-47.

Habermas, J. (1976b), Was heißt Universalpragmatik, in: Apel 1976, 174-272.

Habermas, J. (1981), *Theorie des kommunikativen Handelns*, 2 Bde., Frankfurt am Main.

Habermas, J. (1983), *Moralbewußtsein und kommunikatives Handeln*, Frankfurt am Main.

Habermas, J. (1986), Entgegnung, in: Honneth/Joas 1986, 327-405.

Habermas, J. (1988), *Nachmetaphysisches Denken*, Frankfurt am Main.

Habermas, J./Luhmann, N. (1971), *Theorie der Gesellschaft oder Sozial-Technologie*, Frankfurt am Main.

Hacker, P. M. S. (1972), *Insight and Illusion*, Oxford.

Hacker, P. M. S. (1986), *Insight and Illusion*, Revised edition, Oxford.

Hacker, P. M. S./Baker, G. P. (1984a), *An Analytic Commentary on Wittgensteins Philosophical Investigations*, Oxford.

Hacker, P. M. S./Baker, G. P. (1984b), *Essays on the Philosophical Investigations*, Oxford.

Haga, Å. (1986), Etisk fundamentalisme, *Norsk filosofisk tidsskrift* 21, 1-18.

Haga, Å. (1987), Den språkfilosofiske vendinga, in: *Norsk filosofisk tidsskrift* 22, 29-49.

Hegel, G. W. F. (1971), *Werke in 20 Bänden*, Frankfurt am Main.

Hempel, C. G. (1949), The Function of General Laws in History, in: *Readings in Philosophical Analysis*, hg. v. H. Feigl/W. Sellars, New York.

Hempel, C. G. (1963), Reasons and Covering Laws in Historical Explanation, in: *Philosophy and History*, hg. v. S. Hook, New York, 143-63.

Herder, J. G. (1877-1913), *Sämtliche Werke*. hg. v. B. Suphan, Berlin.

Hintikka, J. (1967), Cogito, Ergo Sum: Inference or Performance?, in: *Descartes*, hg. v. W. Doney, London, 108-40.

Honneth, A./Joas, H. (Hg.) (1986), *Kommunikatives Handeln*, Frankfurt am Main.

Horgby, I. (1959), The Double Awareness in Wittgenstein and Heidegger, *Inquiry* 2, 235-64.

Humboldt, W. v. (1960ff.), *Werke*. hg. v. A. Flitner/K. Giel, Darmstadt.

Hume, D. (1965), *A Treatise of Human Nature*, Oxford.

Husserl, E. (1963), *Cartesianische Meditationen*, Husserliana, Bd. I, Den Haag.

Kamlah, W./Lorenzen, P. (1973), *Logische Propädeutik*, Mannheim.

Kant, I. (1781 und 1787), *Kritik der reinen Vernunft*.

Kant, I. (1786), *Grundlegung zur Metaphysik der Sitten*.

Kant, I. (1793), *Kritik der Urteilskraft*.

Kant, I. (1911), *Grundlegung zur Metaphysik der Sitten*, Akademieausgabe, Berlin.

Kenny, A. (1975), *Will, Freedom and Power*, Oxford.

Kripke, S. A. (1982), *Wittgenstein on Rules and Private Language*, Oxford.

Kuhlmann, W. (1975), *Reflexion und kommunikative Erfahrung*, Frankfurt am Main.

Kuhlmann, W. (1980), Reflexive Letztbegründung. Zur These von der Unhintergehbarkeit der Argumentationssituation, *Zeitschrift für philosophische Forschung* 35, 3-26.

Kuhlmann, W. (1985), *Reflexive Letzbegründung*, Freiburg/München.

Kuhlmann, W. (1990), Was ist richtiges Verstehen, erscheint in: *Probleme der Hermeneutik*, hg. v. Forum für Philosophie Bad Homburg, Frankfurt am Main 1993.

Kuhlmann, W. (1992), Bemerkungen zum Problem der Letztbegründung, erscheint in: *Transzendentalpragmatik*, Festschrift für Karl-Otto Apel zum 70. Geburtstag, Frankfurt am Main.

Lewis, D. (1972), General Semantics, in: Davidson/Harmann (eds.) *Semantics of Natural Language*, Dordrecht, 169-218.

Lyotard, J.-F. (1977), *Patchwork der Minderheiten*, Berlin.

Lyotard, J.-F. (1982), *Das postmoderne Wissen*, (Mit einem Gespräch mit J. P. Dubost), Bremen.

Mandler, G./Kessen, W. (1959), *The Language of Psychology*, New York.

Mead, G. H. (1934), *Mind, Self and Society*, Chicago, London.

Meløe, J. (1978), Om Øfstis bok "Språk og fornuft". Pluss en del notater om språk og språkspill, *Norsk filosofisk tidsskrift* 13, 101-38.

Meløe, J. (1983a), The Agent and His World, in: *Praxeology, An Anthology*, hg. v. G. Skirbekk, Oslo/Bergen, 13-30.

Meløe, J. (1983b), Theaitetos' Wagon, in: *Praxeology, An Anthology*, hg. v. G. Skirbekk, Oslo/Bergen, 70-81.

Meløe, J. (1983c), The Picture in Our World, in: *Praxeology, An Anthology*, hg. v. G. Skirbekk, Oslo/Bergen, 89-94.

Meløe, J. (1986), Über Sprachspiele und Übersetzungen, in: *Die pragmatische Wende*, hg. v. D. Böhler/T. Nordenstam/G. Skirbekk, Frankfurt am Main, 113-30.

Merleau-Ponty, M. (1945), *Phénoménologie de la perception*, Paris.

Mykland. K. (1967), Frederik VI og beslutningen om å avstå Norge, in: *Omkring 1814*, hg. v. K. Mykland, Oslo, 47-60

Næss A. (1953), *Interpretation and Preciseness*, Oslo.

Næss A. (1966), *Communication and Argument*, London.

Neurath, O. (1932), Protokollsätze, *Erkenntnis* 3, 204-14.

Øfsti, A. (1966), *Identifikasjon av sosiale og fysiske fenomener* (Dissertation, Oslo 1966), Philosophisches Institut Universität Trondheim.

Øfsti, A. (1975), *Språk og fornuft*, Tromsø.

Øfsti, A. (1978), Om språkspill og "komplette" språk. Svar til Jakob Meløe. *Norsk filosofisk tidsskrift* 13, 177-200.

Øfsti, A. (1980), *Transcendentalfilosofi og vitenskapsteori*, Trondheim.

Øfsti, A. (1982), Die Verabsolutierung des Begriffs der empirischen Theorie. Der Fall Quine, in: *Kommunikation und Reflexion*, hg. v. W. Kuhlmann/D. Böhler, Frankfurt am Main, 15-45; in diesem Band: 13-39.

Øfsti, A. (1985a), Act Performance and Description, in: *Essays in Pragmatic Philosophy I*, hg. v. I. Gullvåg/H. Høibraaten, Oslo, Oxford, 9-51.

Øfsti, A. (1985b), Sprachspiel vs. vollständige Sprache, in: *Philosophie des Geistes*, Akten des 9. int. Wittgensteinsymposiums, hg. v. R. Chisholm u.a., Wien, 586-90; in diesem Band unter dem Titel "Sprachspiel oder Sprache?": 40-6.

Øfsti, A. (1986), Rationale Argumentation, Erklären und Verstehen. Zum Universalitätsanspruch der hypothetisch-deduktiven Methode, in: *Die pragmatische Wende*, hg. v. D. Böhler/T. Nordenstam/G. Skirbekk, Frankfurt am Main, 73-90; in diesem Band: 193-215.

Øfsti, A. (1988), Strawsons Paralogismus. Kants "Ich denke" und die Kant-Rekonstruktion Strawsons im Lichte der "Doppelstruktur der Rede", in: *Kants transzendentale Deduktion und die Möglichkeit von Transzendentalphilosophie*, hg. v. Forum für Philosophie Bad Homburg, Frankfurt am Main, 232-79.

Øfsti, A. (1990a), Language-games and "complete" languages: on the Apel/Habermas reception and critique of Wittgenstein's later philosophy, in: *Essays in pragmatic philosophy II*, hg. v. H. Høibraaten, 128-72, Oslo.

Øfsti, A. (1990b), Sprachspiel vs. vollständige Sprache. Einige Bemerkungen zum späten Wittgenstein, zur Übersetzung und Übersichtlichkeit, zum Handlungswissen und Diskurs, in: *Zeitschrift für allgemeine Wissenschaftstheorie* 21, 105-33; in diesem Band:47-78.

Øfsti, A. (1990c), "... Und lasst uns in Ruhe spielen" - Zur Sprache als Spielverderber, in: *Akten des 14. int. Wittgensteinsymposiums*, Wien, 301-4.

Øfsti, A. (1991), Searle, Leibniz and the first Person. Beitrag zur GAP-Konferenz, Saarbrücken Oktober 1991, erscheint in: *Analyomen 1. Perspectives in Analytical Philosophy*, hg. v. G. Meggle/U. Wessels, Berlin 1993

Øfsti, A. (1992), Ist diskursive Vernunft nur eine Sonderpraxis? Betrachtungen zum "Verbindlichkeitstransfer" von transzendental-reflexiv (letzt)begründeten Normen, in: Apel/Kettner (1992), 296-316; in diesem Band: 139-57.

Peirce, Ch. S. (1931-35), *Collected Papers I-VI*, hg. v. Hartshorne/Weiss, Harvard Univ. Press 1931-35.

Popper, K. (1945), *The Enemies of the Open Society*, Bd. II, London.

Popper, K. (1957), *The Poverty of Historicism*, London.

Popper, K. (1959), *The Logic of Scientific Discovery*, London.

Popper, K. (1963), *Conjectures and Refutations*, London.

Popper, K. (1973), *Objective Knowledge*, Oxford.

Putnam, H. (1975), *Mind, Language and Reality*, Philosophical Papers, vol. 2, Cambridge/Mass.

Quine, W. v. O. (1960), *Word and Object*, Cambridge/Mass.

Quine, W. v. O. (1961), *From a Logical Point of View*, Cambridge/Mass.

Quine, W. v. O. (1969), *Ontological Relativity and other Essays*, New York, London.

Quine, W. v. O. (1979), *Von einem logischen Standpunkt* [*From a Logical Point of View*, deutsch], Frankfurt, Berlin, Wien

Sartre, J.-P. (1945), *L'Être et le Néant*, Paris.

Searle, J. (1983), *Intentionality*, Cambridge, London, New York,.

Searle, J. (1987), Indeterminacy, Empiricism and the First Person, *Journal of Philosophy* 84, 123-46.

Skirbekk, G. (Hg.) (1983), *Praxeology, an Anthology*, Oslo, Bergen.

Stenius, E. (1960), *Wittgensteins Tractatus*, Oxford.

Stevenson, L. (1982), Wittgenstein's Transcendental Deduction and Kant's Private Language Argument, *Kant-Studien* 73, 321-37.

Strawson, P. F. (1959), *Individuals*, London.

Strawson, P. F. (1966), *The Bounds of Sense*, London.

Strawson, P. F. (1972), *Einzelding und logisches Subjekt* [*Individuals*, deutsch], Stuttgart.

Strawson, P. F. (1981), *Die Grenzen des Sinns* [*The Bounds of Sense*, deutsch], Meisenheim am Glan.

Taylor, Ch. (1975), *Hegel*, London, New York.

Taylor, Ch. (1985), *Philosophical Papers*, Cambridge.

Taylor, Ch. (1989), *Sources of the Self*, Cambridge.

Tugendhat, E. (1976), *Einführung in die sprachanalytische Philosophie*, Frankfurt am Main.

Tugendhat, E. (1979), *Selbstbewußtsein und Selbstbestimmung*, Frankfurt am Main.

Wellmer, A. (1967), *Methodologie als Erkenntnistheorie. Zur Wissenschaftslehre K. R. Poppers*, Frankfurt am Main.

Wellmer, A. (1976), Communications and Emancipation: Reflections on the Linguistic Turn in Critical Theory; in: *On Critical Theory*, hg. v. J. O'Neill, New York, 231-63.

Wellmer, A. (1985), *Zur Dialektik von Moderne und Postmoderne*, Frankfurt am Main.

Wellmer, A. (1986), *Ethik und Dialog*, Frankfurt am Main.

Wilkes, K. V. (1984), Pragmatics in Science and Theory in Common Sense, *Inquiry* 27, 339-61.

Winch, P. (1958), *The Idea of a Social Science*, London.

Wittgenstein, L. (1960), *Schriften*, Frankfurt am Main.

Wittgenstein, L. (1967), *Zettel*, Oxford.

Wittgenstein, L. (1970), *Lectures and Conversations on Ästhetics, Psychology & Religious Belief*, hg. v. C. Barrett, Oxford.

Wittgenstein, L. (1972), *The Blue and Brown Books*, Oxford.

Wright, G. H. v. (1971), *Explanation and Understanding*, London.

Wright, G. H. v. (1974), *Erklären und Verstehen* [*Explanation and Understanding*, deutsch], Königstein.

Namenregister

Abel, Th. 234

Anscombe, G. E. M. 116, 238, 248, 271

Apel, K.-O. 10f., 13, 17, 19f., 23f., 27, 29f., 33-36, 41, 43f., 47-49, 51-55, 58, 64, 71, 76, 81, 92, 95, 109-111, 117, 120, 125-127, 132, 137-140, 142-149, 154-156, 158f., 161-163, 165, 169-173, 175, 181-184, 221, 227, 234f., 239f., 245, 252-255, 257, 260f., 265

Aristoteles 20, 108f., 145, 152, 208f.

Augustin 61, 124

Baker, G. P. 52, 165, 268

Bennett, J. 59, 188

Bergmann, G. 45, 189, 238

Berkeley, G. 82, 132

Boeckh, A. 7, 216f., 237, 247

Böhler, D. 11, 76f., 79-81, 94-96, 107, 112-115, 117, 121, 123, 125-128, 130, 136, 155, 183, 202

Boyle, R. 205, 211

Bühler, K. 75

Carnap, R. 31f., 45, 117

Churchland, P. 11, 45, 231-234, 236, 237, 248, 273, 277

Collingwood, R. G. 203, 207, 258

Danto, A. 241, 257

Davidson, D. 160, 190, 237, 239, 249, 251, 267, 271

Descartes, R. 23, 27, 81, 83, 90, 92, 96, 98f., 121, 123-125, 128, 132, 145, 224, 240

Dilthey, W. 56, 162, 238, 241, 256, 260, 264

Dray, W. 201, 205, 207, 213, 225-227, 230f., 234, 241, 261, 276

Einstein, A. 9, 231

Elster, J. 193-196, 198-201, 203-205, 207-209, 211, 213f., 218f., 224, 227f., 235

Erlanger Schule 199

Festinger, L. 214

Fichte, J. G. 10, 70, 78, 80, 83, 101, 119f., 137f., 151, 216, 220, 233, 235, 238, 248, 259, 262, 266

Føllesdal, D. 11, 45, 193-196, 198-201, 203-205, 207-209, 211, 213, 218f., 224f., 227-229, 235, 267

Frederik VI 227f.

Gadamer, H.-G. 22, 216, 240f., 247, 256f.

Galileis, G. 205, 211

Gassendi, P. 81

Gipper, H. 117

Habermas, J. 10, 11, 23, 27, 30, 34, 42f., 46f., 51, 53, 56, 60, 71, 74-77, 94, 107, 109-112, 115, 125f., 139-144, 147, 150, 153-156, 161-163, 169-171, 199,